A Historical Study of English Language Teaching in Prewar Japan

近代日本の英語科教育史

職業系諸学校による英語教育の大衆化過程

江利川春雄

東信堂

本書を畏友・故伊藤裕道氏に捧ぐ

はしがき

　英国船フェートン号の長崎侵入事件（1808年）を発端とする日本の英語教育は、2008年に200周年を迎える。これを契機に、もう一度、日本の英語科教育の歴史をふり返ってみる必要があるのではないだろうか。
　現在、日本の英語教育は小学校から大学院に至るまで改革の嵐の中にある。その成功のためには、海外の英語教育論や応用言語学理論の輸入紹介にとどまらず、幕末・明治以降の日本人の苦闘の歴史から、もっと謙虚に学ぶ必要があるのではないだろうか。本書で明らかにしているように、たとえばコミュニケーション重視や小学校英語の問題は明治期から何度も議論され、実践されてきた。その歴史をふり返ることなく、あたかも平成の発明品であるかのように扱うならば、過誤と徒労を繰り返すのではないだろうか。
　過去の教訓から学ばない改革は破綻し、先人が耕作した土壌に根を下ろさない学問は根なし草となる。未来を模索するためには、過去を熟知する必要があるのである。
　そうした思いから、本書は生まれた。タイトルで「近代」と限定したように、本書が対象とした主な時期は、森有礼の学校令によって複線型学校体系が整備された1886（明治19）年から戦後の新制が発足した1947（昭和22）年までである。また、「英語科教育」としたのは、広義の英語教育から私塾や通信・放送教育などを除き、対象を学校（公教育）の教科目の一つとしての英語科に限定したためである。なお、本書で扱った諸学校は制度史的には必ずしも「中等学校」に一括できないが、いずれも中学校と学齢期の一部を共有する学校である。
　筆者の問題意識と本書の課題は、副題の「職業系諸学校による英語教育の大衆化過程」に凝縮されている。その詳細は本書の第1章「問題の所在と研究方法」に譲るが、主眼は次の二点である。
　第一に、これまでの日本英語教育史研究の対象は、ほとんどが旧制中学校

ないし高等女学校であり、実業学校、師範学校、高等小学校、実業補習学校、青年学校、陸海軍系学校などの職業系諸学校における英語科教育史の研究が立ち遅れている。その克服なしには日本英語教育史の全体像は描けないのではないか、ということである。

　第二に、戦後の英語教育の一挙的な大衆化を可能にした歴史的な前提条件の一つは、戦前期の職業系諸学校において広範な社会階層の子弟に多様な英語科教育を実施していたことにあるのではないか、ということである。

　以上の課題がどこまで本書で解明できたかは、読者の判断に委ねるしかない。忌憚のない批判と提起をいただければ幸いである。

　　　2006年2月

　　　　　　　　　　　　　　　　　　　　　　　　　　　江利川　春雄

目　次

はしがき ……………………………………………………………………… i
目　次 ………………………………………………………………………… iii
図表・写真一覧 …………………………………………………………… xi
凡　例 ……………………………………………………………………… xv

第1章　問題の所在と研究方法 …………………………………… 3
第1節　本研究の目的と対象 ……………………………………………… 3
第2節　日本英語教育史研究における職業系諸学校研究の意義 ……… 8
第3節　研究方法 ………………………………………………………… 12

第2章　中学校・高等女学校における英語科教育の展開過程 ……………………………………………………………… 13
第1節　中学校・高等女学校の制度的位置と英語科教育の変遷 …… 13
　1-1.　中学校・高等女学校の教育制度的位置 ……………………… 13
　1-2.　中学校・高等女学校における英語科教育の変遷 …………… 17
第2節　教科書史的分析による諸学校英語科の位置 ………………… 22

第3章　実業学校の英語科教育 …………………………………… 27
第1節　実業学校の制度的変遷と英語科の位置 ……………………… 27
　1-1.　第1期　制度的混沌期：実業学校令(1899年)まで ………… 27
　1-2.　第2期　実業学校の制度的確立期：1899～1920年 ………… 28
　1-3.　第3期　実業学校の発展期：1920年代 ……………………… 30
　1-4.　第4期　国家統制の強まりと中等学校への統合：1930～40年代 ……… 31
第2節　工業学校の英語科教育 ………………………………………… 35
　2-1.　工業学校の制度的確立期：1910年代まで …………………… 35
　　2-1-1.　制度的概観 ………………………………………………… 35
　　2-1-2.　英語科の授業時間数と教授内容等 ……………………… 35
　2-2.　英語教科書と学習状況 ………………………………………… 37
　2-3.　5年制化とその整備期：1920年代 …………………………… 38

2-3-1．重化学工業化に伴う制度改革 ……………………………………38
　　　2-3-2．英語科の授業時間数と教授内容 …………………………………39
　　2-4．戦時的再編期：1930〜40年代 …………………………………………39
　　　2-4-1．工業学校の急増と英語教育の削減 ………………………………39
　　　2-4-2．英語科の授業時間数と教授内容 …………………………………40
　　　2-4-3．英語の学習状況・教員・英語力 …………………………………41
　　　2-4-4．昭和期の英語教科書 ………………………………………………43
　　2-5．工業学校における英語科教育の特徴 …………………………………47
　第3節　農業学校の英語科教育 …………………………………………………47
　　3-1．英語教育の揺籃期：1880〜1890年代 …………………………………47
　　　3-1-1．農業教育の低迷 ……………………………………………………47
　　　3-1-2．英語の加設状況 ……………………………………………………49
　　3-2．農業学校規程以降の確立期：1899〜1910年代 ………………………51
　　　3-2-1．英語教育の実施状況 ………………………………………………51
　　　3-2-2．英語教育をめぐる議論 ……………………………………………53
　　3-3．農業学校学科課程制定以降：1920年代 ………………………………55
　　3-4．拓殖教育と戦争による英語の削減：1930〜40年代 …………………57
　　　3-4-1．拓殖教育と支那語・満州語 ………………………………………57
　　　3-4-2．戦時下での英語縮廃 ………………………………………………58
　　3-5．農業学校の英語担当教員 ………………………………………………61
　　3-6．農業学校の英語教科書 …………………………………………………61
　　3-7．農業学校における英語科教育の特徴 …………………………………66
　第4節　商業学校の英語科教育 …………………………………………………67
　　4-1．商業学校通則期：1884〜1898年 ………………………………………67
　　　4-1-1．商業学校通則の制定 ………………………………………………67
　　　4-1-2．英語科教育の実相 …………………………………………………68
　　　4-1-3．外国語科の授業時間数と教授内容 ………………………………69
　　4-2．実業学校令期：1899〜1920年代 ………………………………………69
　　　4-2-1．実業学校令 …………………………………………………………69
　　　4-2-2．1910年代までの英語の授業時数と教授内容 ……………………71
　　　4-2-3．英語教員 ……………………………………………………………73
　　　4-2-4．英語教科書 …………………………………………………………74
　　　4-2-5．1910年代までの生徒の英語学習状況と進路 ……………………75
　　　4-2-6．1920年代における英語教育の実態 ………………………………76

4-3．国家統制の強化と中等学校への一元化：1930〜40年代 ················78
　　4-3-1．英語教授研究大会とOral Methodの実践 ······················78
　　4-3-2．商業学校英語教師の教育研究集会 ····························81
　　4-3-3．教科書統制の強化と時間数の縮減 ····························82
　　4-3-4．中等学校への統合 ··84
　　4-3-5．商業学校の工業学校化と敗戦 ································86
　4-4．商業学校における英語科教育の目的 ·······························88
　4-5．商業学校の英語教科書 ··91
　　4-5-1．読本(Reader) ···91
　　4-5-2．副読本(Side-Reader) ··95
　　4-5-3．会話(Conversation) ···95
　　4-5-4．英作文(Composition) ··96
　　4-5-5．商業英語・英文通信(Correspondence) ·························97
　　4-5-6．実業学校予科用の英語読本 ··································98
　4-6．商業学校における英語科教育の特徴 ·······························99
　第5節　小括 ···100

第4章　師範学校の英語科教育 ·······································103

　第1節　搖籃期と尋常師範学校体制の確立期：1907年まで ··············104
　　1-1．師範学校の揺籃期と英語教育 ··································104
　　1-2．師範学校令による尋常師範学校体制の確立 ······················107
　　1-3．英語の教授内容と教授法 ······································110
　　1-4．舶来教科書中心のハイレベルの授業 ····························113
　　1-5．ハイレベルを可能にした師範学校の特殊性 ······················114
　　1-6．英語の必須制廃止に伴う問題 ··································117
　第2節　義務教育の延長と英語科教育の混迷：1907〜1924年 ············119
　　2-1．本科第二部の発足と師範の不人気 ······························119
　　2-2．小学校英語科教授法の実施状況 ································121
　　2-3．英語教科書(1) ···125
　　　2-3-1．国産検定教科書時代の到来 ································125
　　　2-3-2．師範学校専用教科書 ······································127
　　2-4．師範英語科の変質と受験英語の影 ······························130

第 3 節　英語の必修化と英語熱の減退：1925〜1942年 …………………133
　3-1.　1920年代における小学校英語科の隆盛 ………………………133
　3-2.　師範の5年制化と男子の英語必修化 …………………………134
　3-3.　師範男女の英語必修化 …………………………………………135
　3-4.　師範英語と教養主義 ……………………………………………136
　3-5.　英語熱の減退とその要因 ………………………………………137
　3-6.　英語教科書(2) …………………………………………………141
　　3-6-1.　英語教科書の発行状況(1920〜1941年) …………………141
　　3-6-2.　教科書の使用状況 …………………………………………143
　3-7.　教授法と学習状況——乏しい時間数との格闘 ………………145
　3-8.　小学校英語科教員養成の側面 …………………………………148
第 4 節　官立高等専門学校から新制大学へ：1943〜1949年 …………149
　4-1.　高等教育機関への昇格(1943年) ………………………………149
　4-2.　太平洋戦争下の英語教育 ………………………………………150
　4-3.　敗戦と英語ブーム ………………………………………………153
　4-4.　教科書確保の困難 ………………………………………………155
　4-5.　新制大学への移行(1949年) ……………………………………156
第 5 節　小括 ………………………………………………………………158

第 5 章　高等小学校の英語科教育 …………………………163

第 1 節　英語科の位置と特色 ……………………………………………164
　1-1.　高等小学校における英語(外国語)の位置 ……………………164
　1-2.　英語(外国語)の加設状況と時期区分 …………………………165
　1-3.　高等小学校の英語教師 …………………………………………169
第 2 節　英語科教育の確立期：1899年まで ……………………………174
　2-1.　小学校令(1886年)まで …………………………………………174
　2-2.　第一次小学校令期：1886〜1889年 ……………………………175
　　2-2-1.　高等小学校の成立と英語教育の隆盛 ……………………175
　　2-2-2.　第一次小学校令期の英語教科書 …………………………177
　　2-2-3.　第一次小学校令期の英語学習状況 ………………………177
　2-3.　第二次小学校令期：1890〜1900年 ……………………………179
　　2-3-1.　第二次小学校令(1890年) …………………………………179
　　2-3-2.　1890年代の英語教科書 ……………………………………180
　　2-3-3.　1890年代の英語教授法 ……………………………………180

2-3-4.　1890年代の英語学習状況 …………………………………………182
　　2-4.　第三次小学校令期：1900〜1911年 ……………………………………184
　　　2-4-1.　第三次小学校令による実用目的の明確化 ………………………184
　　　2-4-2.　1900年代初頭の英語教科書 ………………………………………187
　　　2-4-3.　1900年代初頭の英語教授法 ………………………………………191
　　　2-4-4.　教案からみた小学校の英語教授法 ………………………………193
　　　2-4-5.　岡倉由三郎の小学校英語教授法 …………………………………198
　　　2-4-6.　1900年代初頭の英語学習状況 ……………………………………198
　　　2-4-7.　小学校英語科教育をめぐる論点 …………………………………200
　第3節　商業科附設時代の低迷期：1912〜1918年 ………………………………206
　　3-1.　外国語の商業科への編入と実用目的への一元化 ……………………206
　　3-2.　学校現場からの英語科復活要求 …………………………………………209
　第4節　高等小学校の大衆化と英語教育の隆盛期：1919〜1940年 ……………212
　　4-1.　英語加設率の急増と検定教科書の隆盛 ………………………………212
　　4-2.　1920〜30年代の英語学習状況 …………………………………………214
　　　4-2-1.　神戸小学校尋常科 …………………………………………………214
　　　4-2-2.　和歌山師範附属小学校尋常科 ……………………………………216
　　　4-2-3.　川崎市特設高等小学校 ……………………………………………217
　　　4-2-4.　私立大森清明学園（東京）…………………………………………218
　　4-3.　戦争と小学校外国語科 …………………………………………………219
　第5節　戦時下と敗戦占領下の激動期：1941〜1946年 …………………………220
　　5-1.　国民学校の成立と外国語科 ……………………………………………220
　　5-2.　英語教科書の5種選定と国定化 …………………………………………221
　　　5-2-1.　国民学校の英語教科書 ……………………………………………221
　　　5-2-2.　『文部省小学新英語読本』…………………………………………221
　　　5-2-3.　『高等科英語』………………………………………………………224
　　5-3.　国民学校高等科と新制中学校の英語教育 ……………………………226
　　5-4.　国民学校成立前後の英語学習人口 ……………………………………231
　第6節　小括 …………………………………………………………………………231

第6章　実業補習学校・青年学校の英語科教育 ……………………235
　第1節　制度的変遷と英語科の位置 ………………………………………………236
　　1-1.　実業補習学校の制度的変遷と英語科の位置 …………………………236
　　1-2.　青年学校の制度的変遷と英語科の位置 ………………………………238

第2節　英語教育の実施状況 ··· 241
　2-1．英語の授業時数と教授内容 ··· 241
　2-2．実業補習学校の英語教師と英語科の開設状況 ··················· 241
第3節　英語教科書の実態 ··· 244
　3-1．英語教科書の多様な使用状況 ··· 244
　3-2．実業補習学校および青年学校専用の英語教科書 ··············· 245
　　3-2-1．1920年代の実業補習学校用の英語教科書 ················· 245
　　3-2-2．1930年代の商業系補習学校・青年学校用の英語教科書 ··· 248
　　3-2-3．1930・40年代の工業系青年学校用の英語教科書 ····· 250
　　3-2-4．敗戦直後の青年学校用の暫定英語教科書 ················· 255
第4節　英語の学習状況 ··· 256
　4-1．名古屋市立三蔵実業補習学校 ··· 256
　4-2．四日市市立商工専修学校 ··· 257
　4-3．横浜市立横浜商業専修学校 ··· 258
第5節　小括 ··· 261

第7章　陸海軍系学校の英語科教育　263

第1節　日本陸軍の英語科教育 ··· 264
　1-1．陸軍の教育機関と外国語教育課程 ······································· 264
　1-2．陸軍幼年学校の外国語教育 ··· 266
　　1-2-1．陸軍幼年学校の制度的概観 ··· 266
　　1-2-2．陸軍幼年学校の外国語教育とその問題点 ················· 268
　　1-2-3．陸軍幼年学校の英語教育 ··· 270
　1-3．陸軍士官学校の英語教育 ··· 280
　　1-3-1．予科士官学校の制度と教育内容 ··································· 280
　　1-3-2．外国語の授業回数等 ··· 281
　　1-3-3．外国語教育の内容と程度 ··· 282
　　1-3-4．予科士官学校の英語教官と教科書 ····························· 284
　　1-3-5．士官学校(本科)・航空士官学校の外国語教育 ········· 285
　1-4．その他の陸軍系学校の英語教育(概観) ······························· 289
　　1-4-1．陸軍経理学校 ··· 289
　　1-4-2．陸軍大学校 ··· 289
　　1-4-3．陸軍中野学校 ··· 290

1-5．敗戦後のジャワ抑留地での英語教育 290
　第2節　日本海軍の英語科教育 292
　　2-1．海軍の教育機関と外国語教育課程 292
　　　2-1-1．海軍の教育機関 292
　　　2-1-2．海軍の外国語教育課程 294
　　　2-1-3．授業時間数と外国語の比重 296
　　　2-1-4．海軍上層部による生徒の温存と普通学重視 297
　　2-2．海軍兵学校の英語教育 298
　　　2-2-1．海軍兵学校の外国語教官 298
　　　2-2-2．海軍兵学校の英語教授法 299
　　2-3．海軍兵学校の英語教科書 305
　　　2-3-1．英語教科書の種類 305
　　　2-3-2．実際の教科書使用状況 308
　　2-4．海軍兵学校予科の英語教育 311
　　　2-4-1．海軍兵学校予科の英語教官と教授法 311
　　　2-4-2．海軍兵学校予科の英語科長　木村忠雄 313
　　　2-4-3．海軍兵学校『英語教科書(予科生徒用)』(1945年) 314
　　2-5．海軍機関学校の英語教育 316
　　　2-5-1．海軍機関学校の英語教官と教授法 316
　　　2-5-2．海軍機関学校の英語教科書 317
　　2-6．海軍経理学校の英語教育 318
　　　2-6-1．海軍経理学校本校の英語教育 318
　　　2-6-2．海軍経理学校予科の英語教育 319
　第3節　小括 320

第8章　職業系諸学校における英語科教育の特徴 329
　第1節　学校種別の特徴 330
　　1-1．実業学校 330
　　1-2．師範学校 330
　　1-3．高等小学校 331
　　1-4．実業補習学校・青年学校 332
　　1-5．陸海軍系学校 332
　第2節　全体的な特徴 333

参考文献 …………………………………………………………………337
初出一覧 …………………………………………………………………357
あとがき …………………………………………………………………359
索　　引 …………………………………………………………………363

図表・写真一覧

第1章 問題の所在と研究方法
図1-1～1-4　学校系統図 ……………………………………………………………4

第2章 中学校・高等女学校における英語科教育の展開過程
図2-1　尋常小学校卒業者の進路（1936年）………………………………………16
図2-2　成績と進路との関係（1936年）……………………………………………16
図2-3　資産と進路との関係（1936年）……………………………………………17
図2-4　外国語教科書検定認可数の変遷（1887-1944年）………………………24
図2-5　学校種別の外国語教科書発行状況（1887-1947年）……………………25
表2-1　学校種別、教科書種類別の発行状況（1887-1946年）…………………24

第3章 実業学校の英語科教育
写真3-1　工業学校用の英語教科書 ………………………………………………45
写真3-2　出田新の農学校用英文教科叢書（出田の旧蔵書）……………………65
写真3-3　商業学校用の英語教科書 ………………………………………………92
表3-1　実業学校の制度と外国語科の位置 ………………………………………29
表3-2　三重県立中等諸学校入学者の出身階層（1902年）………………………30
表3-3　生徒数の比較（1900-1946年）……………………………………………31
表3-4　実業諸学校の生徒構成（1900-1946年）…………………………………31
表3-5　工業学校における英語の時間数・教授内容等（1920年まで）…………36
表3-6　三重県立工業学校で使用された英語教科書（1907-1911年）…………37
表3-7　工業学校における英語の時間数・教授内容等（1920年代）……………40
表3-8　工業学校における外国語の時間数・教授内容等（1930・40年代）……42
表3-9　和歌山県立工業学校で使用された英語教科書（1941年度）……………44
表3-10　農業学校における英語の時間数・教授内容等（甲種本科：1910年まで）………52
表3-11　農業学校における英語の時間数・教授内容等（乙種）…………………55
表3-12　農業学校における英語の時間数・教授内容等（甲種本科：1920年以降）……56
表3-13　農業学校の英語担当教員 …………………………………………………60
表3-14　農業学校で使用された英語教科書 ………………………………………62
表3-15　商業学校における外国語の時間数・教授内容等（1884-1898年）……70
表3-16　商業学校の教科目（商業学校規程：1899年）…………………………70
表3-17　商業学校における外国語の時間数・教授内容等（1900-1918年）……72
表3-18　三重県立四日市商業学校教科書一覧表（1905年）……………………75
表3-19　商業学校における外国語の時間数・教授内容等（1992-1929年）……77

表3-20	英語教授研究大会参加者の構成（1927-1933年）	79
表3-21	商業学校における外国語の時間数・教授内容等（1930-1943年）	85
表3-22	男子商業学校の転換・廃校数および定員数（1944年）	87

第4章　師範学校の英語科教育

写真4-1	岡倉由三郎の師範学校専用英語教科書	128
図4-1	師範学校生の英語選択状況（1910-1939年）	138
図4-2	師範学校専攻科の英語専修状況（1926-1939年）	138
図4-3	師範学校英語と小学校英語の相関性（1931-1939年）	140
表4-1	師範学校の制度的変遷の概観	103
表4-2	師範学校本科における英語科の教授内容（1886-1907年）	110
表4-3	師範学校別・学年別教科書一覧・1（1886-1905年）	111
表4-4	師範学校別・学年別教科書一覧・2（1909-1924年）	126
表4-5	師範学校の検定英語教科書（1920-1941年）	142
表4-6	師範学校別・学年別教科書一覧・3（1925-1941年）	144
【資料4-1】	師範学校における英語選択率（1931-1939年）	161
【資料4-2】	師範学校専用の検定済英語教科書（1907-1941年）	162

第5章　高等小学校の英語科教育

写真5-1	啄木自筆の小学校英語教案（1906年）	173
写真5-2	明治期の小学校用英語教科書・教材	189
写真5-3	神田乃武の小学英語読本・巻1（1904年）	197
写真5-4	和歌山師範附属小での尋常1年生への英語授業（1924〜25年頃）	216
写真5-5	国民学校期の国定英語教科書と指導書・参考書	223
図5-1	高等小学校における英語科の加設状況（全国平均：1900-1940年）	166
図5-2	道府県別英語加設率の変化（3年分の累計）	167
図5-3	道府県別英語加設率（1939年）	167
図5-4	都市と農村部の地域別加設率（三重県内；1933年）	168
図5-5	神戸小学校の英語会プログラム（1932年）	215
表5-1	大島高等小学校での英語履修者の分布（1902年）	164
表5-2	男女による英語の授業時間数の違い（1936年）	169
表5-3	東京府教育会附属小学校英語科教員伝習所の教授内容と教材配当	170
表5-4a	三重県小学校教員検定試験参考用図書（1904-1942年）	171
表5-4b	長野県小学校教員検定試験用図書（1908年）	171
表5-5	高等小学校本科と別科の英語授業時間数および教授内容（1887-88年）	176
表5-6	明治20年代前半の高等小学校における英語教科書の選定状況	178
表5-7	石川県高等小学校英語試業細目一覧表（1886年）	179
表5-8	明治20年代の小学校における英語教科書の使用状況（全国）	181

表5-9	三重県の高等小学校で使用された英語教科書	190
表5-10	昭和期に使用された検定教科書	222
表5-11	小学校用「5種選定」英語教科書	222
表5-12	新制中学校へ勤務する直前の経歴と新規採用（1947年）	228
表5-13	免許別教員数（1947年）	228
表5-14	小学校各種教員免許状所持者の勤務先（1947年）	229
表5-15	免許資格別教員数（1948年）	229
【資料5-1】	高等小学校における英語の加設状況（全国；1900-1940年）	223
【資料5-2】	道府県別の英語加設率	224

第6章　実業補習学校・青年学校の英語科教育

写真6-1	実業補習学校・青年学校専用の英語教科書	246
表6-1	実業補習学校の授業形態（1930年）	236
表6-2	満20歳青年男子の学歴比較（1940年）	237
表6-3	実業補習学校・青年学校の学校数・生徒数・専任教員数	237
表6-4	実業補習学校・青年学校における英語教育の実施状況（1898-1941年）	242
表6-5	実業補習学校の英語教員（1928年）	243
表6-6	実業補習学校・青年学校用の英語教科書一覧	247
表6-7	大阪工業英語研究会著 Beginner's Technical Reader（1937年）の内容	252

第7章　陸海軍系学校の英語科教育

写真7-1	仙台陸軍幼年学校生徒の英語ノート（1943年）	276
写真7-2	敗戦の年に刊行された『陸軍幼年学校英語教程』（1945年）	276
写真7-3	陸軍士官学校の英語教科書類	287
写真7-4	ジャワ抑留下での「初等英語講座」プリント（1946年）	291
写真7-5	海軍兵学校での平賀春二の英語授業	305
写真7-6	自宅で英語を教える井上成美（1952年）	306
写真7-7	海軍の英語教科書	309
図7-1	教科書類を焼却処分する予科生徒たち（1945年8月）	315
表7-1	陸軍外国語教育史関係年表	265
表7-2	陸幼の期・期間・生徒数	267
表7-3	陸軍中枢部における幼年学校出身者の位置	268
表7-4	陸幼の外国語修学人員区分表（1944年）	270
表7-5	陸軍幼年学校の外国語課程細目（1887-1939年）	271
表7-6	陸軍士官学校・航空士官学校卒業・修業人員表（1934-1945年）	280
表7-7	予科士官学校の外国語科目と程度（1932-1945年）	281
表7-8	予科59期「教授部課業教育程度表」（1943年）	283
表7-9a	予科60期「教授部課業教育程度表」（1944年）	283

表7-9b　予科60期「各期教授部課業課程進度基準表」(1944年) ……………………283
表7-10　外国語教育の目的と内容程度（1944年）……………………………………283
表7-11　予科士官学校の英語教官（1927-1945年）…………………………………285
表7-12　陸軍の英語教科書 ……………………………………………………………286
表7-13　海軍3学校の修学状況（1932-45年）………………………………………294
表7-14　海軍外国語教育史関係年表 …………………………………………………295
表7-15　海軍兵学校規程（1928年）…………………………………………………296
表7-16　海軍兵学校教育綱領（1939年）……………………………………………296
表7-17　教科書及参考書編纂規程（1921年）………………………………………306
【資料7-1】　海軍の英語教科書 ………………………………………………………323

第8章　職業系諸学校における英語科教育の特徴
表8-1　学校種別の英語履修率と履修者数の推計（1926年度）……………………333
表8-2　学校種別の英語履修率と履修者数の推計（1942年度）……………………333

凡　例

一、教育法令類は、特に明記しない限り、原則として文部省内教育史編纂会編『明治以降教育制度発達史』各巻(1938-39年)に依った。
一、稿本や資料綴などの未公刊資料に関しては、所蔵機関を明示した。
一、写真撮影した原資料のうち、筆者所蔵のもの以外は、所蔵機関を明示した。
一、学校沿革史、学校史資料、都道府県教育史に関しては、一部の編著者・発行者を割愛した。
一、引用文の旧字体漢字は、人名を除き、原則として新字体に改めた。
一、引用の原文がカタカナ表記である場合は、原則としてひらがな表記に改めた。なお、「初出一覧」に明記されている元論文では原資料のまま引用されている。
一、引用文には適宜、句読点・濁点を補い、一部の漢字をひらがなに直し、明らかな誤記は特に注記せずに改めた。
一、人名の敬称は省略した。
一、教科名称は正式には「外国語」である場合が多いが、実質的にはほとんどが英語であるため、独仏語など他の言語を対象に含めた場合を除き、便宜上「英語」と表記した。
一、広義の「英語教育」と狭義の「英語科教育」とは区別すべきであるが、公教育の一教科としての英語科教育を強調する場合以外には、簡略化のため本文中では「英語教育」と表記した場合が多い。

近代日本の英語科教育史
―― 職業系諸学校による英語教育の大衆化過程 ――

第1章

問題の所在と研究方法

第1節　本研究の目的と対象

　本研究の目的は、これまで「傍系」[1]と見なされ、ほとんど未解明であった近代日本の職業系諸学校における英語科教育の歴史的な展開過程を実証的に解明し、英語教育の国民各層への多様な浸透過程を跡づけることである。

　これまでの日本の英語教育史研究は、その対象をもっぱら旧制中学校、次いで高等女学校に集中してきた。しかし、新制発足以前の日本の学校制度は複線的ないし分岐的であり、普通教育機関である中学校および高等女学校を中等教育の「正系」とするならば、以下のような、学齢期の一部を共有する多様な職業系の学校群が「傍系」として存在した（図1-1～1-4の学校系統図参照）。

(a)　農業、商業、工業、商船などの実業学校
(b)　師範学校
(c)　高等小学校
(d)　実業補習学校
(e)　青年学校

---

[1]　戦前の複線的な学校体系は、一般に「正系」「傍系」という概念で論じられている。『日本近代教育史事典』（1971年）の記述をみると、学制（1872年）の原案段階で、小学―中学―大学へと続く系統とは別に、農学校・諸民学校・商売学校・諸術学校が「傍系」として位置づけられていた（仲新稿、p.57）。「尋常中学校は普通教育を施す機関であり、初等教育につづく正系の学校として、実業学校とは明確に区別された」（今野喜清稿、p.62）。「長い間傍系の学校として低く位置づけられていた師範学校」（成田克矢稿、p.66）、「普通教育（正系）と産業教育（傍系）の二元化」（草谷晴夫稿、p.455）など。なお、天野郁夫『教育と選抜の社会史』筑摩書房、2006年（特に第9章）を参照されたい。

図1-1　学校系統図1892(明治25) 年

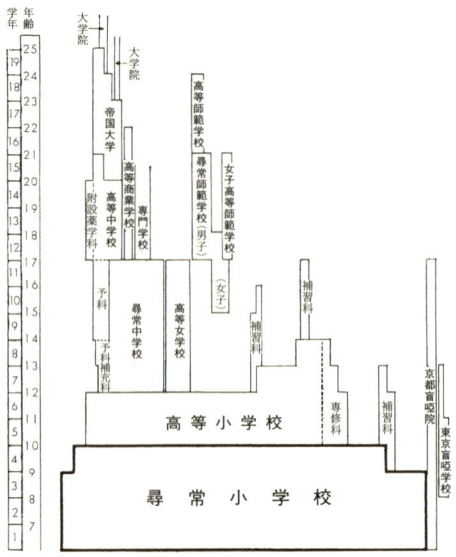

図1-2　学校系統図1908(明治41) 年

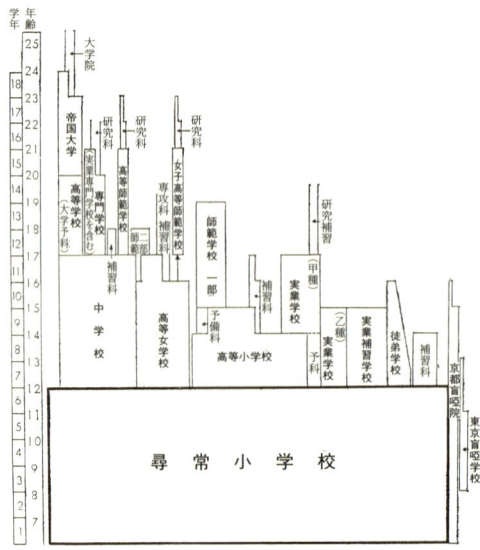

(出典) 図1-1、1-2、1-4は文部省『学制百年史・資料編』1972年。
図1-3は板倉聖宣作成(『週刊朝日百科　日本の歴史103近代Ⅰ-④』朝日新聞社、1988年) で、各学校の横幅が在校人数を表しており、職業系諸学校の生徒数の多さがわかる。

図1-3　学校系統図1920(大正9)年

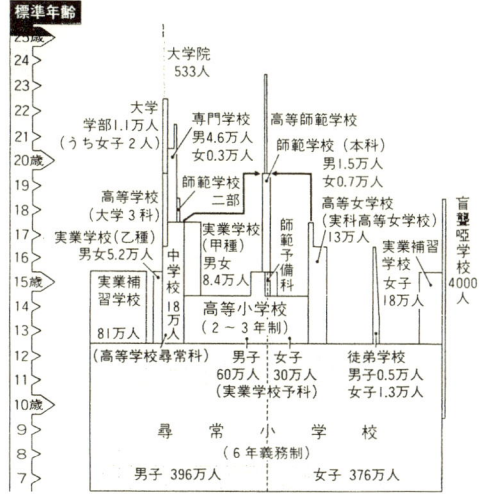

図1-4　学校系統図1944(昭和19)年

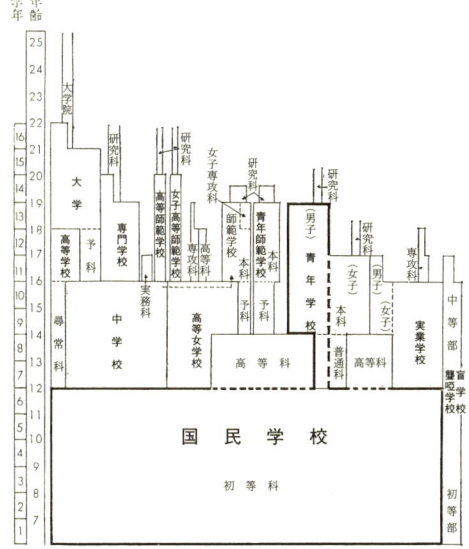

(f) 陸軍幼年学校、陸軍予科士官学校、海軍兵学校予科などの職業軍人の養成校

　本書が対象とする上記(a)～(f)の諸学校を「職業系」として一括することにやや無理があることは承知しているが、中学校が普通教育を実施して高等教育機関への進学機会を提供していたのに対して、これらの諸学校は特定の職業人を育成する完成教育機関的な性格が強い学校群である。なお、職業軍人を養成する陸海軍系の諸学校はエリート・コースと見なされていたが、近年の研究では傍系的な側面もあったことが指摘されている[2]。

　こうした職業系諸学校における英語教育の実態を視野に入れるならば、戦前期における英語科教育の目的、教材、教授法、学習時間、教員、学習者などの多様な全体像が明らかになり、英語教育の複線的な展開による国民各層への普及度が解明できるのではないだろうか。さらには、旧制の実業系諸学校などでの英語教育の様々な経験は、今日の職業系高等学校や大衆化した大学・短大の英語教育に示唆するものがあるのではないだろうか。

　なお、本書が副題としている英語教育の「大衆化」という概念には、量的・質的な要素がある。第一に、一般に職業系諸学校は、第3章以降で具体的に考察するように、程度の差はあれ経済的・学力的に中学校や高等女学校には入学できない庶民階層の子弟を広く受け入れていた。そのため、職業系諸学校で実施された英語科教育は、非エリートの広範な社会階層にまで英語（外国語）を浸透させ、英語の学習人口を拡大させた。その総数と構成比は長らく未解明であったが、本書はこの謎を解き明かしたい。

　第二に、広範な社会階層への英語教育の浸透は、英語学習の質的な多様化をもたらした。職業系諸学校の多くは、中学校よりも英語の授業時数が乏しく、生徒の学力や教員の質などの面でも多様であった。そのため、教材や教授法などにおいて様々な試みが実践された。戦前の英語教育史研究を中学校などに限ってしまうならば、こうした諸学校での多種多様な経験から学ぶ機

2　広田照幸は、都市部のエリート中学生にとって「陸士や海兵はすでに確立した文部省系の学校体系に対する制度的な『傍系』であると同時に、彼らには『二流の進路』とみなされるようになっていった」（『陸軍将校の教育社会史』世織書房、1997年、pp.128-129）と指摘している。

会を逸してしまうことになるのである。
　以上の関心から、本研究では主に次の四点を解明することに努めた。
　(1)　職業系諸学校における外国語（英語）科の教科としての位置づけ、時数、教員構成などの実態はどのようなものだったのか。
　(2)　職業系諸学校で英語教育を受けた生徒の数はどのくらいか。中学校および高等女学校の英語学習者数と比べると、どの程度の割合か。
　(3)　職業系諸学校で使用されていた教材や教授法には、どのような特徴があったのか。そこには各学校固有の英語教育の目的が反映していたのか。
　(4)　戦後の新制下における英語科の事実上の必修科目化を可能にした歴史的前提条件を形成する上で、職業系諸学校はどの程度寄与したか。

　対象とする主な時期は、森有礼の下で学校令が公布された1886（明治19）年から戦後の新制発足に至る1947（昭和22）年までである。
　対象とする教科は英語科である。中等諸学校の教科目名は正式には「外国語」である場合が多いが、筆者の調査[3]では戦前期の文部省検定済外国語教科書の99.5％が英語教科書であるなど、実質的にはほとんどが「英語」であるため、独・仏語などの英語以外の言語を含む場合を除き、本書では便宜上「英語」と表記している。
　もとより制度史的には、高等小学校や実業補習学校などを「中等」の概念で一括することはできない。しかし、正系・傍系を問わず、英語科教育はいわば中等教育のシンボル的存在であり、職業系諸学校でも中学校などと共通の英語教材を使用していた実態もあるなど、両者を「中等」英語科教育として一括して論じることは可能であろう。むしろ、学校制度上の硬直した隔壁の下で、そうした「中等」的な英語科教育を職業系諸学校でも実施していたという実態こそが、戦後の中等教育課程の単線化を準備する内実を形成していたといえるのではないだろうか。この点も、本書を貫く問題意識である。

---

[3]　江利川「データベースによる外国語教科書史の計量的研究(1)」日本英語教育史学会『日本英語教育史研究』第15号、2000年

第2節　日本英語教育史研究における職業系諸学校研究の意義

　日本英語教育史に関する先行研究としては、単行本として刊行された主要なものだけでも以下の労作がある（年代順）。

枩田與惣之助『英語教授法集成』私家版、1928年
荒木伊兵衛『日本英語学書志』創元社、1931年
竹村　覚『日本英学発達史』研究社、1933年
櫻井　役『英語教育に関する文部法規』（英語教育叢書）研究社、1935年
岡田美津『女子英語教育論』（英語教育叢書）研究社、1936年
勝俣銓吉郎『日本英学小史』（英語教育叢書）研究社、1936年
櫻井　役『日本英語教育史稿』敞文館、1936年〔文化評論出版の翻刻版1970年〕
定宗數松『日本英学物語』三省堂、1937年
赤祖父茂徳『英語教授法書誌』英語教授研究所、1938年
豊田　實『日本英学史の研究』岩波書店、1939年
重久篤太郎『日本近世英学史』教育図書、1941年
東京都都政史料館『東京の英学』東京都都政史料館、1959年
大阪女子大学附属図書館編『大阪女子大学蔵日本英学資料解題』1962年
飯田　宏『静岡県英学史』講談社、1967年
日本の英学100年編集部編『日本の英学100年』（全4巻）研究社、1968・69年
高梨健吉・大村喜吉『日本の英語教育史』大修館書店、1975年
佐々木満子『英学の黎明』近代文化研究所、1975年
福原麟太郎編『ある英文教室の100年』大修館書店、1978年
川澄哲夫編『資料日本英学史』（全3巻）大修館書店、1978－98年
池田哲郎『日本英学風土記』篠崎書林、1979年
若林俊輔編『昭和50年の英語教育』大修館書店、1980年
大村喜吉・高梨健吉・出来成訓編『英語教育史資料』（全5巻）東京法令出版、1980年
伊村元道・若林俊輔『英語教育の歩み』中教出版、1980年
教科書研究センター編『旧制中等学校教科内容の変遷』ぎょうせい、1984年

田中啓介編『熊本英学史』本邦書籍、1985年
稲村松雄『教科書中心　昭和英語教育史』開隆堂出版、1986年
茂住實男『洋語教授法史研究』学文社、1989年
大阪女子大学附属図書館編『大阪女子大学蔵蘭学英学資料選』1991年
外山敏雄『札幌農学校と英語教育』思文閣出版、1992年
出来成訓『日本英語教育史考』東京法令出版、1994年
小篠敏明『Harold E. Palmer の英語教授法に関する研究―日本における展開を中心として』第一学習社、1995年
高梨健吉『日本英学史考』東京法令出版、1996年
伊村元道『パーマーと日本の英語教育』大修館書店、1997年
松村幹男『明治期英語教育研究』辞游社、1997年
寺田芳徳『日本英学発達史の基礎研究』（全2巻）渓水社、1998年
伊村元道『日本の英語教育200年』大修館書店、2003年

いずれも優れた研究であるが、中学校および高等女学校[4]を対象とした記述がほとんどで、中等程度の実業学校と師範学校の英語教育史に踏み込んだ研究書はない。わずかに、櫻井（1935年）、櫻井（1936年）、教科書研究センター（1984年）〔「外国語」の執筆者は高梨健吉〕に実業学校、師範学校、高等小学校の英語教育に関する若干の記述があるが、いずれも法令的な解説が中心である[5]。外山敏雄（1992年）が扱った札幌農学校は一種の実業学校であるが、大学に準じた機関であり、対象も1884（明治17）年ごろまでである。

実業補修学校、青年学校、および陸軍系の学校での英語教育史に関する研究は皆無に近いといえる[6]。

---

[4] 中学校と比較して高等女学校の英語教育史に関する研究は少ないが、近年の成果では竹中龍範「昭和期高等女学校英語教育の実相（その1）―昭和改元期より太平洋戦争開戦まで」（兵庫教育大学言語表現学会『言語表現研究』第21号、2005年）などが注目される。

[5] 論文では寺澤恵「商業英語教育の変遷―商法講習所時代」日本英学史学会『英学史研究』第19号、1986年があるが、明治10年代までの記述である。

[6] 陸海軍系の学校に関する論文は、(1)松野良寅「草創期海軍の英語教育」『日本英語教育史研究』第7号、1992年、(2)品田毅「わが国の軍学校における教育課程の研究－特に外国語教育について」『明海大学外国語学部論集』第5号、1993年、(3)山下暁美「戦時下における敵性語教育―日・米軍の言語教育をめぐって」常磐大学人間科学部紀要『人間科学』

そうした中にあって、高等小学校の英語科教育に関しては、比較的多くの先行研究がある。杢田（1928年）は先駆的労作で、小学校英語教育史に関する記述がある。戦後の論文としては、櫻庭信之の研究[7]がもっとも早いものである。その後、1972年に志村鏡一郎は高等小学校における英語教育の研究の重要性を以下のように指摘していた[8]。

> 従来は、外国語（英語）科といえば、中等レベルの教育機関におけるそれのみが、もっぱら関心の的であったとすれば、これは、ひとつの大きなみおとしといっていいようにおもわれる（中略）国民教育の場であったと理解できる高等小学での外国語（英語）科の実態に、あらためて注視することが、要請されるのではないだろうか。

1980年代以降には、竹中龍範[9]、松村幹男[10]、西岡淑雄[11]、麻生千明[12]らの研究、私立小学校についての野上三枝子の研究[13]、三羽光彦らの学校制度史

13巻2号、1996年、(4)安田和生「海軍機関学校の英語教育」『日本英語教育史研究』第19号、2004年などがある。

7　櫻庭信之「小学校の英語」『新英語教育講座』第5巻、研究社、1949年、「小学校と英語教育」東京教育大学内教育学研究室編『外国語教育』〔教育大学講座第28巻〕金子書房、1950年など。

8　志村鏡一郎「初等・中等カリキュラムにおける外国語（英語）科の位置―太平洋戦争以前」『静岡大学教育学部研究報告・教科教育学編』第4号、1972年、pp.20-21

9　竹中龍範の研究には、(1)「わが国における早期外国語教育の歴史」垣田直巳監修『早期英語教育』大修館、1983年、(2)「小学校における英語教育の歴史―慶応幼稚舎の場合」『香川大学教育実践研究』4、1985年、(3)「明治中期における小学校の英語教育」日本英学史学会広島支部『英学史会報』8-13合併号、1990年、(4)「明治後期における公立小学校の英語教育―明石高等小学校の場合」『英学史研究』第31号、1998年、(5)「小学校の英語―商業科附設の時代」『日本英語教育史研究』第18号、2003年などがある。

10　松村幹男の研究には、(1)「中学校入試科目としての英語及び小学校英語科」『英学史研究』第19号、1986年、(2)「高等小学校における英語科」『中国地区英語教育学会研究紀要』第17号、1987年、(3)「もうひとつの英語科存廃論」『中国地区英語教育学会研究紀要』第18号、1988年、(4)『明治期英語教育研究』辞游社、1997年などがある。

11　西岡淑雄「高等小学校の英語教育」日本英学史学会関西支部大会（1988年11月）における口頭発表、「高等小学校の英語教科書」日本英語教育史学会第7回全国大会（1991年5月）における口頭発表。

12　麻生千明「明治20年代における高等小学校英語科の実施状況と存廃をめぐる論説動向」『弘前学院大学・弘前学院短期大学紀要』第32号、1996年

13　野上三枝子「成城小学校における英語教育の歴史」『成城学園教育研究所研究年報』第一集、1978年

的な研究[14]などが続いた。ただし、高等小学校における英語教育の全体像を解明した論考はない。

このように、近代日本における英語教育史の全体像の解明には、未開拓の領域があまりにも多いのが現状である。その理由は、第一に英語教育史を含む英語教育学研究全体の立ち遅れにあるといえよう。英語教育学に関する独立の学会が形成されたのは1970年前後であり、その活動はわずか30年程度である。英学史の研究では、日本英学史研究会が1964年に設立されたが（1970年より学会）、英語教育史の唯一の専門学会である日本英語教育史研究会が創設されたのは1984年（1987年より学会）であり、その歴史はわずかに20年ほどである。

職業系諸学校の英語教育史研究が立ち遅れている第二の理由は、中学校などと比べて資料が著しく乏しいことである。たとえば、『英語教育史資料』（東京法令出版、1980年、全5巻）の第1巻は「英語教育課程の変遷」であるが、とり上げられている法令・施行規則・教授要目などはすべて中学校および高等女学校のものだけである。中等程度の実業学校、実業補習学校および青年学校においては長らく施行規則がなかったために、英語の授業時間数すら指定されておらず、英語科の教授要目も存在しなかった[15]。そのため、中央の法令などから実情を窺い知ることはほとんど不可能である。

また、陸海軍系の諸学校にあっては、敗戦に伴い関係資料のほとんどが焼却され、残った資料はことごとく米軍に接収された。現在、返還と公開が進んではいるものの、一般の学校とは比較にならない資料的制約がある。とりわけ陸軍関係は公式に刊行された教育史や学校史関係の文献がほとんどなく、防衛研究所などに稿本や資料綴のまま保管されているのみである[16]。

14　三羽光彦『高等小学校制度史研究』法律文化社、1993年、森下一期「高等小学校における［選択制］に関する一考察」『名古屋大学教育学部紀要－教育学科－』第36巻、1989年など。

15　戦争末期の1943（昭和18）年に文部省国民教育局が『㊙中等学校令・実業学校規程・実業学校教科教授及修練指導要目（案）』を刊行したが、実質的な影響はほとんどなかったと思われる。

16　本章執筆後の2004年になって、高野邦夫編『近代日本軍隊教育史料集成』（全12巻）が柏書房から刊行されたが、まだ全体のごく一部である。

こうした資料的な制約を踏まえて、本研究では以下の研究方法をとった。

第3節　研究方法

　学校現場の実態に肉薄するために、中央の法令から演繹的に考察するのではなく、現場の実態をより正確に把握しやすい学校沿革史や地方教育史などの資料を精査し、さらに使用教材、授業報告や視察記録などの諸資料を発掘・分析することで、帰納的に一般傾向を導き出すことに努めた。

　また、先駆的ないし特色ある教育実践にも可能な限り目配りした。一例を挙げるならば、法令上は尋常小学校の教科目に「英語」はなかったが、実際には大正から昭和初期にかけて、神戸や和歌山の公立の尋常小学校では児童に英語を教えていた（第5章第4節参照）。少数ではあっても、そうした事実を埋もれさせることなく、近代日本の英語科教育の多様性をリアルに把握したい。

　また、特に文献資料に乏しい陸海軍系学校などの外国語教育に関しては、関係者からの証言を多数集め、教材や同窓会誌などの提供を受けるなどして資料の欠落を補った。

　各学校種の実態を客観的に評価するために、外国語教科書の書誌データベースを校種別に作成し、実業学校用、師範学校用、高等小学校用などの教科書の発行状況を計量的に相互比較した（第2章第2節参照）。その上で、教科書の内容を質的に分析した。その際に、語彙や文法などの言語材料のみならず、題材内容（トピック）を読みとることで、教養主義的もしくは実用主義的な傾向を具体的に把握した。

　なお、記述に当たっては各学校の制度史的な変遷を概観し、時代背景を交えながら、その中での英語科教育の特徴を浮かび上がらせるように留意した。

第2章
中学校・高等女学校における英語科教育の展開過程

　第1章で述べたように、中学校および高等女学校の英語科教育に関しては多くの先行研究がある。そのため、職業系諸学校における英語科教育の特徴を浮かび上がらせるために、本章では比較対象となる中学校および高等女学校の英語科教育に関する制度史的な変遷を概観するにとどめる。

第1節　中学校・高等女学校の制度的位置と英語科教育の変遷
1-1．中学校・高等女学校の教育制度的位置
　1886（明治19）年に帝国大学を頂点とする学校序列体系が形成され、翌年の官吏任用試験制度によって帝大卒業生だけに高等文官への無試験任用の特権が与えられると、近代日本の学歴社会が形成され始める[1]。そうした中で、男子だけに門戸を開いた中学校は高等学校（高等中学校）を経て帝国大学へと進むエリートコース（正系）の入り口に位置し、外国語（実質的には英語）の能力が立身出世のパスポートとなった。まさに「洋学の習得は、社会的な地位も収入も飛躍的に上昇させた」[2]のである。
　一方、近代日本の女子教育は来日宣教師による学校開設と明治政府による官立女学校の設置に始まった。女子教育の中心機関として1872（明治5）年に開設された官立の東京女学校は、3人の米国夫人を教師に迎えるなど英語教育に重点を置いていた。同年に京都に設立された新英学校（1874年に英女学校と改称）も、英国夫人を教師とする女子のための英語学校であった[3]。

1　竹内洋『立身・苦学・出世―受験生の社会史』1991年、講談社、p.56
2　深谷昌志『学歴主義の系譜』黎明書房、1969年、p.110
3　櫻井役『女子教育史』増進堂、1943年〔日本図書センター複製版、1981年〕、pp.14-17

「明治の女子教育は英学で始まったといっても、言い過ぎではあるまい」[4]という状況だったのである。1891（明治24）年12月の中学校令中改正では、「高等女学校は女子に須要なる高等普通教育を施す所にして尋常中学校の種類とす」と定められ、当初は尋常中学校の一種と見なされていた。

　欧米列強が帝国主義化する時代に後発の資本主義国として近代化を進めた日本は、富国強兵、殖産興業、文明開化を国策とした。その「国家の須要に応」ずる人材を育成するために、帝国大学を頂点とする高等教育機関では西洋の先進的な学術を日本に移植する必要に迫られ、「原書」を読みこなせる外国語力を必須の入学要件とした。その準備教育機関である高等学校では当然ながら外国語教育に著しい比重が置かれ、入学試験でも英語を重視した。そのために、中学校では高度な英語力を身につけさせる必要があった。こうした歴史的な制約から、日本の中等外国語教育は、欧州の中等学校のような古典語を課すことなく、近代語である英語に特化した実学志向であり[5]、人文主義や教養主義の要素はその出発点から脆弱だった。

　言いかえれば、明治期以降の異常なまでの英語教育熱を生み出した社会経済的な基盤は日本の後進性であり、教育制度的な基盤は中学－高校－帝大という「正系」ルートの存在であった。したがって、日本の近代化が成熟し、大学での教育言語が日本語中心になるにつれて、英語の学力は必然的に低下した[6]。また、中等教育が大衆化するにつれて、日本の英語教育ではもともと脆弱だった教養主義の凋落と実用主義の台頭が進んだ。実用性に乏しい英語科教育への廃止論が明治後半以降に繰り返された背景には、そうした歴史的変化があった。

　「正系」のエリート・コースだった中学校に進むことのできる層はきわめて限られていた。小学校入学者数に占める中学校入学者数の割合は、20世紀初頭の1901（明治34）年度から1909（明治42）年度の時点で最低2.8％、最高

4　岡田美津『女子英語教育論』（英語教育叢書）研究社、1936年、p.10
5　戦前期中等教育の実学志向に関しては、谷口琢男『日本中等教育改革史研究序説—実学主義中等教育の摂取と展開』第一法規、1988年参照。
6　この点は、すでに夏目漱石が「語学力養成に就いて」（『学生』1911年1月・2月号）で論じている。

でも3.8％にすぎなかった[7]。社会階層的にも、明治期には士族出身者の比重が高かった。1888（明治21）年の時点で、全国47の尋常中学校で士族出身者の占める割合は51％だった（10年後には32％）[8]。また、全人口に占める士族の割合が5〜6％だった時期に、1885（明治18）年の東京大学卒業者のうち士族出身者は70％に達していた[9]。

他方で、一般庶民階層がより多く通う乙種実業学校や高等小学校を加えるならば、中等レベルの学校の在学率は1900（明治33）年に該当年齢の2.9％、1905（明治38）年に4.3％、1910（明治43）年には15.9％に達した[10]。つまり、中学校と同年齢層の職業系諸学校の就学者を視野に入れるならば、進学率の様相が一変するのである。

中学校および高等女学校のエリート・コース的な性格は、基本的には戦後の新制発足（1947年）まで踏襲された。どちらも成績優秀で、経済的に恵まれた家庭の子弟が多く入学していたのである。1936（昭和11）年3月時点での中等学校への進学状況を調査した文部省教育調査部『尋常小学校卒業者ノ動向ニ関スル調査』（1938年）によれば、進路先で圧倒的に多いのが高等小学校で、全国平均で男子の68.3％、女子の51.6％に達している。他方で、中学校は11.9％、高等女学校は20.9％にすぎない（図2-1）。

学業成績をみると、尋常小学校時代に4段階で最優秀の「甲」レベルだった生徒の占める割合は中学校が75.8％ともっとも多く、次いで高等女学校が68.9％、実業学校（男子）が68.5％である。これに対して、高等小学校（男子）では21.6％、青年学校（男子）では9.2％にすぎない（図2-2）。

また、家庭の資産が「上」に区分された生徒の割合をみると、やはり中学校が27.6％ともっとも多く、次いで高等女学校が23.7％、実業学校（男子）が18.6％である。これに対して、高等小学校（男子）では6.0％、青年学校（男子）では1.5％にすぎず、逆に資産が「下」の割合は、中学校が0.8％、高等女学校が1.3％であるのに対して、高等小学校は23.5％、青年学校は

7　『文部省年報』各年度版より算出
8　菊池城司「近代日本における中等教育機会」『教育社会学研究』第22集、1967年、p.136
9　天野郁夫『学歴の社会史―教育と日本の近代』新潮社、1992年、p.43
10　文部省『学制九十年史』1962年、p.181

16　第2章　中学校・高等女学校における英語科教育の展開過程

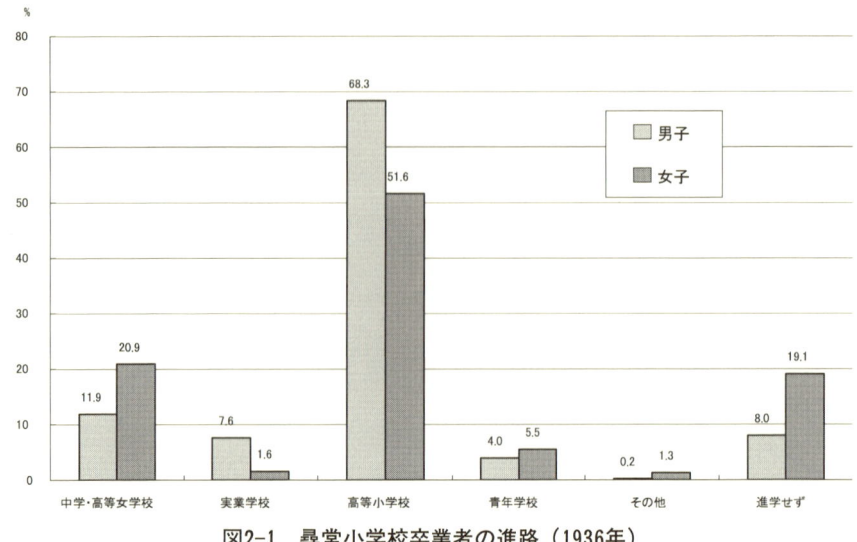

図2-1　尋常小学校卒業者の進路（1936年）

（出典）図2-1～2-3は文部省教育調査部『尋常小学校卒業者ノ動向ニ関スル調査』（1938年）から作成

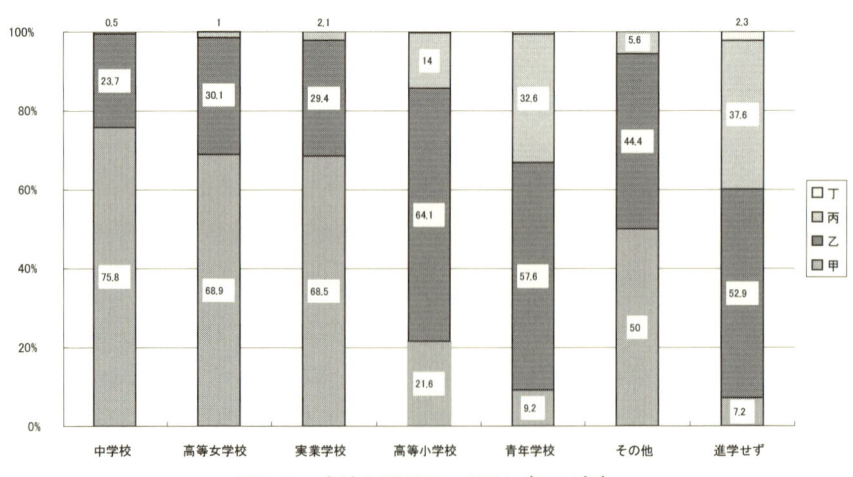

図2-2　成績と進路との関係（1936年）

第1節　中学校・高等女学校の制度的位置と英語科教育の変遷　17

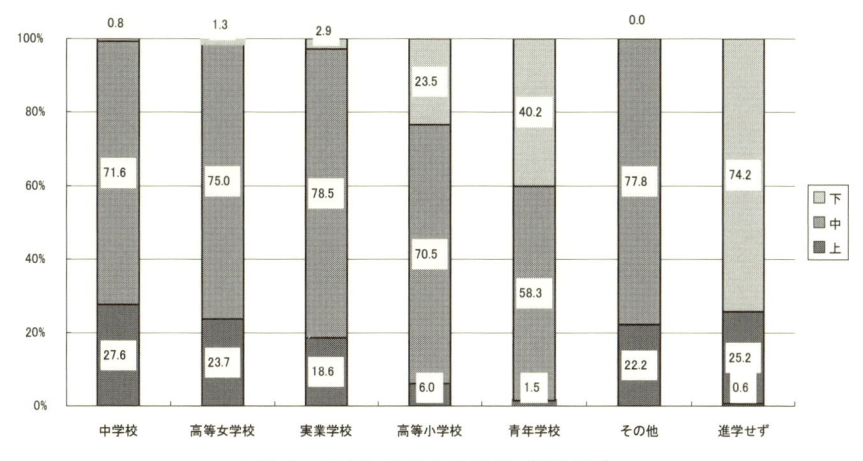

図2-3　資産と進路との関係（1936年）

40.2％にも達した（図2-3）。このように、「いわゆる中等教育機会（中学校、高等女学校、実業学校）から、資産下（下位約4分の1）の児童がほぼ完全に遮断されていた」[11]のである。

1-2.　中学校・高等女学校における英語科教育の変遷

　1872（明治5）年9月（旧暦8月）公布の学制によれば、中学校は「小学を経たる生徒に普通の学を教る所」と規定され、上等、下等に二分し、それぞれに「外国語学」を置いた。

　1881（明治14）年7月の中学校教則大綱では、中学校を初等中学科と高等中学科に分け、「高等の普通学科を授くる所にして中人以上の業務に就くが為め又は高等の学校に入るが為めに必須の学を授くるものとす」として、中学校の性格を完成教育と進学準備教育の二重に規定した。英語の週授業時数は初等中学科が6－6－6、高等中学科が7－7だった。

　1886（明治19）年4月の中学校令では、基本的に教則大綱を踏まえて「中学校は実業に就かんと欲し又は高等の学校に入らんと欲するものに須要なる教育を為す所とす」とされた。尋常中学校の時数は、第一外国語（原則とし

11　菊池城司「近代日本における中等教育機会」、p.142

て英語）が 6 － 6 － 7 － 5 － 5（計29）、第二外国語が 0 － 0 － 0 － 4 － 3（計 7 ）だった。ただし、この時期の実際の授業時数は必ずしも法令どおりではなかった。たとえば、京都府尋常中学校（現、洛北高校）における1889（明治22）年制定の時数は、英語12－12－ 8 － 6 － 6（計44）、ドイツ語 0 － 0 － 0 － 4 －4であった。また教科書も第 4 級（中学 2 年）で異語数約12,000語レベルの *New National Fifth Reader* を使うなど、きわめて高度な内容だった[12]。

この中学校令では「実業に就かんと欲し」と定められてはいたが、中学校は実際には上級学校への準備教育的な色合いが濃厚だった。そのため、1894（明治27）年6月には尋常中学校実科規程が定められ、農業科や商業科の設置が促されたが、これは失敗に終わった。文部大臣を務めた岡田良平は、当時の実態を次のように回想している[13]。

> 此の実科中学校では、外国語をやめて、普通学の外に実業学科を加へるといふのであって、之を設置した者は、僅に一二校に過ぎず。それすら語学を修めないと、上の方の学校へ行かれぬと言って、生徒は教師に請うて、科外に英語を学ぶという訳で、実科中学の精神は無視されて了つた。

それほどまでに、中学生は上級学校進学と、そのための英語習得を望んでいたのである。

一方、女子教育では1882（明治15）年 7 月に東京女子師範学校に日本初の高等女学校が附設されたが、学科目に英語はなかった。しかし、これが1886（明治19）年に東京高等女学校と改称されると英語が重視され、週 8 － 8 － 9 － 9（計34）時間が配当された[14]。

高等女学校は1895（明治28）年 1 月の高等女学校規程によって、初めて独立した地位を得た。そこでの外国語（実質は英語）は正課ながら欠くことができ、時数は 6 年制の場合が(3)－(3)－(3)－(3)－(4)－(4)だった（以後、カッコ付きの数字は選択科目としての時数を表す）。以降、高等女学校の

---

12 『京一中洛北高校百年史』1972年、pp.125-127
13 国民教育奨励会編『教育五十年史』民友社、1922年、p.209
14 櫻井役『英語教育に関する文部法規』（英語教育叢書）研究社、1935年、p.18

外国語は週3時間程度が標準だった。ただし、なかには大阪府立高等女学校（現、府立大手前高校）のように、1886（明治19）年の時点で英語を5－5－5－5（計20）、1901（明治34）年の時点で6－4－3－3（計16）も課す学校もあった[15]。

1899（明治32）年2月の中学校令改正では、「中学校は男子に須要なる高等普通教育を為すを以て目的とす」として、二重目的を解消した。1901（明治34）年3月の中学校令施行規則によると、外国語の授業時数は7－7－7－7－6（計34）だった。この時期がピークで、1919（大正8）年3月の中学校令施行規則では6－7－7－5－5（計30）に削減された。また実業（農業・工業・商業）に関する科目を選択できるようにした。

明治・大正期の中学校の外国語は法令上は英語、仏語、独語と定められていたが、実際には「独語又は仏語を教授する中学校は漸く其数を減じ、現在僅に各一二校に止まり、他は挙げて英語を教授するの実況なり」[16]といった実情だった。

もっとも大きな改革が実施されたのは、1931（昭和6）年1月の中学校令施行規則改正である。中学校は「小学校教育の基礎に拠り一層高等の程度に於て道徳教育及国民教育を施し生活上有用なる普通の知能を養ひ且体育を行ふを以て旨とす」と規定され、初めて「生活上有用なる普通の知能」といった実用目的が明示された。こうした変更の意図は「改正中学校令施行規則の趣旨」（文部省訓令第2号）を読めばさらに明確になる。そこでは、「中学校の教育が往々にして高等教育を受けんとする者の予備教育たる旧時の遺風を脱せずして上級学校入学の準備に流れ為に動もすれば人格の修養を等閑に附し且実際生活に適切ならざるの嫌あり」と厳しく総括した上で、「卒業後直に上級学校に入学する者は年々約三分の一に過ぎずして其の大部分は卒業と共に社会の実務に当るの情態なり」との現状認識を示している。ただし、実際に

15　大阪府立大手前高等学校百年史編集委員会『大手前百年史』金蘭会、1987年、p.251、p.261
16　大阪外国語学校『中学校に於ける外国語に就いて』1924年、p.2。なお、このパンフレットには文部大臣への「中学校ニ於ル独逸語及仏蘭西語ノ学級増設ノ建議」などが収録されている。

は卒業生の約3分の1は進学浪人であった。

　改革の背景には、中学校の急速な普及発達と大衆化がある。生徒数をみると、1920年の17万7,201人から1930年の34万5,691人へと10年で倍増した。量的な急増は質的な変化を進め、卒業後ただちに上級学校に進学できた生徒は約3分の1で、うち高等学校に入学できた者は約10分の1にすぎなくなった。

　こうした実態を反映して、この1931（昭和6）年の改正では中学校は4学年以上で実業を必修とする第一種課程（就職コース）と、外国語を必修とする第二種課程（進学コース）に分割された。外国語の時数は特に第一種で大幅に削減され、しかも4学年以上は増課科目（学校選択科目）となった。

　　第一種　5－5－6－（2～5）－（2～5）（計20～26）
　　第二種　5－5－6－4～7－4～7　（計24～30）

　なお、外国語には新たに「支那語」が加えられた。1931年は時あたかも満州事変勃発の年であり、「施行規則の趣旨」によれば「我が国と中華民国との関係頗る密接なるに鑑み中学校教育をして実際生活に有用なものたらしむるの趣旨」から導入したとある。ここでも実用性を強調している点が注目される。ただし、文部省の調査によれば、次に示すように、実際に支那語を課す中学校は1933（昭和8）年12月現在で5校にすぎず、しかも英語との兼修だったから、英語の圧倒的な優位に変わりはなかった[17]。

　　英語のみ540校（98.2%）　　　英語と支那語5校（0.9%）
　　英語とドイツ語3校（0.5%）　　英語とフランス語2校（0.4%）

　進路によるコース分けは必ずしも歓迎されなかった。1935年4月の調査によれば、生徒数は第一種が2万9,322人、第二種が9万98人で、英語重視コースである後者が前者の3倍もの人気を集めていた。また、3年からコース分

---

[17] 関口隆克「中学校の実際化に関する資料」『産業と教育』第1巻第3号、1934年8月発行、p.403

割をした中学校はわずか8校にすぎなかった[18]。ちなみに、こうしたコース分けは戦後の中学校でも行われた。1958（昭和33）年告示の学習指導要領で中学の英語教科書はA、B、Cの3種類となり、ページ数の少ないAは就職組用だったが、現場では差別・選別を生むとして批判も強く、1969（昭和44）年告示の学習指導要領では区別が解消された。

　実科高等女学校（高等女学校実科を含む）では、規程上は学科目から外国語を除き、代わりに実業科目を加えることになっていたが、実際には外国語（英語）を課す学校も少なくなかった。1933（昭和8）年度の調査では、実科高等女学校185校のうち、外国語を正課として加設する学校が36校、随意科または選択科として課した学校が30校で、合わせると全体の36％におよぶ[19]。

　1943（昭和18）年1月には中等学校令が制定され、中学校、高等女学校、実業学校が中等学校に一元化された。中学校は大正・昭和期の大衆化の過程でその特権的地位が後退し、エリート教育のシンボルだった英語科教育の地位低下と実用主義化が促進されていた。こうして、実業科や女子の課程を含む戦後の新制高等学校の基礎が形成されたのである。

　同年3月の中学校規程および高等女学校規程では、「外国語の理会力及発表力を養ひ外国の事情に関する正しき認識を得しめ国民的自覚に資するを以て要旨とす」とされた。外国語を「理会力」と「発表力」に分けたことは、英語教授研究所が唱道してきた新教授法に則るものであった。また、「外国の事情に関する正しき認識」や「国民的自覚に資する」といった規定は1990年代の学習指導要領の目標規定を先取りした側面をもち、「堂々たる正論である」との評価がある[20]。しかし、「中等学校外国語科教授要目の解説」[21]によれば、当時は以下の趣旨だった。

> 今やわが国は総力を挙げて大東亜戦争の完遂と大東亜共栄圏の建設とに邁進しているのであるが、これ等の広大な地域の民族に日本精神を宣揚し、日本

18　文部省『文部時報』527号、1935年、p.24
19　櫻井役『英語教育に関する文部法規』p.18
20　大村喜吉他編『英語教育史資料』第1巻、東京法令、1980年、p.137
21　中等学校教科書株式会社（著作兼発行）『外国語科指導書　中等学校第一学年用』1943年、p.4

文化を紹介して、わが国の真意を理会せしめ、大東亜の新建設に提携協力せしめるには、日本語の普及と共に外国語の利用をも考へなければならぬ。また一方外国文化を摂取してわが国文化を昂揚し、大東亜共栄圏内諸民族の指導者としての豊かな文化を発達せしめなければならない。それには外国語の修得は必須であり、（以下略）

なお、1943（昭和18）年度より中学校の修業年限は4年に短縮され、外国語の時数は4－4－（4）－（4）の計8～16で、カッコは実業科との選択を示す。高等女学校では週2～3時間の随意科目とされた。つまり、この段階で外国語の時数は戦後の新制中学校と同程度にまで削減されてしまったのである。

英語科の授業削減は高等女学校や女子職業学校ではさらに深刻であった。文部省は1942（昭和17）年7月に「高等女学校ニ於ケル学科目ノ臨時取扱ニ関スル件」を通牒し、外国語は随意科目とし、週3時間以下として課外での授業も禁止した。この方針に沿い、たとえば石川県では英語は同年の2学期から実科女学校では全面禁止、高等女学校、女子職業学校では1学年では英語を課すものの難解な作文、会話をさけ、実用的なものを教授し、2学年以上は開講を任意とした。その結果、津幡高女では英語に代わり農業科目が実施され、英語担当教師は農作業監督者となった[22]。

こうして、1943（昭和18）年の中学校数は727校、生徒数60万6,950人となったが、これは同年の実業学校（1,991校、78万2,079人）や高等女学校（1,299校、74万5,820人）を下回るものであった。さらには、同年の国民学校高等科生徒212万4,639人、青年学校生徒306万3,638人よりもはるかに少ない。もはや、中学校や高等女学校だけで中等レベルの教育を論じることはできないまでに、職業系諸学校は成長をとげていたのである。

第2節　教科書史的分析による諸学校英語科の位置

筆者は明治以降に刊行された文部省著作および検定済のすべての外国語教

---

[22] 『石川県教育史』第2巻、1975年、p.523-524

科書の書誌データをコンピュータに入力し、検索自在の書誌データベースを作成した[23]。これを駆使することで、教科書史の視点から学校教育体系に占める諸学校の位置を把握したい。

　文部省著作の英語教科書は、5期にわたって5種19冊が刊行された。検定済外国語教科書の認可件数は、検定制度が発足した翌年の1887（明治20）年3月から1947（昭和22）年3月までで2,234件で、総巻冊数は5,654巻（冊）だった[24]。その年次的な分布は図2-4のとおりである。特に昭和期には、中等教育の発展を反映しておびただしい数の検定外国語教科書が刊行されていた実態がわかる。

　学校種別の分類を表2-1および図2-5に示す。表2-1の右端の「兼用率」は同一の教科書が中学校や師範学校などの複数の校種用に検定認可されていた度合いを表しており、支那語、習字、文法、作文などの兼用率が高い。具体的な考察は以下のとおりである。

(1)　中学校用の教科書数がもっとも多く、のべ1,803点で全体の54%を占めている。中学校が外国語教育を重視していたことを裏づける数字である。

(2)　次いで実業学校用483（14%）が続く。実業学校で検定教科書の使用が義務づけられたのは1932（昭和7）年度以降だったにもかかわらず、教科書数が多い。その理由は、1930年代に実業学校の校数と生徒数が中学校を上回ったことに加え、商業学校などでは中学校に勝るとも劣らない外国語教育を行った学校も多かったからである（第3章第4節参照）。

(3)　高等女学校用や師範学校用は相対的に少ない。これは外国語が加設科目（選択科目）だった時期が長く、授業時数も中学校の約半分の週3時間程度だったためである。なお、女学校用では文法および作文の教科書数が師範用の半分しかなく、逆に副読本は師範用の2.5倍もある。

---

[23] 江利川「データベースによる外国語教科書史の計量的研究(1)」『日本英語教育史研究』第15号2000年、および小篠敏明・江利川春雄編著『英語教科書の歴史的研究』辞游社、2004年。また2001・02年度には科学研究助成金の交付を受け「明治以降外国語教科書データベース」に発展させ、CD-ROMおよびインターネットで公開した（http://www.wakayama-u.ac.jp/~erikawa/）。

[24] この数字は入力ミス等も考慮に入れ、暫定値として扱う必要がある。

24　第2章　中学校・高等女学校における英語科教育の展開過程

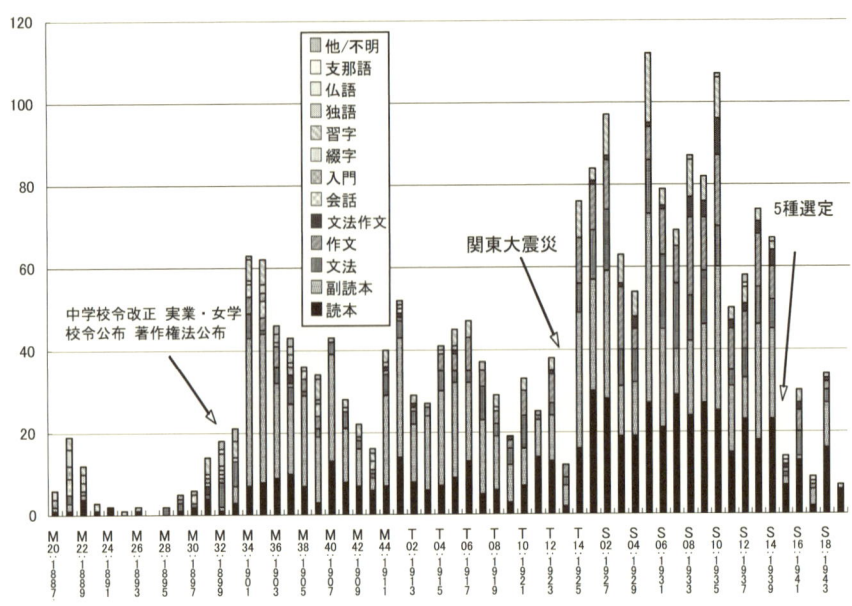

図2-4　外国語教科書検定認可数の変遷（1887-1944年）

表2-1　学校種別、教科書種類別の発行状況（1887-1946年）

種別	中学校	小学校	師範学校	高等女学校	実業学校	計(のべ)	構成比	兼用率
読　本	324	99	136	139	147	845	25%	1.38
副読本	764	1	49	124	104	1042	31%	1.31
文　法	278	2	98	57	91	526	16%	1.95
作　文	236	0	70	26	95	427	13%	1.69
会　話	28	7	3	0	0	38	1.1%	1.15
入　門	8	10	0	0	0	18	0.5%	1.20
綴　字	9	8	1	0	0	18	0.5%	1.29
習　字	127	59	64	83	39	372	11%	2.19
独　語	7	0	0	1	0	8	0.2%	1.14
仏　語	1	0	0	0	0	1	0.0%	1.00
支那語	3	0	0	3	2	8	0.2%	2.67
他／不明	18	1	3	2	5	29	0.9%	1.45
計	1,803	187	424	435	483	3,332	100%	平均
構成比	54%	5.6%	13%	13%	14%	100%		1.53

(註) 複数校種に重複するものは各校種に算入。文法には「文法作文」を含む
(出典) 図2-4とともに「明治以降外国語教科書データベース」

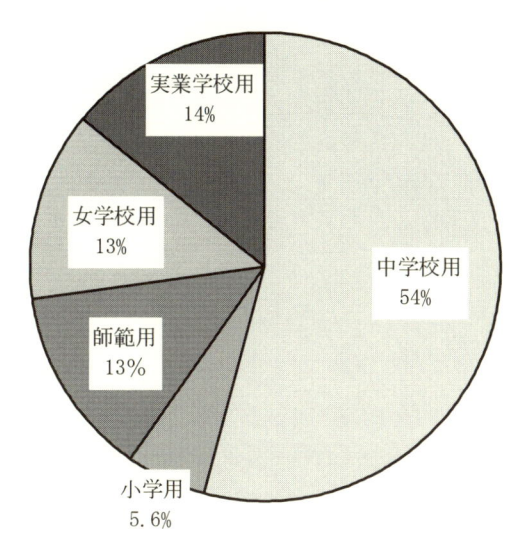

第2節　教科書史的分析による諸学校英語科の位置　25

図2-5　学校種別の外国語教科書発行状況（1887-1947年）

（4）　高等小学校用の教科書はわずかに5.6%（187）である。外国語がたえず加設科目の地位に置かれ、一般に軽視されていたからである。筆者の調査では、1900年度以降の加設率の全国平均はピーク時の1932（昭和7）年度ですら9.9%止まりで、授業時数もせいぜい週2〜3時間にすぎなかった。加えて、1908（明治41）年からは文部省著作の英語読本が刊行され、民間の検定教科書をたえず圧迫し続けた（第5章参照）。小学校用教科書の種類で顕著な点は、1890年代（ほぼ明治20年代）までは、入門書（primer）、綴字書、会話書といった平易な教材が全体（46点）の過半数（24点）を占めていたことである。その反対に、副読本、文法、作文はほとんど刊行されていない。乏しい時間数の中で、1900（ほぼ明治30）年代以降はもっぱら読本と英習字のみで授業が構成されていた様子が窺える。これは戦後の新制中学校の学習形態に類似しており、学校の大衆的性格とともに、両者の共通性が注目される。

以上を総括すると、のべ認可件数と占有率は、中学校用1,803件（54%）、実業学校用483件（14%）、高等女学校用435件（13%）、師範学校用424件（13

%)、高等小学校用187件（5.6%）となる（図2-5）。つまり、中学校用は全体の半分強にすぎず、女学校用を加えても全体の7割に満たない。しかも、実業学校や師範学校などが中学校用や女学校用の教科書を使用する場合も多かった。このように教科書構成の面からみても、職業系諸学校における英語教育の存在を除外して戦前の英語教育史の全体像を把握することは不可能である。

　以上を踏まえて、3章以降では職業系の諸学校における英語科教育の実態を学校種別に考察していきたい。

第3章
実業学校の英語科教育

第1節　実業学校の制度的変遷と英語科の位置

　戦後の高等学校を論ずるときに、商業、工業、農業などの職業系高校（コース）を欠落させることはできない。しかし、その源流となった旧制実業学校の英語科教育に関しては、ほとんど研究されてこなかった。
　本章では、まず第1節で中等レベルの実業学校の全体的な制度史と外国語（英語）科の位置の変遷を概観し、第2節以降で工業、農業、商業の各実業学校別に考察を行う。実業学校は学校種によって微妙な違いはあるが、本章では制度史的に次の4期に区分した。

1-1.　第1期　制度的混沌期：実業学校令（1899年）まで

　1872（明治5）年9月の学制公布、1879（明治12）年9月の教育令、1886（明治19）年4月の学校令と、近代日本の学校制度は着実な発展をとげるが、これらの時期には実業学校制度はまだ確固たる地位を確立していない。それは、当時の日本の資本主義的産業がまだ本格的な実業教育（産業教育）を必要とするまでには発達していなかったからである。
　学制では農業・商業・工業の各学校に関する簡単な規定があるのみで、英語ないし外国語についての言及はない。教育令下の1883（明治16）年4月に制定された農学校通則でも学科目中に英語はない。この時期は法令上の規定にかかわらず、英語をどの程度実施するかは、かなりの程度まで各学校の自由裁量に委ねられていたのである。
　1884（明治17）年1月には商業学校通則が制定された。商業学校は第一種（後の中等商業学校程度）の入学資格は13歳以上の小学中等科卒業者で、修業

年限は 2 年（ただし 1 年以内の延長が可）であった。第二種（後の実業専門学校程度）の入学資格は16歳以上の初等中学卒業の学力を有する者で、修業年限は 3 年（1 年以内の延長が可）であった。

1893（明治26）年11月には実業補習学校規程、翌年 7 月には徒弟学校規程（12歳以上入学可）および簡易農学校規程（14歳以上入学可）が制定されるが、いずれも英語教育に関する規定はない。

日清戦争の時期になると、資本主義的軌道に乗り始めた産業活動を第一線で担う実務者を育成するために、政府は1894（明治27）年 6 月に実業教育費国庫補助法を制定するなど、実業学校を上から振興させた。また、これまで文部省以外の管轄にあった様々な実業教育機関を単一の教育制度の下に統一した。こうして、1899（明治32）年 2 月に実業学校令が制定された。

1-2．第 2 期　実業学校の制度的確立期：1899～1920年

実業学校令は実業学校全般に関する初めての統一的な法令で、これをもって戦後の 6・3 制確立まで続く実業学校の体制が基本的に確立された。そこには次のような規定がある。

> 第一条　実業学校は工業農業商業等の実業に従事する者に須要なる教育を為すを以て目的とす
> 第二条　実業学校の種類は工業学校農業学校商業学校商船学校及実業補習学校とす
> 　　　　蚕業学校山林学校獣医学校及水産学校は農業学校と看做す
> 　　　　徒弟学校は工業学校の種類とす

このうち、農業、商業、商船の各学校は甲種と乙種の二種類に分けられた（1921年に名目上は区別廃止）。甲種は都道府県立が原則で、設備や教員の資質等の面で優れており、実業界の中堅的指導者層の育成をめざした。外国語は甲種の商業と商船学校では正課とされ、他の甲種校では開設義務のない加設科目であった。また、甲種の工業、農業、商業、商船では入試科目に外国語を加えることができ、予科（12歳以上で 2 年以内）では外国語も教えられた。これに対して乙種の学校は市町村立がほとんどで、設備やスタッフの面で劣

る場合が多かった。また法令上は乙種校では外国語が課程中に加えられていなかった。こうした複雑な制度を、一覧表にまとめてみよう（**表3-1**）。

表3-1　実業学校の制度と外国語科の位置

	工業学校		農業学校		商業学校		商船学校		水産学校
種別	甲種	乙種	甲種	乙種	甲種	乙種	甲種	乙種	甲種
外国語	加設	−	加設	−	必設	−	必設	−	加設
入学資格	14歳 高小4年卒	10歳 尋小4年卒	14歳 高小4年卒	12歳 尋小4年卒	14歳 高小4年卒	10歳 尋小4年卒	14歳 高小4年卒	10歳 尋小4年卒	14歳 高小4年卒
修業年限	3年 (4年可)	3年	3年 (4年可)	3年	3年 (4年可)	3年	3年	2年	3年 (2〜5年可)
付設コース	予科 専攻科 (2年内)		予科 専攻科 補習科		予科 専攻科 (2年内)		予科		予科 別科 選科

（註）工業学校には甲種・乙種の区別はないが、徒弟学校を乙種相当と見なした。なお、1921（大正10）年に徒弟学校は廃止され、「職業学校」が発足した。また、水産学校については1921年に乙種相当校（12歳入学）の設置が認められた。甲種実業学校に附設する予科では外国語は加設科目であった

　1903（明治36）年3月には専門学校令が制定され、高等教育機関である実業専門学校が開設された。これによって実業学校生にも進学の道が開かれ、英語は受験に欠かせない科目となった。また義務教育6年制への延長に伴い、1907（明治40）年9月には実業学校諸規程が改正された。こうして入学資格は甲種が14歳で高等小学校2年卒業以上、乙種が12歳で尋常小学校卒業以上となった。この時点でも年齢12歳、尋常小学校6年卒業を入学条件にしていた中学校や高等女学校よりも、甲種実業学校は入学年齢が2歳上回っていた。

　実業学校はその社会的評価において、中学校よりも一段低い扱いを受けていた。そうした状況に関して、江木千之は1918（大正7）年の臨時教育会議において次のように発言している[1]。

> 先づ少し気概のある生徒は中学に行くと云ふやうな風で、中学で試験が通らなかったから実業学校に這入らうかと云って実業学校に這入って来る、殊に又我国の習慣として百姓町人の仕事と云ふやうな感じが実業に付ては免れぬのでありますからどうも生徒の気位が中学に這入る生徒より一段下がって見

---

[1] 「臨時教育会議（総会）速記録 第二十四号（大正7年9月18日）」『資料 臨時教育会議』第5集、文部省翻刻版1979年、pp.33-34

える

　中等学校入学者の出身階層を三重県の例から考察する（**表3-2**）。商業学校に入学した生徒では商業者の子弟が66.3％、農林学校では農家の子弟が88.4％にも達している。こうした傾向は、新潟県の事例を大規模に分析し、「農業学校には農業の子弟が、商業学校には商業の子弟が多く集まる傾向がある」と結論づけた菊池城司の研究[2]と符合する。また、工業者の子弟の比がもっとも高いのは工業学校である。逆に、中学校や高等女学校とは異なり、実業学校では官吏や教員といったホワイトカラー層の子弟は少ない。このように、この時期の実業学校は家業を継ぐための専門教育の場としての性格が強かったことが窺える[3]。その意味で、実業学校は中学校や高等女学校に通う階層とは異なる、より庶民的な階層の子弟にも外国語を学ぶ機会を保障していたといえよう。

表3-2　三重県立中等諸学校入学者の出身階層　　（1902年）（単位：％）

	四日市商業	県立工業	県立農林	第一中学	第四中学	県立高女
商　業	66.3	26.3	6.5	30.6	29.2	25.5
工　業	0	11.2	0	2.0	10.8	8.5
農　業	17.5	51.3	84.8	31.3	26.7	25.5
官吏・教員等	16.2	11.2	8.7	30.0	33.3	40.5
無　職	0	0	0	6.1	0	0
計	100	100	100	100	100	100
備　考	予科1・2年	予科入学者	1904年			本科のみ

（出典）『三重県教育史』第1巻の各学校資料より作成

1-3．　第3期　実業学校の発展期：1920年代

　第一次大戦（1914～1918年）を契機とする重工業と通商の飛躍的な進展の中で、1920（大正9）年12月には実業学校令が大幅に改正された。この改正によって、甲乙種別の廃止（ただし名目的なもの）、入学資格の尋常小学校卒業生（12歳以上）への一元化、修業年限の3年～5年への弾力化、予科の廃止、

---

[2]　菊池城司『近代日本の教育機会と社会階層』東京大学出版会、2003年、p.265
[3]　この点については、天野郁夫編『学歴主義の社会史―丹波篠山にみる近代教育と生活世界』有信堂高文社、1991年（特に第Ⅲ部3章―商家の生活世界と学歴〔吉田文執筆〕）を参照。

表3-3 生徒数の比較（1900-1946年）

年度	A. 中学校 人数	B. 高等女学校 人数	B/A	C. 実業学校 人数	C/A
1900（明治33）	78,315	11,984	15%	18,453	24%
1910（明治43）	122,345	56,239	46%	64,739	53%
1920（大正9）	177,201	151,288	85%	136,290	77%
1930（昭和5）	345,691	368,999	107%	288,681	84%
1940（昭和15）	432,288	555,589	129%	624,704	145%
1943（昭和18）	607,114	756,955	125%	794,217	131%
1946（昭和21）	707,878	948,077	134%	772,380	109%

（出典）『文部省年報』各年度版より作成

表3-4 実業諸学校の生徒構成（1900-1946年）

年度	総数 人数	工業 人数	構成比	農業 人数	構成比	水産 人数	構成比	商業 人数	構成比	商船 人数	構成比	徒弟/職業 人数	構成比
1900（明治33）	18,453	2,153	12%	5,298	29%	—	—	8,935	48%	319	1.7%	1,748	9%
1910（明治43）	64,739	5,162	8%	24,439	38%	1,057	1.6%	22,945	35%	2,157	3.3%	8,979	14%
1920（大正9）	136,290	12,254	9%	46,241	34%	983	0.7%	56,900	42%	2,805	2.1%	17,107	13%
1930（昭和5）	288,681	36,256	13%	65,703	23%	1,977	0.7%	141,365	49%	2,775	1.0%	40,605	14%
1935（昭和10）	397,687	49,291	12%	76,457	19%	2,519	0.6%	195,022	49%	2,034	0.5%	72,364	18%
1940（昭和15）	624,704	106,816	17%	100,606	16%	3,389	0.5%	290,418	46%	1,892	0.3%	121,583	19%
1943（昭和18）	794,217	168,597	21%	138,513	17%	5,329	0.7%	333,877	42%	114,477	14.4%	33,424	4%
1946（昭和21）	772,380	239,934	31%	196,559	25%	7,775	1.0%	224,327	29%	59,343	7.7%	44,224	6%

（出典）『文部省年報』各年度版より作成

実業学校相互および他の学校間の入学上の連絡の緊密化、水産学校の独立、徒弟学校の工業学校への包含、裁縫・手芸・割烹・通信術等の諸学校を統括する職業学校規程（外国語は加設科目）の制定などの改革がなされた。ただし、外国語科に関する規定に目立った変化はない。

これらの結果、実業学校は急速な発展をとげ、1930年代になると校数・生徒数ともに中学校を上回るまでに成長した（表3-3・3-4参照）。内訳をみると、第一次大戦以降の重化学工業の発展を反映して工業学校が急増し、逆に農業学校の比重が低下した。

1-4. 第4期 国家統制の強まりと中等学校への統合：1930〜40年代

日本が満州事変（1931年）から日中全面戦争（1937年）へと進む流れの中で、

1932（昭和7）年11月に文部省は実業学校の普通科目用教科書をすべて検定対象とした。1935（昭和10）年6月には実業教育振興委員会（のちの実業教育振興中央会）が設置され、実業教育の育成強化が図られた。1940（昭和15）年9月に文部省は「昭和十六年度中等学校等教科書ニ関スル件」を通牒し、使用可能な教科書を学校種別に各学科5種以下に制限した（いわゆる「5種選定」）[4]。実業学校用英語教科書の検定合格件数は1939年度に43件あったものが翌年度には2件に激減した。選定された実業学校用の英語読本をみると、中学校と同様の英語読本が2種類で、あとの3種類はそれぞれ商業、農業、工業学校用に特別に編集されたものである。こうした折衷的な選択は、実業学校における普通英語教育と専門英語教育の二面的な性格を反映している。1941（昭和16）年12月には実業教科書株式会社が設立され、実業学校の専門科目用教科書を一元的に発行するようになった。事実上の国定化である。

　1940（昭和15）年12月には「実業学校卒業者ノ上級学校進学ニ関スル件」によって実業学校卒業生の上級学校進学率を約1割に制限することが通牒された。これは総力戦体制下で必要とされる中堅労働力を促成する狙いから出されたものである。この前代未聞の進学抑制策は、文部省実業学務局商工教育課長の西崎恵によれば、「実業学校卒業者の上級学校進学者は激増する傾向にあつて、此の儘放置すれば生産力拡充其の他重要なる産業国策遂行に不測の支障を来す」[5]という危機感から出たものである。たとえば工業学校卒業生の進学率は、「昭和十二年に於て二分五厘であつたのが、昭和十四年に於て五分一厘となり、昭和十五年には更に七分八厘と云う結果を示し、甚遺憾と云はざるを得ない状態であつた」というのである。こうした進学制限は、入試科目としての英語の学習に影響をおよぼしたと思われる。

　1943（昭和18）年1月には中等学校令が公布された。これによって実業学

---

[4] その結果、同年10月には「昭和十六年度使用中学校教科用図書総目録」が出された。英語教科書は中学校の部の pp.12～16、高等女学校の部の pp.8～11、実業学校の部の pp.11～14、師範学校の部の pp.9～11、小学校の部の pp.3～4に記載されている。（同資料は中村紀久二氏蔵）

[5] 西崎恵「実業学校卒業者の上級進学取扱に就いて」『文部時報』第712号、1941年1月、p.7

校は中学校、高等女学校と並ぶ中等学校として位置づけられた。いずれの学校も修業年限を1年短縮され、実業学校の修学年限は国民学校初等科卒業程度が4年、高等科（2年制）卒業程度が3年、夜間課程は高等科卒業程度で男子4年、女子2年となった。また、植民地開拓に従事する「拓殖学校」が実業学校に新たに加えられた。

1943（昭和18）年3月には実業学校規程が定められ、「実業学校教科教授及修練指導要目（案）」が文部省によって初めて作成された[6]。それによれば、外国語は実業科の一科目である「実業科外国語」と位置づけられており、男子商業学校と拓殖学校のみ正課とされた。そこでの外国語は「英語・支那語・『マライ』語又は大東亜共栄圏内に行はるる重要外国語の内一又は二箇国語を課すべし」とされた。こうして実業教育振興中央会から1944（昭和19）年4月には『実業マライ語』、6月には『実業独語』が発行された。週時数は農業拓殖科、商業拓殖科ともに4年制課程で3－3－3－3、3年制課程が3－3－3であった。

それ以外の学校では増課課目（選択科目）の位置づけで、各実業学校の「教科教授修練指導要目（案）」には以下のように規定されている。

　　工業学校　外国語を課する場合は第一及第二学年に於て課するを原則とすること
　　農業学校　実業科に外国語を課する場合は全学年を通じて修業年限四年のものに在りては八時以内、修業年限三年のものに在りては六時以内とすること〔＝週2時間以内〕
　　　＊女子農業学校には外国語の増課規定がない。

また、「実業学校規程」では「実業学校の教科用図書は文部省に於て著作権を有するものなきときに限り文部大臣の検定を経たるものを使用することを得」として、原則として文部省編纂の国定教科書の使用が義務づけられた。実際に、専門科目では実業教育振興中央会が文部省の指導の下に編纂し、実業教科書（株）が発行した各科目一種類の事実上の国定教科書（一種検定教科

6　文部省国民教育局『㊙中等学校令・実業学校規程・実業学校教科教授及修練指導要目（案）』実業教育振興中央会、1943年

書）が、1943（昭和18）年3月までに農業学校用32種33点、工業学校用34種44点、商業学校用20種31点、水産学校用6種6点、計92種114点、324万6,200冊発行された[7]。『朝日新聞』（1942年10月2日付）は「実業校教科書も統制　二千種類を三百種に」との見出しで当時の実情を伝えている。

　総力戦下での戦時工業力増強計画の一環として、1943（昭和18）年10月には「国民教育ニ関スル戦時非常措置方策」が閣議決定され、男子商業学校の工業学校等への強制転換が指令された。こうして商業学校は激減した（表3-4参照）。

　この頃になると敵国語である英語を実業学校から一掃せよとする「英語廃止論」も登場している。当時、実業教育振興中央会常務理事で実業教科書株式会社・工業図書株式会社の各社長を務めていた倉橋藤治郎(1887-1946年)は、『実業教育論』（1944年）の中で次のように主張している[8]。

> 　実際問題として、中等実業学校の卒業生が、どれだけ欧米語を実用するか。農業学校生の殆ど全部にとっては全く不要である。工業学校卒業生も欧米語を必要とするものは殆ど稀である。商業学校卒業生は従来対英米勢力圏との貿易に従事する一部の者に対しては必要であったが、今日はわが国対外関係の変遷と商業学校の転換並びに存置商業学校の性格改変によって、殆ど必要がなくなりつつある。東亜共栄圏内にフィリピン・マライ等英語の行はれる地方が残っているが、これも急速に日本語が普及しつつある。随って今や中堅皇国民を養成すべき中等実業学校に於いて、必修科として欧米語を課する必要は全くなくなった。

　こうして、戦時下の実業学校では英語科が時間削減に追い込まれ、なかには廃止された学校もあったのである。

7　実教出版『実教出版50年の足跡』実教出版、1992年、p.13
8　倉橋藤治郎『実業教育論』工業図書、1944年、pp.189-190

第2節　工業学校の英語科教育

2-1.　工業学校の制度的確立期：1910年代まで
2-1-1.　制度的概観

　明治初期は日本資本主義そのものがまだ本格的な工業学校を必要とするまでに発展していなかった。その後、1881（明治14）年5月になって東京職工学校が設立され、1890年には東京工業学校となった。政府は実業学校の育成を図るべく、1894（明治27）年6月に実業教育費国庫補助法と徒弟学校規程を制定した。これは工業学校関係の最初の単独法令であるが、まだ外国語に関する規定はなかったため、英語教育の実態は様々だった。たとえば1896（明治29）年には福岡工業学校では英語を課していないが、山梨県の郡立南都留染色学校では週2～3時間の英語を教えていた。

　日本は日清戦争（1894-95年）の賠償金を原資の一部に、急速な産業革命を推進していく。こうした中で1899（明治32）年2月には実業学校令にもとづく工業学校規程が制定され、外国語は正課ではなく加設課目とされた。

2-1-2.　英語科の授業時間数と教授内容等

　1920年までの18の工業学校における英語の授業時数、教授内容などを検討すると（表3-5）、以下の4つの特徴が明らかになる。

(1)　すべての工業学校で英語を課しており、事実上の必修科目であった。なお、商業学校とは異なり第二外国語を課している学校はない。

(2)　授業時間数は平均すると予科では週3.7時間、本科では3.0時間である。しかし時数は学校や学科によって異なり、職人養成の色彩が強かった染織科などでは2時間程度と少なく、他方で応用化学科単置の三重県立工業学校では予科で6－6、本科で4－4－3も課している。当時は「応用化学に関する日本語の教科書が皆無であった」[9]からである。

(3)　教授内容をみると、明治期には入門期に綴字から入る旧タイプの教

---

[9]　『松阪工業高校八十年史』1985年、p.37

表3-5 工業学校における英語の時間数・教授内容等（1920年まで）

工業学校名	年度	週時数	教授内容等	入学資格・備考
福岡県小倉工業	1900頃	3-3-3	-	
群馬県立桐生織物学校	1900 明治33	本科 2-2-2	1年：綴字・書取・訳解。2年：文法大意・染織書講読。3年：染色書	14歳男子4年制高小卒業以上。入試に英語なし。
愛知県立工業	1901 明治34	予科 5 本科 3-3-3	予科：読方・訳解・書取・習字 1年：読方・訳解・書取・習字。2・3年：読方・訳解・文法	予科：13歳高小3年終了以上、本科：高小4年終了以上
福岡県立福岡工業	1902	3-3-3	＊14歳～25歳、高小4年卒程度。入試に英語なし。	
三重県立工業 ＊応用化学科単科	1902 明治35	予科：6-6 本科：4-4-3	予科1年：綴字・読方・読解・書取・会話・文法・習字。2年：綴字に換え作文。本科はみな読方・解釈・書取・会話・文法・習字	予科2年：12歳 高小2年卒、専攻科2年。本科の入試科目に英語あり（予科にはない）。
東京府立織染学校	1903 明治36	予科 3 本科 2-2-2	綴字及講読 講読	13歳高小3年修了以上 14歳高小4年卒以上
群馬県立伊勢崎染織学校	1904 明治37	本科 2-2-2	1年：綴字・書取・訳解。2年：訳解・作文・文法大意。3年：訳解及染色書読解	＊明治37年度に廃校。後に県立工業学校に発展解消
大阪市立工業	1907	4-3-3-2	-	14歳高小卒
東京府立織染学校	1907 明治40	予科 4 本科 3-3-3	綴字及講読 講読	13歳高小3年修了以上 14歳高小4年卒以上
埼玉県立川越染織	1908	4-3-3	（加設科目）	13歳高小卒以上
私立三井工業	1908	4-3-3	＊14歳～25歳、高小卒・中学2年修了以上	
福岡県福岡工業	1912 明治45	4-4-4-5	-	高小・中学2年卒、14歳～18歳
京都市立美術工芸学校	1915 大正4	予科 5-5 本科 5-5-4-4	1年：発音・綴字・読方・訳解・書取・習字・会話、2年：読方・訳解・書取・会話 1年：読方・訳解・書取・会話・作文、2～4年：読方・訳解・会話・作文・文典	
愛知県立工業	1915 大正4	予科 3-4 本科 4-3-3	予科1・2年と本科1年は読方・訳解・書取・会話・文法・作文・習字 2年：読方・訳解・会話・文法・作文。3年：読方・訳解・会話・作文	
群馬県立工業	1917 大正6	予科 3-4 本科 3-3-3	予科1年：読方・訳解・書取・会話・習字、2年：文法を追加 本科1年：作文を追加、2年：読方・訳解・会話・文法・作文 3年：読方・訳解・会話・作文	
長野県立工業	1917 大正6	3-3-3-3		入試に英語は課さない。
埼玉県立川越工業	1918	5-5-4-3-3	（加設加目）	尋小卒 12歳以上
愛知県立窯業学校 製陶科	1920 大正9	本科 4-4-4 別科〔予科〕 1-1	1年：訳読・作文・習字。2・3年：訳読・作文・習字・会話 ＊1年1学期のみ5時間。予科は訳読（各学年）	模型科は英語なし。高小卒か中学2年以上修了者。資格なき者は英語を含む入試
平均週時間数		予科：3.6─3.8（学年平均 3.7、計 7.4 時間） 本科：3.1─2.9─2.8─3.3─3.0（学年平均 3.0、計 15.1 時間）		

（出典）表3-7、3-8とともに、『愛知県教育史』資料編 近代3・4巻、1994・1995年、『青森県教育史』第4巻、資料編2 1971年、『石川県教育史』第1・2巻、1975年、『愛媛県教育史』第4巻、1971年、『大阪府教育百年史』第4巻、史料編（三）、1974年、『神奈川県教育史』資料編二、1972年、『京都府百年の資料』5 教育編、1972年、『群馬県教育史』第2・3・4巻、1973・1974・1975年、『埼玉県教育史』第4・5巻、1971・1972年、『島根県近代教育史』第6巻、1978年、『社団法人全国工業高等学校校長協会六十年史』1980年、『千葉県教育百年史』第4巻、1972年、『東京教育史資料大系』第8・9・10巻、1974年、『富山県教育史』上、1971年、『長野県教育史』13・14・15巻、1981年、『福岡県教育百年史』第2・3巻、1978年、『松阪工業高校八十年史』1985年、『三重県広報・明治40年』1977年、『三重県令規類纂2─財務・学事・兵事』1943年、『三重県教育史』第1・2巻、1980年、『宮城県教育百年史』第4巻、1979年、実業教育五十周年記念会京都支部『実業教育五十年史』1934年、文部省実業学務局『実業教育五十年史』正編1934年・続編1936年をもとに作成

授法が支配的であったが、大正期にはこれがなくなり、逆に会話を課す学校が増えている。こうした傾向は当時の中学校や高等小学校と同様で、音声を重視する新しい教授法の浸透ぶりが窺われる。
(4) 英語を重視する甲種工業学校では入試に英語を課している学校がある。これは工業学校規程第5条にもとづくものである。三重県立工業では本科（高小卒程度）の入試に課し、群馬県立工業（1910年度）では第一学年の入試には英語はないが、第二学年の入試には英語を加えた。内容は「読方、訳解（ナショナル読本一の程度）」とあり、平易である[10]。

2-2. 英語教科書と学習状況

当時の工業学校では文部省検定済教科書の使用義務がなかったが、実態はどうだったのだろうか。三重県立工業学校で使用された英語教科書をみてみよう（**表3-6**）。同校は先進の応用化学科を置いていたため語学を重視していた。そのため、斉藤秀三郎や神田乃武の教科書のように、当時の中学校でよく使用された教科書が約1.5倍の授業時間数をもつ中学生と同等のペースで使用されており、英語教育の水準の高さが窺える。

表3-6　三重県立工業学校で使用された英語教科書（1907-1911年）

学年	年度	教科書名	著者	発行所	頁数
予科1	1907 明治40	① The First Step in English ② English Language Primer No.1	外国語教授法研究会 斉藤秀三郎	三省堂 興文社	122 168
予科2	1908 明治41	① The Second Step in English ② English Language Primer No.2	外国語教授法研究会 斉藤秀三郎	三省堂 興文社	151 148
本科1	1909 明治42	① New English Drill Books No.3 ② Easy Lessons in Grammar and Composition ② English Grammar for Beginners	熊本謙二郎 宮森麻太郎 神田乃武	開成館 国光社 三省堂	150 158 80
本科2	1910 明治43	① New English Drill Books No.4 ② Practical English Lessons No.2 ② Intermediate English Grammar	熊本謙二郎 斉藤秀三郎 神田乃武	開成館 興文社 三省堂	156 202 139
本科3	1911 明治44	① New English Drill Books No.5 ① Precepts on Economy ② Practical English Lessons No.3 ② Higher English Grammar	熊本謙二郎 O. MARDEN 斉藤秀三郎 神田乃武	開成館 三省堂 興文社 三省堂	168 77 273 202

(註) ①読解中心、②文法・作文、会話中心
(出典) 『松阪工業高校八十年史』1985年、p.42

[10] 『群馬県教育史』第3巻、1974年、p.384

なお、明治末期には佐久間信恭著 *Industrial English Readers*（「実業英語読本」全3巻、六盟館、1909年）などのように、実業学校での使用を視野に入れた英語教科書も出版され始めた。

当時の英語学習状況の一端を、1917（大正6）年に八王子染色学校に入学した稲村松雄の回想から見てみよう[11]。稲村は新制中学校用の *Jack and Betty* の著者として著名である。なお、前述のように染織学校は工業学校の中でも一般に外国語の比重が軽かった。

> 入学して初めて英語の手ほどきを受けた時の先生は東京高等商業学校（後の一橋大学）の卒業生で、英語と簿記が担当であった。（中略）英語は1週3時間で、第1学年では英語はリーダー1冊と英習字帳2冊、ともに開成館出版と記憶しているが、編著者については記憶がない。2年になるとリーダー1冊と英文法書が1冊、これも開成館出版と記憶している。授業はもっぱら読んで訳すことで、発音、聞く、話すことはほとんど無視されていた。（中略）教室で学んだことで、記憶に残っているいくつかをあげる。「語尾にeがあるとその前の母音字はその字の呼称どおりの発音を原則とする」といって、name、like、home などを学んだが、先生は have もこの類に入れて、have［heiv］が正しい発音だと教えた。cold を学んだあと called が出たが、この2語は「発音は同じだが意味と綴りが違うから注意しろ」と習った。当時の発音教育がどの程度であったかを示す一端である。（中略）週3時間、2年そこそこの英語教育で、私には、現在完了、関係代名詞、仮定法がほとんど理解できなかった。そのような不完全な知識で学校英語は終わり、その後は染色紡織などの講義と実習が中心となった。

2-3. 5年制化とその整備期：1920年代
2-3-1. 重化学工業化に伴う制度改革

1920（大正9）年12月には実業学校令が改正され、徒弟学校は工業学校に一括された。一連の改革は第一次大戦後の重化学工業の急速な発展に伴ったものである。充実期を迎えた工業学校は、次のような特徴を持つようになっ

---

11 稲村松雄「私と英語―教科書を中心に」『日本英語教育史研究』第3号、1988年、pp.51-52

た。
(1) 修業年限は3年ないし5年とされ、予科を廃止して5年制とする学校が多かった。
(2) 袋小路制度が緩和され、上級学校（主に高等工業学校）への進学の道が開かれた。進学のための英語の必要性が増した。
(3) 本科の上に専科や専修科が設置された。
(4) 女子の受け入れ体制が整備された。
(5) 工場実習が奨励され、工場の設備を実習教授に利用した。

2-3-2. 英語科の授業時間数と教授内容

表3-7をみると、英語の時間数は平均4.0時間で、この時期がもっとも多い。第一次実業学校令期の予科3.6－3.8、本科3.1－2.9－2.8－3.3－3.0（平均3.0、計15.1時間）に比べて3割ほど上回っている。大正デモクラシーのこの時期は実業学校の技能主義一辺倒が改められ、「徳育」と「人格の陶冶」を目指す普通教育が重視されたから[12]、それが英語の時間増にもつながったと考えられる。当時の工業学校における英語の重視ぶりを、埼玉県立川越工業学校教諭であった山本民之助は次のように述べている[13]。

> 本校は実業学校とは申せ学校の主義として英語に重きを置き五ヶ年課程にて一年五、二年五、三年四、四年四、五年三合計二十一時間を課し居候。正課読本だけにては不十分ゆえ通信社の週報を課外必読のものと致し居り候。なお上級生中には卒業後高等工業学校に進む者逐年増加致し候

2-4. 戦時的再編期：1930〜40年代
2-4-1. 工業学校の急増と英語教育の削減

1930（昭和5）年4月には実業学校規程が改訂され、国体観念の確立と教育内容の実際化が謳われた。中等実業学校は修業年限が最低3年から2年に短縮された。工業各部門の生産額をみると、1939（昭和14）年には1931（昭

12　文部省『資料　臨時教育会議』第5集、1979年
13　小野圭次郎編『中等学生用英語参考書完成記念誌』山海堂出版部、1932年、pp.34-35

表3-7 工業学校における英語の時間数・教授内容等（1920年代）

工業学校名	年度	週時数	教授内容等
神奈川県立工業学校	1921 大正10	6·6·4·4·4	1・2年：読方・訳解・話方・作文・書取・習字 3～5年：読方・訳解・話方・作文・書取・文法
石川県立工業学校	1922 大正11	5·4·3·3·3	1・2年：綴字・講読・書取・会話・文法・習字、 3～5年：講読・作文・文法
群馬県立工業学校	1922 大正11	4·4·3·3·3	1年：読方・訳解・書取・習字、2年：読方・訳解・書取・文法、3・4年：読方・訳解・書取・文法、5年：読方・訳解・作文
三重県立工業学校	1922 大正11	6·6·5·3·3	1年：読方・綴方・訳解・習字、2年：加えて会話・文法・書取、3年～5年：加えて作文
前橋工業学校 （市立）（群馬県）	1923 大正12	4·4·3·3·2	1年：読方・訳解・書取・習字、2～4年：読方・訳解・書取・文法 5年：読方・訳解・作文
町立大宮工業 （埼玉）	1925 大正14	4·3·3 （夜間）	いずれも講読・書取・習字
東京保善工業学校 （私立）	1925 大正14	本科 5·5·3·3·3	（本科：尋小12歳入学、中等科：高小14歳入学） 中等科 3·3
神奈川県立商工学校 機械科	1927 昭和2	7·7·4·4·3	1年：訳読・作文・習字、2年：訳読・作文・文法・習字、3年：訳読・作文・文法、4年：訳読・作文、5年：訳読・工業用文
平均週時間		平均 5.1―4.9―3.5―3.3―3.0（学年平均4.0、計19.8時間）	

（出典）表3-5参照

和6）年に比べて機械工業で約12倍、金属工業で13倍、化学工業で5倍であった。こうした状況の下で、1937（昭和12）年8月には「工業技術要員養成ニ関スル件」が公布され、軍需工業力増強のために工業学校の新設ラッシュとなった。

　1940年代には多くの工業学校で教科目の「英語」が「外国語」に代わり、たとえば福岡航空工業学校では英語はなくドイツ語だけが教えられた（表3-8）。こうした中で、群馬県立前橋工業学校では1941（昭和16）年に外国語は「工業英語」とされた。高崎工業学校では外国語の週時間が全学年で計8時間削減された。1943（昭和18）年10月には「国民教育ニ関スル戦時非常措置方策」が閣議決定され、男子商業学校の工業学校等への転換が指令された。1944年2月現在で、商業学校450校中6割（定員3万5,800人）が工業学校に転換させられた（詳細は第3章第4節参照）。

2-4-2．英語科の授業時間数と教授内容

　表3-8をもとに実態を考察すると、この時期は工業学校の英語教育にとっても受難の時代であったことがわかる。特徴は次の4点である。

(1) 週時間数は、本科（第一本科）の平均が4.1－3.4－2.5－2.2－2.1（学年平均2.9、計14.3時間）となり、1920年代の5.1－4.9－3.5－3.3－3.0（学年平均4.0、計19.8時間）と比べると3割ほど減少した。とりわけ、太平洋戦争が勃発し英語が敵国語となった1941（昭和16）年以降は、平均3.3－2.5－1.3－1.6－2.0（学年平均2.1、計10.7時間）と大幅に減少した。これはまた、時間的制約の厳しい夜間制の工業学校（第二本科等）がこの時期に増設されたためでもある。

(2) 外国語を課さなくなった学校や、ドイツ語に切り替えた学校も存在した。

(3) 会話がほとんどなくなり、もっぱら訳読式に復帰した。

(4) 工業学校でも英語廃止論が台頭した。

2-4-3. 英語の学習状況・教員・英語力

1944（昭和19）年に三重県立松阪工業学校を卒業した堀江義臣は、戦時下の授業風景を次のように回想している[14]。

> 英語は初めの頃は非常に興味もあり、良く勉強をしたが、高学年に進むに従い戦争も激しくなり、敵国の言葉を勉強することは、あまり気が進まなくなった。また教師も『日本が勝てば、世界中何処でも日本語で通じるようになる』と云いながら教えている始末で、サッパリ英語に興味を無くしてしまった。お陰で今でも英語は、カラキシ駄目である。

かくして、ついには英語を完全に廃止する工業学校も出てきた。三重県立津工業学校を1951（昭和26）年に卒業した鎌田光生は、戦争中「英語が廃止になり、数学の時間に岡本先生からA、B、C…のアルファベットを習いました」と回想している[15]。

英語教員の顔ぶれをみると、三重県では高等工業や高等商業を出た無資格教員が工業の専門科目や国語、地理などと兼任する場合も少なくなかったが、

---

14 『松阪工業高校八十年史』1985年、p.167
15 『津工60年史』p.142

42　第3章　実業学校の英語科教育

表3-8　工業学校における外国語の時間数・教授内容等（1930・40年代）

工業学校名	年度	週時数	教授内容等	入学資格・備考
前橋工業（市立：群馬県）	1931	4・4・3・3・2	1年：訳読・作文・習字、2～4年：訳読・作文・文法、5年：訳読・作文	＊この時期、実習などを削減し普通学科を充実
京都市立第一工業	1934	5・5・5・3・3		＊5年制
京都市立第二工業	1934	2・2・(2)　＊3年生は選択科目		尋小卒、3年制
京都府立工業	1934	6・5・2・2・2	1・2年：講読・書取・会話・文法・習字、3～5年：講読と作文	尋小卒、5年制
京都府立第二工業	1934	2・2・(2)　＊3年生は選択科目		尋小卒、3年制
群馬県立桐生工業	1934	4・4・4・3・1	1年：講読・作文・習字、2～4年：習字→文法、5年：講読・作文	
津市立工芸学校	1934	4・3・3	1年：講読・作文・文法・習字　2・3年：講読・作文	高小2年卒または14歳から18歳までの同等学力者
津市立工芸学校	1935	4・4・3・3・2	1年：講読・習字、2～4年：講読・文法、5年：講読	尋小卒12歳以上、5年制化
京都市立工業	1936	5・5・4・3・(2)　＊5年生は選択科目		尋小卒5年制。
三重県立工業	1936	6・3・5・3・3	1年：英語・英習字、2年・5年：英語、3・4年：英語・英文法	
群馬県立前橋工業	1937	5・5・3・2・0	1・2年：訳読・作文・習字、3・4年：訳読・作文・文法。尋小卒	
青森県立青森工業	1938	5・4・3・3・2	1年：訳読・作文・習字、2年：訳読・作文、3～5年：訳読・作文・文法	
長野県立岡谷工業	1938	5・4・2・2・2	1年：講読・作文・習字、2～5年：講読・作文	
長野工業本科　専修科機械科	1938	4・3・3・2　1・1・0	1年：読解・文法・習字、2・4年：読解・文法・作文　専修科：読解	本科および専修科の土木建築科には英語なし。
愛媛県新居浜工業	1939	5・4・3・3・2	1年：訳読・習字、2～5年：訳読・文法・作文	
千葉県立千葉工業本科　第二本科各科	1939	6・5・3・3・3 応用化学　5・5・3・3・3 機械　5・4・4・2・2 電気　2・2	本科は1年：訳読・作文・習字、2・3・4年：訳読・作文・文法、5年：訳読・作文　第二本科：1・2年とも訳読	本科：尋小12歳、第二本科：高小14歳、第二部：中学卒（英語なし）
長野県立松本工業	1939	2・1・1・0	いずれも読解	第二本科
前橋市立工業第二本科	1939	外国語 2・2	英語。高小卒以上。＊授業：午後6時～10時（季節変動あり）	
群馬県立高崎工業	1940	外国語 5・5・4・2・2	英語	
島根県立江津工業	1940	3・3・2（本科）2・2（第二本科）	すべて訳読・文法・作文・習字　同上	
津市立工業　第二本科（夜間）	1940	3・3・2・2・2　1・1（読方・解釈）	＊英語の時間数削減をゴム印で訂正。その分、体操（＝武道）が増加。津市立工芸学校を改称。前年度まで4・4・3・3・2と2・2	
長野工業	1940	2・1・1・0 第二本科	いずれも読解	
福岡県立小倉工業　本科　第二本科　専修科	1940	5・3・3・2　4・3・2・0　3・0	本科1・2年：訳読・作文・文法、2～5年：訳読・作文・文法　第二本科：ともに講読・作文・文法　訳読＊第二部は英語なし	本科・第二本科：14歳男子高小卒以上。第二部：中卒。専修科：本科に同じか青年学校普通科卒。「外国語は之を欠き又は時数を減ずることを得」とある
愛媛県立吉田工業	1941	5・3・3・2・2 機械科	1年：訳読・習字、2～5年：訳読・文法・作文	
長野県岡谷工業	1941	3・2・2 精密機械科	いずれも講読・作文	3年制
長野工業	1941	2・2（第三本科）	いずれも読解・文法・習字	高等科14歳、2年制
長野県松本工業　本科精密機械科　第三本科	1941	4・2・1（3年制）　2・1（2年制）	本科1年：読解・文法・習字、2・3年：読解・文法・作文　第三本科：読解・文法・作文	本科は国民学校高等科2年卒以上
群馬県立前橋工業	1941	4・3・2（金属工業科）	＊「英語」を「外国語」に改称	高小卒3年制
長野県岡谷工業	1942	5・4・2・2・2 機械	1年：講読・作文・習字、2～5年：講読・作文	
島根県立の各工業4年制校	1943	外国語 2・2・0・0　2・0・0（3年制校）	＊「英語」を「外国語」に改称	
福岡県航空工業本科　本科第二種・専修科	1943	外国語 3・3・4・4　なし	1～4年とも独逸語ノ訳読・作文・文法・習字。＊英語は教えない	本科：尋小卒12歳以上男子　本科第二部・専修科：国民学校高等科卒14歳以上男子
三重県立松坂工業本科	1944	3・3・0・3 工業化学　3・3・0・0 機械	＊第三本科は英語なし。第二本科土木は英語が増課目で1・1　＊1944年より1年短縮し4年制。第三本科は夜間4年、高小卒	
山口県立萩工業学校	1944	2・2・0・0	土木科・機械科とも「英語」	商業学校より転換。併設
四日市市立商工業学校	1946	3・3・3・2・2 第一本科　2・2・2・2 第二本科　2・2・2・2 工業経営科	1～3年：英語、4年：英語・商業英語	＊1948（昭和23年度）の新制下では英語3・3・3
平均週時間		本科（第一本科）のみ平均4.1－3.4－2.5－2.2－2.1（学年平均2.9、計14.3時間）　＊1941年度以降は平均3.3－2.5－1.3－1.6－2.0（学年平均2.1、計10.7時間）		

（出典）　表3-5参照

1930年代頃からは英語免許を持った専門教員が担当している[16]。

工業学校卒業生の英語力のおおよその程度を「第14回（昭和13年度）実業学校卒業程度検定試験問題並に答案講評」[17]から判断してみたい。工業英語的な内容が目につくが、講評によれば「大体程度は読本の巻三位の所である。一、三番は仲々出来のものもあった。二番が出来が悪かったのは案外であった」とし、1番では what we should do without it を誤っている者、2では explosive を知らない者が多数あったとある。

英語（工業）（解答時間3時間）＊問題は5問で、すべて英文解釈問題（3～5は略）

1. Iron is very hard and strong, and there is plenty of it in the world. I don't know what we should do without it, so many useful things are made of it.

2. The most common means of working motor-cars is by means of a spirit vapour, which, when mixed with air, is very explosive. In order, therefore, to work a petrol motor-car, we must have a tank holding a supply of the spirit.

2-4-4．昭和期の英語教科書

工業学校における英語教育の実相を知るために、教科書の内容を考察してみよう。

工業学校では英文法や英作文は中学校などと同一のものを使用していた場合が多かったが、リーダーについては、①中学校などと共通の《普通教科書》、②1年用から工業に関係した題材を多く取り入れた《工業学校専用教科書》、③商業や農業学校などの他種の実業学校と兼用の《実業学校用教科書》の3タイプが確認できる。

一例として、1941（昭和16）年度に和歌山県立工業学校で使用された英語教科書を見てみたい（**表3-9**）。同校の週時間数は当時5－4－3－2－2だ

---

16 『津市立工業学校一覧』1925～1940年各年版および『松阪工業高校八十年史』より
17 『文部時報』第654号、1939（昭和14）年5月、pp.32-35

44　第3章　実業学校の英語科教育

表3-9　和歌山県立工業学校で使用された英語教科書（1941年度）

第1学年	第2学年	第3学年	第4学年	第5学年
斉藤静 Present-Day English Readers 1 竹中利一 English Composition: Easy Course 澤村寅次郎 An Illustrated Guide to Self-Forming Penmanship 1～4	同左2 同左2 同左5・6	大阪工業教育研究会 Standard Technical Readers〔1〕	伊地知純正 The Spring Readers Medley, 村井 New Introduction to the Art of English Composition	大阪工業教育研究会 Standard Technical Readers 2

（出典）「和歌山県立工業学校昭和十六年度教科書一覧表」（和歌山県庁蔵）より作成。教科書の表記は改変

った[18]。1・2・4学年では中学校と同様の読本、英作文、英習字の教材を使用した。しかし、3・5学年では大阪工業教育研究会の *Standard Technical Readers*（斯文書院）を使った。この教科書は、1940（昭和15）年の5種選定（1-4参照）で唯一残った工業学校専用の教科書だった。

次に、こうした工業学校専用に編まれた特徴的な教科書を概観してみよう。

① 三省堂編輯所著 *Easy Technical English*（「工業英語　初級」全1巻）、三省堂、1939（昭和14）年1月発行

最大の特徴は題材が Pronunciation Drill から本文、付録に至るまで徹底して工業技術に関する事柄で構成されていることである。Picture Lesson により、English through English で学習する工夫もなされている。カタログや機械各部の英語も盛り込まれている。言語材料はおおむね現在の中学校レベルで、新出単語にはすべて発音記号と日本語訳が付けられており、少ない授業時間で効率よく学習できるように配慮されている。同書の教師用指導書[19]によれば、導入部の方針は「最初は先づ教師が口から耳へ、正しい音を教へる。この場合記憶に便ならしめる為仮名書きで正しい音を示しても宜しい。仮名書きを用ひる事は正しい方法では無いかも知れないが、事実時間数の少ない工業関係の学校では発音練習にさう長時間をかける事は不可能であるし、かつさう最初より正確に発音する必要もないのである」としており、音声はあまり重視されていない点が注目される。次に掲げるのは、*Teacher's Manual* に記載された「第一時間目の授業」の記述である。

18　資料綴「昭和十七年　学則　実業学校」（和歌山県庁蔵）より
19　三省堂編輯所編 *Teacher's Manual to Easy Technical English*. 三省堂、1939年、p.3

第 2 節　工業学校の英語科教育　45

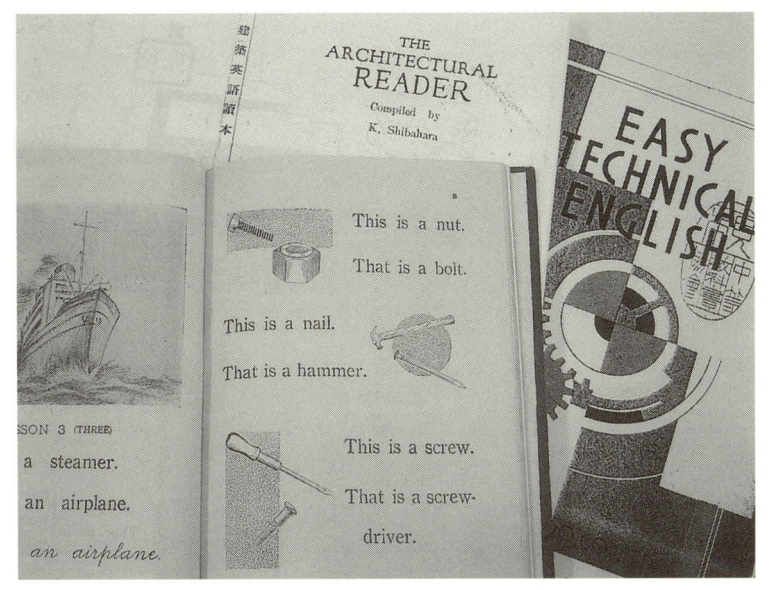

写真3-1　工業学校用の英語教科書

第一時間目の授業

　先づ英語の由来を述べ「工業英語が何故工人に必要であるか」に就いて種々例示して生徒の興味と注意とを喚起せしめる。之は編纂趣意書にも出て居るから参照されたい。例へば、
1. 日常諸君が使ふ機械や工具の名称は殆んど英語である事。
2. 我国の工業を世界的に躍進させる為には是非工業英語を知って居らねばならぬ事。
3. 工業英語が日本語化している例や俗語となっている語の例。rail-way, spanner, motor, elevator, meter 等。

　以上につき大体説明が終わると、次に生徒各自に紙片を与え次の事項を答へさせる。
1. 諸君の中で英語を学んだことのある者。
2. 何時間位習ったか。
3. 日本の中で、英語から来たと思れる語例へば、マッチ、ランプ、モーター、等知っているだけ書きなさい。

以上は生徒の学力を知って置く上に極めて大切な事で、かつ教授者に大変参考となる。（中略）大体新入生の学力は都会と田舎で非常に差がある。或者は英語の初歩を学んでいたり、或者は英語のAlphabetさへも知らぬ者もあらう。

②　柴原薫著『建築英語読本』（全1巻）、工業書房、1939（昭和14）年8月発行

　専攻する学科に関連した題材で編まれた工業英語教科書である。著者の柴原は鹿児島県立加治木工業学校の教師であった。彼はPrefaceの中で編集の目的を次のように述べている。"This book is compiled with the purpose to familiarize technical English for the senior class of architectural students in secondary schools."

　この他、電機学校編 *Denki Primer*（1942年）の内容は電気関係の題材で占められており、その上級編として2巻本の *Denki Readers*（1942年）も刊行されていた。

③　積善館編輯所著 *Koa Kogyo Readers*（全3巻）、積善館、1942（昭和17）年5月発行

　戦時体制の強化は、工業学校の英語教科書にも刻印された。タイトルの *Koa* とは「興亜」（「大東亜共栄圏」の建設）の意味であろう。巻三には、皇紀2600年（＝昭和15年）にちなんだ課や、ノモンハンの戦闘を題材にした課がある。

　太平洋戦争下では中学校の教科書も日本語で『英語』となったが、工業学校用では *Kogyo* と表記されている点が興味深い。この種のタイトルの教科書には他に相引茂著 *The Practical Kogyo Readers*（全2巻；斯文書院）がある。相引の教科書の初版は1938（昭和13）年11月21日発行で、翌年の3月7日に文部省の検定認可を受けている。平易な英語で工業に関する題材を数多く盛り込んでいる。

2-5. 工業学校における英語科教育の特徴

　工業学校における英語科は加設科目という位置づけではあったが、ほとんどすべての学校で課されていた。その点は、選択科目でありながら英語が必設された戦後の工業高等学校などと同様である。教授内容や時間数は学校や学科によって一律ではなく、本科でおおむね3時間程度とする学校が多かったが、1920年代には時間数が増え1・2年生で4～5時間、上級生で2～3時間が一般的であった。しかし、1930年代に入ると戦時体制の強化の中で英語を「外国語」と改め、時間数を削減したり、一部にはドイツ語などに切り替える学校も出てきた。しかし、英語を完全に放逐することはできなかった。当時の工作機械や工業製品などの多くはアメリカやイギリスに依存しており、ある程度の英語を理解できる能力は技術者に不可欠だったのである。

　戦時下では軍需生産力の増強のために工業学校が強行的に新設され、即戦力となる技術者の養成が図られた。こうした傾向を受けて、この時期の英語教科書には工業英語的な題材を中心に据え、実用主義的な目的を前面に出したものが目立つようになった。これは一面では完成教育機関に学ぶ学習者のモティベーションを高める工夫であるかもしれない。しかし他面では、英語科教育が本来育むべき教養と人間性の涵養という人格教育的な側面を阻害する危険性をもっていたともいえよう。

第3節　農業学校の英語科教育

3-1. 英語教育の揺籃期：1880～1890年代
3-1-1. 農業教育の低迷

　1883（明治16）年4月には農学校通則が制定されたが、ほとんど空文に等しく、農業教育に寄与するところは少なかった。そのため、1886（明治19）年3月には廃止され、以後1894（明治27）年7月に簡易農学校規程が制定されるまで、農業教育についての統一ある規程は設けられなかった。したがって、この間は「中等農業教育は全く放任された状態になり、明治25・6年ごろには全国的に衰微はなはだしく、全国で11・2校に過ぎないありさまとな

った」という[20]。

　日清戦争後の産業革命を経て日本の商工業が急成長した反面、農業においては旧態依然たる半封建的な地主制が支配していた。そのため、産業全体に占める農業の地位は相対的に低下の一途をたどった。こうした構造を、野呂栄太郎は『日本資本主義発達史』（1930年）の中で次のように定式化している[21]。

> 日本においては、既に久しく資本家的生産様式が支配的生産様式となっており、従って土地所有もまた資本家的所有関係に従属しているにもかかわらず、農業生産は依然として既に没落せる封建社会から踏襲せる小生産様式に従い、一般的には、なお未だ資本家的生産様式には従っていず、しかも現段階においてはもはやそれに従い得ない、という事に基づいている。これは、土地の私有と合理的農耕との間の克服し難き矛盾を表現する。

　そうした経済構造の下では、農業教育に対する関心と評価が低いのも必然であった。山田登代太郎は「黎明期の農業教育」のなかで、「農学校は中学校よりも設備も悪く、教員給も少ない（中略）生徒も中学生の次に位するやうな気持で、何となく肩身狭く卑屈な感じを持つていた」と回想している[22]。明治期における農業学校の不振については雑誌などでも論じられていた[23]。茨城簡易農学校校長、石川県農学校校長などを歴任した織田又太郎は、明治30年代の甲種農学校の困難な実情を次のような激烈な口調で述べている[24]。

> 甲種農学校に於けるものの多くは、四箇年の高等小学校を卒業したるものを入学せしむる規程を設け、法文の上には如何にも立派に定めあるも、事の実際に至りては、多くは生徒の入学試験、又は募集の期限を、師範学校、中学校等よりも遅くし、以て両者の入学試験に落第したる、所謂落武者連を収容

20　『宮農百年史』宮城県農業高等学校創立八十周年記念事業実施委員会、1969年、p.153
21　野呂栄太郎『初版　日本資本主義発達史（下）』岩波書店、1983年、p.92（元版は鉄塔書院、1930年）
22　全国農業学校長協会『日本農業教育史』農業図書刊行会、1941年、p.795
23　たとえば農学士英愛生〔出田新の筆名〕「地方農業学校の不振に就きて」『教育界』第8巻第11号、1909（明治42）年9月発行、pp.74-79
24　織田又太郎『農民之目醒』裳華房、1903年、p.116

したる、劣等の学識より外なきもののみ、其の劣等者の脳髄を専門学の重力にて、抑々圧々、半殺しに殺したる上、実習と称する最有力なる武器を害用して、少年諸生の元気を消沈せしめ了る、故に農学校の卒業生は、多くは肉体的には生存者なれども、精神的にはすでに死亡せしもの多し、人の子をそこなふとは蓋し之れ等を指すものならん、嗚呼憐れむべきは、農家の少年子弟にあらずや（強調は織田）

織田はこうした実情を打破するために、「十分なる普通科の智識」の重要性を主張した。いわば中学校的な性格を農業学校に付与することで、その評価を高めようとしたのである。英語教育はそのシンボル的な意味をもった。織田が石川県農学校校長に就任した直後の1899（明治32）年から、本科の英語の授業を週5－5－5という農業学校中で最高レベルの時数に引き上げたのはそのためである。国語・漢文および数学がそれぞれ3－3－3だったから、英語教育に校運を賭けた感がある。1900（明治33）年に同校を卒業した松崎又五郎は次のように回想している[25]。

織田先生〔織田又太郎校長〕が着任〔1898年11月〕されてからは語学（英語）を正課とする必要を説かれ先生自から英語を担任されたほどであった。しかし語学については生徒の中には多少その素養のあった者もいたが、その多くは全然ABCすら知らざる者もいたので、その進歩も遅々として先へ進まず、先生も生徒もともに苦労したものです。

そうした実情の中で、同校は規則改正により1904（明治37）年度から英語を2－2－2と大幅に削減し、専門科目を増やした。この事例のように、当時の実業学校では開設科目や時数の采配が学校（校長）に委ねられていた。制度的に試行錯誤の段階だったのである。

3-1-2．英語の加設状況

明治中期までの農業学校における英語科教育の実態を示す資料は少ないが、1885（明治18）年の創設当時の宮城農学校の学則によれば、「英語は普通農書

---

[25] 『石川県立農学校・石川県立松任農業高等学校九十年史』1966年、p.205

を読み得て、後来、原書に就き農事を研究するの便を得せしめんが為、綴字、読方、書取、文法等を授く」[26]とある。「農書を読み得て」とあるように、専門書の読破に力点が置かれていることが特徴である。時数は３－３－３だった。1891（明治24）年に同校を卒業した佐藤栄作は、在学当時の様子を以下のように回想している[27]。

> 先生方は英語の原書を訳して講義の原稿を作ったものが多い。教科書らしいものは只の１冊も見当たらない。最も奇異に思うのは英語教授法で、ナショナルリーダー１巻から始めて10数ページもやれば20ページも飛ばすと云う駆足振りで、音読通訳１、２回教えるのみで生徒が覚えるかどうかは殆ど顧みられない。ドンドン進むのみである。そして３巻を了えるとパーレー万国史に移るのだ。その本の内容は楽な処もあれば難しい処もあって時に自習するため辞書をひくいとまもなく、赤い不審紙を貼布すると１ページ30余ヶ所に達することは珍らしくない。一生懸命勉強しても中々苦しいものであった。（中略）自分のクラスなど12名入学して其の内一緒に卒業したのは驚く勿れたった４名である。

1891（明治24）年頃の石川県農学校における英語教育は、獣医学別科（２年制）が各学年とも年間50時間で、第１学年の内容は綴字・読法・訳読、第２学年が読法・訳読だった。本科（３年制）の正課に英語はないが、生徒の希望があれば「教授の繁閑に因り便宜之を授け」るとした[28]。

1898（明治31）年10月の公私立農業学校長協議会では、文部省の諮問案に答えて甲種農業学校の学科目および毎週時間を答申した。うち、外国語は英語とし、随意科目として（４）－（４）－（２）とした。乙種に比べて程度が高いとされる甲種の学校ですら、農業学校では英語を全員に課す必要を認めていなかったのである。こうした英語軽視は、工業や商業学校には見られない。また、同協議会では農業学校への入学志望者が少ない理由として、「農業を賎視するの弊風あること」「上級学校に入るの連絡の途を欠くこと」などを

---

26 『宮農百年史』p.172
27 *Ibid*. pp.565-566
28 『石川県立農学校・石川県立松任農業高等学校九十年史』1966年、pp.24-25

挙げている点が注目される[29]。しかし、石川県農学校では高等の農学校（東京農科大学や札幌農学校など）に進学するための補習科（2年制）が1899（明治32）年に設置され、国語、漢文、外国語、数学、物理学などを補習させた。このように、農業学校においても上級学校進学の便宜を図るために英語などを教えた一面もあったのである。ただし、一般には進学者の割合は少なく、たとえば宮城県農学校農学科では1887（明治20）～1908（明治41）年度の卒業生310人のうち、進学者は3人（1.8%）にすぎなかった[30]。

なお、農業学校では中規模以上の農家出身の子弟が多く入学し、卒業後も農業関係に就く者が多かった。たとえば島根県立農林学校では、1913（大正2）年度の時点で、299人の生徒のうち約8割に当たる230人の保護者の職業が農業で、2位の官公吏23名、3位の商業14名を大きく引き離している[31]。1921～1926年の同校卒業生は約60%以上が実業に従事し、学校職員・官公吏等が20%前後である。

3-2. 農業学校規程以降の確立期：1899～1910年代
3-2-1. 英語教育の実施状況

1899（明治32）年2月の実業学校令に伴い農業学校規程が制定され、ここにその後の農業学校の基本方向が定まった。しかし、英語教育はただちに農業学校に根づいたわけではなかった。明治30年代前半は農業学校の英語科不要論が盛んで、**表3-10**によれば、1900（明治33）年までは英語を随意科にしたり、全く課さない学校も少なくなかったのである。大阪府立農学校で専門科目と英語を教えていた出田新（いでたあらた）は、1900（明治33）年頃の21校の甲種農学校の外国語（すべて英語）の加設状況を調査し、英語を正科として教えている学校が13校（61%）、随意科が2校（10%）、まったく加設しない学校が6校（29%）だったと述べている[32]。このように、当時の英語科の位置づけは学校

---

29 『日本農業教育史』農業図書刊行会、1941年、pp.399-401
30 『宮農百年史』p.624
31 『松農八十年史』島根県立松江農林高等学校、1983年、p.453
32 出田新「地方農学校に於ける外国語」『農事雑報』第29号、1900（明治33）年11月20日発行。なお、佐園農夫「地方農学校に於ける外国語に就きて」という論文が『新農報』第

表3-10 農業学校における英語の時間数・教授内容等（甲種本科：1910年まで）

年度	学校名	週時数	教授内容等	備考
1900：明治33	石川県農学校	5-5-5	—	
1900：明治33	千葉県農学校	4-4-5	—	
1900：明治33	茨城県農学校	4-4-4	—	
1900：明治33	富山県農学校	4-4-2	—	
1900：明治33	兵庫・福井	3-3-3	—	各県農学校
1900：明治33	大阪・大分・熊本・栃木・滋賀・静岡	3-2-2	—	各県農学校
1900：明治33	宮城・島根	2-2-2	宮城1年：訳読、2・3年：訳読・文法	各県農学校
1900：明治33	佐賀県農学校	(3)-(3)-(3)	—	随意科目
1900：明治33	秋田県農学校	(3)-(3)-(2)	—	随意科目
1900：明治33	鳥取・山口・京都・岩手・青森・岡山	0-0-0	—	各県農学校
1901：明治34	愛知県立農林学校	3-3-3	1年：読方・訳解・書取・文法 2年：読方・訳解・文法 3年：読方・訳解・作文	予科5：読方・訳解・書取・習字
1901：明治34	長野・木曽山林学校	(3)-(3)-(3)	—	随意科目
1901：明治34	島根県農林学校	2-2-2	1年：綴字・読方・訳読 2・3年：文法・読方・訳読	
1902：明治35	宮城県農学校	5-4-4-2	1年：訳読、2～4年：訳読・文法	4年制に延長
1904：明治37	石川県農学校	2-2-2	—	
1906：明治39	道庁立小樽水産学校	3-2-2	「英語」	水産学校
1907：明治40	北海道庁立空知農学校	3-3-3	1年：綴字・読方・訳解・書取・習字 2・3年：読方・訳解・会話・書取	農科・獣医科ともに
1908：明治41	神奈川県立農業学校	3-3-3	全学年：文法・作文・読方・訳解・書取・習字	
1911：明治44	宮城県農学校	4-4-4-3	1～4年：訳読・訳解	
1913：大正2	茨城県立水戸農学校	2-2-2	1年：訳読・習字、2・3年：訳読	1939・43も同じ
1914：大正3	愛知県立農林学校	4-3-3-3	1年：読方・訳解・書取・習字、2年：読方・訳解・書取・文法、3・4年：読方・訳解・文法	
1916：大正5	福島県立農学校	3-2-2	英語	
1917：大正6	宮城県農学校	4-4-4-3	1～4年：読方・訳解・文法	
1918：大正7	愛知県立農蚕学校	2-2-3	1年：読方・訳解・書取 2・3年：読方・訳解・文法	予科4：読方・訳解・書取・習字
1918：大正7	神奈川県立農業学校	2-2-2	1年：訳読・習字、2年：訳読・文法、3年：訳読・文法・作文	
1919：大正8	熊本県立阿蘇農業	2-2-2	全学年：英語	

（出典）表3-12・3-13とともに、『愛知県教育史資料編 近代三・四』1994・95年、『青森県教育史』第4巻資料編2、1971年、出田新「地方農学校に於ける外国語」1900年、『神奈川県教育史』1971年、『創立三十五周年』福岡県福岡農学校、1936年、『創立八十周年記念誌 蘇岳』熊本県立阿蘇農業高等学校、1981年、『長野県上伊那郡伊北農商学校学則』1921年、『長野県教育史資料編六～九』1977～80年、『福島県教育史』1971年、『福島県立会津農林学校一覧』1935年、『福島県立農学校要覧』1916年、『北海道教育史』1963年、『松農八十年史』島根県立松江農林高等学校、1983年、『宮農百年史』1969年、『水農史』水戸農業高等学校、1970～1995年、資料綴「昭和17年学則 実業学校」1942年（和歌山県庁蔵）から作成

によって様々だった（表3-10参照）。

3-2-2．英語教育をめぐる議論

こうした混沌状態を打破すべく、農業学校における英語教育の必要論や教授法に関しての議論が雑誌誌上で展開されるようになった。出田新は英語教育の必要性をおおむね次のように述べている[33]。

(1) 仮に卒業後は英語を十分に活用しなくても、学術用語の定訳が定まっていないもとで、動物学や植物学などの他の学科を教授するために少なからぬ利益がある。
(2) 在学中の実力だけでは不十分だとしても、卒業後に独習等で伸びる基礎を作れる。
(3) 予想される農業教育の高度化に備え、その基礎的素養として英語力が必要。
(4) 他の中等実業学校では英語が教えられており、それとの権衡上からも、農学校卒業生の地位向上のためにも英語教育は必要。
(5) 農学校の英語教育の教授法は中学や師範学校と異なり、まず訳解、次に文法に力点を置くべきである。
(6) 時間数は1週3時間（できれば4時間）が適当。
(7) 教科書は新語に発音や訳語を付けるなどして生徒の負担を軽減し、上級生用では動植物、化学など農業に関係する文章を講読させる必要がある。
(8) 入学者の英語力に不揃いがある現状で、習熟度によってクラス編成をすべきである。

教授法は訳解と文法に力点を置くべきであり、時数は3～4時間、上級学年用教科書に専門的な内容を盛り込む必要や、習熟別クラスの導入なども具体的に指摘している。このうち、「農学校卒業生の地位向上のためにも英語教育は必要」という問題意識は、前述の織田校長と同じである。英語教育は

22・24・29号（1900～1901年）に掲載されているが、内容から判断して「佐園農夫」とは出田新の筆名であると思われる。

[33] 出田「地方農学校に於ける外国語」『農事雑報』第29号・第39号、1900（明治33）年11月20日・1901（明治34）年9月20日発行

中等学校としてのステイタスの指標であり、プライドの一源泉だったのである。実際この時期には、「各府県の農学校は外国語を教授せざるが為め〔明治〕四十三年度より徴兵猶予の特典及び無試験一年志願兵採用の特典を奪はるゝことゝなるべき」との新聞報道があり、農学校校長だった出田は「善後策として英語の時間を増加し、又修業年限を延長するの必要あり」との主張を行っている[34]。この問題は外国語教育の実施いかんこそが中学校と同等の教育機関であるか否かの判断材料であった実態を示している点で興味深い。なお、出田は上記の英語教育観を体現した農業学校用の英語教科書を矢継ぎ早に編纂し発行した（3-6-2参照）。

明治末期には、村上辰午郎（文学士）が専任教師の不在による発音指導の欠陥の指摘や、高学年用教科書への農業関連トピックの導入などを主張し、おおむね次のように述べている[35]。

(1) 農業学校の英語教育の主要な目的は、読書力を養い欧米の農業の状態などを知ることである。
(2) 農学専門家などが傍らで英語を教える場合が多いから誤った発音が目立ち、改める必要がある。
(3) 綴字法（スペリング）から教え、安易な意訳よりも直訳法を用い、掛図なども利用すべきだ。
(4) 教科書の内容は青年の精神年齢に合ったものにすべきで、農学校用は農業と関係ある教材を選択すべきだ。

こうして1913（大正2）年頃になると、「今や全国70有余の甲種農業学校中英語科を課せざるものなく、かつ教授法もやや面目を新たにした」[36]といった状況になった。再び表3-10で英語の時間数と教授内容をみてみると、1901（明治34）年以降の甲種農業学校はすべて英語を課している。また、教科の位置づけは必修科目で、随意科目としている学校は1〜2校しか見当た

---

[34] 「地方農業学校の不振に就きて」『教育界』1909（明治42）年9月、p.79
[35] 村上辰午郎「農業学校に於ける英語科の目的とその教授法」『農業教育』第106・107・108号、1910（明治43）年4月10日号以降3回連載
[36] 出田新「地方農学校に於ける外国語」『農事雑報』第29号、1900（明治33）年11月20日

表3-11　農業学校における英語の時間数・教授内容等（乙種）

年　度	学　校　名	週時数	教授内容等	備　考
1910：明治43	長野県東筑摩郡立乙種農学校	0-0-0		
1912：明治45	長野平野農蚕学校	2-2-2	読方・書方・綴方・話方	女子は英語なし
1913：大正2	京都府加佐郡立蚕業学校	0-0-0		
1913：大正2	長野丸子農商学校	0-1-1	単語名詞等	

（出典）『京都府百年の資料五　教育編』1972年、『長野県教育史』第13巻　資料編七、1978年

らない。週時間数は2〜5時間の間で幅があるが、1917（大正6）年以降になると2〜3時間に減少している。

　また、甲種よりも程度が低いとされた乙種の農業学校では、英語を全員または女子に対して加設していない学校もあり、時間数も週1〜2時間程度と少なかったようである（表3-11）。

3-3．農業学校学科課程制定以降：1920年代

　文部省実業学務局は農業学校の学科課程および毎週教授時数の標準を定め、1923（大正12）年1月に配布した。高等小学校を入学資格とする甲種の4年制課程では英語は週3－3－3－3－3、3年制課程では3－3－3である。加設科目である英語を「課するものとして編成」している点は、当時の学校現場の実態を反映したものとして注目される。なお、乙種農業学校から4年制課程に編入した場合には、英語を4・5学年で各4時間課してもよいとしている[37]。

　英語の時数および教授内容は表3-12のとおりである。これによれば、1920〜30年代には英語を課さない農業学校はなくなり、時数は週2〜3時間が一般的である。教授内容は訳読が中心だったようで、会話（話方）は1944（昭和19）年の水谷水産にしか見られない。1907（明治40）年の空知農業以来である。聴方も同年の水谷水産だけである。会話の比重が高い商業学校との違いは顕著である。

　1920〜30年代になっても、依然として農業学校の不振を訴える声が続いていた。山口県立小郡農業学校校長だった出田新は、1926（大正15）年の論

[37]　『日本農業教育史』pp.213-216

表3-12 農業学校における英語の時間数・教授内容等（甲種本科：1920年以降）

年　度	学　校　名	週時数	教　授　内　容　等	備　考
1920：大正9	愛知県立蚕糸学校	2-2-3	1・2年：読方・訳解・書取・文法 3年：読方・訳解・作文	予科4（読方・訳解・書取・習字）
1920：大正9	青森県立三本木農学校	3-3-3	すべて「訳読・文法」	
1920：大正9	青森県立五所川原農学校	2-2-2	1年：読方・綴方・訳解・書取 2〜3年：読方・解釈・書取・文法	
1921：大正10	長野県伊北農商学校	3-3-3-3	1・2年：読方・解釈・書取・英習字 3・4年：同上と英文法・英作文	農業科
1924：大正13	島根県立松江農林学校	2-2-3	1年：訳読、書取、習字、2・3年：訳読、書取、文法	
1924：大正13	長野県下高井農学校	3-3-3	―	
1924：大正13	長野県北佐久農学校	3-3-3	―	
1930：昭和5	松江農林学校	2-(2)-(2)		
1931：昭和6	長野県北佐久農学校	農業科 2-2-2 畜産科 3-3-2-2	―	
1931：昭和6	宮城県農学校	3-3-3-3	「英語」＊学科目が外国語に	
1933：昭和8	宮城県農学校	3-3-2-2	「英語」	
1934：昭和9	松江農林学校	2-2-2		
1935：昭和10	長野県上伊那農業	4-3-2-2-2	各学年とも読解・文法・作文・習字	
1935：昭和10	福島県立会津農林	3-3-2		
1936：昭和11	長野県更級農業拓殖学校	3-？（課外） 二部拓殖科 5	本科1年：読解・習字、2年以上は随意科で課外 満州語・支那語	
1936：昭和11	松江農林学校	3-3-2-2-2	1年：訳読・文法・習字、2〜5年：訳読・文法	
1936：昭和11頃	福岡県福岡農学校	2-2-2	1年：英語、2年：英語（珠算・簿記・花卉）、3年：英語（農工・花卉）	
1937：昭和12	福島県立蚕業学校	男 2-(2)-(2) 女 0-0-0	1〜3年とも講読・作文・書取・習字 ＊女子は実施せず	田島農林も同じ。
1937：昭和12	福島県立岩瀬農学校	3-(2)-(2)	1〜3年とも講読・作文・習字	会津農林も同じ
1937：昭和12	福島県立信夫農学校	1-(1)-(1)	1〜3年とも講読・作文・習字	
1939：昭和14	宮城県農学校	3-3-2-(2)	1〜3年：英語、4年：英語・満州語	3年制に短縮
1940：昭和15	長野県更級農業拓殖学校	本科拓殖科 3-3-2	1年：英語・支那語、2・3年：支那語	
1940：昭和15	長野県北佐久農学校	3-0-0	―	本科1種獣医科
1940：昭和15	松江農林学校農林科 獣医畜産科	2-(2)-(2) 2-2-(2)-(2)	1年：訳読・書取・習字、2〜4年訳読・書取・文法	
1942：昭和17	宮城県農学校	2-2-2	1・2年：英語、3年：英語・満州語	
1942：昭和17	和歌山県吉備実業	2-2-1	英語	
1942：昭和17	和歌山県太田実業	1-1・男1・男2	英語（3・4年は男子のみ）	
1943：昭和18	茨城県立水戸農学校	2-2-2	1年：訳読・習字、2・3年：訳読	1913年から同じ
1943：昭和18	宮城県農学校	2-2-2-1		4年制に延長
1943：昭和18	松江農林 4年課程 　　　　　 3年課程	2-2-0-0 2-0-0		
1944：昭和19	愛知県水谷水産学校	2-2-2	聴方及話方・読書・作文・習字（1年のみ）・文法（2・3年のみ）	増課学科
1944：昭和19	松江農林農業土木科	0-0-0-0		

（註）（　）付きは随意科目　　（出典）表3-10参照

文[38]で、不振の理由として「官民及び父兄の農学校に対する誤解」「社会一般が実業学校を軽視すること」「農学校卒業生は実力に乏しいとの非難」があること、上級学校との「連絡の不備」の4点を挙げ、具体的な振興策を提案している。この中で、高等農林学校などが入試において農業学校卒業生に対して何らの特典も与えずに普通教科のみで選抜している点を非難し、中学校とは「英語、国語、数学に至りては修学年限、一週間の授業時間、教師及設備等に大なる差違ある。然からば同一の選抜試験を受くる農学校卒業生の困難想うべし」として改善を求めている。

3-4. 拓殖教育と戦争による英語の削減：1930～40年代
3-4-1. 拓殖教育と支那語・満州語

1930年代以降は拓殖科を置き、英語に換えて支那語や満州語を教える農業学校が増えた。昭和恐慌の下で、農村の疲弊は深刻の度を増した。その打開策として海外移民が奨励され、移植民教育が農業学校の重要課題の一つとされたのである。1928（昭和3）年5月に開催された農業教育研究会（大日本農会と農業学校長会共催）では、文部省の諮問事項である「移植民教育に関する適切なる方法如何」に対して、「移植民学校の新設」「実業学校に移植民教育上必須なる学科目を加課」することなどを答申した[39]。さらに、1939（昭和14）年6月の全国農業学校長会議では「外国語として特に拓殖地の語学を加ふること」を決議している[40]。

1931年に日本は「満州事変」を起こし、中国大陸への侵略を本格化する。満州開拓民を多く送り出した長野県では、更級農学校が1933（昭和8）年に移植民専修科を開設し、1936年には更級農業拓殖学校と改名した。そこでは本科1学年で英語3（読解、習字）、2学年と3学年は随意課目（時数不詳）、1年制の第二部拓殖科では「満州語、支那語」を5時間課した。これが1940（昭和15）年には3年制の本科拓殖科となり、外国語は3（英語、支那

---

[38] 出田新「農業教育に就きて」『農政研究』第5巻第10号、1926（大正15）年10月発行、pp. 34-41
[39] 『日本農業教育史』pp.525-526
[40] *Ibid*. pp.568

語)－3（支那語）－3（支那語）を課した。「拓殖科新教育方針・内容」(1938年)によれば、支那語（満州語）の能力向上を謳っている[41]。

> 支那語（満州語）は最も必要なるもの故、最も主力を注ぎ、東京外語出身にして満鉄に長く居られた、武井忠勇先生を専任として、一ヶ年間、二五〇時間以上を課し、卒業後、満鉄又は満州国政府の支那語検定二等試験に合格するだけの実力を養成する。教科書は次の五冊〔書目は略〕を仕上げ、簡単な手紙が書け、新聞が少々読める程度迄仕上ぐ。

こうした状況の中で、農業学校における英語廃止論が台頭した。1934（昭和9）年春には、福岡県下中等学校長会議および大分県中等教員大会で相次いで農業学校における英語科の全廃ないし縮小案が提出された[42]。農学校と高等女学校の外国語科は原則として1学年では1〜2時間を課し、2学年以上は課さないというものである。福岡県立糸島農学校の『糸島新聞』(1935年3月)は次のように報じている[43]。

> 農学校と女学校英語科目を廃止
> 中学教育の先駆的改正案として福岡県当局が大英断を以て本年度から農学校並に女学校の英語科を二年以上廃止するという案は六日文部省当局に対して認可の申請がなされた。
> これに対し、教育関係者並に一般より賛否両論が堂々として起ったが、文部省では内諾をあたえたので近く認可の運びとなった由、しかし二年以上は随意科となるもので、又女学校の方は教師の整理上、こゝ二ヶ年は猶予されることになろう。

3-4-2. 戦時下での英語縮廃

1940年代には、英語を課さない学年や学校が目立つようになる。時間数も週2時間以下に減少している。英米との太平洋戦争の下では、敵国語となっ

---

41 『信濃教育』第616号、1938（昭和13）年2月発行
42 「農業学校英語廃減問題」『英語の研究と教授』第4巻12号、1936（昭和11）年3月発行、p.448
43 『糸農八十年史』福岡県立糸島農業学校、1982年、p.92

た英語を農業学校、特に女子の課程から一掃させる動きが加速され、家事（特に育児保健）、理科、実業などが英語に代わった。1942（昭和17）年7月に文部省は、女子実業学校での英語教育に関して以下のように通牒した[44]。

▽女子商業学校は英語を課しなくてもよい、課する場合は一週三時間を超えないこと
▽女子職業学校は成るべく課しないこと。若し課する場合は一週三時間を超えないこと
▽女子農業学校は課しないこと

英語教育の廃止は男子にも及んだ。神奈川県では1944（昭和19）年2月に、高等女学校とともに、すべての農業学校で「各学年を通じ外国語は之を廃し其の時数を学校の事情及土地の状況に応じて実業科中戦時下特に緊要なる科目又は実習に配当すること」が通達された[45]。

1943（昭和18）年度に獣医将校を夢みて熊本県立阿蘇農業学校に入学した秦定は、当時の雰囲気を「朝礼には、国旗掲揚に引き続き軍人勅諭の斉唱が日課で、今日では国語以上に重視されている英語も、敵国語として一学期中ばで廃止され、日毎に軍事色の強まるのを覚えた」と回想している[46]。

これに先立ち、文部省は1941（昭和16）年10月に「中等学校最高学年在学者ニ対スル臨時措置」を通達し、中等実業学校は全国一斉に3カ月繰り上げ卒業を実施することになった。島根県立松江農林学校では卒業後さらに上級学校に進学する者には、12月に一応卒業の形式をとり、3月まで臨時補習科を設置して授業を継続した。そこでは国語・漢文、数学などと並んで英語を週5時間教えた。茨城県立水戸農学校では1942（昭和17）年1月より2年9ヶ月に短縮され、3年生の英語がなくなった。1945（昭和20）年にはただ一人の英語教員が応召中のため、英語の授業は実施できなくなった。

---

[44] 『教育週報』1942（昭和17）年7月25日付、p.7
[45] 「農業学校ニ於ケル外国語ノ臨時措置ニ関スル件」『神奈川県教育史』資料編 第3巻、1973年、p.700
[46] 『創立八十周年記念誌 蘇岳』熊本県立阿蘇農業高等学校、1981年、p.428

表3-13 農業学校の英語担当教員

年　度	学　校　名	氏　　名	担　当　科　目	出　身　学　校
1900：明治33	大阪府立農学校	出田　新	植物病理、昆虫、英語、動植物等	札幌農学校
1900：明治33	宮城農学校	田村補三郎	外科、獣医学大意、英語、外貌	獣医学士（陸軍一等獣医）
1901：明治34	茨城県立農学校	守屋孝静	養蚕、製糸、昆虫、英語	駒場農学校養蚕専修科
1901：明治34	宮城農学校	小田代慶太郎	英語、植物病理、昆虫、家畜飼養	農学士
1903：明治36	宮城県農学校	伊達宗経	英語、植物、動物	札幌農学校本科中退
1904：明治37	島根県立農林学校	牧野　環	英語、昆虫、経済及法規	（不詳）
1905：明治38	茨城県立農学校	本多菊吉 宮川助一 牧　忍	修身、経済、測量、英文法 英語、畜産、肥料、病理 化学、農産製造、英文法	東京帝国大学農科大学 東京帝国大学農科大学 東京帝国大学農科大学
1908：明治41	島根県立農林学校	河村精八 徳淵永治郎 中村喜代治	経済、化学、肥料、農産製造、英語、気象 動植物、作物病虫害、英語 数学、英語、用器画	（不詳） （不詳） （不詳）
1912：明治45	茨城県立農学校	古谷栄蔵 大久保直信 安藤専太郎	化学、英語 代数、英語 算術、英語、地理	東京帝国大学農科大学 第四高等学校大学予科 茨城県師範学校
1912：明治45	島根県立農林学校	横路実之助	英語	（記載なし：無資格か）
1916：大正5	福島県立農学校	佐野　隆 佐野梅吉	英語、動物、畜産、獣医、生理 読書、作文、習字、英語	東京帝国大学獣医学科 國學院大学国語漢文科
1916：大正5	宮城県農学校	青野秀夫	内科、細菌、伝染、薬物、英語	盛岡高等農林学校
1917：大正6	宮城県農学校	松岡哲仙	果樹、昆虫、植物病理、英語	千葉園芸学校
1918：大正7	宮城県農学校	今井　廉	病理、外科、英語	東京帝国大学獣医科
1919：大正8	宮城県農学校	小島　寿	代数、土木、歴史、英語、細菌	東京帝国大学農学科
1920：大正9	島根県立農林学校	鎌形源三	英語	千葉県立園芸専門学校
1920：大正9	宮城県農学校	星　伊策 小藤孝徳	英語 化学、分析、英語	東北学院文科 札幌農学校本科
1921：大正10	宮城県農学校	佐藤運吉	英語	東北学院文科
1923：大正12	茨城県立水戸農学校	長谷場純成	英語	第七高等学校造士館
1927：昭和2	宮城県農学校	菊地朝治	英語、蔬菜、植物病理、昆虫等	千葉高等園芸専門学校
1930：昭和5	宮城県農学校	白津　正	英語	東北帝国大学
1932：昭和7	茨城県立水戸農学校	益田耕助 長谷場純成	幾何、国漢、英語、（実習） 英語	東京帝国大学農科大学 第七高等学校造士館
1932：昭和7	宮城県農学校	柴　明 芹沢孝三	林業、土木測量、数学、英語等 伝染、英語、警察、細菌	東京帝国大学 東京帝国大学
1933：昭和8	宮城県農学校	赤尾清熈	農業、生物、英語、植民等	東京帝国大学
1935：昭和10	福島県立会津農林	山田　明	英語、実習	（不詳）
1936：昭和11	福岡県福岡農学校	船津常吉 高田　稔 松川律二	修身、英語 化学・英語・土壌・肥料・実験 英語・産業組合法規・法制経済	東京帝大農科大学 九州帝国大学農学部 九州帝国大学法文学部
1938：昭和13	茨城県立水戸農学校	成田一雄 村岡　豊	英語 英語	早大高等師範部英語科 青山学院専門部英語科
1938：昭和13	宮城県農学校	田中四郎	英語、書記	東北学院高等学部
1942：昭和17	島根県立松江農林学校	村山英信 坂田庸三	果樹、英語 英語、会計簿記、経済	（不詳） （不詳）
1943：昭和18	宮城県農学校	郡山　博	英語	東北学院専門部

（註）年度は原則として調査年。ただし一部に在職初年度を含む
（出典）表3-10参照

3-5. 農業学校の英語担当教員

　農業学校で英語を教えていた教員の担当科目と出身学校を考察してみよう（**表3-13**）。これによれば、1910年代までの22人中、英語の専任教員と思われるのは1人だけで、大半は農科大学などを出て農業の専門科目を担当していた教員が英語を兼任していた。その点では、先に述べた村上辰午郎の指摘どおりである。岩手県立農学校の校長だった永岡堯は明治30年頃の英語教育について、「普通科目では、中学校の教科書を使っていたが、教師に免許状のある人がいない。化学専門の教師が英語も教えていたようだが、どうにもひどい英語だった」[47]と回想している。

　1920年代以降には英語の専任を置く学校も増えてきた。調査した22人中、英語のみを担当している教員は10人で、ほぼ半数に達している。それでも、英語教員の資質問題は指摘され続けたようである。文部省視学委員だった福岡高等学校教授の大内覚之助は、「実業学校に於ける英語教員は他学科の受持教員を代用するの止むなき場合が多くあるであらうが、少なくとも一名は有能なる専任教員を採用して他の代用の教員を指導せしむる事が必要であらう」と報告している[48]。同じく委員で岐阜高等農林学校教授の井上陽之助も、農業学校における英語教育の実情を以下のように厳しく指摘している[49]。

> 中学校、高等女学校等に比較すれば、まさしく農業学校は人的設備に於て、大いに欠ぐる所ある（中略）生徒の多くは其各部の邦訳が判然と理解せられずに、経過するかに見受けられる場合が決して少くない。（中略）指名して読ましめて訳せしめて而して教師が又反復する旧方式に依って居ることは勿論であるが、斯かる場合に其の生徒の読み方と謂ひ、訳と謂ひ殆ど問題にならぬ程度である。（中略）英語の学習を単に目のみに依って為さんとする結果に依るのではなきか

3-6. 農業学校の英語教科書

　農業学校で使用された英語教科書を**表3-14**に示す。これをみると、おおむ

47　千葉敏和『岩手県立農学校－農村エリートたちの彷徨』私家版、1986年、p.52
48　東京行政学会『最近文部省各科視学委員視察復命書全輯』玄文社、1941年、p.122
49　*Ibid*. p.361

表3-14 農業学校で使用された英語教科書

年　度	学　校　名	第　1　学　年	第　2　学　年	第　3　学　年
1889：明治22	宮城農学校	ナショナル読本3、文典	文典、スキントン万国史	科学の書
1902：明治35	茨城県立農学校	神戸スペリング　スキントン英語新読本1	スキントン英語新読本2	スキントン英語新読本3、斎藤秀三郎、英文法初歩
1903：明治36	茨城県立農学校	神田乃武リーダー1、2	神田乃武リーダー2	神田乃武リーダー3　小文典
1905：明治38	茨城県立農学校	神田乃武リーダー1、2	神田乃武リーダー2、3	神田乃武リーダー3、4
1907：明治40	茨城県立農学校	ルース、吉田潔　英語新読本1	ルース、吉田潔　英語新読本2	牧忍　英語文法読本
1908：明治41	島根県立農林学校	夏目金之助　チョイスリーダー2、3〔予科で同書1、2〕	夏目金之助　チョイスリーダー2、3	夏目金之助　チョイスリーダー3／出田新サイエンスリーダー3
1911：明治44	茨城県立農学校	スタンダード・チョイス・リーダー1	スタンダード・チョイス・リーダー2	スタンダード・チョイス・リーダー3
1913：大正2	京都府立農林学校	New Education Readers 1,2	New Education Readers 3／上條辰蔵 Easy Grammar Lessons	New Education Readers 4
1913：大正2	島根県立農林学校	アーサーロイド・元田作之進　新英語読本1　プラクティカル・コピイブック1,2,3	ロイド・元田　新英語読本2／佐久間信恭インダストリアル・イングリッシュ・リーダー2	牧忍　英語文法読本
1915：大正4	茨城県立農学校	菱沼平治　ニュー・エラー・リーダース1	菱沼平治　ニュー・エラー・リーダース2	菱沼平治　ニュー・エラー・リーダース3
1915：大正4	長野上伊那農業学校	神田乃武　スタンダードリーダー巻一　斎藤秀三郎　イングリッシュレッスンズ	斎藤秀三郎　イングリッシュリーダー巻二　同上巻一	同上巻三　同上巻二
1933：昭和8	宮城県農学校	佐川春水 New Star Reader、ジョンズ・深澤由次郎 New Ideal Penmanship	開成館 New Life Reader、神田乃武 New English Grammar	不詳　＊1936〜42年は4年生で Biographical Stories
1936：昭和11	宮城県農学校	ジョンズ New Mercury Readers、同 New Ideal Penmanship		
1940：昭和15	宮城県農学校	全国農業学校長協会 The New Nature Readers、吉田一郎 New Step Penmanship		
1942：昭和16	宮城県農学校	全国農業学校長協会 The New Nature Readers、澤村虎二郎 An Illustrated Guide to Self-Forming Penmanship		

（出典）表3-10参照

ね各時期の中学校で使用されていた代表的な教科書が農業学校でも使われていた。なお、本科の1学年で宮城農学校（1889年）がリーダーの巻3を、茨城県立農学校（1903年）、島根県立農林学校（1908年）、京都府立農林学校（1913年）がリーダーの1・2巻を使うなど、学校によってはかなりハイテン

ポな授業展開だった様子が窺える。実業学校の入学年齢が高かったことがその一因であろう。

次に、農業学校専用の英語教科書を個別的に考察してみよう。

(1) 出田新の英語教科書

農業学校の教員も独自の英語教科書を刊行している。このうちもっとも注目されるのはこれまでも何度か登場した出田新の業績である。出田は1870（明治3）年に大分県に生まれ、16歳で上京し、共立学校、同人社、東京英和学校（青山学院の前身）等を経て、札幌農学校本科で宮部金吾や新渡戸稲造らに学び、1893（明治26）年に農学科を卒業して農学士となった。専門は植物病理学である。翌年9月、青森県尋常師範学校教諭となり、以後は大分県尋常師範学校、大分県尋常中学校、新潟県長岡中学校、大阪府立農学校、大阪府立高等医学校などで教えたあと、1906（明治39）年より約10年間、福井県立福井農林学校校長を務め、その後は山口県立小郡農業学校校長などを歴任した。元福井農林学校教諭の今村儀一は、出田について次のように回想している[50]。

> 校長〔出田新〕はまた語学に堪能で読書は勿論会話が自由、外国の名士来福の折には、常に通訳の労を執られました。（中略）こんな風で校長は語学が達者で而も非常に好きでありましたから、上の好むところ下之に倣う例の通り、吾々職員も余暇には英語、独逸語を勉強しました。

出田は専門の植物病理学に関する多数の著書以外に、以下の英語教科書を執筆した。

(1) *The Third Reader or Scientific Reader for Use in Agricultural Schools with Notes*（農業学校用英文科学読本）、興文社、1904（明治37）年5月31日発行
(2) *The Scientific Reader for Use in Agricultural Schools with Notes*（農業学校用英文科学読本）、興文社、(1)の増補訂正第二版で

---

50 『福井県立福井農林高等学校八十年史』1974年、pp.289-290

1905（明治38）年12月8日発行、1914（大正3）年2月20日改訂増補三版発行

(3) *The First English Reader for Use in Agricultural Schools with Notes*（農学校用英文第一読本）、興文社、1905（明治38）年6月3日発行

(4) *The Second English Reader for Use in Agricultural Schools with Notes*（農学校用英文第二読本）、興文社、1906（明治39）年12月10日発行、1913（大正2）年3月13日訂正再版発行

(5) *The Third English Reader for Use in Agricultural Schools with Notes*（農学校用英文第三読本）、興文社、1913（大正2）年5月1日訂正再版発行

以上は「農学校用英文教科叢書」（English Series for Agricultural Schools）を構成する。叢書の特徴は、(1)の教科書の「例言」に次のように記されている。

地方農業学校二年後期より三年級に於て動物、植物、鉱物、化学、物理、生理、農学、獣医学等に関する簡易なる英文を講読せしむるを目的とし極めて、簡易なるものより漸次やや難きものに移り、以て他日英文の専門書を繙くの階梯に供せんとするにあり

筆者の手元には出田新が旧蔵していた上記の教科書が7冊あるが（**写真3-2**）、それをみると出田自身の筆跡でおびただしい書き込みがなされており、熱心に改訂の準備を進めていた様子がわかる。希有な農学士である。なお、出田は上記の他に *Elementary Textbook of English Grammar*（英文法初歩）も1906（明治39）年頃に出版したようだが、未見である。

（2） 牧忍の英語教科書

牧忍は愛知県出身で、東京帝国大学農科大学農芸化学科を卒業、1905（明治38）年7月に茨城県立農学校教諭となった。その在任中に、*English Grammar Reader with Notes*（1907〔明治40〕年12月10日検定認可〔中学校用〕、発行者：山口信勝）を刊行した。その後、1910（明治43）年10月に島根県立農林学校の校長に赴任したが、1916（大正5）年6月同校長在職中に病没

写真3-2　出田新の農学校用英文教科叢書（出田の旧蔵書）

した。牧は「驚く程の秀才で、学殖深く而も博学であった。特に英語は先生の最も得意とするところ、自著の英文法教科書によって教授された」[51]という。

（3）　全国農業学校長協会の英語教科書

　全国農業学校長協会は *The Nature Readers*（全5巻）を1933（昭和8）年9月に農業図書刊行会から出版した。その後、*The New Nature Readers*（全3巻）として3次にわたって改訂され、それぞれ1938（昭和13）年2月18日、1941（昭和16）年9月11日、1943（昭和18）年7月7日（巻3のみ）に検定認可を受けている。このことから明らかなように、全3巻に圧縮されつつ、アジア・太平洋戦争下でも農業学校用の英語教科書が刊行され続けていたのである。

　教材内容をみると、随所に農業に関する題材が取り入れられている点が特

51　『水農史』第1巻、水戸農業高等学校（茨城県立）、1970年、p.471

徴である。たとえば、巻5ではRobin Hood, David Copperfield And The Waiter, Julius Caesarなどの一般的な読み物に加えて、Flesh-Eating Plats（食虫植物）、Forestry（林業）、Tropical Fruits（熱帯果実）、Rural Life In England（英国の農村）、Fertilizers（肥料）、The Evolution Of Agriculture（農業の発達）などが盛り込まれている。また、巻2では付録に詳細な英文法の解説が付けられているなど、農業学校の乏しい時間数でも1冊で総合的な英語学習ができるよう工夫されている。

（4） その他の農業学校専用英語教科書
現物を確認した限りでは以下の教科書があった。

育英書院編集部著 New English Readers for Agricultural Schools（全3巻）、育英書院、1917（大正6）年2月発行。非検定。

小谷武治著 New English Readers for the Use of Agricultural Schools（全3巻）、桜木書房、1926（大正15）年2月発行。非検定。小谷は北海道帝国大学予科教授。

稲村松雄著 New Agricultural Readers: Revised Edition（全3巻）、彰文館。この教科書は、1934年2月発行の訂正三版が検定認可を受けている。戦後、Jack and Bettyなどで一世を風靡した稲村が、戦前に農業学校用教科書も執筆していたことは興味深い。

3-7．農業学校における英語科教育の特徴
近代日本の地主制を基盤とした農業の後進性は、西洋的な近代農業を移植する可能性を著しく狭めた。そのため、実業学校の中でも農業学校は外国語教育が相対的にもっとも軽視されていた。特に女子に対してはその傾向が著しい。甲種農業学校ですら一貫して加設科目の位置づけだったために、明治期には英語を課していない学校もあり、課した学校でも週2時間から5時間まで様々だった。

しかし、加設科目であったにもかかわらず、1910年代（大正初期）にはほぼすべての甲種農業学校が英語を課すようになっていた。時間数は週2〜4時間が多かったが、1920年頃からは2〜3時間に減少した。しかし、この時

期になっても上級学校との接続問題などで農業学校の不振が叫ばれ続けていた。

1930年代には植民地開拓のための拓殖科を置く学校が増加し、支那語や満州語も教えられた。これが農業学校の新機軸となるかにみえたが、結果的に中国大陸での悲劇を生んだ。太平洋戦争期の1940年代になると英語は週2時間以下となり、まったく課さない学校も目立つようになった。

農業学校の英語担当は1920年頃までは農業の専門科目担当者が兼任する場合がほとんどであり、発音指導その他に問題を残す場合が少なくなかった。教授法は訳読式が中心だったようである。しかし、1920年以降を調べた限りでは、英語の専任を置く学校が半数ほどになっていた。

英語教科書は中学校用を使用する場合が多かったが、農業の専門的な題材を盛り込んだ専用の教科書も明治末期から登場し、敗戦直前の1943年まで刊行され続けていたことは注目される。

第4節　商業学校の英語科教育

4-1．商業学校通則期：1884〜1898年
4-1-1．商業学校通則の制定

商業学校制度は1884（明治17）年1月に制定された商業学校通則によって実質的に確立された。これによれば、商業学校の第一種（のちの中等商業学校程度）の入学資格は13歳以上の小学中等科卒業者で、修業年限は2年（ただし1年以内の延長が可）であった。外国語については「土地の情況に由り…英仏独支那朝鮮等の国語を置くことを得」（第四条）という規定がある。また第二種は「学理と実業とを並び授くる」ことを謳っており、のちに高等商業学校に発展した。この入学資格は16歳以上の初等中学卒業の学力を有する者で、修業年限は3年（1年以内の延長が可）であった。ここでは「英語」は正課とされていたが、「但土地の情況に由り…英語の他若くは英語に代へて仏独支那朝鮮等の国語を置くことを得」となっていた。中学校と異なり、当時の緊密な貿易相手国だった支那（中国）および朝鮮の言語が明記されている点が注目される。

4-1-2. 英語科教育の実相

この時期の英語科教育の様子を、京都府商業学校（のちの京都市立第一商業学校）を例にみてみよう。1886（明治19）年の創立当時の事情は、次のようなものであった[52]。

> 中等程度の学校では邦語を以て教育するのが目的であるが、当時書籍に乏しく、特に商業書は皆無と云ってよい。学術を欧米より入れる関係上、主として原書を採用した。故に語学的知識を要する事多大で、生徒は字書と首引で非常なる努力を払った。
>
> 伊太利侯爵チヤルス・ネンブリニー・ゴンザガ氏は本校最初の雇外国人として、地理、会話、作文等を教授し、同氏が神奈川県庁に転ずるに及び、米国音楽学士オハヨー州生まれのデー・エー・ムーレー氏来任、氏独特の教授法により、同氏の著書イングリッシュ・レッスンをナショナル・リーダーの外に教授し、又外国商品科を講義された。
>
> 二学年の中程以上は殆んど皆英語英書を用ひ商業算術、商業法規、簿記、経済（フオセット・ポリチカル・エコノミー）、商品、商業地理（ノーツオン・コンマシャル・ジョクラフイー）、商業実習等は英文の筆記、其他エコノミックゼボン貨幣論、マクレオド銀行論、ハウツーエキシール・イン・ビジネス、商業要項コンマシャル・アリスメチック・アンド・セオリーだのと原書が用ひられ、原書に依らない教授科目でも大抵筆記に因るもの多く、簿記、物理、化学等日々の講義を筆記して自宅で清書したものであった。従って此処に養成された人は、飛切の新知識で実業界に先駆したものである。当時の教科書の一部を列記すれば
>
> 　修身　小学、内篇外篇
> 　漢文　元明清史略巻一〜巻八
> 　英語　ニューナショナルリーダー一巻〜五巻（のちにローヤルリーダー一
> 　　　　巻〜五巻に改む）
> 　簿記　理化学、筆記
> 　算術　田中重徳著算術教科書、上下巻
> 　図書習字　手本
> 　英文典　会話、原書

---

[52] 実業教育五十周年記念会京都支部編『実業教育五十年史』1936年、pp.74-75

英作文　原書筆記
英習字　ロングマン・コツピーブツク
地理　ミツチエル・ニユースクールヂヨグラフイー
商業地理　ノーツオン・コンマーシヤルヂヨグラフイー
経済　フオーセツト・ポリチカルエコノミー

　外国人教師を雇い入れ、専門科目の授業はほとんど原書で行っていた様子が窺える。英語科の教科書は、いずれも当時の尋常中学校でも広く使用されていた舶来教科書である。明治20年代の公立商業学校は10校に満たないため資料が乏しく、安易な一般化はできないが、かなりハイレベルな英語教育を実施していた学校があったことは確認できる。

4-1-3．外国語科の授業時間数と教授内容

　この時期の外国語の授業時間数と教授内容等をみてみよう（**表3-15**）。昼間部の商業学校は3年制で、1～2年制の予科を置いた学校も多い。外国語はいずれも英語で、第二外国語を教えた記録は見あたらない。教授内容では会話が重視されている点が注目される。英語の授業時間数は本科で週5時間から9時間と幅が広く、平均は7.6－7.6－7.4時間、予科は平均8.8－7.5時間、総計5年間で38.9時間もの英語を課していた。当時の中学校では第一外国語（英語）が6－6－7－5－5（計29）、第二外国語が0－0－0－4－3（計7）だったから、商業学校では中学校を上回るほどの時間が英語教育に割かれていた可能性がある。

4-2．実業学校令期：1899年～1920年代
4-2-1．実業学校令

　実業学校令に基づく1899（明治32）年2月の商業学校規程によれば、甲種の入学資格は14歳、高等小学校4年卒業以上（1907年度からの義務教育6年延長後は高等小学校2年卒以上）、修業年限は3年（4年可）で、予科（12歳以上で2年以内）と専攻科を置くことができた。**表3-16**に示すように、外国語は本科では正課、予科では加設科目だったが、実際には大半の予科で英語が教えられた。入試科目に外国語を加えることもでき、たとえば市立和歌山商業学

表3-15　商業学校における外国語の時間数・教授内容等（1884〜1898年）

学校名	調査年	週時数	教授内容等
北海道庁立函館商業学校	1884（明治17）	英語学 8-7-6	1年第1期：綴字・読方・解釈・習字、1年第2期：読方・解釈・書取・会話・習字、2年第1期：習字に代え文法、2年第2期：さらに作文追加、3年：文法に代え翻訳
滋賀県商業学校	1889（明治22）	英語（本科）9-9-9　英語（予科）7	1年前期：綴字・誦読・解釈・習字、1年後期：さらに書取・会話、2年前期：誦読・解釈・習字・書取・会話、2年後期と3年：さらに作文・翻訳　1・2年とも綴字・読方・訳読・習字
新潟県立新潟商業学校	1891（明治24）	英語（本科）8-8-8　英語（予科）8-8	1〜3年とも「各科」　1・2年とも「各科」
名古屋市立名古屋商業学校	1897（明治30）	英語（本科）8-9-9　英語（予科）10	本科1年：誦読・訳読・文典・会話・書取・習字、2年：誦読・訳読・文典・会話・作文、3年：誦読・訳読・作文・会話・反訳
横浜市立横浜商業学校	1898（明治31）	英語（本科）5-5-5　英語（予科）10-7	1〜3年とも会話・作文　1・2年とも綴字・読方・書取・文法・会話・作文・解釈
平均		英語（本科）7.6-7.6-7.4　＊総時数5年間で38.9　英語（予科）8.8-7.5	
＜その他＞商業夜学校（宮城県）	1888（明治21）	英語6（3）・3（2年制）	1年前期6（訳解）、1年後期と2年前期3（訳解・会話）、2年後期3（訳解・会話・作文）、英語教科書は「綴字書 一冊 ウイルソン氏著、ナショナル読本自一至五 バアーネス氏著」

(出典) 表3-17、3-19、3-21と合わせて『京商40年の歩み』京都商業高等学校、1965年、稿本『和歌山市立和歌山商業学校　沿革史　明治三十七年四月起』、『三重県広報・明治40年』1907年、『三重県令規類纂2－財務・学事・兵事』1943年、『三重県教育史』第1、2巻、1980年、『石川県教育史』第1、2巻、1975年、『東京教育史資料大系』第8、9、10巻、1974年、『富山県教育史』(上) 1971年、『長野県教育史』13,14,15巻、1980年、『宮城県教育百年史』第4巻、1979年、実業教育五十周年記念会京都支部『実業教育五十年史』1934年、文部省実業学務局『実業教育五十年史』(正1934年・続1936年)、『英語の研究と教授』1935年9月号をもとに作成

表3-16　商業学校の教科目（商業学校規程：1899年）

甲種	予科	修身 読書 習字 作文 算術 地理 歴史 外国語 理科 図画 体操とす。但本科に於て理科及図画を加設したるときは之を欠くることを得
	本科	修身 読書 習字 作文 数学 地理 歴史 外国語 経済法規 簿記 商品 商事要項 商業実践 体操とす。但本項科目の外他の科目を便宜加設することを得
乙種		修身 読書 習字 作文 数学 地理 簿記 商事要項 体操とす。但本項科目の外他の科目を便宜加設することを得

校では本科はもとより予科2年級に入学する際にも英語の試験を課した[53]。

　乙種は3年制で、入学資格は12歳・尋常小学校卒業以上、外国語は加設科目であった。また1903（明治36）年には専門学校令が出され、甲種商業学校

53　稿本『和歌山市立和歌山商業学校　沿革史　明治三十七年四月起』（和歌山県庁蔵）

第4節　商業学校の英語科教育

生にとっては進学のためにも英語は必須科目となった。なお、同年の外国語の実施状況は、全国44の甲種商業学校の本科のうち、中国語の開講が6校、ロシア語・フランス語・朝鮮語が各1校にすぎず、他はすべて英語であった[54]。

4-2-2. 1910年代までの英語の授業時数と教授内容

表3-17でこの時期の外国語の時間数と教授内容を見ると、ほとんどの学校で週7〜9時間の英語を課しており、平均では予科を含めた甲種で6.6−7.2−7.5−7.5−8.3（5年間で37.3）にも達する。当時の中学校でさえ1901（明治34）年以来7−7−7−7−6（計34）であったから、依然として甲種商業学校では中学校を上回る外国語教育が実施されていた様子が窺える。

また1899年の実業学校令を契機に、多くの甲種商業学校で第二外国語を課すようになった。その時数は本科の1年から1時間課すものから2・3年になってから週2〜3時間課すものまで多様である。第二外国語として支那語（清語）を課していた学校がもっとも多く、次いで朝鮮語（韓語）や日本海側の学校ではロシア語を課していた。この点は旧制中学や旧制高校が西洋文化を輸入するためにドイツ語やフランス語などに限定していたのと好対照をなす。これらは日清戦争（1894−95年）、日露戦争（1904−05年）、日韓併合（1910年）という流れの中で、対外貿易における中国・朝鮮半島市場の比重が高まっていたことの反映であろう[55]。

---

[54] 国立教育研究所編『日本近代教育百年史』第9巻、1974年、p.466
[55] 日本の貿易相手国の構成：1884（明治17）年〜1924（大正13）年

輸移出入額総計（単位百万円）、カッコ内は構成比（％）

	1884-86	1898-1900	1907-09	1912-14	1917-19	1922-24	計
中　国	15(21.4)	110(12.7)	179(10.7)	386(28.0)	1,130(28.5)	1,113(25.2)	2,933(26.3)
朝鮮（韓国）	1(1.5)	14(3.1)	45(5.4)	63(4.6)	262(6.6)	426(9.7)	811(7.3)
米　国	19(25.1)	102(23.0)	199(23.7)	301(21.8)	1,198(30.2)	1,330(30.1)	3,149(28.4)
英　国	20(31.0)	113(22.7)	205(23.6)	318(23.0)	654(16.5)	698(15.8)	2,008(18.0)
その他	15(21.0)	128(38.5)	222(36.6)	314(22.6)	722(18.2)	851(19.2)	2,252(20.2)
計	70(100)	467(100)	850(100)	1,382(100)	3,966(100)	4,418(100)	11,153(100)

（註）中国には香港、関東州、台湾を、英国には英領インドを含む
（出典）東洋経済新報社『日本貿易精覧』1935年、大蔵省『大日本外国貿易年表』1897年から作成

72　第3章　実業学校の英語科教育

表3-17　商業学校における外国語の時間数・教授内容等（1900－1918年）

学校名	調査年	週時数	教授内容等
甲種			
市立金沢商業学校	1900（明治33）1901（明治34）	英語（本科）9-8-8　英語（予科）7-8　露語・清語	通読 5-3-2　会話 2-2-2　書取 2-1-1　文法作文 0-2-3　通読 3-3　会話 2-3　書取 2-2　随意科目（時数不明）
三重県立四日市商業学校	1904（明治37）1907（明治40）	英語（本科）6-8-9　清語・韓語（本科）1-1-1　英語（本科）7-7-8　清語・韓語（本科）1-1-1　英語（予科）6-6	1年：読方・訳解・書取・会話・習字・文法　2年：読方・訳解・書取・会話・文法・作文　3年：読方・訳解・書取・会話・文法・商用作文・翻訳（さらに英文簿記、商業要項も英語の教科書）どちらか一方を選択。　1904（明治37）年に同じ。どちらか一方を選択。清語は1年：四声・発音・読方・書取、2年：読方・諳誦・書取・会話、3年：読方・翻訳・書取・会話・作文。韓語は1年：諺文・発音・読方・書取、2年：諳誦・書取・会話、3年：読方・翻訳・書取・会話・作文　1年：発音・綴字・読方・訳解・会話・書取・習字　2年：読方・訳解・書取・会話・習字
市立和歌山商業学校	1904（明治37）	英語（本科）9-8-8　英語（予科）7-7	1年：読方・訳解 5、習字・書取 2、日用会話 2　2年：読方・訳解 3、書取 1、日用会話・商用会話 2、文法・普通作文 2　3年：解義 2、書取 1、商用会話 2、文法・商用書信・翻訳 3　1年：諳誦・訳解 3、習字 2　2年：諳誦・訳解 3、日用会話 2、書取・習字 2
錦城商業学校（東京、私立）	1907（明治40）	英語（本科）8-7-9　英語（予科）6-7	ともに会話・作文・読方・書取・文法・訳解　ともに綴字・習字・読方・書取・会話・作文・訳解
市立富山商業学校	1909（明治42）	英語（本科）8-9-9　英語（予科）7-8　支那語（本科）0-2-3	1年：諳読・訳解・書取・習字・文法、2年：諳読・訳解・文法・会話・作文、3年：諳読・訳解・会話・作文・翻訳　1年：綴字・諳読・訳解・習字、2年：綴字に代え書取
東京府立商業学校	1918（大正7）	英語（本科第一部）7-7-7　支那語又ハ露西亜語（本科）0-3-3　英語（予科）7-7	1・2年：読方・訳解・書取・会話・文法・習字　3年：読方・訳解・文法・会話・商業作文　2年：発音・書取、3年：読解・書取・会話・作文　1年：発音・綴字・読方・訳解・会話・書取・習字　2年：読方・訳解・会話・書取・習字
平　均		英語（本科）7.5 — 7.7 — 8.3　計 23.5　英語（予科）6.6 — 7.2　計 13.8　総計 5年間で 37.3　第二外国語 0.5 — 1.8 — 2.0	
乙種			
京都市立商業実修学校	1900（明治33）	英語 4-4	1年は読方訳解書取習字、2年は会話を追加
東洋女子実業学校（東京、私立）	1907（明治40）	英語 1-1	教科書は1年：チョイスリーダー 1,2,3、斉藤氏綴字発音、柳田氏　初等文典。2年：高島氏　商業読本 2,3、/同上
長野県・赤穂公民実業学校	1917（大正6）	英語 3	第一部商業科（8ヶ月制）のみ「訳読書取」
平　均		英語 2.7-2.5	
英語を課さない学校			
東亜商業学校（東京、私立）	1901（明治34）	支那語 10-10-10	英語なし。学校の目的は「日清の通商に必要なる学術を教授するを以て目的とす」

（出典）　表3-15参照

明治・大正期の商業学校における外国語重視の実態については多くの記録が残されている。たとえば三重県立四日市商業学校では1901（明治34）年から1923（大正12）年まで校長を務めた千野郁二が英語教育の重要性を叫び、教授陣の構成に意を尽くして、生きた英語の実力養成に重点を置いた。講堂、廊下の壁面に"Heaven helps those who help themselves.""There is a will, there is a way."などの英語の格言・金言を掲げ、生徒にたえず吟唱するように指導した。

4-2-3．英語教員

　この時期の商業学校の英語教員は高等商業学校出身者が多く、商業の専門科目を担当する場合も多かった。たとえば、『三重県立四日市商業学校一覧』（1905年）の職員表によれば、英語担当教諭は5名で、東京高等商業学校卒業生が3名（うち2名は簿記、珠算等の専門科目を兼任）、明治学院卒業生と「英語を修めしもの」（無資格者）が各1名である。また、嘱託教員として英語（米国人）、習字と清語、韓語（韓国人）の教師がそれぞれ1名ずついた。英語の運用力を高めるために商業学校で英米人を会話講師に迎えた例はきわめて多く、四日市商業では1905（明治38）年から米国出身のスチルソン女史が教えた。同校を1912（明治45）年に卒業したある生徒は「英語は母校では特別に力を入れていて、殊に上級生になるとリーダーや文法書、英語の教科書の他、英文簿記、英文商事要項、英文通信などがあり、授業時間が頗る多かった」と回想している[56]。宇治山田商業学校でも以下のように外国人教師による英会話の授業を行っていた[57]。

> 今から考えて特筆大書すべきは、〔大正初期頃〕山商に米国人で宣教師トキワ幼稚園創設者ミス・ライカー先生が出講されて、英語会話指導をして下さったことでした。当時外国人はめずらしかった時代です。ボンネットとかいう、顔に網のかかった帽子をかむって、とても美しい声で発音せられて、いながらにして本場の英会話を教えられたのでした。

---

56 『三重県教育史』第1巻、1980年、p.974
57 『山商六十年』三重県立宇治山田商業高校、1968年、p.8

商業学校は豊富な時数と英語熱の高い環境であったから、英語教師にはかなり優秀な人が集まったようである。1920年代頃からは徐々に高等師範や大学を出た英語教師が商業学校の教壇に立つようになった。たとえば、三重県立松阪商業学校の英語教師たちのプロフィールは以下のようであった[58]。松川はのちに湘南プランで全国的に有名になる。

- ●松川昇太郎先生　「英語がメシより好き」という先生。素朴な明るい人柄で、学識と指導は素晴らしい。後、英語教育界の指導的地位に立たれる。神奈川県立湘南高校長、その後、大学教授になられた。
- ●大久保好美先生　早稲田大学出身の先生、大へんお元気でユーモア豊か、いつもニコニコとして、明快な指導をされる。明晰な発音が印象深い。
- ●種瀬淳一先生　授業の中に坪内逍遙を語り、シェイクスピアを教えられた先生は幼い生徒たちに英文学への目をひらかせる配慮をされたのであろう。

4-2-4．英語教科書

当時の実業学校では文部省検定教科書の使用が義務づけられていなかったが、実際には中学校用などの検定教科書を使用している場合が多かった。三重県立四日市商業学校で1905（明治38）年度に使用された教科書は**表3-18**のとおりである。

これによると、予科で使用されていた読本は夏目金之助（漱石）が校訂した *New Century Choice Readers* で、中学校用として検定認可を受けており、発音重視とプラクティカルな題材選定に特徴がある。同じく予科で使用されている F. W. Eastlake の *First Steps in Speaking and Writing English* は英会話、書取、文法を一体化させた実用的な英語の教科書であった。本科では斉藤秀三郎の１巻本の文法教科書 *First Book of English Grammar for Middle Schools* を使用していた。また本科１年で使用した不破保の *Everyday English* も文法書である。２・３年生で使用されていた「アラビアンナイト」や「フランクリン自叙伝」は当時の中学校などで広く使用されていた副読本で、一般の読本を使わずにこの種の読み物を使用して

---

[58] 『松阪商業高等学校六十周年記念誌』1980年、p.10

第4節　商業学校の英語科教育　75

表3-18　三重県立四日市商業学校教科書一覧表（1905年）

学年	時数	使用教科書	内容等
予科1	6	開成館発行　ニュー、センチュリー、チョイスリーダー、一。イーストレーキ著　ファースト、ステップス、インスピーキング、アンド、ライチング、イングリッシュ。モーダン、コッピーブックス　二　三　四　五　六	発音・綴字・読方・訳解・会話・書取・習字
予科2	6	開成館発行　ニュー、センチュリー、チョイスリーダー、二。イーストレーキ著　ファースト、ステップス、インスピーキング、アンド、ライチング、イングリッシュ。モーダン、コッピーブックス　七　八　九　十一　十二	読方・訳解・会話・書取・習字
本科1	6	興文社発行　ゴールデン、ブック。斉藤秀三郎著ファースト、ブック、オブ、イングリッシュ、グランマー。不破保著　エヴリデー、イングリッシュ	読方・訳解・書取・会話・習字・文法
本科2	8	アレビヤンナイツ、エンターテーンメンツ　抜粋　斉藤秀三郎著ファースト、ブック、オブ、イングリッシュ、グランマー	読方・訳解・書取・会話・文法・作文
本科3	9	ベンジャミン、フランクリン自叙伝　抜粋　斉藤秀三郎著ファースト、ブック、オブ、イングリッシュ、グランマー	読方・訳解・書取・会話・文法・商業用文・翻訳

（註）予科の時間数・教授内容は1907（明治40）年
（出典）『三重県公報・明治四十年』1907年、および『三重県教育史』第1巻、1980年、pp.969～972

いた点が注目される。教科書が自由に採択でき、上級学校の入試を意識する必要の少なかった商業学校だからこそ可能だったのかもしれない。

4-2-5．1910年代までの生徒の英語学習状況と進路

　この時期の英語熱の高さを示す一例を挙げれば、石川県の商業学校では語学力を高めるために校内弁論大会の演題の3分の1程度を英語にし、英語教師と生徒が英語同好会を結成している。また2年生以上に週3時間課せられた商業要項（コレスポンデンス）も英語の教科書で教えられた。それらを合計すると生徒は1日平均2時間近く英語に関係した授業を受けた。そのため、「あの人は商業学校出だから英語がペラペラしゃべれる」という世評が立つほどであった。金沢商業学校の要覧は語学教育の重要性を次のように述べている[59]。

　　近時々勢の進運は語学の必要性を促し来たり、とくに本校のように卒業後直ちに実社会に入るべき人物を養成するところにあっては、語学の必要は最大

[59]『石川県教育史』第2巻、1975年、pp.175-176

急務なり、されば本校はこの時勢の進運に鑑み、初学年たる予科よりして語学の研究は単に教科書たる読本のみに依らず、其以外に「英字週報」を使用し以て語学の研鑽に資しあわせて実用語を習得さすに勤めたり。

この時期の商業学校生の英語の実力は、実際にはどの程度だったのだろうか。それを実証する資料は乏しいが、一例として雑誌『英語倶楽部』1918（大正7）年1月号に載った懸賞試験問題（英文和訳と英作文）の入選者をみると、A組（難問）の最優等は中学4年生、優等は中学4年、5年各1名、商業3年1名、独学2名で、B組は最優等が商業本科1年、優等が中学5年、3年各1名、商業本科2年1名、独学1名であった。商業学校の生徒数が中学校の3分の1足らずであった点を考慮に入れると、当時の商業学校生の英語力は旧制中学生に勝るとも劣らなかったといえよう。

卒業後の進路をみると、『四日市商業学校一覧』（1905年）によれば、1899（明治32）年から1905（明治38）年までの卒業生252名の進路は、自家営業者が87名（35%）、内国商事会社勤務者55名（22%）、外国商事会社勤務者（米国、清国、韓国；米国留学者を含む）11名（4%）、通訳官2名（1%）、官衙奉職者3名（1%）、上級学校への進学者は46名（18%）で、そのうち高等商業学校への進学者は12名であった（それ以外は入営中、就職交渉中、および死亡）。なお、1908（明治41）年の全国調査では、「他の学校に入学の者」は商業学校甲種で163名（7.5%）、乙種で391名（34.6%）であった[60]。甲種の場合は高等商業へ、乙種の場合は甲種へ進学した者が多いと思われる。

4-2-6. 1920年代における英語教育の実態

1920（大正9）年には実業学校令が大幅に改正されたが、外国語教育に関しては顕著な変化はない。英語の授業時数は大正期には依然として7時間程度を確保している学校が多かったが、昭和に入ると英語廃止論の台頭の中で6時間ないし4〜5時間にまで減らされる傾向となった。英語科受難の始まりである。**表3-19**によれば、英語の平均時数は予科を含めて週6.3−6.3−

60　文部省実業学務局『全国実業学校ニ関スル諸調査・明治四十二年三月』1909年、pp.113-114

表3-19　商業学校における外国語の時間数・教授内容等（1922-1929年）

学校名	調査年	週時数	教授内容等
石川県立商業学校	1922（大正11）	英語 7-7-7-7-7 支那語・露語 0-0-0-2-2	1年：発音 綴字 読方 訳解 話方 作文 書取 習字 2年：読方 訳解 話方 作文 書取 習字 3〜5年：読方 訳解 話方 作文 文法 書取 一方を選択、読方 訳解 話方 作文
市立下関商業学校	1923（大正12）	英語 7-7-7-7-8 支那語 0-0-2-2-2	4・5学年は商業英語を含む 3年生以上（選択科目）
東京市立京橋商業学校	1924（大正13）	英語 7-7-6 英語 6-6-6-5	昼間部：1年は普通英語、2・3年は普通英語と商業英語 夜間部：1・2年は普通英語、3・4年は普通英語と商業
共立商業学校（東京、私立）	1927（昭和2）	英語 6-5-5-5	第2外国語なし
野方商科学校	1927（昭和2）	英語 7-6-6-5	1・2年は普通英語、3・4年は普通英語と商業英語
中央大学商業学校（東京、私立）	1928（昭和3）	英語 5-5-4-4	1年は発音・綴字・読方・書取・習字、2年は文法を追加、3・4年は会話・作文を追加
多摩商科学校（東京、私立）	1929（昭和4）	英語 6-7-7-7-7 英語 6-6-6-6	昼間部（第一本科） 夜間部（第二本科）
日大第三商業学校（東京、私立）	1929（昭和4）	英語 6-6-6-6	1年は普通英語、2年以上は普通英語と商業英語。第二外国語はなし
慶應義塾商業学校（東京、私立）	1929（昭和4）	英語 5-6-6-6	1・2年は普通英語、2・3年には普通英語と商業英語。第二外国語はなし
石川県立小松商業学校	1929（昭和4）	英語 7-7-7-7-7 支那語または露語 0-0-0-2-2	＊1937(昭和12)年は英語 5-5-5-6-7 に縮減。第二外国語は廃止
平　均		英　　語　6.3 — 6.3 — 6.2 — 5.9 — 7.3　計 32.0 時間 第二外国語　0.0 — 0.0 — 0.7 — 2.0 — 2.0　計 4.7 時間	

（出典）表3-15参照

6.2−5.9−7.3（計32.0）で、1900−1918年が平均総時数37.3時間であったのと比べると、ほぼ毎学年1時間ずつ削減された計算になる。こうした動向は中学校も同じで、1919（大正8）年には総時数34から30に減少している。

　昭和初期には英語の時間数は徐々に減らされたものの、英語教育の勢いにはさほど暗い影はみえない。受験に煩わされることの少ない商業学校生たちは、特に英会話や通信文などの実用的な英語の分野で技術を磨いていった。

　四日市商業ESS部（英語弁論部）は、1924（大正13）年から1939（昭和14）年までに名古屋高等商業学校で行われた全国中等学校英語弁論大会等において、27回中すべて、優勝（16回＝59％）ないし準優勝（11回＝41％）し、全国

有数の「英語の名門校」として君臨していたという[61]。同校出身で一等通訳官（英語、露語）の国家試験に合格した春日部薫は「参謀本部の通訳官として、特殊情報部員として、（中略）軍の布達、宣撫、情報収集の活動に、中国語、ロシア語、英語、日本語を使いわけて、弁舌を唯一の武器として、何度も死線を越えて、生き抜いてきました」と回想している[62]。

4-3．国家統制の強化と中等学校への一元化：1930～40年代
4-3-1．英語教授研究大会と Oral Method の実践

商業学校の生徒数は、1930年から1943年の間に14万1,365人から33万3,877人と2.4倍に急増している。この数は同時期の中学生総数の67％に当たる（1940年）。中等実業教育が普及し大衆化してくると、それに伴って英語科教育上の様々な問題点も浮かび上がるようになった。こうした中で、商業学校の英語教師たちも様々な英語教育研究大会に参加することになる。英語教授研究所が主催する英語教授研究大会への実業学校教師の出席は一般に低調であったが、その中にあって商業学校の英語教師の場合は比較的積極的に参加している（表3-20）。

商業学校部会の協議事項のうち、教授法等に関係する部分を報告記事の中から抜き出してみよう。まず、第4回大会（1927年）では Oral Method について「福岡商業学校にては二年級まで実施して其成績見るべきものあると云ふ」[63]とあるのみだが、第7回大会（1930年）では「東京府立第三商業学校に於て実施せられ居るオラル法応用の英語教授、尚又二十五人一組の組分け教授並に下級生を補導する役目を其の上級生に負はせることの英語学力に及ぼしたる良影響等は他の参考研究に値するものと思はれる」[64]と、より具体的に報告されている。また7回大会の協議では商業英語に関するラジオ放送の実施を要望し、教科書については「自校専用のものを著作することにせね

---

61 「泗商英語弁論部成績年表」『四日市商業高等学校八十年史』1977年、pp.164-174
62 四日市商業英語弁論部「栄光の影を追って〔座談会〕」『四日市商業高等学校八十年史』p.172
63 英語教授研究所 *The Bulletin* 39号付録、1927年、p.11
64 *The Bulletin* 69号付録、1930年、p.31

表3-20　英語教授研究大会参加者の構成（1927-1933年）（　）内は構成比％

大会（年）	中学校	高等女学校	商業学校	実業学校	師範学校	その他	計
第 4 回大会（1927）	107(42)	55(22)	14(5)	4(2)	7(3)	68(27)	255(100)
第 5 回大会（1928）	112(38)	70(24)	24(8)	5(2)	7(2)	74(25)	294(100)
第 7 回大会（1930）	124(43)	88(31)		19(7)*	3(1)	53(18)	287(100)
第10回大会（1933）	198(34)	98(19)	48(9)	12(2)*	16(3)	163(31)	523(100)

（註）「実業学校」は商業以外の中等実業学校。第7回大会では商業学校は「実業学校」に包含され、第10回大会の実業学校は「工業学校」とされている
（出典）英語教授研究所 The Bulletin 付録各号より作成

ばならぬかと考へられるほどなり。一層適切なる教科用書の編纂を希望す」としている。

　1937（昭和12）年の第14回大会では「商業学校に於ける英語の運用能力を進める方法」とともに、「商業学校英語教授の目的」が討議されている点が注目される。ここでは商業学校においても中学校と同様の普通英語（plain English）を教え、低学年においては「特に基礎英語を固める事に努力を要す」として性急な「商業英語」の導入を戒めている。逆に4・5年生では現行教科書に「商業事項に関連する英語」を盛り込むべきことなどが提案されている[65]。

　これらを読むと、英語教授研究所の提唱する Oral Method が商業学校においても果敢に実践されていた様子を窺い知ることができる。入門期の指導実践例を市立山形商業学校を例に見てみよう[66]。

> 第一学期の中頃迄は書物を用ひず主として聴方練習をやる。勿論大部分は実物絵画等の提示に拠る。（中略）五月の中頃よりは既習全部に亘る oral work の反復練習を適当にやりつゝ phonetic symbol の教授に移る。別に発音教科書を用ひず、27個の key-words とそれの練習を八枚の print にして与えて五月一ぱいに終る様にした。時間数にして約十五時間。此の間既出の oral work の反復練習を配する事はとかく単調に堕し易い発音教授の弊を救ふに役立つことだと思ふ。これに続いて alphabet の教授に移る。発音記号をやっているので大変楽である。普通の筆記体に触れず活字体にのみ止めた。（中略）

65　*The Bulletin* 139号、1937年、pp.32-33、および『英語の研究と教授』1937年11月号、p.271
66　脇田熊一「私の実験」『英語の研究と教授』1935年1月号、pp.63-64

六月始めよりreaderのPicture Lessonより初めて生徒待望の教科書に入る。(中略)必ず新しい課に入る前三十分以上は書物を離れて絵画実物等を示し該課の全内容及語方の概略要点をoralで伝へる事を実行する。この際Questions and Answersを適宜用ひる事は勿論である。日本語使用は最小限度に止めているが場合により大変効果的だと感じた。

また、釜山第一公立商業学校の英語教師は「上級学校への入学試験を目前に控へている中学校の生徒に比べて英語科に対する学習態度が活気を失ひ勝ちなのは止むを得ません」とした上で、「教法はdirect methodの精神で一貫することを理想とし、textと時間の関係で現在では二年以下はquestions and answersにより三年以上は直読直解を目標にしています」としている[67]。

このように、Oral Methodは受験英語の影響が少なかった商業学校のような環境でこそ成果をあげることができたのではなかろうか。現に、商業学校の英語教師だった埜田淳吉は「商業学校に於ては上級学校への受験と云ふ事を殆ど考慮する要なく、従って自由な、そして真の意味に於ての英語教育を行ひ得る状況にある」と述べている[68]。

しかし、教授法だけで英語力が決まるものではない。外国人を含む優れた英語教員の存在と感化が大きいことはいうまでもない。1932(昭和7)年に京都市立第一商業学校に入学した大橋健三郎は、卒業後に東京外国語学校から東北大学に進み、戦後はアメリカ文学の大家として東大英文科で教えた。その原点が京都第一商業時代の英語教育にあったことを次のように回想している[69]。

一商で受けた英語の授業はまことに充実したものであったことが思い知られて、深い感動にとらえられる。(中略)例えばミス・サウターの授業は、ディクテーションとレシテーションとペンマンシップの反復という、まことに古めかしく単純なものだったが、私自身の経験から言えば、これはまさしくオ

---

[67] 「学校消息」『英語の研究と教授』1935年9月号、p.214
[68] 埜田淳吉「商業学校の英語教育」広島文理科大学英語英文学研究室編『英語教育』第3巻第1号、1938年、pp.30-34
[69] 大橋健三郎「英語の授業の憶い出」『京一商創立八十八周年記念誌』京一商同窓会、1974年、pp.243-246

ーデオヴィデュアルに代るまことに貴重なものだった。(中略) 繰り返しのうちに度胸がつき、いつのまにか正確に聴きとり、すらすらと暗誦できるようになり、そのことはそのまま英語一般の学習に作用して、書取と暗誦が大きな武器となる。(中略) 大槻先生のお宅で教科書としてあてがわれたヴィカー (『ウェイクフィールドの牧師』) とアティック (『パリの屋根裏部屋の哲人』) はどうにも歯が立たなかった。それでもどうやらこの頃私は、吉田先生のご指導もあって、英文学を勉強しようという気になったらしかった。

4-3-2. 商業学校英語教師の教育研究集会

　教授法改革運動の高まりの中で、商業学校の英語教師らは自前の研究大会を開くまでになった。かくして商業学校英語教育研究会第一回大会が1933 (昭和8) 年10月19日〜21日に東京商科大学一橋講堂で開催された。大会ではまず佐野善作会長が「従来閑却されていたかの観ある商業学校における英語教育に関する研究をその揺藍の地一橋に起した抱負」を力説し、初日の協議会では文部大臣諮問事項として「商業学校に於ける英語科教授をして一層有効適切ならしむる具体的方案如何」が討議された。続く協議題は、①商業学校における普通英語の教授、②商業、経済に関する英語の教授、③英語と商業科目との連絡、④実業界との連絡、であった。普通英語に関する自由討議では「人格陶冶と practical English と何れを主とすべきか、語学の talent の有無によって二部制を採用する事、適当な教科書編纂の必要等も論じられたが、具体的な結論として、一. vocabulary の制限、二. 高商入学試験問題選定に一層考慮を払ふべき事、などを答申案に含ませる事とした」とある[70]。続く二日目の協議会は、以下のとおりである。

　一．普通英語に於て発表力と読書力といずれを重ずるべきか。何れか一つを主とすべしと論ずる者の外に、両者は相補ふべきものとする者、何れを主とすべきかよりも、各其到達すべき程度、例えば作文に於ては美文ではなく logical な文を作る事に目標を置く事にするが先決問題なりとする論があった。
　二．商業英語に就いて、Formula を教へるだけでなく其基礎となるべき普通

---

70 『英語青年』1933 (昭和8) 年10月1日号、p.173

英語に力を注ぐ事、technical terms の標準を定める必要等が論じられた。三．英語科と商業学科との連絡、各科間の共同研究、外国実践を何年級に課すべきか等の論があった。

こうした中央での研究大会に刺激されて、地方レベルでも様々な英語教育研究集会がもたれた。たとえば1937（昭和12年）6月11〜12日には関東区商業学校学科研究会が市立浦和商業学校で開催されたが、そこでの議題は「商業学校における英語教授の問題」であった[71]。

4-3-3. 教科書統制の強化と時間数の縮減

1930年代以降には実業学校の教科書に対しても検定制導入、5種選定、準国定化といった国家統制が強まっていった。まず1932（昭和7）年11月には実業学校の普通科目の教科書を検定対象とすることが決定された。しかし、実業学校用の検定英語教科書の編纂に対しては反対意見も出された。たとえば大西雅雄は「『実業学校用教科書』の新検定案に就て」[72]の中で、「実業学校には実業向きの内容を授けよ」という考えは「輓近の言語学習の原則に逆行する」として手厳しく批判している。その理由は、①良く編纂された教科書ならば言語材料はおのずと中学用のものと合致し、②実業向きの題材を増やすと言語学習の上に商業、工業、農業等の専門内容を過重負担させることになり、③中学校か実業学校かではなく、英語の授業時間数で教科書を分けるべきだ、としている。その上で「実業学校用教科書」は副読本とし、正読本は従来の中学校用を用いるべきだと結論づけている。いかにも言語学者らしい批判であるが、反面で、完成教育機関である実業学校に固有のモティベーションについての考察はない。

満州事変（1931年）、翌年の「満州国」建国、日中全面戦争（1937年）と続く大陸政策は、この時期の実業学校教育にも大きな影を落としている。支那語や満州語が重視され、大陸への開拓移民政策が鼓吹されたのである。七尾商業学校では1934（昭和9）年より5年生に課外として満州語を週1時間課

71　*The Bulletin* 137号，1937年8‐9月、p.18
72　「『実業学校用教科書』の新検定案に就て」*The Bulletin* 87号、1932年8‐9月、pp.8-9

し、38年には5年生に正課として支那語が加えられた[73]。支那語教科書としては青柳篤恒著『標準商業支那語教科書』(1939年) など、この時期に数種類が刊行されている。また、ナチス・ドイツとの同盟関係の下で、ドイツ語を正課にとの主張も見られた[74]。また、京都商業学校でも1934 (昭和9) 年頃に以下のような「海外発展主義教育」を校是の一つに掲げていた[75]。同校では1943 (昭和18) 年度から4・5年生に支那語とマライ語を教えた。

> 亜細亜を一括した経済ブロックを形成せしめざれば止まざるの情勢にあるのは注意すべきことの一つであります。されば本校では海外発展に必要な一般知識は固より特に我が国と密接不離の関係にある支那、満州、シベリア等に関する智識涵養に努め上級に於ては支那語を授け以て支那満州に活動し又は其の貿易に従事し得る人物を養成せんとしています。尚又満蒙研究会を設けて支那満州に対する特志研究者をして之を利用せしむると同時に海外発展主義教育の助成機関をして遺憾なからんことを期しています。

就職先を大陸に求める傾向も強まった。日本海側の金沢商業学校では、1937 (昭和12) 年から6年間の就職者577名中、支那 (中国) 16名、満州 (中国東北部) 96名、台湾3名、朝鮮28名、計143名と実に24.3%が外地へ就職している[76]。

こうした国策の中で、敵性語とされた英語の授業時間数は日中戦争が始まる1930年代後半には週5〜6時間に、太平洋戦争期には中等学校令 (1943年) を契機に3〜4時間にまで削減されている。また、第二外国語を廃止するところも大幅に増えた。たとえば石川県立小松商業学校では1929 (昭和4) 年に英語7－7－7－7－7 (総時数35) および第二外国語0－0－0－2－2であったものが、1937 (昭和12) 年になると英語5－5－5－6－7 (総時数28) と2割も削減され、しかも第二外国語が廃止された。この時期には中学校の英語の時間数も削減された (第2章1節参照)。女子の場合には外国

---

[73] 『石川県教育史』第2巻、1975年、p.508、pp.541-542
[74] 1944 (昭和19) 年には実業教育振興中央会編の『実業マライ語』と『実業独語』が発行された。
[75] 実業教育五十周年記念会京都支部『実業教育五十年史』1936年、p.399
[76] 『石川県教育史』第2巻、p.541

語がさらに厳しく削減された。

4-3-4. 中等学校への統合

　1943（昭和18）年1月に公布された中等学校令によって、商業学校は中等学校に位置づけられた。男子商業学校の外国語の週授業時数は、昼間部の4年制で4－4－3－3、3年制で3－2－3、夜間課程では2－2－2－2に削減された。すでに1930年代の英語の平均授業時数は甲種で5.5－5.4－4.2－5.6－6.1（計26.8）にすぎず、1920年代の6.3－6.3－6.2－5.9－7.3（計32.0）と比べると大幅に削減されていたが、中等学校令によって一段と削減が進んだのである（**表3-21**）。

　商業学校外国語科の「教授要旨」と「教授事項」は、1943（昭和18）年に初めて登場した重要資料なので、以下に引用する[77]。下線部が中学校用にはない事項であり、実用性が重視されていることがわかる。

　教授要旨
　実業科外国語は商業の実務に従事する者に須要なる外国語につき理会力及発表力を養ひ外国の事情に関する正しき認識を得しめ我が国商業の振興に資せしむるものとす
　実業科外国語は英語・独語・仏語・露語・支那語・「マライ」語又は其の他の外国語の内一若は二箇国語を課すべし

　教授事項（修業年限四年のもの）
　　　　第一学年　百三十六時（毎週四時）
　聴方及話方・読書・作文
　聴方及話方に於ては初は発音の基礎的練習に重きを置き日常生活に関する教材を授くべし
　読書に於ては読方・解釈・書取・暗誦を課すべし
　作文は既習教材を応用し話方と連絡して練習せしむべし
　既習の教材につき習字を課すべし（支那語を課する場合を除く）

---

[77]　文部省国民教育局『㊙中等学校令・実業学校規程・実業学校教科教授及修練指導要目（案）』（1943年）所収の「商業学校教科教授及修練指導要目」p.24およびpp.43〜45

第4節　商業学校の英語科教育

表3-21　商業学校における外国語の時間数・教授内容等（1930-1943年）

学校名	調査年	週時数	教授内容等
明治大学商業学校 （東京私立）	1930 （昭和5）	英語 5-5-4-4	1年：発音・訳解・書取・習字、2年：訳解・文法、3・4年：訳解・文法・会話・作文。第二外国語なし
中野商業学校 （東京、私立）	1930 （昭和5）	英語 7-7-7-7-8：昼 英語 5-5-5-5：夜	1～3年は普通英語、4・5年は普通英語と商業英語 1・2年は普通英語、3・4年は普通英語と商業英語
和歌山県立和歌山商業学校	1931 （昭和6）	英　語 5-5-6-6-6 支那語 0-0-0-2-3	1・2年：訳読・作文・書取・習字、3・4年：訳読・書取・作文・文法、5年：訳読・会話・商業英語 「支那語」
京都市立第一商業学校	1934 （昭和9）	英語 6-6-7-4-4 商業英語 0-0-0-4-3 支那語露語 0-0-0-3-3	甲種のみ いずれも随意科目
京都市立第二商業学校	1934 （昭和9）	英語 6-7-7-4-4 商英 0-0-0- 4- 4	甲乙両課程とも 乙課程のみ4・5年生選択。甲課程にはなし
京都商業学校 （私立）	1934 （昭和9）	英語 7-7-6-7-6（昼間部） 英語 6-5-4-4（夜間部）	1～3年普通英語、4・5年普通英語と商英 夜間1・2年普通英語、3・4年商英
伏見商業学校（京都、私立）	1934 （昭和9）	英語 6-6-6-3-3 商英 0-0-0-2-2 第二部（1年制）2	普通英語 4・5年に英語通信文、英語商事要項（選択） 英文商業通信と支那語初歩（選択科目） ＊二部は中学・高女卒業生対象
福知山商業学校	1934 （昭和9）	英語 7-7-7-7-8（第一種） 英語 7-7-7（第二種）	1～3年普通英語、4・5年が普通英語と商英 1年普通英語、2・3年が普通英語と商英
立命館商業学校 （京都、私立）	1934 （昭和9）	英語 6-6-6-6-6	
釜山第一公立商業学校(朝鮮)	1935 （昭和10）	英語 6-5-5-5-5 商業英語 0-0-0-0-2	内訳は 英訳 4-3-3-3-3、作文 1-2-1-1-2、文法 0-0-1-1-0、習字 1-0-0-0-0、コレスポンデンス 0-0-0-0-2
石川県立小松商業学校	1937 （昭和12）	英語 5-5-5-6-7	＊第二外国語は廃止
長野県立小諸商業学校	1938 （昭和13）	英語 5-5-5-6-4 商業英語 0-0-0-0-2	1～4年：普通英語、5年：普通英語および支那語 商業英語は書簡文
長野県立長野商業学校	1938 （昭和13）	英語 5-5-5-5-5 商業英語 0-0-0-1-1	「普通英語」と記載
長野県立飯田商業学校	1939 （昭和14）	英語 6-6-6-5-5	1～3年は「普通英語」、4・5年は「普通英語」および「商業英語」
和歌山県立商業学校	1941 （昭和16）	英　語 5-4-3-3-3 支那語 0-1-2-2-0	「英語」とのみ記載 「支那語」とのみ記載
長野県立小諸商業学校	1942 （昭和17）	英語 4-4-3-3	＊第二本科：夜間
京都商業学校 （私立）	1943 （昭和18）	英語 4-4-2-2 支那語・マライ語 0-0-2-2	全学年：講読・作文・会話 支那語かマライ語を選択履修。講読・作文・会話
三重県立商業学校 （県下一律）	1943 （昭和18）	英語 4-4-3-3	ただし3・4年の時数には「支那語」も含まれる。
平均		英語（商業英語を含む）　5.5 ― 5.4 ― 4.2 ― 5.6 ― 6.1　計26.8時間 第二外国語（実施4校の平均）　0 ― 0.3 ― 1.0 ― 2.3 ― 1.5　計5.1時間	

(註) この他、英文簿記等を教授した学校もある
(出典) 表3-15参照

第二学年　百三十六時（毎週四時）
聴方及話方・読書・作文
前学年に準じ更に進みたる程度に於て之を課すべし
　　　第三学年　九十六時間（毎週三時）
前学年に準じ更に進みたる程度に於て之を課し<u>聴方及話方に於ては実務に必要なる会話を加ふべし</u>
既習の教材に基き文法の大要を授くべし
　　　第四学年　九十六時間（毎週三時）
前学年に準じ更に進みたる程度に於て之を課し<u>時事文・商業文を加ふべし</u>
　　（＊3年制課程および夜間課程は上記4年制課程に準じるとしている）

　なお、「教授上の注意」は中学校用[78]とほとんど同一であるので割愛するが、商業学校用には「商業文は実務との連絡を保ち商業通信文・経済記事文等に付て解釈・作文の力を養ふべし」という一項が追加されている。逆に中学用にある「教材は分量の多きを望まんよりは之を精選して基礎的知識の徹底を期すべし」の一項がない。

　女子商業学校においては「実業科外国語」は正課ではなく増課課目として位置づけられており、時数は4年制で週1〜2時間とされた。

4-3-5．商業学校の工業学校化と敗戦

　1943（昭和18）年10月に政府は「国民教育ニ関スル戦時非常措置方策」を閣議決定し、男子商業学校の工業学校等への転換ないし廃校を指示した。戦時下の統制経済の下で、商業要員を軍需工業技術要員に振り向けるためだった。1930（昭和5）年に全有職者の16.6％だった商業従事者は、1944（昭和19）年には7.9％に激減した[79]。こうして、1944年2月現在、全国450校中で商業学校にとどまることができた学校は48校（1割）にすぎなくなった（**表3-22**）。

　国策による強制転換は、どのような形で行われたのだろうか。1944（昭和

---

[78] 「中学校教科教授及修練指導要目」は、大村喜吉ほか編『英語教育史資料』第1巻、東京法令出版、1980年、pp.149-151参照
[79] 文部省『産業教育八十年史』1966年、p.18

表3-22　男子商業学校の転換・廃校数および定員数（1944年2月文部省調査）

転換後の学校種	学校数（構成比）	募集定員（構成比）
工業学校へ	274　(60.8%)	35,800　(63.9%)
農業学校へ	39　(8.7%)	3,100　(5.5%)
女子商業学校へ	53　(11.8%)	7,250　(12.9%)
廃校・その他	36　(8.0%)	―
そのまま存続	48　(10.7%)	9,900　(17.7%)
計	450　(100%)	56,050　(100%)

（出典）『商業教育八十周年記念誌』全国商業高等学校協会、1965年、p.55より作成

19）年に三重県立上野工業学校に入学した川端元雄は「上野商業学校に入学した私達の1年先輩は2年生に進級すると同時に工業課程を学んだ。従って1・2年生は工業学校、3・4年生は商業学校の生徒という状態であった」と回想している[80]。また1942年に三重県立松阪商業学校に入学した生徒は「3年生のときに前述の戦時特別措置による新入生募集打ち切りが発表され、下級生は全員松阪工業学校へ編入されることになった」[81]。このように、商業学校の転換は商業希望者の意志とは無関係に、しかも「設備もまた教具、教材もなく、教員は英語、その他の科目を担当していた教員の促成講習を経てきた少数の人員しかなく、工業学校、農業学校といっても、ただそれは名目にすぎないものであった」という状況の下で強行されたのである[82]。かくして「商業学校の前途を悲観した生徒の多くが、予科練などに志願するものが続出し、ために多くの戦死者を出すこととなった」[83]。1940（昭和15）年に山口県立萩商業学校に入学した100名のうち、5年後の卒業生は転入生を含めてわずか58名、退学者46名。この退学者のうち8割に当たる37名が陸海軍関係に入隊・入校した[84]。

太平洋戦争期は商業学校にとってまさに受難の時期であった。しかも、敵国語を扱う英語教師にはこれに英語縮廃論が追い打ちをかけたのである。こ

80　『創立三十周年記念誌』三重県立上野工業高等学校、1974年、p.20
81　『松阪商業高等学校六十周年記念誌』1980年、p.18-19
82　『商業教育八十周年記念誌』全国商業高等学校協会、1965年、p.55
83　*Ibid*.p.188
84　『萩商六十年史』山口県立萩商業高等学校、1972年、p.455

の点は第3章1節でも述べたが、商業学校に関しては大阪商科大学の高砂恒三郎が、中等商業学校における英語力の不足と英米との貿易の杜絶という現実を根拠に、次のように述べている[85]。

> 整理が問題となっている学科目がある。その代表的なものは中等商業学校に於ける英語である。英語は五箇年を通じて一週七・八時間を教へ、その上予習に多大の労苦を費しているというのが普通だが、さて卒業後これを利用する者幾許かと云ふに、上級学校に入学する少数の者と、貿易其他外国関係の会社に就職する僅少の者とに限られていると云っても過言でない有様である。しかも中等商業学校の英語では不充分で、直ちには役に立ち難いところから、上記の会社に入ってもこれを活用する方面には容易に就き得ない。のみならず時局の発展は米英関係の貿易を杜絶するに至らしめた。(中略) それ故に英語の当面の取扱としては配当時間数を減じ、将来実際的な必要に迫られて更にこれを学習する際の基礎となる程度に止めることが考へられる。

こうした考えは敗戦とともに一掃され、空前の英語ブームに取って代わられる。たとえば、戦時中に工業学校に強制転換されていた山口県立萩商業学校では、1945 (昭和20) 年11月に商業科が復活し、英語に週4時間、英作文に3時間が充てられた。同年12月には、山口県内政部長名で「英語は必須とし、日常須要なる会話・作文等に重点を置き、これに習熟するよう努める」ことが指示された[86]。翌年7月には県教育民生部長名で「英語の授業時数の改善に関する件」が通達され、さらに英語の時間数が増やされていくのである。

4-4. 商業学校における英語科教育の目的

実業学校の英語科縮廃論は、「何のための英語科教育か」という目的論と密接に関係している。1901 (明治34) 年の地方商業学校長会議で訓辞を行った梅文部総務長官は、商業上の知識には「深遠の学理」は必要なく、商業学

---

[85] 高砂恒三郎『全体主義商業教育の構想―皇道産業経営教育への転換』目黒書店、1943年、pp.262-263
[86] 『萩商六十年史』pp.474-476

校では「専ら此実用的の教育を授くると云ふ方針が至当」であると述べた。これを受けて、同会議は上級生の英語読本からは「文学的臭味を帯びたる書籍」を廃して、「英作文・ビジネッスガイドブック・クラークスアッシスタンス等の如き実用的文字を羅列したる書籍」を使用することを決議している[87]。この時期には、実用主義的な目的論が主張されていたようである。

大正期には「大正デモクラシー」の機運を背景に、教育界にも人格主義、教養主義が浸透した。こうした時代の中で、高岡商業学校校長を務めた加藤正雄は、「商業教育における英語科の価値にも、実用上のものと、訓育上のものと自ら二方面を存する」とした上で、「普通商業教育の英語が、実用上の価値を成る可く余計に発揮する事はよいにはよいが余りに之を期待するのは、却って何物をも得られなくなる所以であらう。其の最も重きを置く可きのは、読書力であり、之に加へて必要に依つては会話力を尚ぶ可きものであると思ふ」と結論づけている[88]。読書力の養成を英語教育の中心に据える考え方は、学界の重鎮だった岡倉由三郎の説に近く、当時の根強い見解だった。

昭和期に入って高まった英語科廃止論に対して、英語教育関係者はしばしば教養主義を掲げて対抗した。1937（昭和12）年6月に開催された関東区商業学校学科研究会において、上田辰之助は「商業学校語学教授における技術・智識・教養」と題した講演を行い、商業学校英語科独自の目的論を展開した[89]。彼は「商業学校の英語は手先或は口先だけの英語ではいけない（中略）技術を通して理解力を深めること、更に又技術及び智識を基礎として、生徒の心のうちに永く残るやうなもの、それを人生観、或は社会に対する或る心構へが教養されることが肝要」であると主張している。そのための具体策を3点提案している。

　①技術の問題では「出来るだけ単純化」を行う。
　②智識の面では、英米だけではなく「英語を通じて広く智識を世界に求

87　宮坂広作「日本の産業革命と教育」岩波講座『現代教育学・5』岩波書店、1962年、p.141
88　加藤正雄『商業教育論』同文館、1925年、p.240
89　*The Bulletin* 137号、1937年8-9月、pp.18-32。上田は当時東京商科大学教授で、10年以上にわたって商業学校英語教員の検定試験委員を務めた。

め」、文法を重視して「英語の学習を通じて論理的な表現の習性」を養う。
③教養の問題では、「商業学校では技術的科目が多数を占めており、人間的・社会的教育が不足勝ちであるから、英語教授を通じて其欠陥を満すことが急務」である。

　戦時体制と英語科縮廃論が強まる中で、英語教師たちは苦難の時代を迎えつつあった。そうした時局下で、学校の英語は「人間教育」であり、基礎的な運用力（技術）の養成を出発点にして、そこから「智識」を高め「教養」へと発展させるべきだとする上田の主張は、英語教育関係者に少なからぬ感銘を与えたに違いない。このことは英語教授研究所が発行する大判の *The Bulletin* が15ページという異例のスペースを割いて講演の全文を収録したことからもわかる。
　商業学校の英語教師の立場からは、埜田淳吉が英語科教育の目的は商人としての知識、徳性、教養を養うことであり、そのために「英語を通して英語国民たる英米人の自治精神、義務心、協同的精神、fair play の精神、一言にして云へば彼等の civic spirit を体得せしむる事」が大切であるとしている。具体的には、上級生では「商業学校的色彩」をもった副読本を用いて多読指導をすべきことを主張している[90]。
　もちろん、すべてが教養派ばかりだったわけではない。水上鋳也は、実用的な商業学校用リーダーを主張している[91]。

> 商業学校用のリーダーは、商業活動に対し実際に役立つ材料を以て盛らなければ、英語を習ったとて役には立たない。（中略）英語は商業には特に必要なのだから、実際に役立つ いはゆる実用方面の材料を多く教へ、純文学などの観賞的方面のものはサイドリーダーとして課するのが妥当だと、筆者は考へている。

90　「商業学校の英語教育」広島文理科大学英語英文学研究室編『英語教育』第3巻第1号、1938年、pp.30-34
91　水上鋳也「商業学校に於ける学科目並にその教授内容の検討」『産業と教育』第1巻第6号、1934年、p.1,073

以上のように、英語教育の目的論は商業学校の場合も関係者の中で見解の一致をみたわけではなかった。概して、英語教育の現場に近い者に比べ、学校経営ないし教育行政の関係者ほど「実用的」で「役に立つ」英語を求める傾向が強かった。この点は、現在でもよくみられる傾向である。

4-5. 商業学校の英語教科書

商業学校は英語教育に多くの時間を割いていたために、多彩な英語教科書が用意されていた。当時の教育内容を知るために、種類別に代表的な英語教科書を考察してみよう。

4-5-1. 読本（Reader）

商業学校で使用されたリーダーの編集方針は多種多様で、4タイプに分類できる。

1) 中学校と共通の《普通教科書》
2) 1年用から商業関係の題材を多く取り入れた《商業学校専用教科書》
3) 低学年での普通英語の履修を前提にした《商業学校高学年用教科書》
4) 工業や農業学校などの他種の実業学校と兼用の《実業学校用教科書》

次に考察する①②はタイプ2)、③④はタイプ3)、⑤⑥はタイプ4)の教科書である。

① 高島捨太著 *Commercial Readers*（全5巻）成美堂、1903（明治36）年10月発行

明治期にはめずらしい《商業学校専用教科書》である。巻二をみると、Shimbashi Station, A Manufacturing Town, The Ginza, Rice‐planting, The Printer, Fuel, A Needle, A Mill, Hemp and Flax, Rice, Wheat, A Pin, The Cotton Fields といった当時の商業・産業活動や貿易品目などに関する題材の課が多い。

② 上條辰蔵著 *Standard Commercial School Readers*（全5巻）、東京開成館、1929（昭和4）年1月発行

写真3-3　商業学校用の英語教科書

《商業学校専用教科書》で、1940（昭和15）年の5種選定にも残った代表的な商業学校用リーダーである。「はしがき」にもあるように、特徴は以下の3点である。

(1) 第1・2・3巻にはEveryday English and Oral Work、第4・5巻にはEveryday English, Spoken and Writtenの部を設けて日常英語に関して一層深く広き知識を得しめるやうにしてある。
(2) 各巻に清新なPicture Lessonを設けた。特に第4・5巻にあっては英米に於ける最近の商品広告数種を載せて広告に関心を持たせ、活きた英語を知らしめる。
(3) 英語学習を従来よりも一層実際生活に有用及び一層興味あるものたらしめて、その効率を増進させたきことである。

1936（昭和11）年8月の改訂版の「はしがき」には「現下の非常時局に鑑み、国体明徴の立場から」教材の入れ替えをしたとあるが、太平洋戦争下1943（昭和18）年の第6版でも、たとえば巻3には次のような英米に関する

題材が含まれていた点が注目される。1. Business in Great Britain, 9. Business in the United States, 13. Benjamin Franklin, 21. Manufacturing in Great Britain, 28. Andrew Carnegie, 34,35. Two Boys of Paris.

③　鈴木熊太郎・*T. Johnes* 著 *The Imperial Commercial Readers*（全2巻）、日本教科書刊行会、1930（昭和5）年1月発行

《商業学校高学年用教科書》で、4・5年用である。巻1は The Bank of Japan（日本銀行）から始まり、Trade Union, Our Office, Output and Intake, Free Trade and Protection, The Banker, Interest, The Budget and Taxation などの商業に関する題材が盛り込まれている。そうした傾向は巻2ではさらに徹底する。また、この教科書には At the Post Office や Shopping などの実際的な英会話の課が3課ある。

④　伊地知純正著 *Idichi's Graphic Business Readers*（全3巻）、冨山房、1930（昭和5）年12月発行

《商業学校高学年用教科書》であるが、最初は1931（昭和6）年度から始まった中等学校第一種（就職コース）用の教科書として編纂された。筆者所蔵の巻1は飯塚商業学校の3年生が使用したものだが、この巻を県立青森中学校では4年生で使用している[92]。当時の商業学校における英語教育のレベルの高さを考える上で興味深い。巻1では1課から関係代名詞や関係副詞の継続用法が登場している。

教科書の Preface では従来の実業学校の多くが中学校用と同一の教科書を使用してきた点を批判し、挿絵を効果的に使用して実業に関する実際的な知識獲得に役立つ題材を精選したと述べている。この教科書は1935（昭和10）年には5巻本の *New Graphic Business Readers*（タイプ2）に生まれ変わった。

---

[92] 「学校消息」『英語の研究と教授』第4巻9号、1935年12月、p.334

⑤　飯島東太郎著 *New Japan Readers*（全3巻）、東京開成館、1939（昭和14）年8月発行

　タイプ4の《実業学校用教科書》で、「編纂の趣旨」によれば、題材面では「第一巻では生徒の日常生活と緊密な関係を有つ事項に教材を採り、第二巻第三巻では取材の範囲を広めて社会百般の事柄に及び、特に農業・工業・商業その他広く実業方面に関する教材を豊富に入れました」とある。確かに巻2の Picture Vocabulary は「大工道具」であり、巻3には Cotton や Sheep などの課があるが、軍事的な題材も目に付く。また、週2～3時間程度の授業でも対応できるように一種の総合教科書となっており、「課末に文法事項を摘記して、第三巻の終までに英文法の概要を授ける」よう工夫され、英語による口頭練習や和文英訳練習なども豊富である。

　同書の巻3を同じ飯島東太郎が編纂した中学校用の *Companion Readers* 巻3（1943年の第10版）と比べると、中学校用は204ページで商業学校用の1.6倍である。Picture Vocabulary の内容は、中学校用が多様であるのに対して、実業学校用は「英米の貨幣」「緬羊と兎」「商標など」と商業や農業に関係したものに限定されている。中学校用は戦時色がほとんどなく、英国事情（Sight-seeing in London）などが掲載されているが、実業学校用には戦時色の強い教材が目立ち、外国事情などの教材はない。

⑥　実業教育振興中央会著『実業英語』（全4巻）、実業教科書株式会社、1946（昭和21）年9月発行

　『実教出版五十年の足跡』によれば、実際の著者は牧一である。1946（昭和21）年は新聞用紙に刷られ分冊で刊行された粗末な「暫定教科書」が使用された年度だが、この『実業英語』は立派に製本されており、挿絵も豊富で口絵は色刷りである。内容的には、同時期の中学校用と同様に豊富な読み物（The Lighthouse Lamp, Anecdotes など）、外国事情（May's Letter from Cheltenham, Tom's Letter from Geneva, Switzerland）、歳時記（Spring, At the Seashore, Autumn）などから構成され、実業に関係する課は少ない。各課の最後には Grammar and Drill が付いており、巻末には13ページにわたって「英文法の大要」がまとめられている。戦時下で発行された中学校用の『英

語』と同様に、The Coco-nut, や A Chat about India-Rubber などの「大東亜共栄圏」の物産を扱った課がある。

4-5-2．副読本（Side-Reader）

水戸雄一・本田実著 *The Romance of Commerce*（全1巻）、中等学校教科書株式会社、1938（昭和13）年5月発行

実業学校用の検定済副読本は104種類出されているが、ほとんどが中学校や高等女学校と兼用のものである。しかし、この教科書は「主として商業学校上級生用副読本として商業関係の興味多き物語を蒐集編纂したるもの」である。著者の意図は「商業学校の英語教育は唯普通の中等学校英語教科書を使用するのみにては不十分なるは勿論にして本書の如き副読本に依って幾分其不足を補ひ得るものと信ず」というもので、こうした方針は第14回英語教授研究大会（1937年）や前述の埜田淳吉の主張などと一致するものである。

4-5-3．会話（Conversation）

山崎繁樹著『英文商業会話教科書』宝文館、1925（大正14）年12月発行

本書は「高等商業学校並に甲種商業学校の上級の商業会話教科書たらしめん目的を以て編纂したるもの」である。商業学校では英会話が重視されたが、1933年からの検定期に入ると会話の教科書は一冊も発行されていない。この教科書の「自序」には、商業学校の英会話授業に対する山崎の次のような批判が書かれてあり興味深い。

> 商業学校に於ける会話教授の実際に行はれて居る有様を概観するに、或は普通又は商業会話書中より採りたる材料或は Reader 中の対話の類を学生生徒をして暗誦せしめ、之を相互に話し合はしめ又は教官が問の方を暗誦し、学生生徒をして其れに対する答への方を誦話せしむるあり、又或は Free conversation の方法に依るあれども、何れも真の商業会話にならず、唯だ普通事の雑談に終ること多くして剴切〔適切〕ならざるの遺憾少なしとせず。
>
> 著者是に観る所あり、往年実業界に於て経験せし所の商業上の実際に就きて多く取材し、又多年学修せる生粋の英国流を以て本書の大部分を綴りたれば、学者よく之を学修せば、商業上の実際的知識と純英国流の英語の真味と

を併せ得るに庶幾からんか。

なお、菱沼平治の「〔文部省〕学事視察復命書抄」(1918年)[93]には、「1.〔中学校・高等女学校の〕会話は読本を中心として、問答・暗誦・ダイアローグ等をなさしむること。2.但し商業学校の如きは商用上の語句形式を教へて、暗誦又は対話せしむること」とある。商業学校の特殊性を明確にしている点で、山崎の商業英会話教科書に通じるものがある。

4-5-4. 英作文 (Composition)

上條辰蔵著（上條次郎補訂）*Standard Commercial School Composition: Second Revised Edition*（全3巻）、東京開成館、1929（昭和4）年1月発行

「はしがき」にあるとおり、「中学校用英作文教科書とは自然にその内容を異にし、〔商業学校の〕生徒が将来実務に就く上に直接必要な種類の教材を多分に加へ」てある。たとえば巻一は冒頭の例文が「私は商業学校の生徒です」で始まり、最後は「従来の御信用に対し厚く御礼申上候」で終わっている。アジア・太平洋戦争末期に発行された本書の修正5版（1943年）は、英語教科書史上興味深い。この巻2を修正3版（1936年）と比較すると、次のような部分が削除され空白のままになっているのである。

1．英国大使は日光に避暑のため本月一日帝都を去りました。
2．米国観光団が昨日早朝大洋丸で当地に着いた。
3．先年英国大使殿下御来朝の折り、市の有力者が同殿下のために日比谷公園で歓迎会を催し、市長が歓迎の辞を述べました。
4．Last Sunday the city of Tokyo held a welcome meeting in His Highness's honour at Hibiya Park. The mayor made an address of welcome. On Sunday last a welcome meeting was held for His Highness at Hibiya Park by the municipality of Tokyo. An address of welcome was made by the mayor.
5．香港は何時から英領になりましたか、千八百四十二年から英領となりました。

---

[93] 菱沼平治著・菱沼先生記念事業委員会編『菱沼先生遺稿集』修文館、1939年、p.425

6．近来ヂャパン・ツーリスト・ビューロー発行のクーポン式旅行券を利用する者が著しく増加した。／市内の大きな百貨店にはヂャパン・ツーリスト・ビューローの出張所があります。
7．日本の商業の主なる取引先は北米合衆国、支那、英国の三国です。
8．支那の外国貿易の主なる取引先は英国、印度及び北米合衆国なり。
9．月給が安いのだから、有為な人物を得ることはむつかしい。

このように、ほとんどが英米の記述についての神経質なまでの削除である。6などは、戦時下の非常時に旅行など不謹慎だということであろうか。あるいは、「ヂャパン」という言葉が登場するゆえの削除であろうか。当時すでにJapanはNipponに改められていた。また9の「月給が安い」などという表現は、「欲しがりません勝までは」の決戦下にあっては「非国民」だというわけだろうか。

4-5-5．商業英語・英文通信（Correspondence）

① 松村吉則著 A Textbook of Commercial English（全3巻）、松邑三松堂、1922（大正11）年1月発行

第1巻は実業学校の下級用で、英語商業用文、商業会話、英文記帳法に入る準備として簡単な商業用語とその使用法を練習させる構成になっている。巻2は中級用で、英語商業用文の準備として短文を練習させることを意図している。教授方法としては、まず文例を解釈して反復説明ののち生徒に暗誦させ、次に和文英訳させて、これを添削指導するよう指示されている。巻3は以上を踏まえた上級者向けの応用編である。

② 実業教育振興中央会著『英文通信』（全1巻）、実業教科書株式会社、1943（昭和18）年2月発行

この時期の中学校・高等女学校用の『英語』、国民学校高等科用の『高等科英語』と同様に、タイトルが漢字表記の『英文通信』となった。本書は時代を色濃く反映しており、教科書史上重要な特徴をもっている。巻頭には「大東亜共栄圏内には、フィリピン、マライ等の如く、まだ英語を用ひているところがあり、従来東亜における外国貿易上の慣習から、英語は今日なほ

相当行はれている。よって商業英語及び商業通信(Commercial English Correspondence)を学習する次第である」と、意義づけが記されている。年号はすべて皇紀が使用され、例えば1943年（昭和18）年は"2603"と表記されている。さらに注目すべきは、『英文通信』の見本本では"Japanese"とされていた部分が、文部省検定済の流布本では"Nipponese"に変更されていることである。Japan を Nippon にすべきだという意見が出されたのは1942（昭和17）年頃だが、通説では Nipponese という表現は結局見送られたとされてきた[94]。その点で、『英文通信』流布本の"Nipponese"は異例である。

4-5-6. 実業学校予科用の英語読本
興文社編輯所著 *Practical English Readers*（全2巻）、興文社、巻1は1924（大正3）年10月、巻2は翌年発行

1920（大正9）年12月に実業学校令が改正されるまでは甲種実業学校には予科を置くことができた。予科では中学校用の教科書が使用されることが多かったが、本書のような予科専用の英語教科書も存在していた。この点は実業学校における英語教育の多様性を知る上で重要である。「緒言」には「本書は中等程度の工業学校・商業学校並に工芸技術に関する特殊の学校に於ける予科の英語教科書として編纂したるものなり」と明記されている。「教材は主として実際的、活用的新材料を選択し、間々興味深き訓戒的美談佳話を交へたり」とあり、「本書は解読を目的とせる読本なるを以て、別に会話作文等の練習的材料を採らず、但し文法は教授上の利便を図り、簡潔にその大要を叙述せり」とあるように、平易な英文の読み物と文法解説から編まれている。

4-6. 商業学校における英語科教育の特徴
商業学校はその量的規模においても、英語熱の高さにおいても、実業学校の中でもっとも豊かな英語教育の沃土を戦後の英語科教育に提供している。英語の時数は1900〜1920年ごろの本科の平均で週7.5－7.7－8.3時間、予科

94　語学教育研究所編『英語教授法事典』開拓社、1962年、pp.258-259

は平均6.6－7.2時間で、総計5年間で37.3時間もあった。同時期の中学校が7－7－7－7－6（計34時間）であったから、多くの商業学校では中学校を上回る時間数が英語教育に割かれていたのである。

　ほとんどの商業学校生は、その出身階層においても、また将来の職業からしても、内外の商業・通商活動の第一線に立つという明確な自覚をもっていた。そのことが、中学校や高等女学校の生徒とは異なる独特のモティベーションを生徒に与えていた。とりわけ上級生になると、英語は職業に不可欠なESP（English for Specific Purposes)でもあった。完成教育機関である商業学校にあっては、英語は単なる受験の手段ではなく生活と仕事の手段たり得たのである。

　こうした特異な条件の中で、商業学校においては会話や作文といった発信型の英語が早くから重視されていた。また昭和に入ると、Oral Methodはこうした学校でこそ花開くであろうとの確信のもとに、いち早くこれを授業に取り入れた学校もあった。「コミュニケーション重視」「使える英語」「役に立つ英語」は今日の日本の英語教育のキーワードであるが、その面でも商業学校は多くの先進的な試みを実行していた。

　商業学校が実業学校であった限りにおいて、実用主義がたえず前に出てくるのは必然であり、固有のモティベーションに支えられて、その実用主義が積極的な要素として作用することが可能であった。しかし、英語教師が初期の高等商業出身者から徐々に高等師範や外語学校卒業者へと代わり、同時に実業学校の大衆化が進行する中で、教養主義も持ち込まれていった。こうして教材の面でも、商業学校にあっては中学校と同様の普通英語を重視する教科書、商業的な内容を盛り込んだ専用教科書、両方の要素をバランスよく配置した教科書などの様々な試みがなされた。実業学校は中学校より入学年齢が2年上であり、高等専門学校的な性格の一面をもっていたと思われるが、1933（昭和8）年までは検定教科書の使用義務がなく、施行規則や英語科教授要目による制約もなかった。こうした条件が、それぞれの地域性を反映した自由で多様な教育を可能にさせたといえよう。中学校などにはないこうした固有の条件と生徒の高い意識とが結びつくことによって、商業学校には英語弁論大会での連続優勝といった栄光の歴史や「英語の名門校」といった自

負も生まれ得たのである。

　だが1930年代以降の戦争体制と国家統制の強まりは、時間数の削減等によって外国語教育を圧迫し、商業学校が蓄えた教材と教授法の多様な可能性を窒息させ、最後は商業教育の否定と工業学校への強制転換へと突き進んだ。

　敗戦占領下で6・3・3制が発表されるや、現場からは中高一貫の6年制を主張する声もわき起こった[95]。しかしGHQの強い指導の下に、商業学校は普通科と同じ3年制の高校となった。わずか3年間で普通科目と専門科目を両立させざるを得ない制約下では、かつてのように普通科に勝るとも劣らぬ英語教育を実施することは困難であった。こうして、商業高校における英語科教育は戦時下とは別の形の新たな試練にさらされるのである。

第5節　小　括

　実業学校における外国語教育の時間数や内容は、甲種と乙種、商業、工業、農業などの学校種、年代、地域事情、男女の性差などによって著しい差違がある。しかし、総じて実業学校では、法令上の規定とはかなり異なり、実態においては乙種を含むおおむね9割の実業学校で英語教育が実施されていた。おおよその推計では、工業学校が約90％、農業学校が約70％、外国語が必修だった商業学校と商船学校が100％である。

　工業学校の英語教育は本科では週3時間程度が多かったが、1920年代には低学年で4〜5時間に増え、1930年代には逆に時間数の削減や廃止、一部ではあるがドイツ語等への転換が行われた。また、1930年代後期以降の総力戦体制下で工業学校が急増され即戦力が求められると、工業英語的な題材を中心にした実用的な英語指導が顕著になった。

　農業学校は、実業学校の中でも外国語教育が相対的にもっとも軽視されていた。特に女子に対してはその傾向が著しい。1910年代以前には英語を週5時間課す学校からまったく課さない学校まで様々であり、英語不要論もあった。しかし、1910年代頃からは甲種の大半の学校が週2〜3時間程度、乙種

95　杉田正人「終戦直後の商業教育を顧みる」『商業教育八十周年記念誌』1965年、p.200

でも約半数が週1～2時間程度の英語教育を実施するようになった。英語専攻教員の欠如や時間数の乏しさの中で、農業学校の英語教育はしばしば批判にさらされ、特に1930年代後半以降の戦時体制下では、英語科の全廃ないし縮小、拓殖科の新設による支那語・満州語への切り替えなどが進められた。

　商業学校は実業学校の中でもっとも豊かな英語教育を実践し、全体としては質量ともに中学校に勝るとも劣らない水準だった。完成教育機関であるために、そこでの英語教育は内外の商業・通商活動に必要な職業教育の一環としての側面が強く、実用的なコミュニケーション能力が重視され、Oral Method を採用した学校もあった。英語教師の質も向上し、教材面では普通英語と商業英語の比重の異なる多様な教科書が試みられた。だが1930年代以降の戦争体制と統制経済下で、商業学校の大半が工業学校などへと強制転換され、英語教育も時間数の削減等によって圧迫された。

　実業学校の教材内容を分析すると、上級学年になるにつれて工業、農業、商業などの専門に関する題材が増え、職業教育的な ESP（English for Specific Purposes）の側面が強められた。そうした英語教育の実用主義的な性格は、中等学校令（1943年）によって外国語が「実業科」に組み込まれたことで制度的な完結をみた。

　1930年代以降に強まった即戦力重視の実用主義は、確かに戦時的な要請による側面があった。それと同時に、高等レベルの実業専門学校が1920年代以降に急増したことによって、中等程度の実業学校の地位が相対的に低下し、即戦力を求める産業界からは普通教育を減らして実習の増加を求める声が強まっていたのである。実業学校の英語科教育は、そうした要求に翻弄されたともいえよう。

第 4 章
師範学校の英語科教育

　師範学校（normal school）は国民教育を担う小学校教員を養成した学校であったために、戦前の国家主義教育体系の中では特異な重要性をもっていた。

　本章での考察の対象は道府県立の（尋常）師範学校に限定し、官立の高等師範学校や教員養成を行っていた私立学校は割愛した[1]。

　師範学校制度は時代とともに大きな変貌をとげた。入学資格年齢をとっても、本科男子で18歳（1885年まで）→17歳（1886年）→16歳（1898年）→15歳（1907年）→14歳（1925年）と引き下げられた。英語（外国語）科の位置づけも、男子で必修科目（1886年）→加設科目（1892年）→必設随意科（1907年）→必修科目（1925年以降）と変遷している。また、1943（昭和18）年には官立の高等専門学校程度へ、1949（昭和24）年には教員養成系大学・学部へと「三段跳び」の昇格をとげた。

　したがって、考察は各時代ごとに行う必要がある。時期区分は、森有礼文相による1886（明治19）年の師範学校令の公布を画期とし、その後は制度史的におよそ6期に区分することができると思われる（**表4-1**参照）。

表4-1　師範学校の制度的変遷の概観

年度	制度的変遷の概略	男子の英語	女子の英語
1886	各府県1校、4年制、英語必修、入学年齢17歳	必修 5-4-3-3	必修 5-4-3-3
1892	男子の英語を「外国語」にし、加設科目化	加設科目 2-3-3-3	なし
1907	予備科、二部（中卒17歳1年制）設置。本科一部15歳	必設随意科 3-3-3-2	加設随意科 3-3-3-2
1925	本科一部14歳入学5年制に。専攻科設置（1年制）	必修 5-3-3-3-3	随意科 3-3-3-2
1931	本科二部（中学卒業者入学）を2年制に延長	必修 4-4-4-(2~4)-(2~4)	必修 4-4-4-(2~4)-(2~4)
1943	3年制の官立専門学校程度に昇格	選修 0-(3~6)-(3~6)	選修 0-(3~6)-(3~6)

（註）時間数は男女とも本科第一部のもの

---

[1] 教員養成を実施していた私立学校に関しては、野村新・佐藤尚子・神崎英紀編『教員養成史の二重構造的特質に関する実証研究』渓水社、2001年を参照されたい。

第1節　揺籃期と尋常師範学校体制の確立期：1907年まで

1-1.　師範学校の揺籃期と英語教育

　師範学校は近代的な学校体系の中でもっとも早くから整備されてきたため、森有礼の師範学校令（1886年）に先立つ前史についても概観しておきたい。

　最初の師範学校である官立の東京師範学校は1872（明治5）年9月に設立された。米人M. M. スコットが英語と算術を教え、教科書・教材・教具ともアメリカから輸入したものであった。「立校ノ規則」によれば、生徒との間には通訳の坪井玄道を立て、スコットは上等生徒を小学生に見たてた本国さながらの授業実演でその授業法を理解させ、上等生は理解した方法を下等生を対象に再現する方式で教授法を習得した。

　1873（明治6）年8月には官立師範学校が大阪と宮城に、翌年2月には愛知、長崎、広島、新潟に設立された。また、この頃には各地でも公立師範学校が設置され、名称は小学教員伝習所、小学教員講習所、師範講習所など多様で、修業年限は2〜3カ月から1年程度であった。そこでは「主として教授法を研究するに止まりしを以て教科の如きは殆ど自由に任せられたものの如くであった」とされる[2]。当時の入学者は士族出身者が多かった。その後は平民、とりわけ農民の子弟が増え、明治30年代になると圧倒的な多数を占めるようになった[3]。

　明治前期の師範学校に関しては統一的な規程はなく、英語教育に関する資料は乏しいが、英語を教えていた師範学校が少なくないことは以下の断片的な史料から確認できる。

　1973（明治6）年12月、度会県（現三重県）では「来一月より山田仮講習所に於て英語学教授可為致候間各区小学校にて学科卒業之上語学志願之生徒は其教師へ添書を以て入学願出候はば尚試験の上差許候上此旨向々へ通達可致候事」との通達を発し、英語学の開講を伝えている[4]。

　1874（明治7）年には福島学校で「一等教授海野信幸を二等訓導補英学科

---

[2] 千葉県師範学校『創立六十周年　千葉県師範学校沿革史』1934年、p.194
[3] 石戸谷哲夫ほか編『日本教員社会史研究』亜紀書房、1981年、pp.128-139
[4] 西田善男『三重県教員養成史』三重県郷土資料刊行会、1973年、p.163

教師」とした記録がある[5]。同年、千葉学校では「英学教師（英語といはず英学といふ）定員生及員外生に正課の余暇を以て英学を修めしめ、尚ほ学に志篤き者は生徒以外と雖も聴講を許した」[6]。

　熊本の仮師範学校では明治8〜9年頃在職していた林通之が英語を受け持っていた記録がある[7]。1876（明治9）年4月制定の「千葉師範学校教則」によれば、随意教科として「読書質問」「数学質問」「英学」の中から必ず1科を修めることとされていた。修学期間は半年（16週間）ずつ4期に分けられ、英学の時数は週6時間、その教材は第一期が『エルソン氏綴書』と『エルソン氏第一読本』〔Willson Readerか〕、第二期が『コルネル氏中地理書』と『カツケンボス氏小文典』、第三期が『カツケンボス氏小文典』と『ノルトン氏究理書』、第四期が『パーレー万国史』であった[8]。千葉師範学校を1881（明治14）年に卒業した黒川弥太郎の回想によれば、「〔師範学校の〕一部は中学校に仮用され、教師も中学校と兼務の者多く、予は英語の時間には中学三年級生徒と同学を許された」[9]。

　1877（明治10）年頃には師範学校の修業年限が延長され、なかには5年制もあり、学科目中に英語を加える学校もあった。1878（明治11）年の秋田師範学校における「中学師範予備生学科目」には、和書に混じって下記のような英書の教科書が散見される。1年で『ウイルソン・リーダー』を2巻こなし、2年では『パーレー万国史』へと進むのであるから、当時の中学校と同様に相当高度なレベルであったことがわかる[10]。

　　第一年　第一期　第六級　訳読（ウイルソンリードル第一、第二）
　　　　　　第二期　第五級　訳読（小文典）
　　第二年　第一期　第四級　史学（十八史略、パーレー万国史）
　　　　　　　　　　　　　　物理学（スチュヤルト物理学）

5　福島県師範学校『福師創立六十年』1933年、p.10
6　『創立六十周年記念　千葉県師範学校沿革史』1934年、p.3
7　熊本大学教育学部『熊本師範学校史』1952年、pp.19-21
8　『創立六十周年記念　千葉県師範学校沿革史』1934年、pp.42-43
9　Ibid. p.7
10　秋田県師範学校『創立六十年』1933年、pp.222

　　　　　　第二期　第三級　史学（元明史略、グードリッチ英国史）
　　　　　　　　　　　　　　物理学（スチュヤルト物理学）
　　第三年　第一期　第二級　史学（日本政記、グードリッチ仏国史）
　　　　　　　　　　　　　　生理学（カツタル生理学）
　　　　　　　　　　　　　　経済学（フォーセット小経済学）
　　　　　　　　　　　　　　化学（ロスコー中化学書）
　　　　　　第二期　第一級　史学（スチューデント羅馬史）
　　　　　　　　　　　　　　修身学（ヘブン修身書）
　　　　　　　　　　　　　　化学（ロスコー中化学書）

　和歌山師範学校では、1880（明治13）年の師範学校諸規則中改正によって、文学の「読書」の項に第3級では『ウェブストル氏綴字書』と『クエツケンボス氏文典』が、第2級では『ガヨツト氏小地理学』と『パーレー氏万国史』が指定されている[11]。

　1881（明治14）年8月には師範学校教則大綱が布達され、全国師範学校の学科及程度の統一が図られたが、教科目中に英語は加えられなかった。修業年限は初等科1年、中等科2年半、高等科4年であった。

　1883（明治16）年7月には府県立師範学校通則が出された。東京府師範学校では翌年12月5日付府裁をもって、英語科の加設を決定し、その時数は週4〜5時間であった[12]。三重県師範学校では1885（明治18）年12月に高等科5年級以上に英語を加設し、翌86年にはこれを毎週6時間課すこととし（法令では5-4-3-3）、津中学と兼任のE. G. ストラーを招き教授に当たらせた。

　こうした改正が必要になったのは、小学校での英語科開設に対応するためであった。鹿鳴館時代とよばれる欧化主義台頭の中で、小学校教則綱領が1884年11月に改正され、小学校の教科目中に英語が復活したのである。先の東京府師範も三重師範も英語を加設したのはその後である。小学校英語科の急展開に英語教師の補充が追いつかず、たとえば『郵便報知』の同年12月12日号は「全国小学校に英語科を新設　だが――先生からが英語を知らず」との記事を掲載している（5章2節参照）。このように、師範学校の学科目改正

11　『和歌山県史料』六十四　甲126号　1880（明治13）年7月22日（和歌山県庁蔵）
12　『創立六十年青山師範学校沿革史』1936年、pp.130-131

は、しばしば小学校の学科目改正に後追いする場合が多かったのである。

1-2. 師範学校令による尋常師範学校体制の確立

1886（明治19）年4月に森有礼文相下で師範学校令が公布された。これによって、文部大臣→高等師範学校→尋常師範学校→小学校というヒエラルキーが形成され、天皇制国家の教育政策が国民教育の末端まで貫徹される体制が整えられた。

英語は初めて必修科目として優遇された。その程度は「綴字習字読法文法及翻訳」、時間配当は週5－4－3－3（計15）である。なお、当時の尋常中学校は第一外国語（英語）6－6－7－5－5（計29）、第二外国語0－0－0－4－3であったから、師範はその半分ほどだった。

尋常師範学校は男女とも4年制で、入学資格は高等小学校4年卒業以上、17歳以上であった。17歳といえば当時の高等中学校（のちの旧制高校）の入学年齢であるから、師範学校はしばしば県下の最高学府に位置づけられていた。給費制度による修学保証によって、師範学校は学力は高くても中学→高校→帝大のエリート・コースに進めない中流階層以下の子弟でも入学できる学校となった。

しかし、生徒は全員が軍隊式の寄宿舎に入れられ、兵式体操と六週間現役兵制度に服すことによって、従順な「師範タイプ」に錬成されていった。1886（明治19）年に福岡尋常師範に入学した野口援太郎は、当時の厳格な雰囲気を次のように回想している[13]。

> 寄宿舎の生活といったら、又大変に厳重なもので、掃除、整頓等丸で兵営そのままであった。服の畳み方にも一定の順序方法があるのみでなく、その寸法までがチャンと一定して居った。服は棚の上に積み重ねて置くのであったが、それにも一定の順序があって、積むわけには行かない。役員には伍長とか什長とか小隊長とか言う様な、丸で軍隊其のままの名称を附した処もある。掃除なんども中々八釜しいもので、マッチのツケカスが一本落ちて居ても、

---

13 野口援太郎「師範教育の変遷―森文相時代より現今に至る」国民教育奨励会編纂『教育五十年史』民友社、1922年、pp.370-371

それを取り上げて、目の前につきつけられて、詰問せられると云う有様であった。（中略）私などより一層気の弱かった連中は相ついで数名も発狂したものがあることをよく覚えて居る。

　野口は、明治20年代の軍隊的・強圧的な師範教育の結果、「すべてが画一的に流れ、何等其の間に個性の展開を許さない、従って青年教育者を人格的に殺して仕舞って、皆無気力な、虚飾者、阿諛者たらしめ、徒らに智識の仕入売りの徒と化せしめる」ことになったと批判している[14]。エリート・コースだった旧制高校生が自治寮で自由と放埓を謳歌していたのと比べると、同年代とは思えない管理主義である。

　1889（明治22）年2月には森有礼が暗殺され、10月には女子師範の教科目から英語科が削除された。欧化主義から一転して国家主義の風潮が強まり、翌1890年には教育勅語が公布された。小学校の英語科廃止論が主張されるようになったのもこの頃からである。高等小学校の英語加設率を『三重県学事年報』各年版でみると、1887（明治20）年〜91（明治24）年には70〜80％台であったものが、92（明治25）年には23％、翌93年には17％と激減している。こうした流れを受けて、師範学校出身の英語担当教員の需要も激減したと思われる。

　1892（明治25）年7月の「尋常師範学校ノ学科及其程度」では男子の「英語」が「外国語」に改められ、英語もしくはドイツ語が適当とされた。ドイツ語の登場には、隆盛をきわめていたヘルバルト主義教育の影響もあろう。外国語は必修科目から「土地の状況により」選択する加設科目へと格下げされ、時数も2－3－3－3（計11）に削減された。当時の中学校は4年まででも6－7－7－7（計27）であったから、その差は著しい。文部省は第一の理由を「高等小学校の教科に商業を加ふることを得しめたれば尋常師範学校の学科にも商業を加ふるの必要を生じたり」とし、ここでも師範学校の教科配置が小学校の科目構成の変化に左右されていたことが確認できる。第二の理由は「他の学科目の教授時数に不足を生じ」ることであった。尋常師範学校は小学校の全教科を担当できるよう履修科目数が多く、しかも唱歌や手

14　*Ibid.* p.375

工などの実技・実習教科が多かったから、外国語科は隅に追いやられた。なお、この年には修業年限2年4カ月の尋常師範学校簡易科が設けられたが、教科目に外国語はない。

1897（明治30）年10月には師範教育令が発布された。学科及程度は旧規程のままであったが、尋常師範学校の「尋常」が削られ、私費生を置けるようになった。また、尋常師範卒業者のみに許されていた高等師範学校の入学資格が、中学校や高等女学校の卒業者へも広げられた。これによって、師範卒業生の高等師範入学が著しく困難になり、袋小路化が決定的になった。なお、1道府県で複数の師範学校の設置が許されるようになったため校数が漸増し、1900（明治33）年52校（生徒数1万5,639人）、1910（明治43）年80校（2万5,391人）、1920（大正9）年94校（2万6,551人）、ピーク時の1930（昭和5）年には105校（4万3,852人）に達した。

師範学校以外の教員伝習所などでも英語科教員が養成されていた。たとえば東京府教育会は、師範学校が担う初等教員養成事業を補完・調整する機能を果たすために、東京府教育会附属小学校英語科教員伝習所を1898（明治31）年11月から1900（明治33）年11月まで開設していた[15]。内地雑居が迫り、英語ブームが起こっていた時期で、東京府の高等小学校における英語加設率は1900年に全国トップの35.6％に達していたから、英語教員が逼迫していたのであろう。入学資格は現職の小学校教員か高等小学校で英語を修めた小学校教員志望者で、修業期間は1年半で3学期に区分され、小学校の授業時間外に1日2時間を課した。第1回の伝習は1898（明治31）年11月1日に、第2回の伝習は1899（明治32）年5月1日に開始された。最初の入学者は60名以上いたが、卒業できたのは第1回が33名、第2回が16名にすぎなかった。教科書は第5章1節で考察するように、『ナショナル・リーダー』の3〜5巻や『フランクリン自叙伝』などで、おおむね当時の中学校卒業レベルである。講師陣の中には東京帝大英文科の学生だった茨木清次郎（のちに第四高等学校

---

[15] 東京府「東京府教育会附属小学校英語教員伝習所設立認可関係書類」および『明治三十四年　文書類纂　第一種　学事　教員検定免許第十四』（ともに東京都公文書館蔵マイクロフィルム）、「東京府教育会附属小学校英語科教員伝習所規則」（1898年）、高橋至誠（編集発行）『東京府教育会沿革史』（東京教育雑誌臨時増刊）、東京教育雑誌発行所、1903年

第4章　師範学校の英語科教育

表4-2　師範学校本科における英語科の教授内容（1886-1907年）

年度	性	本科1年	本科2年	本科3年	本科4年	備考
1886 明19		綴字習字読法文法及翻訳				師範学校令
	男女	綴の字、習字、読法	綴の字、習字、読法	読法、文法	読法、文法、翻訳	読法、文法、翻訳	秋田師範の例
1892 明25	男	読方、訳解、文法、会話、習字	前学年の続	読方、訳解、修辞、作文	前学年の続　外国語を教授する順序方法	「英語」が「外国語」になり加設科目化
		外国語を授くるには常に発音及読方に注意し正しき国語を用ひて之を翻解せしめ又時々翻訳をなさしむべし（明治23年の小学校施行規則とほぼ同一規定）				
1906 明39		高等小学校に於ける英語科教師として充分なる読書、作文、会話、発音、習字の力を養ひ兼ねて普通の英文書類を解せしむるを以て要旨とす				三重師範『各科教授要項』
1907 明40	男女	発音、綴字、読方、話方及綴方、書方	読方、話方及綴方、書方	読方、話方及綴方、文法、英語教授法	読方、話方及綴方、書方	義務教育6年制に延長決定
		英語は普通の英語を了解するの能を得しめ知識の増進に資し兼て小学校に於ける英語教授の方法を会得せしむるを以て要旨とす／英語は発音、綴字、読方、訳解、書取、会話、作文、習字及文法の大要を授け且教授法を授くべし				

（出典）『明治以降教育制度発達史』第3巻、秋田師範学校『創立六十年』1933年、三重県師範学校『各科教授要領』1906年から作成

教授や文部省督学官）や栗原基（のちに広島高師教授）の名前がある。なお、この府教育会とは別に、東京府も1887（明治20）年から2年間、英語伝習所を開設していた。

1-3．英語の教授内容と教授法

　1886（明治19）年の師範学校令のもとづく「学科及其程度」によれば、英語は「綴字」から入る方法が採られていた（**表4-2**参照）。そのため当時の教科書はリーダーとともにウェブスターなどのスペリングブックを使用していたようである（**表4-3**）。明治20年代や30年代の前半に英語を学んだ師範学校生徒の回想を読むと、しばしば発音を軽視した変則教授法の姿が浮かんでくる。1889（明治22）年に秋田師範を卒業した尾形作吉は、「私共の習った英語は只今と違って発音などは随分妙なものでした。He does not をヒ、ドーズ、ノットと読み、数学の先生などは Know をクノー、Unknown オンクノオンと発音して平気で得意がっていたものです」と語っている[16]。1891（明治24）年に千葉師範を卒業した佐藤善治郎も「英語科はナショナル・リーダーの出来た時で、教科書は当時としては十分であった。しかし当時発音など

16　秋田県師範学校『創立六十年』p.162

第1節　揺籃期と尋常師範学校体制の確立期：1907年まで

表4-3　師範学校別・学年別教科書一覧・1（1886-1905年）　　　本科第一部

年度	学校	1学年	2学年	3学年	4学年
1886	奈良	ウエブスタ綴字書、ナショナルリーダー、クエッケンボス文法書			
1886	大阪	ウエブスタ綴字書、〔ナショナル〕読本、クエッケンボス文法書			
1887	新潟	綴字法、習字書、ユニオンリーダー巻三まで、小文典、文法教科書、スキントン万国史			
1889	福井	ナショナル読本、ピネオ英文典			
1891	京都	スイントン第三リーダー、四年までに同第五まで、スイントン文典、ラセラスの伝記物			
1891 明24	東京 青山	スイントン「万国史」バルンス「ニューナショナルリーダー 3.4」、クエッケンボス「小文典」、スイントン「ニューランゲージレッスン」、スイントン「万国史」マコーレー「クライブ伝」、「フレデリック大王伝」			
1892 明25	奈良	ローヤル「スターリーダー」1、2、3スウキントン「小文典」	同3、4 同文典	同4、5 コックス「レトリック」	同リーダー 5、6 同左
1892 明25	和歌山	「ナショナル・リーダー」1、2	スキントン「万国史」	マコーレー「クライブ伝」	アーヴィング「スケッチブック」
1893	大阪	英国史、ナショナル読本（第四まで）、クライブ伝、ウオーレンヘースチング伝			
1894 明27	千葉	スウキントン読本1、2、3、サンダース読本4、ロイアル読本5、スウイントン小文典、シーモール大文典、アーヴキング　スケッチブック			
1896 明29	和歌山	スキントン「文典作文書」、「ナショナル・リーダー」、カッケンボス「小米国史」、マクドナルド「スタンレー伝」、ブラッケー「セルフ・カルチュア」			
1898	京都	「スイントン・リーダー三、四」、「セルフカルチュアスケッチブック」			
1898 明31	東京 青山	「ニウ、ナショナル、リーダー1〜4」、スキントン著「ニウ、ラングエージ、レッスンス」、サンダース著「ユニオン、リーダー第四」、ハマートン著「ヒューマン、インターコース」、崎山元吉著「英語教授書」〔1冊〕			
1902 明35	東京 青山	イーストレーキ「スペリング・ブック」訳読口述	マイクレジュ「フエイブスアネクドーツ」	岸本能武太「ショルト・ダイアログ」、ネスフキルド「中文典」、チャンバー英辞典	ラインハルト「ヒストリ・オブ・エジュケイション」、花輪虎太郎「イングリッシ・コンポジション」。チャンバー英辞典
1903 明36	奈良	佐伯好郎「新体英習字帖」巻1、2、神田乃武「英語読本」〔巻不明〕、斎藤秀三郎「イングリッシュ・ランゲージ・プリマー」巻1	「バーンス・ナショナル・リーダ」巻2、斎藤秀三郎「イングリッシュ・ランゲージ・プリマー」2	バーンス「ナショナル・リーダ」3、神田乃武「英語中文典」	岸本能武太 Selection from the New National Fourth Reader〔推定〕、神田乃武「英語中文典」
1903 明36	京都		バーンス「ナショナル読本2、3、4、5」（男2、3、4年）	鹿島長次郎「セレクトストリーズフロムリーダーズ」	斎藤秀三郎「プラクチカル・イングリッシュ・レッスン1、2、3、4、5」（4年）
1904 明37頃	神奈川	「スキントンリーダー」1、2、3、4（鐘美堂）、「ユニオン第四リーダー」（三省堂）、神田乃武「グランマー」1、2（三省堂）、斎藤章達〔佐川春水？〕「正則英作文」学齢館			
1905 明38	三重	訂正神田氏読本1、2 神田氏ガントレット氏合著習字帖	神田読本2、3、神田習字帖、斎藤秀三郎プラクチカルイングリッシュレッスンズ1	神田読本4、斎藤文典2 クワッケンボス北米合衆国史抄	斎藤文典3 プッシング、ツ、ゼ、フロント

（出典）　表4-4、4-6とともに、各校の校史・沿革史から編集作成。原資料の表記を若干修正したところもある。

変則で、「キユツト・インツー・ツーパルト」という様な次第で、会話など全くない」と当時の変則教授ぶりを証言している[17]。高知師範を1898（明治31）年に卒業した稲垣小新は「英語は初めは必須科でナショナルリーダーを第4巻までやりましたが、発音が無茶でしたから、今、子供の前で読む事も出来ません」と告白している[18]。こうした変則英語の傾向は、当時の中学校などでもよくみられたことである。

しかし、なかには外国人教師によるDirect Methodで教授した学校もあった。1889（明治22）年に三重師範を卒業した国府佐七郎は「ウエスレー、ビック先生は、前任イージー、ストラ先生と共に英語教授の任に当られしが、いづれも全く日本語を解せず坐作進退すべて、英語にあらざれば、その用を弁せず生徒の最も困難を感ぜし所ここにありしも、是たまたま英語の進歩発達を促す原因ともなりしならんか」と回想している[19]。国際港を擁する神戸の御影師範学校でも、1903（明治36）年頃「英語の教授も前波先生の意見によって全くDirect Methodによるもので、教師は福本メリー次いで英国人イングロット氏で、最初から外国人について英語のみで英語を習ふといふ新式のものであるが、生徒は一時間何も解らずに過すことも多かったやうである」といった授業の様子が報告されている[20]。

今で言うコミュニケーション能力の育成が叫ばれ、英語教授法の改革運動が本格化し始めたのは世紀の変わり目頃（明治30年代の半ば）からである。1907（明治40）年の師範学校規程では「発音」が冒頭に掲げられた。完成教育機関であったために受験英語に煩わされることなく、音声重視の教授法が根づく可能性があったといえる。1909（明治42）年に御影師範を卒業した平出眞九郎は「英語の脇屋〔督〕先生は特に発音に御注意になり、御自身は発音のために学生の時から酒も煙草も一切禁じて居ると仰しゃったことがあった」と回想している[21]。また東京の青山師範学校では「学習法大要」（1905

---

17 『創立六十周年記念　千葉県師範学校沿革史』p.227
18 高知県師範学校『創立五十年』1926年、p.51
19 『三重大学教育学部創立百年史』1977年、p.159
20 『兵庫県御影師範学校創立六十周年記念誌』1936年、p403
21 *Ibid*. pp.501-503

年)の中で、予習に際しては辞書で発音まで調べ、読本は何度も音読し、日常会話に必要な語句を暗唱するよう指導している。復習に関しても、「特に発音は成るべく数人一組となりて練習し互に矯正し合ふを可とす」として発音練習を重視している[22]。

1-4. 舶来教科書中心のハイレベルの授業

教科書の使用状況は、全体としては当時の中学校と同様であった。師範学校令(1886年)の公布当初は『ウェブスター・スペリングブック』、リーダーが『ナショナル』『スイントン』『ユニオン』など、文法書が『カッケンボス』、『ピネオ』、『スイントン』など、いずれも著名な舶来教科書およびその翻刻版である。

表4-3をみると、教科書の進度・レベル等については、時期および学校によってかなりの違いがあるが、全体的には乏しい時間数にもかかわらず、進度もレベルもかなり高かった様子がわかる。1880～90年代(ほぼ明治20年代)の1学年をみると、いきなり第3リーダーから入る京都および東京青山(1891年)、『ロイヤル・リーダー』の1～3巻とスイントンの『小文典』まで課す奈良(1892)、『ナショナル・リーダー』の2巻まで進む和歌山(1892)など、いずれもハイペースである。

当時の回想記をみると、明治20～30年代の師範の授業水準がいかに高いものであったかが窺える。1889(明治22)年に秋田師範学校を卒業した戸崎順治は、「英語のことであるが之は或る四五の予備知識のあった者の外生徒全体が非常に骨を折ったもので、全学科の三分の一は英語への労力といって過言でなかった。当時ナショナルリーダーの第五巻を充分読めぬのに加へて西洋歴史地文学数学などを英文物で読ませられたからたまらなかった」と回想している[23]。同校を1894(明治27)年に卒業した小泉古處軒も、「英文法はすべて原書で、試験の答案もすべて英文でものさせた。当時は代数や幾何なども、英文のを参考として居た。又物理化学なども略ぼ同じ型であった。/会話

---

22 『創立六十年青山師範学校沿革史』p.299
23 秋田師範学校『創立六十年』pp.171-172

や作文は成って居ないが読解力は達者であった」としている[24]。このように、師範学校においては、明治20年代までは各教科を英書で学んでいたようである。中学を中退し、1895（明治28）年に和歌山師範学校を卒業した中島久楠は当時のレベルの高さと訳読中心主義を次のように回想している[25]。

> 私は中学二年迄行ったが書物が全く読めないのですから殆んど閉口しました。（中略）師範へ入っても実は学課の半数位は何を学んだのか全く別りません。（中略）英語と云へば、一年生でナショナルリーダ第一第二の二巻、二年でスキントンの万国史、三年でクライブ伝、四年でアーヴィングのスケッチブックと云ふ風に其程度が余りに一足飛で何にも判らない。殊に英文法英作文などは全然教はらない。私は高師の入学試験に最も困ったのは英作文であった。当時は今の書店の棚に並べてある様な便利な日本人の手になり日本語を英訳する様な参考書と云ふものは一冊も有るではなし、先生に頼めば私には英訳は出来ないと云ふので、私は某大学の知人に乞うて一年許り手紙で英作の添削をしてもらったのであります。

明治中期までは、師範学校はしばしば県下の最高学府としてのプライドをもっていた。ライバルはただ１校、同じ県庁所在地の県立中学校である。第一議会（1890～91年）では尋常師範学校と尋常中学校との合併論が提起されたが、これは両者の教育水準が同レベルに高かったことを窺わせる。レベルが近いと対抗意識も生まれる。漱石は『坊ちゃん』の中で「中学と師範とはどこの県下でも犬と猿の様に仲がわるいそうだ」と述べて、師範生と尋常中学生との大喧嘩を活写している。日清戦争の勝利（1895年）に沸きかえる四国松山が舞台であった。

1-5．ハイレベルを可能にした師範学校の特殊性

こうしたハイレベルの授業は、どうして可能だったのだろうか。当時の資料から、次の５点が浮かび上がってくる。

第一に、師範学校生の入学年齢が高かったからである。師範本科一部男子

---

24 *Ibid*. p.177
25 和歌山県師範学校『創立六十周年記念誌』1935年、p.226

の入学資格年齢は、1886（明治19）年の師範学校令では17歳以上であり、1925（大正14）年の14歳まで段階的に引き下げられたが、一貫して12歳を入学年齢としていた中学校よりも発達段階が高かったのである[26]。千葉師範を1898（明治31）年に卒業した廣瀬環は、「私達二十六名のクラスを見渡しても、其の多くは今迄教員をしていたとか、中程度の私塾を卒業したとか、中学校四年より入学したとか云ふ者で、今日の入学資格とは学力に於て可なりの距離があった事は事実だ」と述べている[27]。

　第二に、明治20年代には師範学校の入学試験に英語を課す学校が存在したからである。試験の程度は時期的にも学校によっても異なる。東京の青山師範では1889（明治22）年に「郡区選挙生学力試験程度」を提示しているが、試験科目は読書、作文、算術、英語、理科の5科目で、英語の程度は「ナショナル第三読本の訳読」とあり、それを裏づける生徒の証言もある[28]。和歌山師範でも1891（明治24）年の記録では男子の入試で「ナショナル第二読本、第三読本の内各一題筆答　英習字一題」を課している[29]。千葉師範を1894（明治27）年に卒業した平野春江は「入学試験問題程度も中々に高く、（中略）ナショナル、リーダーの第二、初等数学の問題も出たことがあった」と回想している[30]。しかし、明治30年代になると英語を入試に課さないか、せいぜい参考程度に課すだけの学校が増えたようである。1904（明治37）年の滋賀師範の「入学志望者心得」によれば、本科の試験科目は試問、国語、算術、地理、歴史、唱歌であったが、英語は参考として課すにとどまり、内容は「イングリシュラングエー、チブリマー〔斎藤秀三郎著 *English Language Primer* であろう〕一、二、ナショナルリーダー一の程度」であった[31]。

---

[26] ただし、当時の中学生も12歳を超える入学者が少なくなかった。たとえば1898（明治31）年の中学入学者に占める初等教育6年修了者（12歳）の割合は14％にすぎず、7年修了が33％、8年修了が47％、その他が7％だった（天野郁夫『試験の社会史―近代日本の試験・教育・社会』1983年、p.198）。

[27] 『創立六十周年記念　千葉県師範学校沿革史』p.249

[28] 『創立六十年青山師範学校沿革史』pp.164-165、および p.278

[29] 『紀伊教育会雑誌』第43号、1891（明治24）年3月、p.29

[30] 『創立六十周年記念　千葉県師範学校沿革史』p.27

[31] 『滋賀県師範学校六十年史』1935年、p.99

第三に、入学前に高等小学校、中学、私塾などで英語を学習していた者が多かった。鹿児島師範を1896（明治29）年に卒業した飯牟禮実義の回想によれば、「若い英語の先生が来られたが、そのうちに先生の学力が少い様に思はれてきた。私は師範入学前に英語のリーダーを五まで習っていたが、私に先生をこなせと云った。それで独案内で調べていって何時も質問してぎゅうぎゅうと云わせたところが、その先生は居辛くなって夜逃げをした」[32]。愛媛師範では1909（明治42）年時点でも「師範校へ入学して来る生徒中の三分の一位は小学校で、又は中学校其他の中等学校で英語を学習したことのある者である。之等の生徒と全然新しいものとを混合して成れる学級の英語の初の間の教授といふものは実に困難である」と報告している[33]。そのため、既習者と未習者とを区別して教えた学校もあった。たとえば神奈川師範では1908（明治41）年時点で「英語は甲乙の両種に区別され、新に学習するものは低度の乙種として教育された」[34]。

　第四に、高等師範出身者を中心とする優秀な教師が配置されていたからである。これは森有礼の師範教育令により、尋常師範は高等師範の指導監督を受けることが定められていたためである。

　第五に、学校内外の課外学習への取り組みが挙げられる。高い学習意欲を持った師範学校の生徒たちは、課外の補習授業を乞い、しばしば寄宿舎、教師の自宅、夜学、教会の日曜学校などで英語学習にいそしんだ。1889（明治22）年に秋田師範を卒業した尾形作吉は「師範生徒中にも英語欲求熱が高くなって終に科外に習ふ事の出来る英語会が希望者の間に生れました。又中には学校の先生中の英語の出来る人に就いて教はって居た仲間もあったのです」と回想している[35]。事実、渡辺喜一は「師範卒業生でも何にもこわいものがない。ただ英語だけは負けるとて、夜学でリーダーの四の巻をやって居る」[36]。1903（明治36）年に千葉師範を卒業し、のちに島根県師範学校校長

32　鹿児島県師範学校『発華─行幸一周年・創立六十周年記念号』1937年、p.90
33　枩田與惣之助「余か英語教授に於ける経験の一端」『英語教授』第2巻第5号、1909年10月、pp.20-30
34　神奈川県師範学校『創立六十年記念誌』1935年、p.135
35　秋田県師範学校『創立六十年』p.161
36　*Ibid.* p.174

となった中島桂蔵は、母校の猛烈な鍛錬ぶりを次のように回想している[37]。

> 〔英語の御手洗学〕先生の指導振は中々奇抜で云はば天才俊才養成法をとって居たようでした。第一学年毎週二時間の英語教授に第一学期にナショナル第一読本を終ると云ふテンポで皆悲鳴を挙げたものでした。従って生徒は学校外の先生に付て準備しなければ教室で頭が上がらぬ有様でした。此の自発活動を促す教授振りのためか生徒はますます熱心に勉学に力め中には驚くやうな実力をもった者が出来ました。私などは先生の御陰で及ばずながら英語を専ら修めることになりました。

明治・大正期の師範学校出身者の中には大塚高信（岡山師範）、石橋幸太郎（福岡師範）、小野圭次郎（福島師範）、浜林生之助（三重師範）、杢田與惣之助（滋賀師範）など優れた英学者・英語教育者を見出すことができる。師範学校の乏しい授業時数の下では意外の感があるが、自助努力に加え、この時期の師範学校に特有のハイレベルな英語教育と勤勉な気風の中で才能を磨かれていったものと思われる。

1-6. 英語の必修制廃止に伴う問題

師範学校の英語が1892（明治25）年度から加設科目となったことによって、必修科目であった旧制中学校にはみられない事態が起こった。英語が選別手段となり、生徒の優劣意識を助長したのである。明治30年代に石川県師範学校に学んだ高田徳佐は、英語を履修できなかった屈辱感を次のように回想している[38]。

> 私共第二学期仮入学が本入学へ転ずる時、選択科目として農業英語手工の三つに分れねばならなかった。私は英語が不出来だといふので手工に廻はされた。随分侮辱を感じたが詮述もない、一週四時間冬の冷たい日にも鉋研ぎをやった。英語の連中の片手にリーダー、片手をポケットに傲然と構えている姿を羨んだ。仕方なしに停車場近くの英語の私塾へ四年間も通った。僅かの外出時間をふいにして。あの制度は今あるかないか知らぬがあまり有難く

---

[37] 『創立六十周年記念　千葉県師範学校沿革史』p.309
[38] 金沢大学教育学部明倫同窓会編『石川県師範学校教育史』1953年、p.122

ない制度であった。

　文部省は1907（明治40）年4月に各府県に師範学校生の英語履修を抑制する訓令を発した。それには、「英語は元来学習に困難なる学科目なるを以て学力に余裕ある者又は語学の才幹ある者の之を修むるは固より妨なしといえども、世の流行に倣ひて之を学習するが如きは深く戒むべきことにして、学校職員をして指導其の方を誤らしめさらんことを要す」とある。

　こうした中央法令は、しばしば出された直後から一人歩きを始め、末端の学校現場では拡大解釈される場合が少なくない。『全国師範学校ニ関スル諸調査』（1914年12月）をみると、「生徒は全部農業及び英語を修めしむるものとす但し一般の学業成績不良の者に限り英語を省かしむ、女子の英語亦然り」（和歌山県師範・男女、宮城県女子師範も同様。下線は引用者）、「英語は一学年生は全体、二学年以上は成績中等以上の者に課す」（熊本県師範・男子）、「英語は学力劣等の者を除き四学年全体に之を課し」（広島県師範・男子）、「英語は劣等生に対しては免除することを得、法制経済を課す」（大分県師範・男子）などの表現になる。また御影師範では大正末期に英語の成績の良否によってクラスを甲乙丙の3組に分けた。かくして、学校現場では英語が露骨な差別選別の手段になってしまった。東京府豊島師範学校の次の記述は、1910年代のこうした事情を端的に伝えている[39]。

> 成績のよくない、或いは進度の遅れている生徒は、英語の学習をやらせてもらえなかった。それは、英語を勉強すると、他の教科の学習の時間が少なくなり、却って進級できなくなることになったからである。（中略）卒業証書の裏面には、英語を履修したか否かが、はっきりと記載されている。英語を履修したということは、学業成績が良好であることの証明だったのである。
> 　運動部でも、英語の学習をしない者は、選手として対外試合に出場させないという方針であった。

　しかし、挫折が人を強くすることもまた教育の真理である。選抜試験に落ちても自学自習で頑張り、とにかく英語をものにした生徒もいた。1905（明

---

[39] 『撫子八十年——東京府豊島師範学校創立八十周年・東京第二師範学校女子部開校四十五周年記念』1988年、p.64

治38)年に神奈川師範学校を卒業したY・K生の回想をみてみよう[40]。

> 久米は根気の強い男であった。入学当時——その頃は英語、農業、手工の三科が随意科でそのうち一科を選択することになっていたが、英語の希望者が多過ぎたので試験によって選抜された——その選抜試験に失敗したのを口惜しがって、英語の独学をはじめた。初めは独案内でイット、イズ、ア、ドッグをやっていたが、そのうちに小形の英和を手に入れて、一日一枚ずつ暗記するのに従って、やぶいて、まるめてのみくだして曰く「辞書をまるのみにするのだ」と。一年足らずで、一冊の辞典はすっかり腹に入れてしまった。卒業頃には英語科の者以上の実力を養い得て、後に撫順へ赴任しては、英語専科の教員として勤務したそうだ。

日本の学校制度の中で、英語は今も昔もルサンチマン（怨恨）に満ちた教科である。英語力はしばしばステイタス・シンボルであり、未来を約束するパスポートであった。だから「選択制」であっても多くが英語を履修したがる。課外授業はもちろん、英語教師宅まで押しかけて教えを乞う。1910（明治43）年度の英語選択率は83％にも達していた[41]。

第2節　義務教育の延長と英語科教育の混迷：1907～1924年

2-1．本科第二部の発足と師範の不人気

1908（明治41）年4月には義務教育が4年制から6年制に延長された。これに対応して師範卒業者の質的、量的な拡大が求められ、同年4月に師範学校規程が改正された。これによって高等小学校3年修了者、または15歳以上の同等学力保持者が本科一部の入学資格を得た。また1年制の予備科が正式に設置された。これまで学校体系の中で宙に浮いた形となっていた師範学校は、ここに初めて高等小学校と直接接続されることになったのである。ただし『文部省年報』によれば、本科一部の入学者のうち、高等小学校3年修了者は1910（明治43）年度で12％、1913年度で25％にすぎず、実際の入学年齢

40　神奈川県師範学校『創立六十年記念誌』p.419
41　文部省普通学務局『全国師範学校ニ関スル諸調査』1910年版（大空社復刻版、1987年）

は1910年で平均17.1歳（女子は16.1歳）であった。

　師範学校本科第二部が新たに加えられた。これは中等学校卒業者を入学資格としていたが、『文部省年報』によれば入学者の実際の平均年齢は1910年度で20.4歳（女子は17.1歳）であった。二部は義務教育6年制化による教員不足に対応したもので、昭和期には本科一部を上回るまでに発展し、1943（昭和18）年に師範学校を高等の専門学校程度に引き上げる素地となった。外国語（英語）は第一部の男子が必設随意科、女子は加設随意科、第二部は修業年限2年の女子にのみ課し、修業年限1年の男女には課さなかった。

　1910（明治43）年5月には師範学校教授要目が初めて制定された。教育内容への中央統制が強まり、画一化が進んで、もはや明治20～30年代のような大胆な授業展開は困難になった。その点は教科書の配当などにもはっきりと現れている（**表4-4**）。「師範学校教授要目説明」によれば、英語科の留意点は以下のとおりである。英語各分科の連携、発音の重視などが謳われている。

一、英語は各分科の連絡と総合とを重んじ、音読訳解を合せて読方とし、会話作文を連結して話方及綴方とし、書方の下に習字書取を含ましむることとせり。而して第一学年に発音、綴字、第三学年に文法及英語教授法を加へるの外、各学年を通して読方、話方及綴方、書方を配当せり。

二、発音綴字は英語の基礎的準備として之を授け、進みては読方に関連して之を行ひ、話方及綴方は読方と相連関せしめ、書方は更に之と連絡して習熟せしめんことを要す。

三、読方は原文を誦読して意義の了解を期すべきものなるが故に、訳解は之を音読に付随して授けんことを期せり。

四、綴方は第一学年より其の近易なるものを授け、第四学年に至りて記事文書簡文をも練習せしむることとし、以て話方との連絡を図れり。

五、書取は甚だ必要なるを以て四学年を通して之を置き、習字は二学年に亘りて之を置きたり。但し第二学年の習字は特に其の時間を設けずして便宜生徒に自習せしむるも妨なし。

六、文法を第三学年に配当せるは既授の材料に基きて普通の文章に通有する法則を授け、第四学年の教授に便ならしめんがためなり。而して之を教授するに当りては読方に於けるが如く便宜教科用書を参考せしむるも妨なし。

七、小学校に於ける英語教授法は第三学年に於て之を授け、第四学年の教育

実習に便ならしむ。然れども教授時数甚だ僅少なるを以て、其の概要及教授上注意すべき事項を授くることに止めたり。
八、英語は習字の外、特に時間を分たず。同時に各分科を教授するを本則とするも、主として一方面の練習をなさしめんがために若干の時間を割きて之に充つるも妨なし。

　明治末期になると中学校や各種の中等・高等教育機関が相次いで新設され、県下の最高学府を自負していた師範学校はその地位を相対的に低下させていった。1887（明治20）年に全国で56校（1万177人）にすぎなかった中学校は、1911（明治44）年には314校（12万5,304人）と、校数で5.6倍、生徒数で12倍にも急増した。その間に、師範学校は45校（4,754人）から83校（2万7,076人）に増えたにすぎない。能力は高くても家庭的に恵まれない子弟が給費制度をたよって師範学校に入るが、学校制度的には行き止まりの傍系とされ、卒業後は服務義務により薄給で小学校教師にしばりつけられる。明治末期の惨めな生活ぶりは島崎藤村の『破戒』（1906年）や田山花袋の『田舎教師』（1909年）などに描かれるまでになった。

　そうした師範出の小学校教員の中から英語力を磨き、試験に合格して中等学校教員を目指す一群が出てくるのも必然であった。講談社の創設者である野間清治もその一人である。彼は小学校訓導を経て、1902（明治35）年に帝国大学内に開設された中等教員養成機関である臨時教員養成所に入学を果たし、卒業後に沖縄の中学校に赴任した。師範卒業後の小学校教員の初任給が16円だったのに対して、中学校教師の初任給は40円だったという。給料に加え、社会的な評価も著しく高かった[42]。

　しかし、かつては師範学校生を「何だ地方税の癖に、引き込め」（漱石『坊ちゃん』）と罵っていたエリート中学生たちの中にも、進学難や経済的困難から師範二部への道を歩まざるを得なくなる者が続出するようになる。

2-2．小学校英語科教授法の実施状況

　師範学校の英語科では、小学校における英語教授法を指導することになっ

---

[42] 天野郁夫『学歴の社会史——教育と日本の近代』新潮社、1992年、p.178

ていた。今日の「英語科教育法」である。英語教授法は1892（明治25）年の法令では4学年で、1907（明治40）年には3学年で教えることになっていた。その時数および教育実習の実態を具体的に示す資料は、『長崎県師範学校一覧』（1920年）の「学校例規」の中に見出すことができる。

長崎県師範学校　英語科教授要義　　1920（大正9）年10月

一、法令の規定（略）
二、本校の方針
　(1)　英語科教授によりて広く欧米の知識感情を摂取し、眼界を世界的に拡大して忌むべき僻執固陋の弊を去り、清新にして健全なる思想の潮流を汲みて本邦固有の良風長所と渾一融合せしめ、以て教育者として必要なる善良にして強大なる活動素を養ひて時世に順応する能を得しむること。
　(2)　読書力の養成を中心とし、学年の進むに随つて英語各分科相互の連絡を図りつつ、之を適宜に配属して授くること。
　(3)　各学年を通して読方に注意し、努めて書取を授け、材料の繁簡難易を案配して遺漏重複を避け、以て進度の円滑を期すること。
三、教授の材料
　(1)　第一学年に於ては特に発音綴字会話習字に力を注くこと。
　　　第二学年に於ては前学年に於ける方針を続行し且つ読本の記事等より導く簡易なる作文を修得せしむること。
　　　第三学年に入りて文法を授け、読書力の精確進歩を図ること。
　　　第四学年に至りては主力を読書力に注ぎて、実用に供する基礎を造ること。
　(2)　読本に現はるる思想感情につきては、彼我国情民俗の相違等を指示して適当なる理解を得しむること。
　(3)　文学科学社会的記事に就きて常に適当なる刺激を与へ、いやしくも英語を通して受け得る知識は自己の必要又は趣味の赴く所に従ひて、更に研究の歩を進めんとする向上心を養成すること。
　(4)　小学校に於ける本科教授法は凡そ五時間を以て教授するものとし、本科教授の終末期（第一部は第三学期二月、第二部は第二学期十一月）に於て之を行ふものとす。

四、設備
  (1) 下級学年の教室は発音、練習、暗誦、斉唱等の必要上他教室と隔離せる特別教室とするか、又は他学科の教授に遠慮を要せざる様時間及教室の配当をなすこと。
  (2) 外国の風物風景画偉人学者等の肖像画等を備ふること。
  (3) 蓄音機を備へ、外人吹込の読方会話演説唱歌のレコードを購入すること。
  (4) 信書、商用書類、広告等実用的なる英語教材を蒐集して教授上に利用すること。

五、教授の方法
  (1) 教授は学年の進歩に応じて適当なる考案細心の工夫を施して授くるは勿論なりといえども、ただいたずらに之を授くる方法にのみ腐心せず、生徒自身をして学習せしむる方法に着目し、教師が考究して働くのみならず、生徒自ら盛に活動する手段をとりて漸次に自学自習の域に導くこと。
  (2) 復習整理とともに充分なる予習をなさしむること。
  (3) 練習応用に重きを置くこと。

六、教師（略）

七、生徒（略）

八、備考
  　英語に対する趣味を加へ学力を増進する為、時々練習会を開きて暗誦対話演説等をなし、英習字英作文英文はがき英文手紙等の成績物を展覧し、英米紳士の講演を聴かしめ、又課外の読物等を指定して指導すること。

　これによれば、各学科の教授法は教科担任の教員が行い、本科第一部は第3学年の2月1日から、第二部は11月1日から教授し、英語科教授法の時間は標準5時間となっている。なお最長は国語科の12時間、次いで物理及化学科の8時間である。また、附属小学校における教育実習の期間は、第一部第4学年の前期生が6月1日から、後期生が10月1日からそれぞれ3カ月とし、第二部生は3学期全部とした。

　いずれにしても、週3時間にすぎない英語の授業時間の中に英語教授法を

組み入れたのであるから、きわめて簡略なものにならざるを得なかった。多くは「各科教授法」の類の教科書に記されている英語教授法の簡単な記述に依拠したと思われる。しかし、なかにはプリント教材等を使って少ない時数を補い、かなり本格的な英語教授法を教えた教師もいた。愛媛師範の杢田與惣之助（広島高等師範出身）は、1908（明治41）年ごろに『英語教授法綱要』と題した謄写刷り83葉の授業用資料を配布し、「本邦に於ける英語の略史」「本邦小学校英語科の略史」「欧米の小学校に於ける外国語科」「本邦小学校英語科の目的」「英語教授の方法」「英語教授と他教科との関係」「教案例」について詳細に論じている。また昭和期になると、兵庫県御影師範学校教諭の脇屋督が小学校や中等学校英語科教授法の受験者のために『最新　外国語の学習と教授』（1927年）を刊行している（3章8節参照）。

しかし、小学校英語教育の不振の原因を、しばしば師範学校における英語教育の貧弱さに求める声も強かったようである。東京高師附属小学校の伊藤長七は、小学校の英語教育が成果をあげていないとする世間の非難に対して、次のように主張している[43]。

> 若しそれ全国各府県師範学校の英語科に今少しく時間と力とを注ぎ、師範卒業生をして相当の立派なる英語の教授をなさしめ得るに至らしめば、小学校の英語其物をして、実用上に価値あるものたらしむること、決して不可能でなかろうと思ふ。（中略）師範学校生徒が英語を学ぶのは、其中の少数者が、後に高等師範学校に入学する其為の準備をなすといふ様なことだけではならぬ。（中略）師範学校の英語科が其面目を一新し、やがて小学校の教室に於て、たとへ初歩なりとも、立派なる英語教授を見得る様になったならば、吾国中等教育以上に於けるかの外国語の問題は、必ずや竹を割るが如くに、之を解決し得らるるであろう

小学校英語教育の熱心な推進論者であった伊藤長七らしい楽観主義が感じられる。今日の公立小学校における英語科教育の問題を考える上でも、この明治末期の英語教員養成をめぐる問題点を本格的に検討すべきであろう。

---

[43] 伊藤長七「再び小学校の英語科に就きて」『教育研究』第75号、1910年

2-3. 英語教科書(1)
2-3-1. 国産検定教科書時代の到来

　明治30年代に入ると舶来本全盛時代が終わり、神田乃武や斎藤秀三郎などの日本人の著作になる検定教科書が主流を占めるようになった。文部省の集計によれば、全国80校の師範学校で使用されていた英語教科書は、リーダー類が25種類で、1校平均1.48種であった[44]。そのうち神田乃武著 *New Series of English Readers: Revised Edition*（三省堂）が20校と全体の4分の1の学校で使用され、塩谷栄著 *Girls New English Readers*（開成館）13校、岡倉由三郎著 *The Globe Readers*（大日本図書）12校、鐘美堂編輯部著 *Standard Choice Readers*（鐘美堂）10校など、いずれも中学校や高等女学校で広く使用されていた教材が師範でもよく使用された様子がわかる。また、文部省著作の『小学英語読本』が2校で使用されていたことが注目される。

　文法の教科書を採用していた学校はのべ75校にすぎないから、使用しない学校もあったわけである。全部で12種類が使用され、上位の4種類はいずれも神田乃武の著作（計51校）で、占有率は実に4分の3を占める。リーダーなどとともに明治末期における神田の教科書の人気ぶりがわかる。以下、斎藤秀三郎（計13校）、中西保人の（計7校）、岡倉由三郎（2校）、花輪虎太郎（2校）が続いている。

　英作文の教科書を使用している学校は宮城師範（男女）だけである。当時の師範の英語の時数は3－3－3－2であったから、とても作文教科書まで使用しきれなかったのであろう。なお、英習字練習帳ものべ30校で使用されているにすぎない。

　次に教科書の学年配当を年代順にみてみよう（**表4-4**）。1910年ごろはまだ低学年用教材の進度を速くした学校もある（1910年の奈良、1918年の滋賀）。1909年の愛媛県師範学校では2年で『熊本リーダー』巻3まで、3年で巻4と『神田英語中文典』を終了しており、「四年生に熊本氏の〔英語リーダー

44　文部省『師範学校・中学校・高等女学校　使用教科図書表（明治四十三年度現在）』1912年

表4-4 師範学校別・学年別教科書一覧・2（1909-1924年）　　本科一部

年度	学校	1学年	2学年	3学年	4学年
1909 明42	三重	宮井安吉著ニューグラヂュエーテッドリーダー1、神田氏ガントレット氏合著習字帖1、2、3	宮井読本2、神田習字帖4.5、斎藤秀三郎プラクチカルイングリッシュレッスンズ1	斎藤文典2、神田乃武著英語読本3、クワッケンボス北米合衆国史抄	神田読本4 斎藤文典3
1909 明42	愛媛	熊本謙二郎「新英語読本」巻1と巻2前半	同左 巻2後半と巻3	同左巻4、神田乃武 英語中文典	同左 巻5
1910 明43	奈良	神田乃武「ニュー・セリーズ・オブ・イングリッシュ・リーダー」巻1、2	同上 巻3	鐘美堂「スタンダード・チョイス・リーダー」巻5、神田乃武「新英語読本」巻4、(小泉又一「小学校 各科教授法」)	神田乃武「新英語読本」巻5、マーデン「アチーブメント」
1912 明45	京都	「新撰チョイスリーダー1、2、3、4、5」(1、2、3、4学年)、神田乃武「神田中文典」(3年)			
1916 大5	青山	塩谷栄「ノーマル・リーダー1～4」、塩谷栄「ニュー・センチュリー・ペンマンシップ1～6」、神田乃武「神田中文典」			
1913 大2	奈良	塩谷栄「ゼ・ノーマルリーダー」巻1	同左巻2	同左巻3、岡倉由三郎「アウトライン・オブ・イングリッシュ・グランマー」巻1、武信由太郎「ニュー・スクール・コンポジション」巻1、(小川正行ほか「新撰 各科教授法(改訂版)」)	同左塩谷巻4、岡倉巻2、武信巻2、神田乃武「新英語読本」巻5
1916 大5	奈良	塩谷栄「ノーマルリーダー」巻1	同左 巻2	同左巻3、岡倉由三郎「英文典」巻1、神田乃武「神田英作文教科書」巻1、(小川正行ほか「新撰 各科教授法」)	同左塩谷巻4、岡倉巻2、武信巻2、神田乃武「新英語読本」巻5
1916 大5	鹿児島	岡倉由三郎 The Normal School Readers 巻1 英習字練習帖(名称不明)	同左 巻2	同左 巻3	同左 巻4
1918 大7	滋賀	塩谷栄「新ランゲージ・リーダース」巻1、2 石川林四郎「ボールドハンド英習字帖」1、2、3	同上巻3、塩谷栄「新文法」巻1、開成館「新世紀英習字帖」4、5、6	同左リーダー巻4 同左塩谷英文法巻2 (宝文館「改訂版新撰各科教授法」)	同左リーダー巻5
1920 大9	京都	吉岡源一郎「ニュー・ファウンテン・リーダー1」	廚川辰夫「チャムピオン・リーダー2」	岡倉由三郎「ノーマルスクール・リーダー3」	
1923 大12	奈良	神保格「ニュー・イングリッシュ・リーダー・フォー・ノーマルスクール」巻1	同左 巻2	同左巻3、南日恒太郎「プラクチカル・イングリッシュ・グランマー」(乙竹岩造「教育科教科書 各科教授法」)	同左 巻4、
1924 大13	奈良	守内喜一郎「ニュー・イングリッシュ・リーダース・レバイスト」(各学年1冊)	同左	同左 塩谷栄「ニュー・ランゲージ・リーダース」巻4、守内喜一郎「ニュー・イングリッシュ・グランマー」巻1、(篠原助二郎ほか「輓近各科教授法」)	守内喜一郎「ニュー・イングリッシュ・リーダース・レバイスト」

(註) 1892年の和歌山師範のデータは同一人物が4年間で使用した教科書。東京青山師範学校の予備科では1902（明治35）年度に文部省「会話読本」の1・2巻を使用。奈良師範予備科の1923（大正12）年度の教科書は塩谷栄『ニュー・ランゲージ・リーダース』巻1。
(出典) 各校の校史・沿革史から作成

の〕第五巻を読まして見るのに生徒の力には余裕がある様である。読んだ所を会話に使用して見るのに可なりに話すのである。又作文も相当には書ける」と成果を評価している[45]。

しかし、やがて各学年リーダー1巻ずつの進度で進む学校が増えてくる（1903年以降の奈良、1909年の三重、1920年の京都）。三重県師範学校の『各科教授要項』（1906年）によれば、英語科では講読が1～4年まで週2時間（ただし1年の1学期は「発音法」と合わせて週1時間半）、文法は2・3年が各1時間、習字は1・2年である。教科書は講読が『神田乃武氏英語読本』を1年に1巻ずつ4巻まで、さらに3年では『クワッケンボス氏著亜米利加発見史抜粋』を追加し、文法は『斎藤秀三郎氏実用英語教課書』〔*Practical English Lessons*〕を2年以降1巻ずつ3巻まで、習字は『神田乃武氏英習字帖』を1学期に1巻ずつ5巻まで使用した。このように、中学校用のリーダーや文法書を1年に1巻ずつ当てているが、同時期の中学校に比べると時間数が半分以下であることを忘れてはならない。

2-3-2. 師範学校専用教科書

明治末期からは師範学校専用の検定英語教科書が登場し、1907（明治40）年から1941（昭和16）年までに22種類発行された。（章末の【資料4-2】参照）。内訳は読本13、英作文5、文法と副読本が各2である。いずれの教科書も乏しい時間数で効率よい授業を進めるための工夫が読みとれ、読本の題材にはしばしばペスタロッチなどの教育に関連したものもみられる。著者には岡倉由三郎、神保格、篠田錦策などの東京高等師範英語科スタッフの名前が連なっている。

これらのうち、特徴的な読本を5種類、英作文と英文法を1種類ずつ考察してみよう。

（1）読本

① 神保格・山中卯之甫・市毛金太郎著 *The English Readers for Nor-*

---

[45] 杢田與惣之助「余か英語教授に於ける経験の一端」『英語教授』1909年10月、p.23

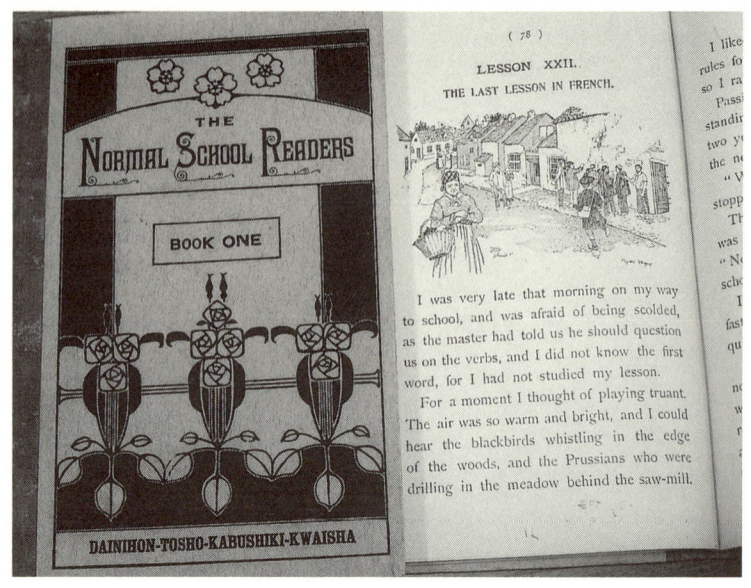

写真4-1　岡倉由三郎の師範学校専用英語教科書

mal Schools（全4巻）、興文社、1914（大正3）年5月発行
　興文社は神保の名前で師範用の文法書と作文書も出していた（後述）。

　② 岡倉由三郎著 The Normal School Readers（全4巻）、大日本図書、1914（大正3）年10月発行（**写真4-1**）
　鹿児島県師範学校の本科一部を1920（大正9）年に卒業した龍宝 斎は「このリーダー一冊一週三時間の授業、この実力で中学校の一週一〇時間に負けまいというのであるから、師範学校の生徒は全くの所よく勉強したものだと思う」と回想している。1年の4月にabcから始まった授業は2学期末にはLesson 35. The Two Kittens まで進み、そこには次のようなレベルの文まで含まれていた。"For they found it was better, that stormy night, to lie down and sleep, than to quarrel and fight."[46]

46　龍宝 斎『母校鹿児島県師範学校』1973年、p.180

③ ゲエンミル校訂、鐘美堂編輯部編纂 Modern Choice Readers for Normal Schools（全4巻）、鐘美堂、1917（大正6）年11月発行

中学校用のベストセラー『チョイス・リーダー』（全5巻）を4巻に簡略化した師範用である。緒言によれば、「読書力増進と云ふことは近来の趨勢であり且つ之に重点を措くのが得策であるから此方針で編纂した。併し生徒は字引に多大な時間と労力を要するから各巻末に羅馬字で適切な解釈を附けてあるのは本著の一大特色で習字、発音、綴字、訳文、文法等皆注意して本文と連絡統一を計り時間数が少なくとも実力を附けるのに有効」とある。

④ 神保格著 New English Readers for Normal Schools（「師範学校リーダー」；全4巻）、興文社、1922（大正11）年11月発行

①の改訂版で、第4巻には「教育勅語」の英訳が付けられている。なお、奈良師範は1923（大正12）年度にこの教科書を使用したが、「教材の配列極めて拙にして取扱ひ上不便なり故に変更す」として翌年から守内喜一郎著『ニュー・イングリッシュ・リーダース・レバイスト』に切り替えている。

⑤ 篠田錦策著 The Beacon Readers for Normal Schools（全5巻）、東京宝文館、1926（大正15）年10月発行

巻一では巻頭に10頁ほどの Introductory Lessons が付き、音声練習から入る。大きく美しい挿絵が豊富で、身近な話題から構成され、学習者本位である。文芸的な読み物と英詩も多い。巻二ではブローニング、スティーブンソン、ロセッティ、テニスンなどの詩が6編収められている。巻三ではギリシャ、スコットランド、インドなどの古い物語などが多い。巻五ではギリシャ神話、ディケンズ、ホーソン、ハーンなどの文学が盛り込まれている。巻四と巻五に教育家ペスタロッチに関連する題材が2課ずつ取り上げられているのは、いかにも師範学校用らしい。

(2) 英作文および英文法

① 神保格著 English Composition for Normal Schools（「師範学校英作文」；全1巻）、興文社、1914（大正3）年10月発行

序言には「師範学校に於ける英語教授時数は、わずかに一週三時間に過ぎず。而して英文法、英作文の為に割り得る時数は、一週実に一時間のみ、この僅少の時間にありて、生徒をして一通り英作文の観念を得しめん事、けだし至難の業にして、その教導の順序方法等特別の工夫を要するや言をまたず。然も師範学校専用の英作文教科書世に絶無なるは、師範教育の為に恨事たらずんばあらず。編者ここに見るありて本書を編述せり」と編纂の意図が述べられている。内容的には完全に文法シラバスで、パート１が３年生用で20課、５文型の理解から始まる基本的な文の構成を扱う。パート２は４年生用で15課、完了形や仮定法などを含む応用的な文も扱う。全１巻、合計135ページほどで、同時期の中学用に比べるときわめて簡潔である。

② 神保格著 *English Grammar for Normal Schools*（「師範学校英文典」；全１巻）、興文社、1915（大正４）年１月発行

「本書編述に関しては畏友石黒魯平君の手を煩はした」とある。緒言に「時間少なくして事項多し、師範学校各科教授亦困難なりと云ふべし。されど幸に師範学校生徒には自習の気力強く、自習の機会備はる。英語科の如き、一に此の気力と機会とに信頼せざるべからず」と述べられている点が注目される。内容的には第一部は Introductory Studies、第二部は Practical Studies、第三部は Systematic Studies と３部構成になっており、それぞれ第２、３、４学年を充てることを企図している。

2-4. 師範英語科の変質と受験英語の影

大正期にも明治期と同様に、課外学習や校外学習に励む師範生徒の姿があった。女子師範の場合は英語科がとりわけ冷遇されていたが、1920（大正９）年に三重県女子師範学校を卒業した田中キミ子のように、「最も自主的でよかったと思うのは、その頃一年しかなかった英語の力では卒業後も困るだろうと学生数人で四年の一年間課外に補習授業をしてもらった事で、これは卒業後可なり役に立った」といった例もあった[47]。

47　西田善男『三重県教員養成史』p.591

第2節　義務教育の延長と英語科教育の混迷：1907〜1924年

　日露戦争後の好景気の中で実業方面の人気が高まると、待遇の劣悪な小学校教師を見限る風潮が強まり、大正期になると師範学校への志願者が大幅に減少した。加えて1911（明治44）年7月の小学校令改正によって高等小学校の外国語科が商業科の中に併合されてしまったために、英語の加設率は同年の4.7％（567校）から1918（大正7）年の1.7％（239校）へと激減してしまった。これでは師範学校における英語の学習動機から「小学校で教えるため」という根本的な問題意識が失せてしまう。その隙間を埋めるものが「受験英語」であり「教養英語」であった。

　すでに1897（明治30）年7月には高等師範学校への独占的な入学資格が奪われ、師範生の進学は著しく困難になっていた。明治末期以降になると高等教育機関への受験競争が激化してくる。文部省の調査によれば、1917（大正6）年における師範学校92校の本科一部卒業生4,994人のうち、上級学校に進学できた者はわずかに65人（1.3％）にすぎなかった[48]。

　師範学校の閉塞から脱する鍵は、英語であった。かくして、熾烈な「受験英語」の影が師範生にも忍び寄ってくる。東京府豊島師範校長の御園生金太郎は、「〔上級学校進学の〕希望を持って居るならば、意気盛んな者が若干あるのであります、それが一級の気風を引き立てて居ります。而してさう云う事の必要なる事は何であるかと言えば、英語であります。英語を修へなければ、決して上の方に進む事が出来ないのであります」と語っている[49]。「受験と英語」の問題こそは、久米正雄の「受験生の手記」（1918年）に描かれているように、日本の若者の精神史に刻まれた重大問題である。英語力に劣るといわれた師範学校生が、小学校教師の地位に縛られる境涯から脱出しようとしたとき突き当ったのもまた、この大問題であった。

　1907（明治40）年に千葉師範を卒業した袴田集義は、「在学中高師の入学試験に合格するには、三年許り毎週三時間英語を教はって居たのでは到底力が足らない、（中略）一通りでは入れそうもないから一年位休学しても語学の力をつけたいと思って」、3年になろうとするとき神田の下宿屋から正則英

48　文部省『全国師範学校ニ関スル諸調査』1917年度版
49　文部省普通学務局『大正九年十月　全国師範学校長会議録』1921年、pp.381-382

語学校に通った[50]。また、1909（明治42）年に鹿児島師範を卒業し廣島高師の英語部に進んだ鯵坂〔小原〕國芳も、師範在学中に「何とかして、高等師範学校に入りたいばかりに、ヒマさえあれば英語を一生懸命勉強したものです」と回想している。彼は教会のバイブルクラスで外国人宣教師について英語を学び、英語教師の自宅まで出かけて教えを乞うた[51]。鯵坂は大正初期には英語教師として香川県師範学校に赴任するが、成績不振者に夕食後の週2晩、「その週に教えたところを、カユをカミ砕いて口を入れてやるようにして」教えたと同時に、優等生には毎日始業前の7時からナショナルリーダーの巻五やアメリカから取り寄せた原書のイソップ物語を講じた。こうして「師範には珍しいことと思うが、英語が相当できるものが多くなって、学芸会などがあると、シェイクスピアの原書でブルータスの演説やアントニウスの演説を流麗にレシテイションする者さえあった」という。小原に教わった中原藤次郎は次のように述べている[52]。

> 先生は口を開けば、「師範の生徒は勉強しない、しっかりやれ。そうして上へ行け、高師へ行け、大学へ行け。英語は僕が見てやる。」といわれて、御在任中殆ど一日も欠かさず、始業前一時間ずつ英語の課外授業をしてくれました。私ども同期の師範一部卒業生六十名中、大学教育を受けた者はその約半数に達し現に、文学、理学、医学の学位をもっているもののあるということは同期生の誇であり、これは全く、先生が向学心を、あおって下さったおかげです。

長崎県師範学校は『学校一覧』（1920年）の中で、「成績優秀なる生徒にして進て上級学校に入学せむとする者に対しては其の希望により第二学年より国語、漢文、数学及英語につき特別指導を行ふ為め夏季冬季の休暇土曜日、日曜日等を利用し特別学習を課し特に関係教員出校して適当なる指導をなす」と明記している[53]。鹿児島県師範学校の本科一部を1920（大正9）年に卒業した龍宝　斎は、上級学校への進学を指導方針とした英語の授業ぶりを

50　『創立六十周年記念　千葉県師範学校沿革史』1934年、p.324
51　小原國芳『小原國芳自伝—夢みる人（1）』玉川大学出版部、1963年、p.208
52　*Ibid*. p.397
53　『長崎県師範学校一覧（大正九年十月）』1920年、pp.211-212

次のように回想している[54]。

> 多田先生は広島高師出。その英語指導方針は上級学校への進学であった。でも英文法、聴取り、会話までには時数が足りない。訳読に全力投球で、その傍ら和文英訳、英文法を取入れるという式で、私たちは予習復習は無論のこと自習独習にそれこそ時を惜しまねばならなかった。お陰で訳読の力だけはグングン伸びて、三年のときは四年生の課外補習にも出席したが彼等に優に伍し得る程度に達した。(中略) 研究社の月刊英語雑誌も欠かさず読んだ。時事英語も必要だということで英文毎日だかの新聞も購読したが、これは永続きしなかった。とても読み切れるものではない。その頃の流行であった南日の英文解釈法も読んだ。

他方では、中学校卒業者を受け入れる本科二部が発展し、師範学校は内実において高等教育機関化しつつあった。そうした中では英語科のもつ教養主義的な目的論が前面に登場するのは必然であった。前述の『長崎県師範学校一覧』(1920年) に収められた「英語科教授要義」(2-2参照) からは、そうした目的論が学校現場にも浸透してきた様子が窺える。そこでは「本校の方針」として、「英語科教授によりて広く欧米の知識感情を摂取し、眼界を世界的に拡大して忌むへき僻執固陋の弊を去り、清新にして健全なる思想の潮流を汲みて本邦固有の良風長所と渾一融合せしめ」としている。ここには岡倉由三郎の教養主義的な思想が見出せると同時に、大正デモクラシーの進歩的な気分が感じられる。

第3節　英語の必修化と英語熱の減退：1925〜1942年

3-1. 1920年代における小学校英語科の隆盛

英語を加設した小学校高等科の割合を全国平均でみると、1918 (大正7) 年度の1.7%をボトムに翌年から急増に転じ、1920年には4.1% (625校)、ピークの1932年には9.9% (1,842校) にまで上昇している。ただし地域差も激しく、英語をまったく課さない県もある反面で、商工業都市圏である大阪府

54　龍宝 斎『母校鹿児島県師範学校』p.182

では1939年時点で約5割、東京、愛知、神奈川などでは約3割の小学校高等科で英語を加設していた（詳細は5章末の【資料5-1・5-2】参照）。

小学校の英語教育熱の高まりによって、その教員を供給する師範学校の英語教育を強化する必要が生じてきた。こうして長らく随意科目だった英語は1925（大正14）年度には男子が、1931（昭和6）年度には女子も必修科目となったのである。

3-2．師範の5年制化と男子の英語必修化

1925年4月に師範学校規程が大幅に改正され、①本科第一部の修業年限が1年延長されて5年制となり、②入学年齢が14歳に引き下げられて2年制の高等小学校に接続され、③修業年限1年の専攻科が新設された。専攻科には主に本科修了の教壇経験者が入学し、程度的にも高等専門学校昇格の布石となった。

注目すべきことに、「英語は世界の知識を収得するの関鍵として必要」であるとして第一部男子で必修科目となり、週時間数も5－3－3－3－3に増加した。ただし、第二部の英語は選択科目で時数は4時間、第一部でも女子の時数は3－3－3－3－2で随意科目のままとされ、強い批判を招いた（次項参照）。英語必修化の背景には、生徒の強い学習意欲があった。文部省の『全国師範学校ニ関スル諸調査』から本科第一部男子の英語選択率を算出すると、1914（大正3）年には84.7％もの高水準であった。しかも、「農業と手工に選択された生徒は非常に落胆して、英語に選ばれた者は、非常に意気揚々として喜んで居る」ありさまだったという[55]。

こうした声は時代が下がっても続いた。1940年に愛媛師範を卒業した小池平八郎は、手記「灰色の青春」の中で、袋小路から脱しようとする師範生の姿を率直に語っている[56]。

> 世の中のことがわかるにつれ、中学に入らなかった自分の将来が、いわゆる傍系の悲運に閉ざされていることを知ったからで、これが私の憂うつの始ま

---

[55] 岩手師範校長小林鼎の談、『大正九年十月　全国師範学校長会議録』p.392
[56] 愛媛大学教育学部同窓会『100年のあゆみ』1976年、p.240

りである。私はいく度か脱出を試みたものの、そのつど制度の壁にはばまれて果たさなかった。自分より二つも年少の中学生の方が高度の英語や数学を習っていることがくやしかった。放課後は下駄ばきを許されて町を闊歩する白線帽の中学生や高校生を羨みながら、私は自分で参考書を求めて英語や数学の独習を始めた。(中略) 私は傍系の劣等感に悩みつつも、弱い外国語の独習に人一倍努力した。

3-3. 師範男女の英語必修化

1925年の規程改正でも、文部省は女子の英語を随意科目のまま放置した。女子は家事や裁縫などの教科に時間を取られるからというのが理由で、英語は学力に余裕のある者にだけ履修させる方針だった（文部省訓令第4号、1925年）。しかしこの方針は、大半の女子師範学校で英語が必修扱いとされていた現実にそぐわないものだった。1926（大正15）年に明石女子師範の本科一部に入学した青木ツル子は、「1年生から2クラスとも全員が英語を学びました」と回想している[57]。公式統計をみても、1926年度の本科第一部女子の英語選択率は実に96.4％にも達しており、ほとんど必修に近い実状だったことがわかる（章末の資料4-1参照）。そのため、たとえば1927（昭和2）年10月の第4回英語教授研究大会における師範学校部協議会では、女子の英語を正科とし、男女とも中学校と同一の時数に増やすことを建議している[58]。

こうして、1931（昭和6）年1月に師範学校規程が改正され、英語は男女とも3年生まで必修の基本科目になった。これは実に明治中期の森有礼文相時代以来、約40年ぶりのことである。また、本科第二部でも、男女とも増課科目として選修させるなど英語教育が重視された。時数は本科第一部で4-4-4-(2～4)-(2～4)、本科二部で(2～4)-(2～4)であった（カッコ内は選修）。師範学校規程第15条の英語科に関する規定は以下のとおりである。

> 英語は普通の英語を了解し之を運用するの能を得しめ、知徳の増進に資し、かつ小学校に於ける英語教授の方法を会得せしむるを以て要旨とす。

---

[57] 筆者への談話、1997年11月10日
[58] 英語教授研究所 *The Bulletin* 第39号付録、1927年、pp.12-13

英語は発音、綴字、聴方、読方及訳解、話方及作文、書取、文法の大要並びに習字を授け、かつ教授法を授くべし。

この改正によって、「知識」の増進が「知徳」の増進に改められ、徳育（思想教育）が強調されたのは当時の中学校などと同様である。何よりも注目されるのは、旧規程の「普通の英語を了解するの能を得しめ」が、「普通の英語を了解し之を運用するの能を得しめ」に改められ、運用能力が重視された点である。また、綴字のあとに「聴方」が入ることで音声面が補強され、総じてコミュニケーション能力の育成が強調されている。

3-4. 師範英語と教養主義

ところで、この同じ1931年には中学校および高等女学校の外国語の授業時数が削減された。また、1927年の藤村作論文を契機に、巷には英語廃止論が台頭していた。そうした中で、なぜ師範学校では英語を男女とも必修にし、重視する方向に進んだのであろうか。その理由を文部省は、「教員たる立場に於て一般教養として英語の必要なるを認め、かつ其の一般教養は男女に於て区別すべきものにあらずと認めたるに因るなり」と述べている[59]。文部省みずからが師範の英語教育を「一般教養」として位置づけていることが注目される。師範の英語教師自身からも、そうした認識が述べられている。千葉女子師範の丸山昇は「師範学校全教科から見れば、英語科は一般教育ともいうべき位置づけでした。やはり小学校教員の養成学校ですから、小学校教科に直接関係深い学科目が重視されておりました」と述べている[60]。ここでは、小学校で英語科を担当するためという側面が認識から消えているが、この見解には千葉県の小学校での英語加設率が1.2％（1939年）と低かった現実も反映していると思われる。

英語が「一般教養」として必修化された背景には、師範学校の高等教育機関化が一歩進められたこともあると思われる。事実、この規程改正により、本科二部の修業年限が2年に延長され、卒業年齢は旧制高校生と同じになっ

---

[59] 文部省「師範学校規程中改正ノ要旨並施行上ノ注意」1931年1月20日
[60] 『百年史　千葉大学教育学部』1981年、p.1317

たのである。しかも、折からの不況による就職難と徴兵忌避などから師範本科二部への入学者は急増し、1940（昭和10）年頃までには各校で第一部の生徒数を凌ぐまでに発展した。もはや、道府県立の師範学校を中等教育機関として位置づけておくことは根本的に無理となったのである。

ところで、教師の教養として英語を教えるべきだとする主張は、師範学校関係者からは早くから提起されていた。たとえば、秋田女子師範校長の梯山清は「師範学校の卒業生が、卒業後に於て、知識を広くかつ深く得やうと思へば、外国語の素養が無ければならぬと信ずるのであります」と主張している[61]。また、東京高師英語部の卒業生であった野上源造も、長岡女子師範校長当時、次のように述べた[62]。

> 〔小学校〕卒業生の中には行く行く外国語もやるべき生徒も出し得るのでありますから、其小学校生徒を育てて行く処の先生は外国語の幾分の味ひを知って居ると云う必要はありますまいか。又今日英語と云ふものが日本の中何の位入って居ると云ふ事を考へて見まするならば教育者は常識としても或程度迄は英語を知って居る事は必要ではあるまいか。（中略）師範生徒も行く行くは更に発展して行かうと云うやうな場合には矢張り此の英語を知って居ると云ふ事が必要であらう。

外国語の素養を含む一般教養を教師の中に高めようとする方向は、天皇制国家主義に忠実な「師範タイプ」を養成するという師範学校本来の方向と矛盾する要素を醸成することにもなる。せめぎ合う両者の趨勢を決したのは、戦時色を深める時代そのものであった。1931年の男女必修化からわずか半年後に「満州事変」が勃発したのである。かくして、隆盛を期待された師範の英語教育は、戦時的排外主義と国粋主義の強い逆風にさらされていく。

3-5. 英語熱の減退とその要因

昭和期に入ると、師範の英語選択率は着実に減少していった（図4-1、4-2）。随意科目であった女子では、本科第一部で1926年度に96.4%に達してい

---

61 『大正九年十月　全国師範学校長会議録』p.305
62 *Ibid*. p.396

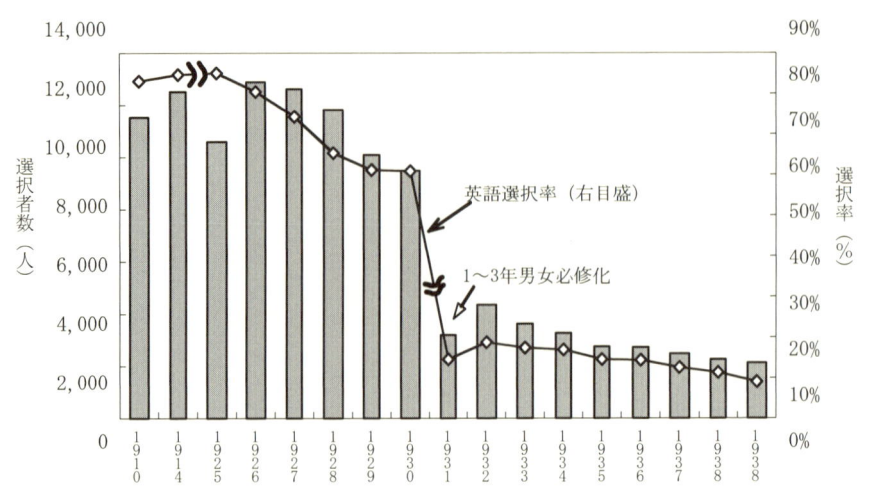

図4-1 師範学校生の英語選択状況（1910-1939年）本科一部・二部・専攻科総計

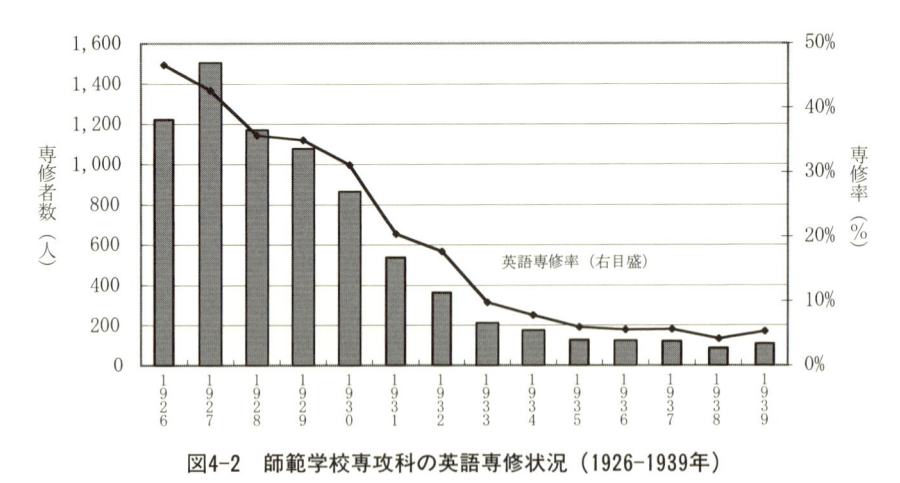

（グラフ中の注記：英語選択率（右目盛）、1～3年男女必修化）

図4-2 師範学校専攻科の英語専修状況（1926-1939年）

（グラフ中の注記：英語専修率（右目盛））

（出典）図4-1、4-2とも、文部省普通学務局『全国師範学校ニ関スル諸調査』各年版より作成

たが、30年度には73.4％にまで下落している。1931年度以降は男女とも4・5年生のみの選択率であるが、いずれの年度も10％台と極端に低迷し、1933年以降は年々減少していることがわかる。

　山梨師範教諭の隈明は本科一部の上級学年で英語を専修する者は「上級学

第3節　英語の必修化と英語熱の減退：1925〜1942年　139

校（主に高師）志望者及び比較的優秀な生徒である」と1940年時点での実態を報告している[63]。外国語に漠然とあこがれていた生徒たちは、上級学年になると予習復習の困難さを知るようになる。そうなると教職教養のためという理由だけでは、生徒の学習意欲を持続させることはできなかったのであろう。

英語選択率の減少傾向は、専門教科を深める専攻科の場合にはよりストレートに現れている。1927年度には1,500人を超え、半数近い生徒が英語を専修していたが、履修率は年々下がり、1930年代末には全国でわずか100人前後（4〜5％）にまで下落している（図4-2）。

女子の英語選択率はさらに低い。山口女子師範の水田清恵は「師範学校の英語科は中学校の其れに比して一般に熱が乏しい。そして又女子師範に於ては男子師範よりも更に其傾向が著しい」と述べている[64]。事実、たとえば1939（昭和14）年度の『全国師範学校ニ関スル諸調査』で本科第一部5年生の英語選択率をみると、男子の16.1％に対して、女子はわずか1.9％にすぎない。逆に女子の選択率が高い教科は音楽47.3％、家事46.4％、裁縫29.0％などであった。

では、昭和期の師範学校を覆うこうした英語離れは、なぜ生じたのであろうか。理由としては次の3点が考えられる。

①1937年をピークとする高等小学校英語加設率の下降と小学校英語教員の飽和。師範英語科の選択率と小学校英語科の加設率とを比較すると、類似したカーブを描いて下落している（図4-3）。これだけで一般化はできないが、小学校の英語教員が相対的に過剰になり、時局が反英米色を強めていく中で、師範学校の英語人気はますます低下していった可能性がある。

②上級学校進学率の低迷。1925年の専攻科の設置と、世界恐慌による不況によって、師範学校の上級学校進学熱は低迷し、受験のための英語学習という動機は一般に減退したと思われる。本科一部男女の進学率は1924年度の1.5％以降は停滞を続け、1938年までは一貫して1％を割り込んでいた。

---

[63] 隈明「師範学校の英語教育」『英語の研究と教授』第8巻11号、1940年2月、p.327
[64] 水田清恵「師範学校参観印象記」『英語の研究と教授』第4巻1号、1935年4月、p.20

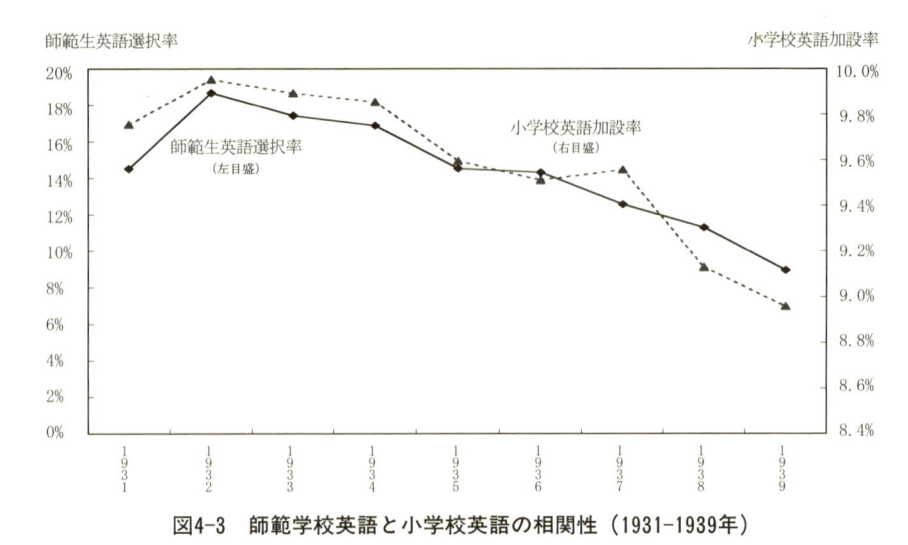

140　第4章　師範学校の英語科教育

図4-3　師範学校英語と小学校英語の相関性（1931-1939年）

　③最後に、1931年の「満州事変」に始まる戦時体制の強化の中で、敵性語化した英語への忌避感が強まったことが考えられる。師範学校生は忠君愛国主義を人一倍たたき込まれていたから、時局と国策の動向には敏感に反応したと思われる。現に、全国師範連盟は満州事変の直後に師範の教科目に「満州国語」を加設することを提案している[65]。もちろん、時局への迎合は師範学校だけの問題ではない。東京帝大の英文科ですら「昭和十二年頃までは、毎年必ず四五十人はあった志願者が、その頃からはツルベ落としのガタ減りで、戦争中などは四五人か、多くて五六人が精々だった」という[66]。
　こうした英語軽視の風潮に対して、広島高師英語部の卒業生で岡山師範校長の杢田與惣之助は次のように批判している[67]。初等教育者にとっての外国語教育の意義を語った文章として秀逸である。

　　師範教育に於ける英語教育は動もすれば、軽視され、甚だしきは無用視せられるものである。（中略）英語は小学校教師の明日の授業には役に立たぬ場合

---

[65]　全国師範連盟『回顧十年の吾が連盟』1932年、p.180
[66]　中野好夫「英語を学ぶ人々のために」*The Youth's Companion*．1948年2月
[67]　杢田與惣之助「師範学校の英語教育」広島文理科大学英語英文学研究室編『英語教育』
　　　第1巻第3号、1936年

があるらしく考へられる点がないでもない。此の点に於て或は無用と考へられるかもしれぬ。併し徳を養って、後光を発し、薫香を出す底の所まで至らしめるには一見無用と見ゆるが如きものまでも蔵し、蓄へている必要がある。（中略）師範学校の英語は吾人が前述の如き大きい高い立場、即ち只明日の仕事を目標とせず、十年二十年の後を目的と考へて経営せらるべきものである。

しかし、そうした教育理想は戦争へと傾斜する現実の前に立ちすくんだ。三浦綾子が『銃口』(1994年) で描いているように、国策に異を唱えたと疑われる教員には容赦のない弾圧が加えられ、天皇制ファシズムと国粋主義が教育現場を支配するようになった。1937（昭和12）年3月には師範学校教授要目が改正され、「国体の本義を明徴」する立場が一段と鮮明にされた。日中戦争開始後の1939年には師範学校と戦争体制とがより直接的に結合された。まず、「満州」および中国大陸にある日本人小学校の教員を養成する目的で8校の師範二部に「大陸科」が新設され、語学では支那語に力が入れられた[68]。また、中等学校以上の集団勤労作業が正課に準じて取り扱われることになり、満州建設勤労奉仕隊も結成された。1939年9月には傷痍軍人のための教員養成機関と、戦没者の妻のための特設小学校教員養成所が開設された。

3-6．英語教科書(2)
3-6-1．英語教科書の発行状況（1920-1941年）

筆者らが作成した「明治以降外国語教科書データベース」(2003年) によると、1920年～41年に師範学校英語科用として検定認可を受けた教科書の発行状況は**表4-5**のようになる。1925～31年の英語必修化の時期をピークに、毎年15種前後が新規発行されていたことがわかる。全338種の内訳は、読本106、文法64、作文60、英習字45、副読本40、文法作文兼用23で、ほとんどが中学校などとの兼用である。副読本の発行数が少ないのは時間数の不足によるためであろう。

1928年の第5回英語教授研究大会では、「英語教授研究所において師範学

---

[68] 『三重大学教育学部　創立百年史』1977年、pp.328-329

表4-5 師範学校の検定英語教科書（1920-1941年）

年	読本	副読本	文法	作文	文法作文	習字	計
1920	1		2				3
1921	1		5		1	3	10
1922	6	1					7
1923	6	1	2	4		2	15
1924			1	1			2
1925	6		2		6		14
1926	10	2	5	7	1	1	26
1927	9	7	9	6	1	4	36
1928	4	1	3	4		3	15
1929	2	1	2		1	2	8
1930	8	15	3	3	1	5	35
1931	8		6	1		3	18
1932	7		5	2		2	16
1933	2			6	1	1	11
1934	5	1	3	3	1	3	16
1935	9	1	1	7	2	5	25
1936	4	3	1	2	1	2	13
1937	6	3	3	1	1	2	16
1938	2		4	6	1	2	15
1939	6	3	5	3	4	1	22
1940	3		1		1	1	6
1941	1		1	4		3	9
計	106	40	64	60	23	45	338

（出典）「明治以降外国語教科書データベース」2003年

校用の英語教科書を編纂せられたし」が決議されたが[69]、実現しなかったようである。また、須沼吉太郎は師範上級生の精神年齢やモティベーションに配慮した教材や教授法の必要性を力説している[70]。

　師範学校では中等学校に於ける程英語が重要視されず、従って授業時数も少ない。又殆んど総ての生徒が直ちに小学校に行つて児童を教へる。入学した時には中学生等よりも既に二歳も年長である。之等の事から上級生になるにつれて一般中学校に於けるのと幾分変った教授法が必要であらうと考へる。

69　英語教授研究所 *The Bulletin* 第48号付録、1928年、p.19
70　須沼吉太郎「師範学校に於ける英語教授」『英語の研究と教授』第 6 巻11号、1938年 2 月、p.329

又五年生や二部生の為に、幾らか教育、特に小学校教育に関係のある内容を持つた教科書が出来ると非常に都合がよいと思ふ。

3-6-2. 教科書の使用状況
①本科第一部

英語教科書の使用状況を**表4-6**に示す。これから明らかなように、判明した8校のうち、英習字練習帳は4校、文法書は6校が課している。文法を教えた学年は2年から4年までで、一定していない。作文の教科書を明記している学校は1校のみである。リーダーの進度は、中学校と同様に1学年1冊の割合で進行している場合が多い。ただし、授業時数は中学校の半分ほどしかなかったはずだから、各巻を消化したとすれば相当に速いペースだったと思われる。また、上級学年ではリーダーに代えて副読本を課している学校が4校ある。

②本科第二部

中学校や高等女学校を卒業後に入学した本科第二部生たちの英語力はかなり高かったから、一般のリーダー類は使わず、より高度な英文の読み物を使用していたようである。京都師範では1931年度に本科第一部の5年生と共通に廣田伝蔵『カーレント・エヂュケーショナル・ソート・アンド・プラクティス』が使われた。この教科書は滋賀師範でも1934年度に1年生で使われ、2年ではベンソン『アロング・ザ・ロード』が読まれた。また、山梨師範では1年には Hawthorne の *Twice‐Told Tales*、2年には Hardy の *To Please His Wife; and The Son's Veto*（研究社の小英文学叢書）が週2時間の授業で使用された。1941年度の千葉師範では、塩谷栄著『ザ・ベスト・ストーリーズ・アンド・エセイズ』が1・2年で使用されたが、これは第一部の4・5年生と同一の教科書である。このように、二部生は同一年齢である一部の4・5年生と同じレベルの教材を配当される場合もあったようである。

須沼吉太郎は二部生に対する授業の一端を次のように紹介している[71]。

---

71 *Ibid*. p.329

表4-6　師範学校別・学年別教科書一覧・3（1925-1941年）　本科一部

年度	学校	本科1年	本科2年	本科3年	本科4年	本科5年
1925 大14	京都師範	小久保・鈴木「ニュー・ネーション・リーダース」	村上・メドレー「ニューハレス・リーダー」	神田乃武「ニュ・クラウン・リーダース」	廚川辰夫「ニュー・チャムピオン・リーダス」、開成館「ニュー・スクール・グラマー」	ホーソン「ビオグラヒカル・ストーリース」
1926～1930	明石女師	鈴木富太郎 Girls' Nation Readers 1～5、頭本元貞 Girls' Easy English Course 1、2（学年配当不明）				
1931 昭6	京都師範	篠田錦策「ザ・ビーコン・リーダース」、牧　一「サン・リーダース」菱沼平治「キングス・リーダース」				廣田伝蔵「カーレント・エジュケーショナル・ソート・アンド・プラクティス」
1934 昭9	滋賀師範	広島高師英語研究会「ナショナル・リーダズ」巻1、篠田錦策「ビーコン・イングリッシュ・ペンマンシップ」1、2、3、4	同上巻2、鈴木謙一郎「コンデンスト・イングリッシュ・グランマ」（東洋図書）	菱沼平治「キングス・リーダズ」巻3持上り	同上巻4、	同上巻5（持上り）
1935 昭10	京都師範	三省堂「カレント・イングリッシュ・リーダー、門脇「ザ・ライジング・ペンマンシップ1、2、3」、小久保「ニュー・ネーション・リーダーズ2」、広島高師附属中英語研究会「ボーイズ・ナショナル・リーダーズ3」、三省堂「スチューデント・イングリッシュ・グラマー2」、佐川春水「ニュー・スター・リーダーズ3」、櫻井　役「アン・イングリッシュ・グラマー・アンド・コンポディション」、櫻井　役「ニュー・イングリッシュ・コンポディション」、開成館「ホーソン・リーダー」（以上、学年配当不明）				
1939 昭14	山梨師範	New Public Readers 1、Self Forming Penmanship（4時間）	New Public Readers 2(4時間)	New Public Readers 3(4時間)	New Public Readers 4(2時間)	New Public Readers 5(2時間)
1940 昭15	愛知女子師範	森巻吉ガールス、ニュー、ローヤル、リーダース　1	同左　2	同左　3 三省堂サンセイドーズ、キングス、イングリッシュ、グラマー	（なし）	（なし）
1941 昭16	千葉女子師範	青木常雄ザ・チョイス・リーダース1 矢頭常雄スチューデント・イングリッシュ・ペンマンシップ1～3	同左2	同左3	塩谷栄ザ・ベスト・ストーリーズ・アンド・エセイズ（増）1 ＊第二部1年も同じ	同左2 ＊第二部2年も同じ

（出典）各校の校史・沿革史から作成

　一年と二年を一級にして *Emile*（Everyman's Library）を読んでいる。岩波からも新潮社からも訳本が出ているから、それを参照して予習する様に言ってあるが難語句があるから、text 三頁位（一週間二時間分）につき西洋紙一

枚位の割合で予習の help を print して渡す。単語や熟語に就いて、反対の語を示したり、類例を示したり等する事にはあまり重点を置かず、寧ろ内容をよく解らせる様に努めている。各 paragraph の大意の掴み方をも練習する。

③専攻科

明石女子師範の専攻科に1926年に入学した豊田敬子は、「エミールだとか小泉八雲の文とか、ジョージエリオットのサイラスマーナーの抜粋されたものなどを親切丁寧にお教えくださいました」と回想している[72]。三重師範の専攻科第一期生の山本静梧によれば、教科書は「オスカーワイルド、ハッピープリンス。ラフカヂオヘルン、ライフ、アンド、リテラチュア。ハムレット。プラトー、リパブリック」であった。滋賀師範では1934年度に北星堂編輯所『セレクト・ピーシズ・フロム・エミネント・オサース』が使用された。このように、文学ものに加えて『エミール』やペスタロッチなどの教育学の古典に関する英訳本を使用しているあたりは、さすがに師範の専攻科である。ただし、専攻科の受講生は数人程度の場合が多かったから、教材や授業内容は臨機応変に対応できたようである。千葉師範の丸山昇によれば、専攻科の英語は2時間程度で、「教材としては、小学校教員の素養に役立つと思われた英詩、児童文学その他を原本から一部抜粋して、その都度プリントして物語り式に授業しました」という[73]。また、須沼は「専攻科に一人いるのは上級学校への受験をするので、問題集を用ひて受験的な事のみをしている」と率直に報告している[74]。

3-7. 教授法と学習状況──乏しい時間数との格闘

1935（昭和10）年頃の師範学校の英語教育の実態は、近畿地方の7校の師範学校を視察した山本忠雄の報告[75]から窺い知ることができる。それによれ

---

72 『回顧八十年』明玉会〔兵庫県明石女子師範学校他〕1984年、p.192
73 『百年史 千葉大学教育学部』1981年、p.1,317
74 須沼吉太郎「師範学校に於ける英語教授」p.329
75 山本忠雄「師範学校に於ける英語教授の実際」『英語英文学論叢』（広島文理科大学）第4巻第8号、1936年3月、pp.105-107

ば、「程度及び特色は雑多であって、全国師範学校の縮図と見なしてよかろう」と総括されている。英語の時数は法令上は4時間であるが、神戸の御影師範では1年生に5時間、京都は4時間で、ともにリーダーの5巻まで終わらせる充実したものであったが、奈良と滋賀は2時間、他の3校は3時間であった。作文と文法は専用の教科書を使って教えた学校が多いが、大阪の池田師範ではリーダーの材料を使って作文と文法を教えていた。訳読を主とした学校がほとんどだが、3校ではOralを加味し、Dictationも一般に行われていた。池田では4・5年の増課生と二部生の合併授業で、教育に関する論文、小説、物語等を読ませ、内容本意の多読主義で進んでいた。和歌山は問題集あるいは *Use of Life* 等を訳読させていた。

履修教科数が多い師範学校では、授業に様々な工夫が必要だった。須沼吉太郎は「生徒は放課後、手工、音楽、習字等の為に相当時間をとられるから予習のhelpとして教授用参考書を大体中心にして作ったprintを各学年に（一年生は二学期から）与える。之を教室でも用ひる」と述べており、乏しい時間数との格闘ぶりを伝えている[76]。彼はまた、師範生は中学生や女学生よりも年齢が2歳上なので「無邪気な中学生、女学生に較べて口頭練習を受けるのがより『おっくうな』気持ちがするのではないかとも思はれることもあった」との実状を伝えている。今でも口頭練習は上級学年では難しい。しかし、師範生の特技や発達段階の高さを英語教授に活かすことも模索された。須沼は「師範生は、幸なことには、中学生などと異なって自分で楽譜が読めたりオルガン、ピアノが弾けたりするのだからこの方面などをよく利用して英語の歌の適当なものを沢山教へてやることも亦英語への興味を増すと共に英語教授の能率を高める一良策であろう」と述べている。これらは、今日の小学校における外国語教育の方法を考える上でも一考に値するものといえよう。山梨師範の隈明によれば、「中学生に較べて年齢も上だから、可成り思考推理の方面は発達して居り高師の入学試験を受けても大体良く出来るらしく、昨年度の卒業生中三人受験して二人合格している」と伝えている[77]。要

---

76 須沼吉太郎「師範学校に於ける英語教授」p.328
77 隈明「師範学校の英語教育」p.327

は、学習者の特性と成長段階に即した指導法が必要なのである。

　週に2～3時間しか英語に割けなかった女子師範の場合には、さらに苦労が多かったようである。この点は戦後の中学校や職業系の高校などでの指導法を考えるとき、示唆を与えてくれる。水田清恵は次のように述べている[78]。

> 作文、文法についてであるが、男子師範は週に四時間あるので作文文法にも夫々一時間、或は合せて一時間位割くことが出来るから好都合である。けれども女子師範は週に僅か三時間なので、作文、文法はreader教授中に適当に教授しなければならない。かうした結果文法の知識がどうも断片的になってしまう恐れがある。従ってこれを総合的にまとめるには、先生もなかなか苦心せねばならない。/習字は大体男子も女子も習字帳を用ひて適当に説明指導しつつ各自に自習せしめているが、授業時数の乏しい師範学校に於てはさうするより仕方があるまいと思う。

　かくして、女子師範では英語の基礎力を付けさせることに目標を絞った指導が中心になったようである。明石女子師範学校で1926（大正15）年から英語を教えた中野（旧姓江島）ヨシヱは、「英語は将来世界語になるとの信念のもとに、基礎英語に力を入れました。又ローマ字、外来語、日用品のラベルなどの勉強のため、小冊子にまとめた」と回想している[79]。奈良女子師範学校の教授方針（1929年）をみると、英語科では「英語の初歩に習熟」させるべく発音や会話など簡易な「実用的能力」を身につけさせ、「常識を涵養し欧州文化の理解咀嚼に資せしむべし」としている[80]。

　乏しい授業時間数を課外授業および寄宿舎で補った点は明治・大正期と同様である。前述の山本忠雄によれば、上級学校進学者のための課外授業を行う学校も多く、御影師範は毎週3時間、池田と滋賀は2時間、京都は時間を定めず放課後に準備教育をし、天王寺は随時補習をしている。また、須沼吉太郎は20名ほどの希望者を集めて課外に「アンダーセン物語」（1・2年生）や *Famous Stories*（3・4年生）を毎週1時間ずつ読み、寄宿舎の宿直日に

78　水田清恵「師範学校参観印象記」p.21
79　『回顧八十年』明玉会〔兵庫県明石女子師範学校他〕1984年、p.83
80　『奈良教育大学史　百年の歩み』1990年、p.367

は15人ほどの希望者を集めて Bible を読んだり、英語を話す会を開いたと報告している[81]。

3-8．小学校英語科教員養成の側面

師範学校の英語の授業では「小学校における英語教授法」も教えたが、本章2-2で述べたように、一般には計5時間程度の簡易なものだったようである。隈明は「五年生は三学期全部を教生練習に当ててあるので授業は二学期までであるが、それ迄に小学校に於ける英語教授法を一通り授ける」と述べている。師範学校から英語教師として小学校に就職する例は少ないながらあった。隈は「昨年度〔1939年〕の卒業生で英語を教え得る者という条件で市内〔山梨〕の高等小学校に奉職して英語を教へているのが一人ある」と報告している[82]。

1925年に新設された専攻科では英語は選修科目とされたが、小学校で「英語教授を担任せしむるに躊躇せざるを得ざる現状」を憂慮して、これを必修科目とした学校もあった。たとえば福島師範では1927年から英語を週3時間の必修とすることによって、履修生の増加とレベルアップを図った[83]。

また、師範学校における英語教授法の講義ノートをもとに体系的な教授法書を刊行した英語教師もいた。御影師範の脇屋督がそうで、1927年に『最新外国語の学習と教授』（改訂増補版1931年）を刊行した。この本は「外国語教授者及び学習者の一般参考書として編纂したものであるが、尚小学英語専科受験者並に中等教員英語科受験者の準備ともなる」としている。実際に、手元にある『全国小学校教員府県別検定別科目別最近問題集』（1937年版と1941年版）の「受験準備参考書」には同書が挙げられている。なお、脇屋は序文で「元来が教室で生徒に講義した原稿に多少加筆したに過ぎぬ」と述べているから、英語教育に熱心な小学校を抱える神戸地区の同校では、英語教授法の授業水準も高かったようである。

81　須沼吉太郎「師範学校に於ける英語教授」p.329
82　隈明「師範学校の英語教育」p.327
83　文部省宛報告「師範学校専攻科ノ件」『福島大学教育学部百年史』1974年、p.249

第4節　官立高等専門学校から新制大学へ：1943～1949年

4-1. 高等教育機関への昇格（1943年）

　1943（昭和18）年3月の師範教育令改正によって、師範学校は各道府県で原則1校に統合され、官立の高等専門学校程度に昇格した。前年の文部大臣談話では、「大東亜共栄圏に於ける指導者たるべき皇国民錬成の重責に任ずべき人物を養成せんが為めには、師範学校の単なる改善に止まらず、其の程度を高め、(中略)官立として(中略)国家自らの力を致すことが最も適当であることを確信するに到った」と改正理由を説明している[84]。

　全員を国費で養成し、原則として国定教科書を使用することが定められたが、師範学校外国語科用の国定教科書は刊行されなかった。本科は3年制（女子は2年）となり、入学資格は高等師範学校と同じ16歳以上の中等学校卒業者とした。また、国民学校高等科卒を入学資格とする予科を置き、現職教育のための研究科（6ヵ月）と女子の専攻科（1年制）も併設した。ただし、戦時下で男子本科生は修業年限を6ヵ月短縮されたから、スタートから実質を伴わない結果になった。

　新制師範学校の教科は、国民学校のそれに対応させて国民科、教育科、理数科、実業科（男子）、家政科（女子）、芸能科、体練科、および外国語科となった。従来の「英語科」が「外国語科」とされ、「選修科目」に格下げされ、予科の男子のみが必修制にとどまった。時数は予科男子が3-3-3、女子が随意選択で(2)-(2)、本科が（適当）-（3～6）-（3～6）とされた。こうして、予科には高等小学校で英語を学んだ者とそうでない者が、本科には予科で英語を学んだ者と中学校などでより高度な英語を学んだ者とが混在した。実態をみると、東京第一師範の外国語は英語とドイツ語の双方を各2時間で、一学年約200名中、選修者は1年28名、2年11名だけだった[85]。

　「外国語科の教授要旨および教授要目」は以下のとおりである[86]。当時の中学校などと同様、「外国に関する正しき認識を深め国民的自覚に資」すと

---

[84] 『島根大学史』1981年、p.329
[85] 細川泉二郎「師範学校の英語」『語学教育』第193号、語学教育研究所、1943年
[86] 文部省『㊙師範学校教科教授要項案』1942年、pp.168-169

いうナショナリズムが強調されている。

【教授要旨】
外国語科は現代外国語につき理会力及発表力を養ひ、外国語の特質を明にすると共に外国に関する正しき認識を深め、国民的自覚に資し、教育者たるの資質を錬成するを以て要旨とす。
　外国語は英語・独語・仏語・支那語又は其の他の外国語とすべし。
　必要に応じ二科目を併せ課すことを得。

【教授方針】
一、通常の現代外国語につき聴方及話方に習熟せしめ読書力及作文力を養ふべし。
一、発音・語彙・語法を正確に習得せしむると共に、国語と比較して外国語の特質を明にし、言語習得の力を増進すべし。
一、外国語の習得を通じて外国の国情・国民性及文化に対する正しき認識を深め、国民的自覚を促し我が国文化の創造発展に資せしむべし。
一、教育者としての責務を自覚せしめ、国民学校に於ける外国語の精神と其の教育の要諦とを会得せしむべし。

　1944（昭和19）年4月には青年学校教員養成所が官立に移管し、3年制の青年師範学校が発足した。外国語は「英語・独語・仏語・支那語・マライ語又ハ其ノ他」で、実業科目の「商業」の中に位置づけられ、正課としては教えられなかった。時数は週3時間で、3年生は半期のみである。教授の要旨および方針は師範学校の場合とほとんど同じである[87]。戦後になると、青年師範学校は「新制中学校教員養成へと目標の切り替えを行ない」、職業科や家庭科以外に英語を含む1教科の専攻を課した[88]。

4-2．太平洋戦争下の英語教育

　1941（昭和16）年12月に始まった太平洋戦争は、師範学校の英語科教育にも決定的な試練をもたらした。千葉師範を例に状況の一端をみてみよう[89]。

87　文部省『青年師範学校教授要目』1944年、pp.96-97
88　『岡山大学二十年史』1969年、p.73
89　『百年史　千葉大学教育学部』1981年、pp.1,315-1,316

第4節　官立高等専門学校から新制大学へ：1943～1949年

英語は「敵性外国語」として、それを教えたり学んだりすること自体が「非国民」であるかのような社会的風潮が作り出されていったのである。特に、師範学校をめぐる状況は、最悪といってよかった。選択で英語を学ぶ生徒は、極めて少数に過ぎなかった上に、英語の教師は「自由主義者」の代表として暗々の監視の対象となっているかのような取扱いを受けることさえあったからである。

　こうした雰囲気の中にあって、教官も気力を失う者多く、職を去り軍属になり、他に転職したり、教師自身所持していた英書を売却したり、英語辞書の紙を煙草の巻紙に使用した話などは、数限りなくあった。英語教師にとってはまさに、受難の時代であったと云って良いかも知れない。教師自身も迷う者多く、何の為に英語を実施するのか理解し難いような状態であった。当時の授業内容の特徴としては、例えば、宣戦布告の英訳、教育勅語の英訳等が授業の一部として実施されたことは、当時師範学校男子部に在学していた人達の懇話会の席上報告されている。

　実際、たとえば秋田師範学校男子部の1943（昭和18）年度の教官一覧をみると、英語科は嘱託教員が1名いるだけで、専任はゼロである[90]。千葉師範学校の丸山昇は当時の教壇の雰囲気を回想し、「英語教師の仲間同志は文化の重要性を信じ、たとえ戦時中でも、英語教育こそ外国を知り、反って敵を知る道だと考えておりました。生徒にも、そのように、さとしました」と述べている[91]。

　女子部では外国語を廃止する学校が相次いだ。兵庫師範学校の初等科訓導養成講習所を1944（昭和19）年に修了した加納ソノ子は、「私は女学校時代、英語の教師になるのが志望で、そのための勉強をしていました。ところが大東亜戦争が起こり、英語の教師になることを断念せざるを得ませんでした」と回顧している[92]。兵庫師範学校女子部では、1943年度以降は「英語の授業はなく、武道の奨励が目立つ」ようになっていた[93]。福島師範学校では、1943年と44年に男子に予科で英語を必修として週3時間程度教えたが、女子

---

[90] 秋田大学教育学部『創立百年史』1973年、p.256
[91] 『百年史　千葉大学教育学部』1981年、p.1, 317
[92] 『回顧八十年』明玉会〔兵庫県明石女子師範学校他〕1984年、p.212
[93] *Ibid*. p.287

にはまったく課していない。また男子の場合でも、英語の時数を著しく削減するか、まったく課さない学校も少なくなかった。

　師範学校生の短期現役制の特権は日中戦争とともに廃止されていたから、男子学生には兵役が待ちかまえていた。千葉師範本科第一部を1941（昭和16）年に卒業した男子の４割が戦死している。1944（昭和19）年８月には「学徒勤労動員ノ徹底強化ニ伴フ師範学校教育ニ関スル件」が出され、必修だったはずの予科男子の外国語も「課外に於ける随意学習」とされた。愛知第一師範学校男子部の「外国語」の授業時数は1943年度が計６だが、翌44年度は空白となっている。動員のため、教科の授業はほとんどなくなり、英語教師も生徒とともに軍需工場に寝泊りする生活となったのである。ただし、体操および武道は1944年度に１週12時間ずつも教えられていた[94]。まさに当時の師範学校は「アカデミックなものから最も縁遠い学校」[95]として練兵場および工場動員の供給源と化していったのである。

　以上が、当時の一般的な状況であった。しかし、時代の流れに抗して、あえて英語の道に進もうとする若者を生み出すのもまた教育の力であった。最後に、師範から独力で難関の文検中等英語教員検定試験に合格した松場彌の回想に耳を傾けてみたい[96]。彼は1939（昭和14）年に三重県師範学校の専攻科（国史専攻、副専攻が英語）に入学した。

> 英語を受講する専攻科の生徒は３人で、それを今村先生と東京高師を出られた藤高秀超先生のお２人が教えてくださった。教材はプラトンの *Republic* や「エミール」やペスタロッチの「ゲルトルートはいかにして我が子を教えたか」などの英訳本だった。そのときの感銘によって、哲学や教育学にあこがれを抱き、戦争が激しくなる時期にもかかわらず、卒業後も英語を勉強したいと思うようになった。だが、戦時中は英語を大っぴらに勉強することはできず、勤務先の小学校（国民学校）に英語の本を持ち込むことはなかった。
> 　そのころ、アーヴィングの『スケッチブック』などの米国の原書を読んで覚えることはできても、戦争が激しくなると英語が周囲から姿を消してしま

---

[94] 愛知第一師範学校『自昭和二十一年二月　諸報告関係書綴』（愛知教育大学蔵）
[95] 愛知第一師範学校出身の紀平健一による談話（1997年12月５日）
[96] 松場彌による談話（1997年８月31日）

った。英語が敵性語となり、電車の中でも英語の本を読むことなどできなかった。「貴様、敵性語を勉強しているのか！」と詰問され、「いや、これはドイツ語です」と言って、その場を逃れたことすらある時代だった。こんなわけで、一番困ったのは英語を聴き話すことだった。「カレント・トピックス」というラジオ番組もなくなり、三重県内に外国人が一人もいなくなる時代だった。そこで、手あたり次第に英語のレコードを買い、鋼鉄の針で聴くと音が高いので竹の針を付けて音を低くし、卓上の蓄音機の上に布団をかぶせて、耳を傾けて聴いた。

　昭和18年の秋に中等英語科教員の文部省検定本試験のために上京した。東京文理大での試験官は福原麟太郎先生と中野好夫先生、東京女子高等師範の木村ふみ先生、会話は東大か文理大の外国人の先生だった。東京の本試験の会場へ行って初めて外国人に会った。さぞまずい話し方だったと思う。昭和19年3月に10名の合格者の中に入っていた。こうして中学の英語教員となったが、戦争が激化するばかりで、勤労動員の引率ばかりをやり、英語はなかなか教えさせてもらえなかった。戦後は昭和29年に三重県初のフルブライト留学生として渡米し、その後長らく県内の高校で英語を教えた。

松場と同期の合格者10名の中には、のちに早稲田大学教授となった中尾清秋もいた[97]。難関で有名な文検に師範学校から合格した事実は驚嘆に値する。英語が白眼視される戦時下にあっても、受講者数3名という師範専攻科ならではの濃密な人間関係の中で育まれたすぐれた英語教師の感化力が、人生の転換をもたらすほどの影響力をおよぼしたといえよう。

4-3．敗戦と英語ブーム

　敗戦と占領という大転換の中で、師範学校にも英語教育が戻ってきた。ただし、茫然自失の中で、授業が本格化したのは1946（昭和21）年度からのようである。兵庫師範本科を1946年に卒業した黒田君代は、敗戦直後は「授業らしい授業はなかった。終戦勅語の英訳、B29の投影図を書いたこと。卒業講座ということで卒業生全員が講堂で講義を受けた」ことを回想している[98]。

97　『英語青年』第90巻第5号、1944年5月1日、p.134
98　『回顧八十年』明玉会〔兵庫県明石女子師範学校他〕p.204

愛知第一師範学校男子部の1946年7月現在の課程表をみると、英語の時数は予科4-4-2、本科2-2-2となっている。女子部は予科3-2、本科2-2（＋2）で、2年生は基本科目2および選修科目2であった。ただし実際には、修身、歴史、地理などの授業が禁止されたため、その振替として英語などの時間が増えた。英語は本科で各2時間ずつ増やされ、計4時間ずつ教えられたことになる。内容は「会話、作文、講読」とある[99]。会話が最初にきているのは進駐軍が巷にあふれている時代の反映であろうか。1948（昭和23）年から兵庫師範女子部教授を務めた松本政治も、「進駐軍の検閲局に二年ばかり勤めていましたので、プラクティカルな方面に多少自信もあり、教室では読解だけでなくヒアリングやスピーキングにも力を入れたつもりです」と回想している[100]。

なお、愛知第一師範では1946年11月の学科課程改正により、英語の時間を大幅に増強した男子部では、予科5－5－4、本科前半（1年と2年の前半）3、後半は基本科目として2、選択科目として5とした。また、占領当局からの授業内容調査に対して、同校の校長は武道、柔道は「行はれていない」、ドイツ語も「教授していない」、英語だけは「出来るだけ多く英語を教授している」と回答している[101]。このように、禁止された授業を英語などに振替えた学校は多いようである。埼玉師範学校の男子部でも「本科の武道、教練は廃止して英語二時間を加えるなどしている」とある[102]。

大阪第一師範学校（天王寺）の位野木寿一は、担当していた地理の授業が禁止されたために、英語を教えた。当時の事情を次のように回想している[103]。

> 校長からは「できる教科をやってください」との指示がありました。体育の授業をされる教官が多かったようです。私は「文明と気候」（*Civilization and Climate*；Huntington, E.著　米：地理書）をテキストとして英語の授業をしました。わりと有名な本でした。物のない時代でしたので、裏紙にガリ

99　愛知県第一師範学校女子部『自昭和二十一年二月　諸報告書綴』（愛知教育大学蔵）
100　前掲『回顧八十年』明玉会〔兵庫県明石女子師範学校他〕p.125
101　愛知学芸大学名古屋分校『分校沿革関係綴』1946年7月（愛知教育大学蔵）
102　『百年史　埼玉大学教育学部』1976年、p.748
103　大阪教育大学附属図書館『大阪教育大学図書館だよりOKUL』VOL.15、1997年

版で刷って約1年間使用しました。アメリカで出版された学術書をテキストとして使用しているので、形式的には英語の授業としていましたが、日本地理の内容も時には教授しました。そういったことから、私を英語の教官と記憶している生徒もあったほどです。

ところで、1943年入学以降の師範学校本科卒業生は大学入学資格を得ていたが、戦時中にほとんど、ないし、まったく英語を学習できなかったから、戦後の大学入学試験を乗り切れたのだろうか。この点に関し、文部省は「出身学校に於て外国語を履修せざる者に対しては予め外国語の考査を行ふこと」と通達している[104]。本試験前に外国語の予備選抜を意図したのであろうか、あるいは善後策を講じるためであろうか。

4-4. 教科書確保の困難

男子部予科の各科教授要旨は中学校のそれに準拠するものとされていた。実際に1946（昭和21）年度の配当をみると、外国語科では第1・2学年用として中等学校教科書株式会社の『英語』（中学校用）巻1・2、『英語』巻3・4および『英習字』巻1が指定されている[105]。いずれも中等学校用の暫定教科書である。予科の2年は旧制中学校の4年に相当するから、リーダーは巻4まで指定されている。

1946〜47年度の愛知第一師範学校本科の教科書については「教科書ニ関スル調」[106]が実状を伝えている。それによれば、英語では「テキスト入手困難な為謄写印刷せしめたるものを使用」と記されている。また、「昭和二十二年度ニ於ケル教科書所用数調べ」の欄には、本科一年（初級）としてN. Hawthorne の *Biographical Stories*、本科二年（初級）にC. Lamb の *Tales from Shakespeare*、本科三年（選修）に、E. A. Poe の *Prose Tales* が指定され、備考欄に「中等学校用　英語　巻三」と記入されている。本科用の3種はいずれも戦前の旧制中学校の上級学年や高等専門学校で盛んに使用されていた教材であるが、いずれも鉛筆で消去された跡があるため、結局は教科

---

104 「昭和二十一年度大学入学者選抜ニ関スル件」1946（昭和21）年2月21日
105 『二十一年度使用師範学校予科教科用図書目録』（愛知教育大学蔵）
106 愛知県第一師範学校『自昭和二十一年二月　諸報告関係書綴』（愛知教育大学蔵）

書の入手が困難だったようである。千葉師範では、1948年ごろ「本科三年生が関西旅行に出た折、関西の或る書店に英語のテキストがあったというので専修生が買って来て、それらを使用して授業を行った」という[107]。

4-5．新制大学への移行（1949年）

　師範学校は1943年に高等専門学校程度に昇格したものの、実際には戦争によってほとんどその実を発揮できなかった。それからわずか6年にして、今度は大学へのいわゆる「三段跳び」の昇格を果たすことになった。他方で、1947年度には新制中学校が発足し、英語が義務教育課程に組み込まれたため、英語教員の養成が飛躍的に重要視されるようになった。師範学校の英語関係者たちが「新制中学校に於ける英語教育の理論と実際」などの共同研究に取り組む時代になったのである[108]。しかし現実には、教員養成を取り巻く条件は、①生徒の低学力、②教員の力量不足、③資金難、などにより困難をきわめた。以下、具体的にみていこう。

　①生徒の低学力

　戦時下での動員と学業放棄によって、学力が著しく低下していた。とりわけ、女子の英語力は想像を絶する深刻さであった。1947（昭和22）年度における大分師範学校の入試の平均得点率は、総合成績で男子47.1％、女子35.2％である。もっとも学力差が激しい教科が英語で、得点率は男子38.7％に対し、女子はわずか6.7％にすぎず、大半が零点だった[109]。戦時下、女子生徒がいかに英語と無縁な世界に置かれていたかが一目瞭然となる数字である。こうした激しい学力差にもかかわらず、男女共学の大原則の下で、戦後の英語科教育はスタートしたのである。

　②教員の力量の問題

　急激な大学への昇格は、教員確保の面でも大混乱を引き起こした。新制大学の教員養成系学部の教員審査状況（1948年1月9日調査分）をみると、師範

107　『百年史　千葉大学教育学部』p.1,320
108　愛知第一師範学校教育研究所「昭和二十三年度共同研究題目一覧表」（愛知教育大学蔵）
109　大分師範学校『昭和22年度前期　共学実施による男女生徒学科成績比較図表』1948年（愛知教育大学蔵）

学校・青年学校27校分の定員2,419人に対し、申請数は教授433人、助教授988人の計1,421人だったが、合格者数は教授193人（44.6％）、助教授614人（62.1％）の合計807人（56.8％）にすぎなかった[110]。教育刷新委員会の委員の発言によれば、申請者の学歴と業績は「実に貧弱」であり、「現在急に大学を増やそうとしても教授になれるような人がいない」と嘆かざるを得ない状況だったという[111]。兵庫師範女子部に勤務した木村邦夫によれば、「新制大学が発足し、学問的業績のある方は教授、助教授として任用替になったが、大方の人は転出せざるを得なかった。（中略）その頃業績不足ということで、大学を追われた方も相当数にのぼる」という[112]。埼玉師範でも「約四分の一弱の教官は、学歴、もしくは自分の所属する専攻分野の過員などのため、埼玉大学へ配置替えされることなく、他へ転出することを余儀なくされた」という[113]。

③資金難

新制大学への移転費用を捻出するため、千葉大では「千葉大学振興宝くじ」を1949年末に発行し、学生と教職員が悲壮な覚悟で売り歩いた[114]。愛知第一師範では、学生鞄の行商や演劇部や音楽部の公演収益が大学昇格の費用に充てられた[115]。

こうして、想像を絶する困難な中で発足した教員養成系学部であったが、当初は定員割れが続出し、2次、3次募集を行った大学さえあった。1950年の全国の学芸学部入試では、小学校および中学校の募集人員2万3,935人に対して志願者は2万4,610人（1.03倍）、入学者は定員の69.5％だった。小学校課程では9,530名の募集に対して志願者はわずか5,380人（0.56倍）、他志望から回しても入学者は定員の64.7％にとどまり、教育刷新審議会（教育刷新委員会の後身）は「学芸学部の入学者の素質が、他の学部のそれに比べて、はなはだ劣っていることは、いかんともしがたい事実である」と総括している[116]。

---

110 『日本近代教育百年史6』1974年、p.557
111 *Ibid.* p.558
112 『回顧八十年』明玉会〔兵庫県明石女子師範学校他〕1984年、pp.120-121
113 『百年史　埼玉大学教育学部』1976年、p.838
114 『百年史　千葉大学教育学部』1981年、p.453
115 愛知教育大学史編さん専門委員会編『愛知教育大学史』1975年、p.794-795

こうした現状で、現職教師の再教育が急がれた[117]。その点では「教育指導者講習会」(IFEL: Institute For Educational Leadership)が重要な役割を果たした。同講習会は、50余名の米人派遣講師のもとに1948（昭和23）年10月から2週間ずつ開催され、第4回までは新教育制度の整備を目的に、教育長、指導主事、教員養成学部教授、大学行政官、青少年団体指導者の計5,600名以上の再教育を行った。以後は教育内容面の講習会で、英語はその最後（1952年）だった。配布資料によれば、「文部省の原案では、各大学の『教科教育法』の講座を担当する者の研究集会ということであったが、応募者の中には、中高の教諭及び指導主事が多数含まれていた」という[118]。同講習会の講座主事は東京教育大学の櫻庭信之、講座主事補は同じく大村喜吉であった。このときの英語科の研究集録は謄写版刷ながら内容的にはきわめて充実したものであり、本格的な研究が待たれる。

第5節　小　括

　師範学校は時代とともに制度的変遷をとげ、小学校における教科目構成の変化などを受ける中で、英語科教育の位置や比重もたえず変化した。授業時数は少なく、しばしば加設科目ないし随意科目であったことなどから、一般に低調なものであったと判断されがちである。しかし各時代ごとの学校現場の実態を具体的に考察するならば、師範学校の英語科教育は見かけ以上にハイレベルで充実したものであった。それは、とりわけ明治20〜30年代において顕著である。授業時間数において倍する中学校に勝るとも劣らない英語教育を行っていた学校も少なくない。英語の選択率を見ても、本科第一部の女子でピーク時の1926（大正15）年度には96.4％にも達するなど、ほとんどの生徒が英語を履修していた。

　英語教科書は中学校と同様のリーダーや文法書が使用され、明治期にはし

116　『教育改革の現状と問題―教育刷新審議会報告書』1950年、pp.154-156
117　江利川「新制中学校成立期の英語教師問題」神戸大学英語教育研究会『KELT』第12号、1997年
118　東京教育大学『第九回後期　教育指導者講習研究集録　英語科教育』1952年〔謄写刷〕

ばしば中学以上に速いペースで教えられていた。それを可能にした要因は、入学年齢の高さによる優れた思考力、給費制度に支えられた優秀な生徒の入学、勤勉な気風による学校内外での熱心な補習学習、優秀な教員などである。そうした中から、少数ではあれ、大塚高信や石橋幸太郎などの優れた英学者や英語教育者が輩出し得たのである。また、師範専用の教科書も20種類以上編纂され、高学年や専攻科では『エミール』やペスタロッチなどの教育に関する英書も用いられるなど、固有のモティベーションに配慮した専門教育的なESP（English for Specific Purposes）の要素を取り入れる学校もあった。

　1910年代になると、入学資格の低年齢化、卒業後の待遇の劣悪化などによる師範人気の後退、教授要目の制定による画一化などによって、以前のようなハイレベルの授業展開は困難になった。また、随意科目化によって英語は選別の手段ともされ、1910年代には小学校の英語科が冷遇される中で、師範の英語科教育は本来の目標を失い、「受験英語」と「教養英語」の両極に引き裂かれた。

　1920年代後半以降の師範学校は、中等教育修了者を迎え入れる本科第二部や専攻科を拡充することによって教育内容を高度化していった。しかし、外国語教育はこの過程にふさわしい形で深められたわけではなかった。1925（大正14）年度には男子が、1931（昭和6）年度には女子も英語が必修となったことで、教科としての安定した地位が約束されるかに思われた。にもかかわらず、満州事変に始まる戦時体制強化とナショナリズム高揚の逆風を受け、1930年代には生徒の英語選択率が低下を続けた。こうして、師範学校は1943（昭和18）年には念願の官立高等教育機関への昇格を実現したものの、本科の外国語は選修科目へと格下げされ、女子部を中心に外国語教育の空白期間が生じることになった。

　しかし、敗戦・占領とともに一転して英語熱が高まるや、英語の時数が大幅に増やされた。1947（昭和22）年の新制中学の発足によって英語教員の養成が加速的に求められる中、GHQによって厳しい批判にさらされた師範学校制度は解体され、新制の教員養成系大学・学部へと脱皮した。ここに、英語教育と英語教員養成はようやく揺るぎないものとなったのである。

　師範学校における英語科教育の目的には、実質上、①小学校で英語を教え

るため、②教師としての一般教養のため、③上級学校への進学のため、の3つの側面があった。まず小学校高等科での英語加設率が急上昇した1920年代には①の側面が前面に押し出され、英語の必修化が進行した。やがて小学校英語がピークから下降に転じる1930年代には、②の「教養」の側面が強調された。1930年代における小学校の英語加設率と師範学校の英語選択率とは一定の相関性がみられる。③の「進学目的」は、たえず伏流していた学習動機の一つであったが、師範学校が高等教育機関に昇格した1943年度以降は解消された。

師範学校の英語科では上級学年で小学校の英語教授法が教えられたが、一般にはきわめて簡略なものであった。中等学校教員を養成した高等師範学校の出身者とは、英語力・指導技術力ともに歴然たる差が生じたであろう。小学生への入門期の英語教育は決定的に重要であるが、師範学校出身者にはその指導は容易ではなかったようで、すでに明治期には小学校英語科の不首尾を師範学校の英語教育の不十分さに求める論調もみられた（詳細は第5章）。

日本では1990年代から公立小学校での英語教育実施をめぐる試行錯誤が続けられているが、その教員養成の問題については師範学校における歴史的経験を踏まえた慎重な考察が必要である。小学校教員は実技科目も含めた多数の教科を担わざるを得ないが、入門期の英語は片手間に教えられるものではないことを、師範学校における英語科教育の歴史は示している。

第5節 小括

【資料4-1】 師範学校における英語選択率（1910-1939年）

年度	総計 英語選択者数	選択率	本科一部 英語選択者数	選択率	本科二部 英語選択者数	選択率	専攻科 英語選択者数	選択率
1910	11,481	83.0%	11,481	83.0%				
1914	12,526	84.7%	12,526	84.7%				
1925	10,537	85.0%	10,009	91.4%	528	36.6%		
1926	12,839	80.4%	10,952	96.4%	667	33.6%	1,220	46.7%
1927	12,619	74.3%	10,292	90.2%	830	40.2%	1,497	42.7%
1928	11,768	65.3%	9,902	87.6%	703	20.4%	1,163	35.7%
1929	10,089	61.2%	8,333	74.8%	687	29.9%	1,069	35.0%
1930	9,438	60.9%	7,831	73.4%	751	36.2%	856	31.1%
1931	3,188	14.5%	1,766	12.1%	885	18.5%	537	20.4%
1932	4,290	18.7%	2,341	17.0%	1,586	22.3%	363	17.7%
1933	3,628	17.4%	2,052	17.2%	1,373	20.0%	203	9.8%
1934	3,268	16.9%	1,821	18.3%	1,278	17.6%	169	7.8%
1935	2,750	14.5%	1,395	16.8%	1,228	14.4%	127	6.0%
1936	2,715	14.3%	1,186	16.3%	1,412	14.8%	117	5.5%
1937	2,428	12.6%	1,049	15.0%	1,258	12.4%	121	5.7%
1938	2,256	11.3%	991	14.0%	1,179	10.9%	86	4.1%
1939	2,066	8.9%	787	10.8%	1,171	8.5%	108	5.3%

(註) 1925～30年度は女子のみ（男子必修）。1931年度からは男女4・5年生の履修率
(出典) 文部省『全国師範学校ニ関スル諸調査』各年度版の「選択科目、加設科目、随意科目、課外実習ニ関スル調」より編集作成

【資料4-2】　師範学校専用の検定済英語教科書（1907-1941年）

	著者名	分類	図書名	巻冊	検定対象発行日	検定年月日	発行者
1	下田次郎	副読本	New Selection for Normal Schools	1	1907.06.05 訂正再版	1907.07.15	金港堂書籍
2	佐久間信恭	読本	Industrial English Readers	3	1909.10.21 訂正再版	1909.11.05	六盟館
3	塩谷栄	読本	The Language Readers	4	1909.12.05	1910.03.02	開成館
4	開成館編輯所	読本	New Education Readers	4	1911.09.20	1911.10.23	開成館
5	神保格，山中卯之甫，市毛金太郎	読本	English Readers for Normal Schools	4	1914.11.30 訂正再版	1914.12.08	興文社
6	神保格，山中卯之甫，市毛金太郎	作文	English Composition for Normal Schools	1	1914.12.31 訂正再版	1915.01.09	興文社
7	岡倉由三郎	読本	The Normal School Readers	4	1915.01.10 訂正再版	1915.01.13	大日本図書
8	神保格，山中卯之甫，市毛金太郎	文法	English Grammar for Normal Schools	1	1915.03.25 訂正再版	1915.05.05	興文社
9	南日恒太郎	読本	Nannichi's New English Readers for Middle Schools	5	1916.02.29 訂正再版	1916.03.06	有朋堂
10	鐘美堂編輯部	読本	Modern Choice Readers for Normal Schools	4	1917.11.01	1917.12.24	鐘美堂
11	神保格，市毛金太郎，山中卯之甫	読本	English Readers for Normal Schools	4	1917.12.20 訂正四版	1917.12.27	興文社
12	神保格	読本	New English Readers for Normal Schools	4	1922.12.31 訂正再版	1923.01.20	興文社
13	東京開成館編輯所	読本	New Life Readers	5	1923.01.05 修正再版	1923.02.01	東京開成館
14	篠田錦策	読本	The Beacon Readers for Normal Schools	5	1926.10.27	1927.02.21	宝文館
15	興文社	読本	Palm English Readers	5	1926.12.28 訂正再版	1927.07.30	興文社
16	大槻正一，高橋彦三郎	副読本	Man and Idea	1	1934.12.13 訂正	1934.12.17	六盟館
17	千葉勉	作文	A Handbook of English Composition: For Junior Classes	2	1941.08.21 訂正三版	1941.08.20	冨山房
18	石川林四郎	読本	The Taiheiyo Readers	5	1941.08.19 修正三版	1941.09.03	興文社
19	千葉勉	作文	A Handbook of English Composition: Revised Edition	3	1941.09.17 訂正五版	1941.10.09	冨山房
20	金子健二	文法	The New Method of English Grammar	1	1941.10.30 訂正三版	1941.12.06	湯川弘文館
21	岡倉由三郎	作文	Okakura's English Composition: Easy Course	2	1941.11.03 訂正三版	1941.12.15	大日本図書
22	岡倉由三郎	作文	Okakura's English Composition: Advanced Course	3	1941.11.03 訂正三版	1941.12.15	大日本図書

(出典) 文部省『検定済教科用図書表』（芳文閣復刻版、1985-86年）より編集作成

第 5 章

高等小学校の英語科教育

　1886（明治19）年 4 月の小学校令によって発足した高等小学校（higher elementary school）は、義務教育機関だった 4 年制の尋常小学校に接続する 4 年課程の初等教育機関で、学齢的には現在の小学 5 年（10歳）から中学 2 年（13歳）に該当する。発足当初は中学校に準じた特権的な性格をもっていたが、その後急速に普及し、とりわけ1908（明治41）年度からの義務教育の 6 年制移行後は、同じ学齢期にある中学校などに進学できない庶民階層の子弟を広範に受け入れるようになった[1]。高等小学校への進学率は1915（大正 4 ）年に46.8％で、同年の中学校および高等女学校への進学率（合計3.7％）より桁はずれに高い。その後も1921（大正10）年には55.0％（同5.8％）、1939（昭和14）年には67.5％（同12.1％）へと着実に上昇していった[2]。以上の数字からも、戦前期日本の教育制度において、高等小学校がきわめて重要な位置を占めていたことは明らかである。

　本章では、第 1 節で高等小学校の教育課程に占める英語科（外国語科）の位置と特色を概観し、次に時代別の変遷過程を考察したい。

　また、高等科のみならず、一部の尋常小学校で実施されていた英語科教育についても可能な限り言及したい。

---

[1]　三羽光彦は高等小学校を「明治期は中等教育的な特権的学校として存在したが、昭和期には差別されたいわゆる『袋小路』の学校」と評価している（『高等小学校制度史研究』法律文化社、1992年、「はしがき」）
[2]　森秀夫『日本教育制度史』学芸図書、1984年、p.79

第1節　英語科の位置と特色

1-1.　高等小学校における英語（外国語）の位置

　高等小学校の教科目に占める英語（1921〜25年度は「外国語」）の位置はきわめて複雑で、1886（明治19）年度の制度的発足から1946年度の新制移行まで、常に加設科目であった。その上、1890（明治23）年度から1941（昭和16）年度までは随意科目としてもよいとされ、1911〜1919年度は「商業科」の中に組み込まれていた。

　小学校の英語科が加設校の全児童に履習を義務づける必設科目であったのか、義務づけない随意科目であったのかを示す全国統計はない。森下一期の研究[3]によれば、東京府南葛飾郡大島町大島高等小学校では1902（明治35）年時点で英語は随意科目とされており、履修率は平均76.8％だが、学年や男女による差がみられる（**表5-1**）。同様に、東京市本郷区の誠之小学校では、1892（明治25）年3月の高等科卒業生20人中で英語を学んだ者は12人であったが、1901（明治34）年度からは全員が英語を履修するようになった[4]。

表5-1　大島高等小学校での英語履修者の分布（1902年）

	履修する		履修しない	
	男児	女児	男児	女児
一学年	29	17	7	6
二学年	21	15	1	8
三学年	24	13	1	2
四学年	3	7	14	0
小計	77	52	23	16
男女合計	129 名 (76.8%)		39 名 (23.2%)	

（註）東京府南葛飾郡大島高等小学校のデータ

---

[3]　森下一期「高等小学校における［選択制］に関する一考察」『名古屋大学教育学部紀要―教育学科』第36巻、1989年、p.296（原資料は東京都公文書館所蔵　明治三十五年　第一種・文書類纂・学事・町村学校第二第三課学務掛七六）
[4]　寺﨑昌男監修『誠之が語る近現代教育史』東京都文京区立誠之小学校内誠之学友会、1988年、pp.233-234

1-2. 英語（外国語）の加設状況と時期区分

　英語（外国語）の加設状況もまたきわめて複雑である。第一次および第二次小学校令期（1886～1899）の加設状況を示す全国レベルでの統計は存在しない。しかし、この時期には大半の高等小学校で英語が課されていたようである。たとえば和歌山県では、1888（明治21）年3月に県令で小学校授業規則を改正し、英語科を週3時間加設することを通達している[5]。大阪府でも同年7月以後は「高等小学校は必ず英語科を置くこと」となった[6]。三重県では1890（明治23）年に20校中18校が英語を加設していた[7]。1894（明治27）年には岡倉由三郎が「外国語教授新論」の中で「中学に入らんとする者の為に特に随意科を設け多少外国語の手ほどきを為すは其例甚だ多しとす」と書いている[8]。

　『文部省年報』に「加設科目ヲ課スル市町村立私立小学校」の全国統計が掲載されたのは1900（明治33）年度から1940（昭和15）年度までの41年間である。これを基礎資料として外国語科（英語）の加設校数と加設率の変化を調べてみると、おおむね3期に時期区分できる（図5-1、章末の【資料5-1】参照）。本章の考察は以下の時期区分にしたがって進める。

　①第1期は、1911（明治44）年度までで、英語科は加設校数および加設率ともに安定した様相を呈しており、いわば「確立期」である。この第1期は1886（明治19）年度の高等小学校制度の発足を契機に本格的な段階に入り、以後は小学校令の改正を指標に3次の局面変化を迎える。

　②第2期は、1912（大正元）年度から1918（大正7）年度まで続く7年間の極端な「低迷期」である。

　③第3期は、加設率が急上昇に転じた1919（大正8）年度から1940（昭和15）年度までの「隆盛期」である。その第一段階は加設率がピークを迎える1932（昭和7）年度までで、以後は徐々に加設率・校数ともに減少に転じるが、相対的には高い水準を維持し続けている。なお、1926（大正15）年度以

5　明治21年3月24日、和歌山県令第23号（『紀伊教育会雑誌』第11号、1888年4月）
6　『北野百年史』大阪府立北野高等学校、1973年、p.222
7　『三重県第十学事年報・明治23年』1890年
8　岡倉由三郎「外国語教授新論」『教育時論』第338-340号、1894（明治27）年。

第5章　高等小学校の英語科教育

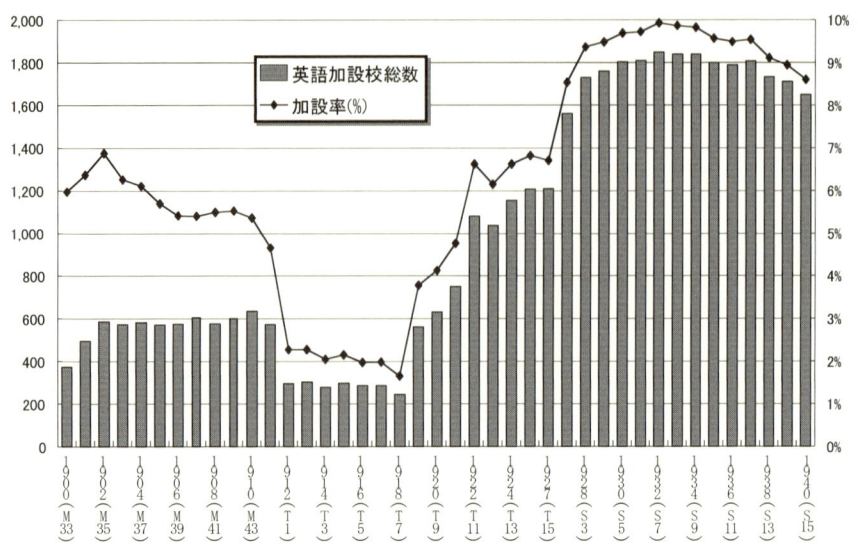

図5-1　高等小学校における英語科の加設状況（全国平均：1900-1940年）

（出典）図5-1〜図5-3ともに『文部省年報』各年版の加設科目統計から作成

降は実業科目が必修化されたために、加設科目のほとんどが英語（外国語）となった。

　④第4期は、国民学校制度が成立した翌1941（昭和16）年度から新制移行に至る1946（昭和21）年度までの総力戦と敗戦占領下の「激動期」である。この時期は教科書が国定に一元化され、敗戦前には時間数も大幅に減少されたが、戦後は一転して英語ブームに沸く。

　なお、この英語加設統計の数値は、あくまで加設した「学校数」であって「学習者数」ではない。前述のように、外国語科は加設科目である上に1890（明治23）年度以降は随意科目にしてもよいとされたために、同一学校内の全員が履修したとは限らず、また各学校の児童数も様々であるために、学習者数を正確に知ることは困難である。加設状況をより正確に把握するためには、次のようにミクロ的に考察しなければならない。

　①道府県による差異

　『文部省年報』に加設科目統計が初めて掲載された1900（明治33）年度、中

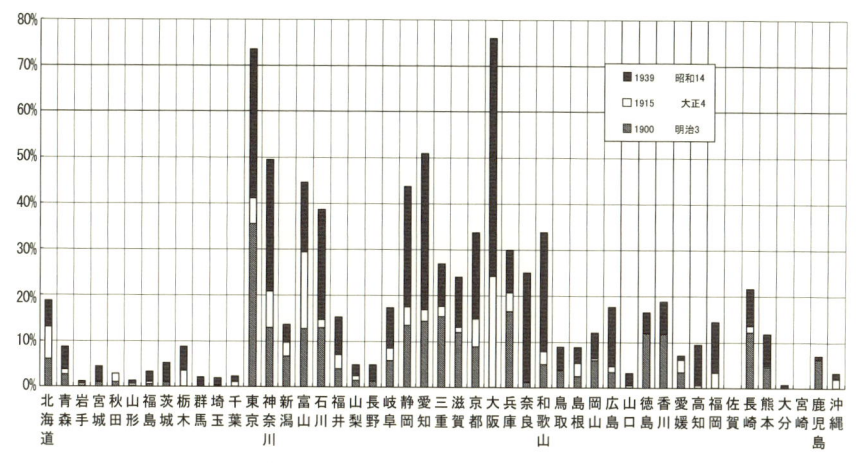

第1節　英語科の位置と特色　167

図5-2　道府県別英語加設率の変化（3年分の累計）

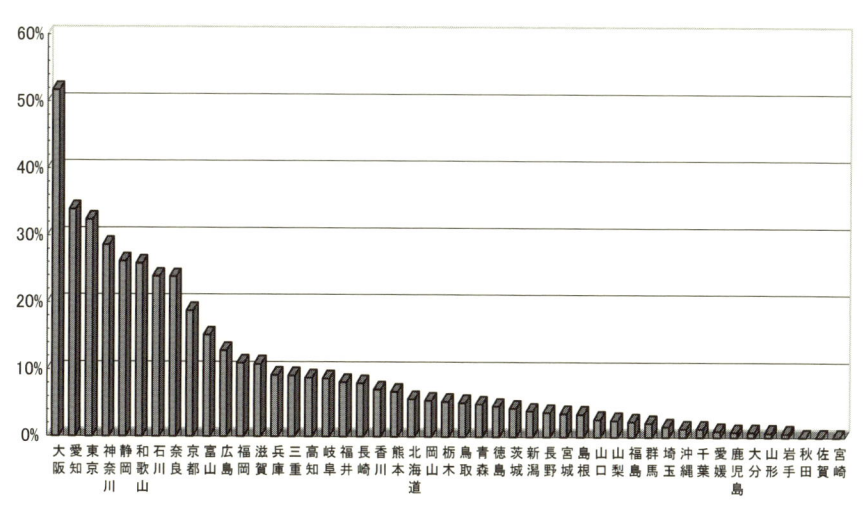

図5-3　道府県別英語加設率（1939年）

間点の1905（大正4）年度、および最後の時期である1939（昭和14）年度[9]の累計値、および1939年度の単年度の値をグラフにすると図5-2、5-3および【資料5-2】のようになった。これから明らかなように、大阪の51.7%（1939

9　資料が謄写刷りのため、1940（昭和15）年度は一部の府県の数値が判読不能であった。

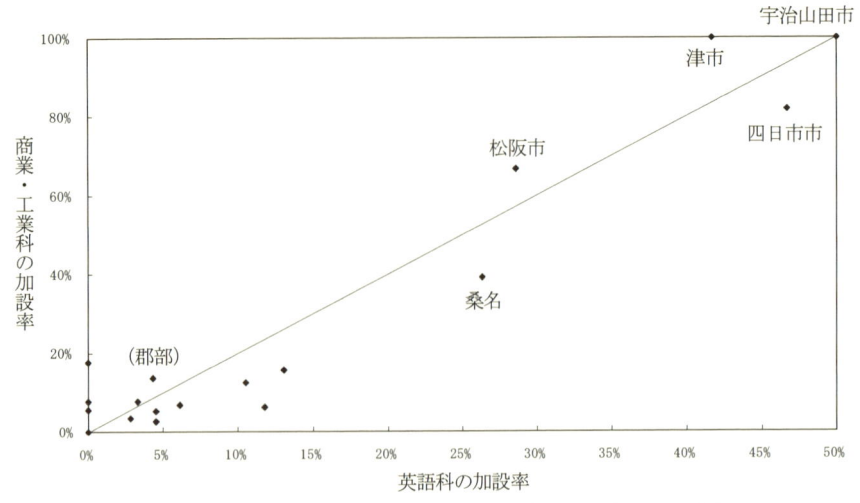

図5-4 都市と農村部の地域別加設率（三重県内；1933年）

（出典）『三重県学事要覧』1933年度版より作成。桑名町は1937年に市に昇格した。

年度）を筆頭に、東京、愛知、神奈川のような商工業都市部で加設率が極めて高い。その反対に、佐賀や宮崎などの農業県では全く課していない。

②同一道府県内の地域による差異

　図5-4は三重県の1933（昭和8）年度の英語加設状況である。県全体の加設率は10％であったが、宇治山田、四日市、津、松阪、桑名などの商工業都市部では英語の加設率は50％〜26％にも達している。逆に員弁、多気、北牟婁などの郡部の農山漁村では加設されていない。グラフからは、英語科と商業科および工業科の加設率とは強い相関関係があることが読みとれる。これらはいわば「都市型」科目だったのである。

③男女による差異

　一般に男子の方が女子よりも英語の授業時間数が多い。これは旧制中学校の方が高等女学校よりも英語の時数が多かったことと同様の傾向で、男子には英語、女子には裁縫を課す学校が少なくなかったためであろう[10]。また、

10　すでに第二次教育令期には「小学校に於ては女児の為に英語科を廃し裁縫科の時間を増する」べきといった主張がみられる（田辺S, K「小学校女子ノ英語ニ就テ」『紀伊教育会雑誌』第37号、1890年7月、p.194）。

第1節　英語科の位置と特色　169

表5-2　男女による英語の授業時間数の違い（1936年）

	週時数	1学年		2学年		平均	
		校数	構成比	校数	構成比	校数	構成比
男子	1時間	53	30.5%	54	31.2%	53.5	30.8%
	2時間	114	65.5%	112	64.7%	113	65.2%
	3時間	7	4.0%	7	4.0%	7	4.0%
女子	1時間	53	91.4%	45	90.0%	49	90.7%
	2時間	5	8.6%	5	10.0%	5	9.3%

（註）校数は工業科授講者、商業科授講者等の組によるのべ数であるため、実際の学校数とは必ずしも一致しない。
（出典）文部省教育調査部『単置制高等小学校ニ関スル調査』1936（昭和11）年9月、pp.12-23より作成

男子の方が中等学校への進学者が多かったこととも関係があろう。**表5-2**は昭和期の単置制高等小学校における英語加設状況である。これを見ると、男子では週2時間の英語を課す学校が65.2％を占め、3時間も4.0％存在しているのに対し、女子では3時間はなく、実に90.7％もの学校が週にわずか1時間を課していたにすぎなかった実態がわかる。

こうした英語科加設のダイナミズムを規定したものは、何よりも「土地の状況」すなわち主に地域の産業経済構造であり、それを反映した各地方の教育関係者および住民の教育要求であった。こうした教育要求は中央政府の教育政策と一致するとは限らない。両者が衝突したときにいかなる事態が起こったかはのちに考察する。

1-3.　高等小学校の英語教師

高等小学校の英語教師は、正規には全科目を担当できる小学校本科正教員か特定科目の免許状を有する小学校専科正教員とされていた。後者は学科担任の職で、学級を担任する本科正教員よりも待遇が悪かった。

では、小学校英語科教員の英語力はどの程度だったのだろうか。それを判断するために、2つの材料を考察したい。

まず、第4章1節でも言及した東京府教育会附属小学校英語科教員伝習所[11]を考察してみよう。この伝習所は高等小学校で英語を修得して卒業した

11　東京府教育会「東京府教育会附属小学校英語科教員伝習所規則」1899（明治32）年頃（活版一枚刷、筆者蔵）

表5-3　東京府教育会附属小学校英語科教員伝習所の教授内容と教材配当

1899（明治32）年頃

1学期	読方、講読、暗誦、書取 文法、邦文英訳、会話 習字	1週6時間 1週5時間 1週1時間	ナショナル第3・第4読本 スキントン第3・第4読本 シイモア小文典 長谷川方丈著　新撰英習字帖1～5
2学期	読方、講読、暗誦、書取 文法、邦文英訳、会話 作文 記事文	1週6時間 1週4時間 1週2時間	ナショナル第4・第5読本 スキントン第4読本 エクレクチック読本 シイモア大文典
3学期	読方、講読、暗誦、書取 文法、邦文英訳、会話 作文 書簡文・商用文 教授法	1週5時間 1週4時間 1週2時間 1週1時間	フランクリン自叙伝 アツヂソン著サア、ロウジア、デ、カバルリイ ネスフィールド著中学文典 ヂクソン著イングリシュ、レタア、ライチング

（出典）「東京府教育会附属小学校英語科教員伝習所規則」より作成

者か、これと同等以上の学力を有する現職の小学校教員または教員志望者を入学資格とした。授業内容および教材は**表5-3**のとおりである。読む、書く、聞く、話すの4技能がトータルに教えられ、教科書をみると2学期でナショナル・リーダーの第5巻まで配当されており、当時の中学校レベルの教育だったといえよう。

　次に、小学校教員検定試験（専科正教員・英語）について考察してみよう。**表5-4a・5-4b**は三重県および長野県における検定試験の参考図書の一覧である。まず、太平洋戦争下でも英語の専科教員が募集されていたことが注目される。各時期の中学校で使用されていた代表的な英語教科書が挙げられており、書目から判断する限りでは、小学校専科英語教員の英語力は、やはり中学校の卒業者レベルであったといえよう（検定試験問題については2節の最後で述べる）。教授法の参考書はいずれも師範学校で教科書として使用された各科教授法の類であり、英語教授法の記述はごく簡略なものである。いずれにしても、高い水準を誇っていた中等教員検定試験とは比較にならないレベルであったといえよう。

　正規の免許を持たない代用教員なども少なくなかった。石川啄木（本名、石川一：1886～1912年）もその一人で、1906（明治39）年4月には代用教員として岩手県の渋民尋常高等小学校に赴任し、希望者を集めて課外で英語を教えた。啄木の「渋民日記」によれば、授業は放課後2～3時間実施し、生徒

第1節　英語科の位置と特色　171

表5-4a　三重県小学校教員検定試験参考用図書（専科正教員・英語科）

① 1904（明治37）年以降

図書名	巻冊	著訳編述者	発行者
英語発音学	一冊	アール、ビーマッケロー、片山寛	上田屋書店
ナショナル、リーダー	自巻一至巻五	バールンス商会	―
フランクリン自叙伝	一冊	フランクリン	―
コッピー、ブック	自巻一至巻六	鹿島長次郎	興文社
カーペンター　アジア	一冊	鹿島長次郎	興文社
斉藤氏　プラクティカル、イングリッシュ、レッスンス	自巻一至巻三	斉藤秀三郎	興文社
ネースフィールド文典	巻三　一冊	成美堂	成美堂
プッシング、ツ、ザ、フラント	一冊	オリゾン、スウェット、マーデン	―

② 1927（昭和2）年以降

図書名	巻冊	著訳編述者	発行者
ニュー　クラウン　リーダース	五冊	神田乃武	三省堂
ダイヤモンド　リーダース	五冊	岡田明達	金港堂
グローブグランマー	一冊	岡倉由三郎	大日本図書
教育科教科書　各科教授法（本書ニヨリ英語教授法参考）	一冊	乙竹岩造	培風館

③ 1942（昭和17）年以降〔国民学校専科訓導教員検定試験参考用書〕

図書名	巻冊	著訳編述者	発行者
ザ、チョイス・リーダズ（リヴアイズド、エデイション）	五冊	青木常雄	東京開成館
イワサキズ、コンサイス、イングツリシュ、グラマー	一冊	岩崎民平	至文堂
ニュー、スタンダード、リーダズ	五冊	竹原常太	大修館
オカクラズ、イングリッシュ、コンポジション（アドヴァンスド、コース）	三冊	岡倉由三郎	大日本図書

（出典）1904（明治37）年6月14日「三重県告示」第178号、1927（昭和2）年「三重県告示」第71号（三重県教育会編『三重教師追録』第22号より）、1942（昭和17）年7月10日「三重県告示」第899号（『加除自在三重県令規類纂』p.338-1）

表5-4b　長野県小学校教員検定試験用図書（専科正教員・英語科）　1908（明治41）年

図書名	巻冊	著訳編述者
ニューナショナルリーダー	1、2、3、4　4冊	ハルンス商会
エシックス　フオア　ヤングピープル	1冊	三省堂
英語習字帖	6冊　明治34年2月出版	神田乃武、エドワード、ガントレット
教育ノ大要（各科とも）		
最新教育学綱要	1冊	大戸栄吉

（出典）『長野県教育史』第13巻　史料編七、1978年

も徐々に増えて好評だったようである。彼は「英語の時間は、自分の最も愉快な時間である。生徒は皆多少自分の言葉を解しうるからだ」として、「自分の呼吸を彼等の胸深く吹き込むの喜び」を記している[12]。このとき啄木が書いた「課外英語科教案」も奇跡的に残されている（**写真5-1**）。誤記もあるが、「新国家にとっての英語の必要性」に始まる「生徒諸君への宣言」が高らかに謳われている。こうした体験をもとに、啄木は自らを主人公にした最初の小説『雲は天才である』を同年7月から書き始めた。

　こうした代用教員を含めて、小学校の英語教員は資質（実力）の面でしばしば批判にさらされた。東京高等師範学校附属小・中学校教諭の伊藤長七は明治末期に次のように述べている[13]。

　　従来英語の教師としては随分間に合せの人ばかりを使ったもので、理学や歴史を専門に研究した人が片手間の仕事として英語を教ゆるとか、或は法律の書生上りが挫折して英語の教師になるとか、或は又其人が単に亜米利加で二三年暮したといふ経歴の下に英語教師として採用されたとか、或は又商業工業の教育を受けたものが道を変じて英語教師になったとかいふ人が非常に多い。

　そのため中等教員の有資格者や外国人教師を充てる例もみられた。たとえば神戸市の高等小学校では、明治20年代後半の記録に「校長は専科教員には中等教員若くは同等の学力技能ある優良教員を配せらる。その炯眼に敬服す」[14]とある。この問題は後で述べる。

　外国人教師を雇い入れる例は公立小学校にもあったが、東京高等師範学校附属小学校の第一部を1911（明治44）年に卒業した増田幸一は、次のように回想している[15]。

　　担任は伊藤長七先生であったが、そのほか、特に英会話を英人イー・ラキソン・スイート先生が担任された。英語が正科として小学校五年からあるのは、

12　石川啄木『啄木全集』第5巻・日記（一）、筑摩書房、1967年、p.98
13　伊藤長七『英語及其教授法』（六学年小学校各科教授全書）、同文館、1908年、p.5
14　生島藤蔵「思出の記」『神戸小学校五十年史』1935年、p.223
15　東京教育大学附属小学校『附属百年の思い出』1973年、p.33

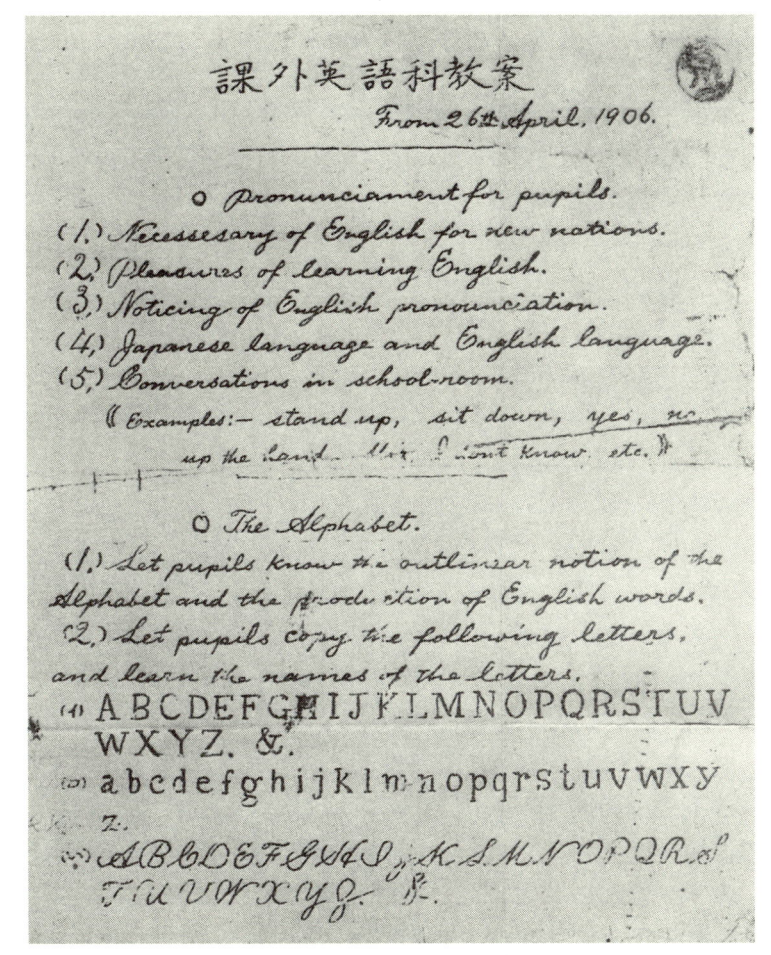

第1節　英語科の位置と特色　173

写真5-1　啄木自筆の小学校英語教案（1906年）　＊石川啄木記念館蔵

他の公立小学校にはないことで、（中略）最初にまずキングスイングリッシュをスイート先生から厳格に教えられたことはまことに幸であったと思う。

　以上の特徴を踏まえて、明治以降の高等小学校における英語科教育の変遷史を年次的にたどってみたい。

第2節　英語科教育の確立期：1899年まで

2-1．小学校令（1886年）まで

　小学校における英語科教育の歴史は、我が国近代小学校制度の成立とともに始まる。すでに1870（明治3）年3月（旧暦2月）の小学規則では、学科目中に英・独・仏・蘭の4カ国語が挙げられていた。『神戸小学校五十年史』(1935)によれば、神戸では明治初年頃の記録中に「其間に於いて慶応の末年神戸開港以来洋学の必要を感ずるものありて洋学者富岡当明なるものを聘して有志少年を集め洋学を教授せるものありといふ」とある。同資料には「当時区長から英語修学を命ぜられた者の氏名」が8名挙げられており、「上級生中学術俊秀なる者を抜撰し区費を以て大阪語学校に入学せしめたり。本校に於て其選に当たりし者三名」とある。

　1872（明治5）年9月（旧暦8月）の学制では上等小学科（10〜13歳）で「外国語の一二」も「斟酌して教ることあるべし」とあったが、1879（明治12）年9月の教育令では小学校の教科目から外国語が削除された。太平洋戦争期を含めて、戦前の小学校で法令から外国語が完全に消えたのは、この教育令期の5年ほどだけである。しかし実際には〔東京〕高等師範学校附属小学校のように、1879年10月に随意科として「上等小学校第六年級以上の生徒は其望により英文又は漢文を習学するを得べし」として、これまでどおり英語科教育を継続していた学校もあった。当時、同校では第6学年に英語の綴字・読方、7学年に読方・文典、8学年に読方を教授していた[16]。

　1883（明治16）年11月には鹿鳴館が開館し、世は「鹿鳴館時代」と呼ばれる異常なまでの欧化主義時代を迎えた。かくして翌1884（明治17）年11月には小学校教則綱領中改正によって再び英語科が復活し、「英語の初歩を加ふるときは読方、会話、習字、作文等を授くべし」とされた。しかしこうした朝令暮改に現場は混乱をきわめたようで、当時の新聞には次のような記事がある[17]。

16　櫻庭信之稿「英語教育」『東京教育大学附属小学校教育百年史』1972年、p.700
17　『郵便報知』1884（明治17）年12月12日号

第2節　英語科教育の確立期：1899年まで　175

全国小学校に英語科を新設
　　だが――先生からが英語を知らず
　　といって英語教師を雇へば金が要る！
　今度文部省より全国小学教科中へ英語科を加へ得べき旨布達ありしに付ては、開港場は別して速やかに実行を要することながら従来の小学教員は大概英語科を修めざる者なれば、別に其の教員を雇入れざるを得ず、斯くては経済上等不都合の事もあらん、依て今より現時の奉職教員をして英語科を研究せしめなば、日ならずして初学の生徒に授業することを得るに至らんとの見込にて横浜商法学校の夜学科に於て、同港内奉職の小学教員に限り、無月謝にて英語科を教授することになせり、本日の広告欄内に載するを見られよ。

　1880年代は条約改正の機運がにわかに高まる中で、外国人の内地雑居に備えよとばかりに巷では英語熱が高まり、街のあちこちに英語塾が簇生した。1887（明治20）年3月1日付の『朝日新聞』は「神戸兵庫地方は英語習得大流行」との見出しで「目今神戸兵庫両地にて英学を修むるの事は頗る盛にて、昼夜三四十人の生徒を教授する校舎両地にて四十三箇所に及び就いて之を習ふ者は第一小学生徒次に商店の丁稚番頭等なり」と報じている。高等小学校の英語科教育はこうした雰囲気の中で開始されたのである。

2-2.　第一次小学校令期：1886～1889年
2-2-1.　高等小学校の成立と英語教育の隆盛

　1886（明治19）年には森有礼文部大臣のもとで第一次小学校令が発布され、4年制の尋常小学校に接続する4年制の高等小学校が発足した。発足当初の高等小学校は数の少ないエリート教育機関であり、尋常小学校ですら就学率が5割にも満たないこの時期に、高等小学校の数は1892（明治25）年で尋常小学校の1割、1899（明治32）年でも2割にすぎなかった。またそれは中学校進学の準備教育機関[18]としての性格ももつと同時に、1県1校主義によっ

---

[18] たとえば「岡山県小学校校則」（明治20年3月）は、高等小学校における英語教育の目的を「普通の英文を読む所の力を養成し且高等の教育を受くるの階梯となすに在り」と定め、進学準備的な性格を明示している（中村勝男編著『資料が語る明治の高等小学校』私家版、1997年、p.220）

表5-5　高等小学校本科と別科の英語授業時間数および教授内容（1887-88年）

	第1年		第2年		第3年		第4年		計
	時数	内容	時数	内容	時数	内容	時数	内容	時数
静岡県の高小 1887	0	—	0	—	2	綴字、読方、解釈、習字	2	綴字、読方、解釈、習字	4
和歌山県の高小 1888	3	発音法、綴字、字習(ママ)	3	発音法、綴字、字習、読方及訳語	3	綴字、字習、読方及訳語	3	書取、会話、読方及訳語	12
愛知県の高小 1887	5	綴字、書取、習字	5	読方、書取、習字	5	読方、文法、作文、会話	7	読方、文法、作文、会話	22
津和野高等小学校 1887	6	綴字附書取、読方附書取、習字	6	読方、解釈、書取、習字	6	読方、解釈、書取、会話、習字	6	読方、解釈、書取、会話、習字	24
宮城県の別科 1888頃	10	綴字、読本、習字	12	読本、日用会話、単語、短句、書取	10	読本、日用会話、文法、簡易文章、日用文	10	読本、歴史、文法、日用会話、簡易文章、日用文、書取	42

(出典)『静岡県教育史』資料編上巻、1973年、p.305、『愛知県教育史』資料編近代2、1989年、p.592、『紀伊教育雑誌』第11号、1888年4月、『島根県近代教育史』第6巻、1979年、p.873、『宮城県教育百年史』第4巻、1979年、pp.482-483

て急減させられた中学校の代替機関でもあった。授業時数や教科書の程度は多様で、なかには同時期の尋常中学校に近いレベルの学校もあったようである。

　表5-5の授業時数をみると、週2〜3時間から中学校なみに6〜7時間も英語を課す学校があり、別科[19]においては10時間にも達する小学校も存在した。なお、〔東京〕高等師範学校附属小学校では1888（明治21）年度は外国語研究のためとして尋常科3学年から英語を週3時間課し、1991（明治24）年からは高等科の1、2年に週5時間ずつ課していた。その後は1997年より第1部と2部の高等科1、2年に週2時間、1908年からは第1部の5、6年と第2部高等科の1、2年に2時間と、時数が減少した[20]。

　この時期には高等小学校の英語科についての統一的な教授方針は制定されていない。しかしいくつかの地方資料をみると、ほとんどが導入は「綴字」となっている（表5-5）。この時期の教科書にウェブスターなどの『スペリングブック』が多用されていることも考えると（表5-8）、スペリング（文字）

19　「別科」とは正規の4年課程の上に置かれたものと思われ、中学校の代替機関ないし進学準備教育機関だったと考えられる。
20　『東京教育大学附属小学校教育百年史』pp.32-33

から入るこの方式は、高等小学校発足時の入門期教授法の主流であったことが窺える。

2-2-2. 第一次小学校令期の英語教科書

この時期に高等小学校で使用された英語教科書の特徴は、次の4点である。

①1886（明治19）～89（明治22）年度は25種類が発行され、検定教科書発行の第一次の隆盛期であった。

②種別をみると、このうち綴字書が9種（36％）、英会話書5種（20％）、プライマー3種（12％）で、英語教科書がまだ「リーダー」に統合されておらず、分科別に発行されていた。

③執筆者の約3分の1は英米人である。

④教育現場では未検定の舶来教科書が好まれていた。11府県における教科書選定状況（表5-6）をみると、1887～92年に選定された英語教科書16種類のうち、文部省検定済は7種類（43.8％）だけで、他は *New National*（9府県）、*Longmans*（5府県）、*Webster Spelling Book*（5府県）などの舶来の未検定教科書であった。実際の使用状況をみると、合計のべ42のうち、舶来本などの非検定教科書が30（71.4％）にも達していた。こうした傾向は当時の尋常中学校と同様で、明治30年頃まで続いた模様である[21]。

2-2-3. 第一次小学校令期の英語学習状況

中学校と同様の教科書を使用するとなれば、当然レベルは高くなった。大阪府の高等小学校用教科書配当表をみると、1887（明治20）年には4年間で *Longmans' Readers* ないし *National Readers* の巻3まで、1892（明治25）年にはさらにレベルが上がって、それぞれ巻4まで進む配当になっていた[22]。現在の中学2年生の学齢に相当する児童に、高校3年ないし大学教養レベルの英文を読ませていたことになる。1880（明治13）年に三重県津市の養正尋

---

21 たとえば、三重県の松阪高等小学校では明治30年頃、非検定本であるW.H.Smith夫人著の *The Children's Japan: Second Edition*（1895年、東京刊）を使用していた記録がある（『松阪市立第一小学校 百年史』1974年、p.193）。
22 『大阪府教育百年史』第3巻 史料編（二）p.629、p.636

表5-6 明治20年代前半の高等小学校における英語教科書の選定状況

教科書名	検定	明治20	明治21	明治23	明治24	明治25	計
ニュー・ナショナル・リーダー	×	愛知、大阪、京都、静岡、三重	長野、宮城、和歌山			大阪	9
ロングマン・リーダー(含プライマー)	×	大阪	長野、宮城		高師附	大阪	5
スイントン・リーダー	△		長野、千葉、福岡				3
スイントン・プライマー	○		千葉				1
文部省『正則文部省英語読本』	文部				高師附		1
スイントン万国史	×		宮城				1
バーテル会話篇	○	愛知					1
ピネオ小文典	×	愛知					1
スヰントン氏・コンポジション	×	京都					1
英語作文手引(紅林員方訳)	×	愛知					1
ウェブスター・スペリングブック	×	愛知、京都、静岡、長野	長野				5
伴徳政『英語綴字書』	○			群馬			1
久野英吉『スペルリング綴字書』	○		和歌山				1
鈴木重陽『英語綴字書』	○		千葉				1
スペンセリアン習字帳	×	大阪、京都、三重	福岡、和歌山			大阪	6
ロングマン習字帳	○	大阪	和歌山			大阪	3
『電信局習字本』	×	大阪					1
計		19	16	1	2	4	42

(註)『スイントン・リーダー』は巻１のみ検定済み。「静岡」は静岡県尋小別科、「宮城」は宮城県東二番丁高小別科、「高師附」は〔東京〕高等師範学校附属小学科、他は各県の高等小学校用。
(出典):『愛知県教育史』第３巻、p.614、『大阪府教育百年史』第３巻、p.636、『京都小学三十年史』1902年（1981年復刻）p.374、『群馬県教育史』第２巻、p.144、〔東京〕高等師範学校附属小学科教授細目』1892年、『静岡県教育史』資料編上巻、p.324、『千葉県教育百年史』第３巻、p.453、『長野県教育史』第11巻、p.86、『宮城県教育百年史』第４巻、p.482、『紀伊教育会雑誌』第11号、1888年より作成

常高等小学校に入学した濱地次雄は、「『スペリング』や『ナショナルリーダ』を高等二年の時から教へられた。三年位素養を積んで置かぬと、其の時の中学校の英語はつつがなく進級する事が出来ぬ程困難であった」と回想している[23]。また、神戸の大角鉞は明治20年頃を回顧して「学科の程度が非常に高く入学早々沢山の漢字を詰込む教科書を用ひ高等小学卒業には漢文英語も今〔1935年頃〕の中等三年修業程度位以上であった」と回想している[24]。

---

23 濱地次雄「回顧五十年養正校在学時代」三重県津市養正尋常高等小学校同窓会編『養正－創立六十周年記念号』1933年、p.170
24 大角鉞「母校に対する回想」『神戸小学校五十年史』1935年、p.176

表5-7　石川県高等小学校英語試業細目一覧表（1886年）

学科	定点	第一学年		第二学年		第三学年		第四学年	
		細目	分点	細目	分点	細目	分点	細目	分点
英語	100	綴字	25点	綴字	20点	綴字	15点	綴字	15点
		読方	20点	読方	20点	読方	15点	読方	15点
		訳解	20点	訳解	25点	訳解	20点	訳解	20点
		書取	15点	書取	15点	作文	15点	作文	15点
		習字	20点	習字	20点	習字	15点	習字	15点
						会話	20点	会話	20点

（出典）『石川県教育史』第1巻・資料篇、1974年、p.960

　英語の試験を厳格に行った記録もある。「石川県高等小学校試業細目一覧表」によれば、各分科の配点が逐一定められており、最高配点分科をみると低学年から順に綴字、訳解、会話へと徐々に比重が移っている（表5-7）。

2-3．第二次小学校令期：1890～1900年
2-3-1．第二次小学校令（1890年）

　1890（明治23）年10月には第二次小学校令が公布され、「土地の状況に依り（中略）幾何の初歩外国語農業商業手工の一科目若くは数科目を加ふることを得」となった。同年に出された小学校令施行規則では、初めて外国語の教授方針が定められた。そこには「読方訳解習字書取会話文法及作文を授け外国語を以て簡易なる会話及通信等をなすことを得せしむべし／外国語を授くるには常に発音及文法に注意し正しき国語を用ひて訳解せしめんことを要す」とある。教授に際しては「発音」と並んで「文法」に注意すべきことが明記されているが、これ以降の規定では「実用性」が強調される反面で、文法に言及したものはなくなる。

　また、「高等小学校の教科に外国語を加ふるときは将来の生活上其知識を要する児童の多き場合に限る」として、外国語を加設する条件が厳格にされた。この時期には欧化主義の反動として国家主義化が進められ、1890（明治23）年10月には忠君愛国教育の綱領たる「教育ニ関スル勅語」が発布された。こうした風潮と歩調を合わせるかのように、この年には小学校英語科廃止論

が叫ばれる。黒坂維奠は次のように述べている[25]。

> 高等小学の英語課の如きは、即其一にしてわずかに尋常小学科を卒へ、其脳髄のまだ薄弱なる幼年生に英語の初歩を初めて教ふるものなれば、何如に鋭敏なるものとても他日是れにて修し得たる英語のみを以て、実際上に活用せしむるものは余程困難といはざるを得ざるなり。（中略）小学科の英語課を廃すれば、其由来する所の弊害の近因を防ぐに於て捷径なりと云ふべし。

こうした主張の論拠として、彼は英語教育が「忠君愛国の情操を国民の脳裏に敷遍」する上で障害になるからだと述べている。いわく「言語文字なるものは、大に其国人の愛国心に関係するものなれば、いやしくも徳育の目的を完全に達せしめ、我に於ては百行の焼点ともなるべき忠君愛国の情操を国民の脳裏に敷遍せしめんとするに於ては、最も是等の事に意を用ふべきことならんか」。この黒坂の主張に続いて、高田義尹が「小学校の英語課を全廃すべし」[26]を公にしている。この時期の小学校英語科廃止論の展開については松村幹男[27]および麻生千明[28]の論考を参照されたい。

2-3-2. 1890年代の英語教科書

明治20年代前半期に全国の小学校で使用された英語教科書は、**表5-8**から明らかなように、大半が英米からの舶来本（および翻刻本）だった。読本では、小学校でも *National* が全国を席巻するほどの圧倒的な人気を誇っていたことがわかる。ただし、使用されたのは3巻ないし4巻までである。

2-3-3. 1890年代の英語教授法

1892（明治25）年の『高等師範学校附属小学科教授細目』[29]を手がかりに、

---

25 黒坂維奠「英語ノコトニ就テ」『教育時論』第195号、1890（明治23）年9月、pp.12-14
26 高田義尹「小学校ノ英語課ヲ全廃スベシ」『教育時論』第198号、1890（明治23）年10月、pp.11-13
27 松村幹男「もうひとつの英語科存廃論―明治中・後期英語教育史研究」『中国地区英語教育学会研究紀要』第18号、1988年
28 麻生千明「明治20年代における高等小学校英語科の実施状況と存廃をめぐる論説動向」『弘前学院大学・弘前学院短期大学紀要』第32号、1996年、pp.22-42
29 東京茗渓会『高等師範学校附属小学科教授細目』文学社・普及社、1892年（江利川「小

表5-8 明治20年代の小学校における英語教科書の使用状況（全国）

	順位	道府県数	著者	図書名
読本	1	49	Barnes	New National Readers
	2	15	Longmans	Longmans' Readers
	3	4	Swinton	Swinton Readers
綴字	1	17	Webster	Webster's Elementary Spelling Book
	2	5	久野英吉	『スペリング綴字書』
	3	4	鈴木重陽	『英語綴字書』
	4	2	伴　德政	『英語綴字書』
会話	1	7	Bartels	The Modern Linguist, or English Conversations（バーテル会話書）
	2	4	Dixon、武信由太郎	『英和日本学校用会話新編』
習字	1	21	Spencer	Spencerian System of Penmanship
	2	5	Longmans	Longmans' Penmanship
文法	1	3	Quackenbos	Quackenbos's First Book in Grammar
	2	2	Pinneo	Pinneo's Primary Grammar of English
入門	1	7	Longmans	Longmans' Primer

（注）明治20年代後半以降のデータも若干含む。道府県数はのべ。
（出典）全国の道府県令などから作成（中村紀久二氏の資料提供による）

　当時の小学校における英語教授法の一端をみてみたい。同校の小学科は第5・6学年（高等小学科）から中学科の終わりまでの一貫した課程であって、小学科の英語は「教授の初歩の一部に過ぎざるものなり」と位置づけられている。細目は、読方及訳解、習字、書取、会話、文法、作文の順で述べられている。この配列は前年11月の小学校教則大綱に準拠している。各分科は「常に互に相関係せしめて教授するものとす」との注意が与えられている。

　教材に関しては、従来の英米児童用に編纂された舶来教科書の安易な使用を批判し、「我国体民俗等を考察して特に本邦児童のために編纂したるもの」を用いて教授する必要性を力説しており、欧化主義の反省期であった当時の雰囲気が現れている。教科書は第5学年が『〔正則〕文部省英語読本第一』と『ロングマンス読本第一』（ただし第二学期より）、第6学年が各リーダーの「第一及第二」だった。前者は会話中心、後者は訳読中心の教科書である。

　教授法では、発音に関する注意事項が6ページに及んでいる。その上で、

学校における英語科教育の歴史（4）」『日本英語教育史研究』第8号、1993年、pp.105-111に再録）

「教師当該教課を朗読して読み方の模範を示し若くは優等生徒をして之を朗読せしめ一般生徒をして之に倣はしむ、教師之を訳解し若くは優等生徒をして之を訳解せしめ一般生徒をして之に倣はしむ」[30]として、オーソドックスな訳読式が盛り込まれている。

会話の教授は、教科書の意味を理解させたあとで、次のように反復練習させる。

（イ）　教師問を発して生徒をして答へしむ
（ロ）　生徒問を発して教師之を答ふ
（ハ）　教師邦語にて問を発し生徒をして答へしむ
（ニ）　生徒をして相互に問答せしむ

文法の教授は「小学科に於ては系統的に之を授くることなく機に臨みて其要項を会得せしむるを以て足れり」[31]として、品詞論などのきわめて平易な項目に限定し、「読方訳解と相連絡して帰納的に之を授く」とある。

作文の教授は、「文法の応用として読方会話等と相連絡して之を課す」とあり、その方法は主に「読本中の文章を邦語にて示し之を英文に改作せしむる」とある。

以上より、当時もっとも先進的だったと思われる〔東京〕高等師範学校附属小学校をみる限り、明治20年代半ばに音声指導や会話の指導が本格化する兆しがみられるものの、依然として訳読式のオーソドックスな教授法の名残を残していることがわかる。

こうした傾向は大阪府尋常師範学校附属小学校でも同様で、1893（明治26）年の『教授細目』によれば、1〜4年とも「読方」はナショナル読本（巻1〜3）の「素読及訳読」であった[32]。

2-3-4．1890年代の英語学習状況

高等小学校で英語を学習する主要な動機の一つは、上級学校への進学準備のためであった。明治20年代における尋常中学校の入学資格は高等小学校2

30　東京茗渓会『高等師範学校附属小学科教授細目』1892年、p.198
31　*Ibid.* p.196
32　友松会『大阪府尋常師範学校附属小学校教授細目』金港堂書籍、1893年、pp.238-240

年修了者であり、入試に英語を課す学校が多かった。1890（明治23）年度の第三大学区（関西）管内の尋常中学校15校をみると、そのうち13校（87%）が入試に英語を課していた[33]。こうした傾向は1894（明治27）年9月の「尋常中学校入学規定」の改正で入試科目から英語が削除されるまで続いた。したがって、農村部の高等小学校で英語を開設する場合にも、その実用性よりも進学準備教育的な意義づけを行う場合があった。たとえば新潟県北魚沼郡では、「横浜とか神戸とかの高等小学校なら或は必要ならん、然れども本郡にては必要なし」という見解に対し、「将来生徒が他の学校へ入学するときなどに大に便を与ふればなり」という意義づけで英語科の必要性が訴えられている[34]。

しかし、神戸のような国際都市では実用的な必要性がより前面に出されていた。『神戸小学校五十年史』（1935）によれば、明治20年代には生徒の学習意欲を喚起するために「奨励試験」を課し、成績優秀者には褒賞を与えていた。「神戸区高等小学校第二年第三回奨励試験問題案」（1891年）をみると、英語科ではWritingとDictationが課されており、進学に必要なはずの訳読や文法が課されていない。Writingでは"Trust everybody but thyself most."を4行書かせ、その美しさを競わせている。Dictationの問題は以下の通りである[35]。

    Dictation.
      Bob and the Pig.
One day my father sent me to the field, to catch our old brown horse, Bob.
    After chasing about the field for half an hour, Bob let me catch him. I then led him to the farm yard, and gave him a pail full of oats and beans.

---

[33]「第三高等中学校区域内各尋常中学校一覧表」『教育時論』第196号、1890（明治23）年9月、p.28

[34]新潟県北魚沼郡教育会第6回（1891年秋）の議事録（『小千谷小学校史』上巻、東峰書房、1977年、p.254）

[35]『神戸小学校五十年史』1935年、p.190

184　第5章　高等小学校の英語科教育

　　　右横線を書したる文字を填充せしめて採点するものとす

　この出題傾向からもわかるように、音声面がかなり重視されていたようである。現に1893（明治26）年の神戸高等小学校の校則には「高級生の英語科に於ては間々会話の実地練習をなさしむべし」という規定がある[36]。「会話の実地練習」を課し得たのは神戸ならではであろう。同校では1905（明治38）年3月に行われた学芸会においても、高等科の生徒が英会話および朗読の出し物を演じた記録がある。なお、同校の「修業及卒業認定法細則」（1893年）によれば、認定試験には英語（習字・作文・会話・書取・読方）が課せられていた。翌年度の修業卒業一覧によれば、高等科の合格者は男女合わせて523名中446人（欠席7）、合格率は85.3％であった[37]。

　当然のことながら、英語に対する教師の意欲も高かった。その後、1906（明治39）年には「職員有志を以て英語研究会を組織し、英国人バント氏を聘して主として会話を練習する。（中略）外国人が多数居住する国際都市の教師としては必要なる研究である」と記されている[38]。

2-4.　第三次小学校令期：1900〜1911年
2-4-1.　第三次小学校令による実用目的の明確化

　明治33（1900）年8月の第三次小学校令では「外国語科」が「英語科」に改められた。当時の高等小学校は2年〜4年制だったが、この改正によって英語を加設できるのは4年制課程に限るとされた。改正された小学校令施行規則によれば、英語科の教授方針は「綴字」より始まる旧来型、から「発音」から始める音声重視の導入法へと革新されている。

　　　英語は簡易なる会話を為し、又近易なる文章を理解するを得しめ、処世に
　　　資するを以て要旨とす
　　　英語は発音より始め、進みて単語、短句及近易なる文章の読み方、書き方、
　　　綴方並に話し方を授くべし

36　*Ibid*. p.203
37　*Ibid*. p.217
38　*Ibid*. p.264

> 英語の文章は純正なるものを選び、其の事項は児童の智識程度に伴ひ、趣味に富むものたるべし
> 英語を授くるには常に実用を主とし、又発音に注意し、正しき国語を以て訳解せしめんことを努むべし

何よりも、小学校における英語科の目的が「常に実用を主とし」と明確化されたことが注目される。1894-95（明治27-28）年の日清戦争に勝利した日本は産業革命の時期を迎え、急速な工業化により対外貿易が拡大する中で「実用英語の必要、英語教授の実際化が叫ばれた」時代であった[39]。こうして、卒業後に就職する生徒の多い高等小学校では、英語教育における実用目的が強調された。森岡常蔵は、中学校英語科と比較しつつ小学校英語科の実用主義的な目的論を主張している[40]。

> 小学校の〔英語〕教授は之〔中学校〕と異なるべきである。外国の文字を読んで知識を得る方面も全く棄てゝ顧みぬ訳ではないが、常に実用を主としてそれが直ちに実地に用ひらるゝように導かなければならぬ。実用の方が小学校では飽くまで主となるべきである。

こうした実用主義の強まりを英語教科書に即してみてみよう。まず、神戸(かんべ)直吉著 *A New Practical English Primer for Japanese Pupils in Primary Schools*（全4巻、1904年10月7日検定認可）をみると、音声指導が重視されており、「英語発音予備」として口頭練習ができる構成になっている。注目されるのは、その題材の選定に当たって実用主義が前面に出されていることである。

> 従来の教科書は教科教材、往々科学的若くは偶話、裨史的に傾く、（中略）元来小学英語の学習は前者の如く諸科学に亘り或は英詩、英文学の妙味を教授すべきものに非ずして寧ろ日常器具の名称、数の計算、応対話、受取の認方等実用的方面の知識を収得活用せしむるを本旨とす（「緒言」）

---

[39] 赤祖父茂徳『英語教授法書誌』英語教授研究所、1938年、p.6
[40] 森岡常蔵『各科教授法精義』同文館、1905年、pp.686-687

また、英語教授研究会編 New Imperial Readers for Primary Schools（全4巻、1907年1月10日検定認可）でも、題材としてはロビンソン・クルーソーやイソップ物語などの読み物と併せて、「三四巻は最も実用に重きを置き、手紙の書き方、注文、請取、新聞、郵便、鉄道などに関する日常必要の用語を多く収めた」（編集の主旨）とあり、就職を前にした上級生用では「実用に重き」を置いたことを明記している。

だが他方で、この時期には目的論の不明確さを指摘する声も出されていた。当時の教育雑誌記事には、「現今小学校で英語を教授する目的が甚だ不明である。極めて卑近な会話の如きものに熟達するのを目的とする様に考へて居る人もあり、（中略）中学校の基礎を築くといふ様な考えをもって居る人もある」[41]とある。また、ある英語教科書の編纂者も「元来高等小学校の英語教授は、その目的が確然一定して居ない上に、その教授時数も亦甚だ少ないのであるから、〔教科書の〕編纂には余程の注意を要するのである」としている[42]。

「目的が確然一定して居ない」とはどうしたことであろうか。実はこの時期の小学校英語科の目的は、法令上の規定はともかく、その実状においては決して一元的に定まってはいなかったのである。たとえば、神戸直吉は教科書編集者の立場から次のように目的の二面性を述べている。「一は以て実業方面に立つの時其機敏なる活用を得て省令の所謂処世に資する（中略）一は以て中学程度に於ける英語の学習を容易ならしむるに便益なる階梯を与へんとするに外ならずと信ずる也」[43]。

以上見たように、当時の小学校英語科の目的は、実社会に出てすぐに役立つ実用主義的な目的を第一義とした上で、実際には中学進学者のための準備教育的な性格を合わせもっていたのである。

こうした小学校英語教育の目的の二面性は、この時期の高等小学校の二面

41　記者〔氏名不詳〕『教育学術界』第13巻第1号、1906（明治39）年4月、p.60
42　本庄太一郎「高等小学英語読本編纂の要旨」New Imperial Readers for Primary Schools、吉川弘文館、1906年
43　神戸直吉 A New Practical English Primer for Japanese Pupils in Primary Schools、神戸書店、1904年の緒言

的な性格に規定されたものである。1908（明治41）年度からの義務教育6年制延長により尋常小学校から直接中学校に進学できるようになるまで、高等小学校は中学校や高等女学校などの上級学校へ進む者を教育する進学準備教育機関的な性格と、そのまま実社会に出て働く者を教育する完成教育機関的な性格とを合わせもたざるを得なかったのである。

　この矛盾は深刻だった。なぜなら、当時の中学校は学齢的には高等小学校の3・4年生と重なるものの、後者とは社会的階級的性格を全く異にし、多くは出身階層も高く、エリートを育成する機関だったからである（当時の中学進学率は1～2％）。

　森有礼以来の文部行政によって形成されたといわれる「実用の人間と原理の人間という二種類の国民を創り出していく巧妙な教育の二重構造化」[44]を要因として、高等小学校と中学校との英語科の目的においても「二重構造化」が生じていた。つまり、当時の小学校教育の基本目的が「知識技能は確実にして実用に適せんことを要す故に常に生活に必須なる事項を撰びて之を教授」（小学校教則大綱、1891年）であったのに対し、「中学校は男子に須要なる高等普通教育を為すを以て目的とす」（中学校令、1899年）であった。こうした学校の性格の違いは、英語科教育の目的の相違となって現れた。中学校令施行規則（1901年）によれば、「外国語は普通の英語、独語又は仏語を了解し且之を運用するの能を得しめ兼て知識の増進に資するを以て要旨とす」とある。このように、「知識の増進に資する」として多分に教養主義的な性格を含んでいた中学校英語科の目標に比べると、「処世に資する」ために「常に実用を主」とするという高等小学校英語科のきわめて実用主義的な目標が一層鮮明に浮かび上がってくる。

2-4-2．1900年代初頭の英語教科書
2-4-2a．小学校用検定英語教科書の隆盛

　明治30年代（ほぼ1900年代初頭）に入ると、日本人の手になる検定教科書が

---

[44] 中内敏夫「『国民』教育の方式」『日本現代教育史』（講座現代教育学5）、岩波書店、1962年、p.113

舶来本を駆逐していく。採用道府県数をみると[45]、読本では1位（12道府県）の神田乃武著『小学英語読本』（Kanda's English Readers for Primary Schools）と2位（同11）の宮井安吉著『小学英語読本』（Common School English Readers）が双璧をなし、3位の神戸直吉著 Kambe's English Readers は1県にすぎない。この他、英習字では1位（7）の神田乃武・ガントレット著『小学英習字帖』（New Scientific Copy Books）や2位（3）の鹿島長次郎著 Copy Books などが使われた。明治20年代に比べて採択数が少ないのは、高等小学校で英語を課す県が減ったからである。また、会話書や綴字書などは消えており、それらの要素は読本に組み込まれた。こうして日本の英語リーダーは、明治30年代に外国語としての英語（EFL）を教えるための総合教材へと変化をとげ、その後のリーダーの原型を形成した。この時期の小学校用教科書の主要な特徴は、次の6点である。

①文部省検定済教科書の定着。第三次小学校令期を代表する『神田氏小学英語読本』（1901〔明治34〕年、4巻）は、ローマ字・英語の対訳方式で、第一次小学校令期の Meiji Kwaiwahen（1886年）などのスタイルを踏襲した古風なものであったが、こうした古風さが受けていたところに当時の現場の実状が読みとれる。

②小学校専用リーダーの発行。1901（明治34）年1月には表題に小学校用と明記した初めての英語教科書である宮井安吉[46]の『小学英語読本』（4巻）が発行され、中学校用との兼用を脱するようになった。宮井のリーダーは、各課が（1）ローマ字、（2）綴字、（3）読み物、（4）英習字、（5）文法、（6）和文英訳、（7）会話、（8）ディクテーションから多面的に構成されている。高等小学校の英語科は時間数に乏しかったから、程度の差はあれ、その後はこうした総合教科書的なリーダーのスタイルが定着し、そのまま戦後の新制中学用教科書にも引き継がれることになる。題材面では、この時期の小学校用リーダーは一般に日本の児童の日常生活に関するものが多く、登場

---

[45] 全国の道府県令などから集計（中村紀久二氏の資料提供による）
[46] 宮井安吉（1870～1924年）は東京専門学校などで英語を専修後、1889（明治22）年1月より郷里の岐阜県大垣興文高等小学校で英国人ステッドマンと英語を教えた経験をもつ。（『英語教育史資料5』東京法令、1980年、pp.192 出来成訓執筆）

写真5-2　明治期の小学校用英語教科書・教材

人物も日本人中心で、西洋の風物を多く盛り込んでいた中学校用や大正期以降の高等小学校用とは異なっている。

③リーダーとペンマンシップ（英習字練習帳）という組み合わせの定着。英習字練習帳でも神田乃武がエドワード・ガントレットと共著で出した *New Scientific Copy Books* （6冊）がよく使用されていた。小学校用の英文法や英作文の検定教科書は、1900年代以降は発行されていない。

④日本人の一流英学者たちによる小学校用教科書の執筆。外国人執筆者が激減し、著者には斉藤秀三郎、井上十吉、神田乃武、熊本謙二郎、塩谷栄などの錚々たる英学者たちが名前を連ねるようになった。

⑤内容の平易化。代表的な神田乃武の『改訂小学英語読本』（1904年）などは、初版に比べてページ数を削減し、内容を平易化している。授業時間数の削減や高等小学校の大衆化などに配慮したためと思われる。

⑥音声重視の新しい教授法に対応した教科書の登場。たとえば、M. C. Leonard・棚橋源太郎著 *New English Readers Based upon a New Method* （1903年初版、1906年訂正3版）はその表題に示されているように音声

と口頭練習を重視する「新教授法(New Method)」に基づいて編集されている。巻一の冒頭にはConversationとPronunciationからなる13課ものPreliminary Oral Lessonsが付けられ、入門期当初は教科書を用いず、もっぱら口頭によるDirect Methodで耳から自然な英語に接するように工夫されている。この時期の授業ぶりをみても、たとえば『三重県師範学校附属小学校教授細目』(1902年)では1学期はじめの約16週間にわたって教科書を用いることなく「単語短句短文に就て発音及聴き方練習但文字を示さず」授業を行う方針が記されている。小学校においても、新しい教授法の先がけは1900(明治30)年代にみられていたのである。

表5-9　三重県の高等小学校で使用された英語教科書

年度	教科書名	巻冊	発行年月日	著者	発行者	規定法令
1887(M20)以降	ナショナルリードル　スペンセリアン習字帖	自一至三　三冊　自一至十二			(米国舶来)	明治20年県令第五号
1894(M27)以降	正則文部省英語読本	〔使用巻数不明〕	〔1889年〕	文部省	大日本図書	明治27年3月県令第25号
1901(M34)以降	小学英語読本	4冊	1901.1	宮井安吉	金港堂書籍	明治34年1月県令第11号
1905(M38)以降	改正小学校英語読本	4冊	1904.12.11 修正再版	神田乃武	亀井忠一(三省堂)	明治37年12月27日県令第67号

(註)三重県では1887年4月から1891年9月まで英語科を「副学科」としていた。1890年3月には県令により「当分の間英語利用書は従来使用の分を用ふべし」とした。

2-4-2b．文部省リーダーの登場と検定教科書の衰退

　1904(明治37)年に始まった小学校教科書国定化の波の中で、1908(明治41)年から文部省著作の初めての小学校用英語リーダーである*The Mombushō English Readers for Elementary Schools*(『小学校用文部省英語読本』)全3巻(国定教科書共同販売所発行、1930年以降は大日本図書発行)が刊行された。1908年改訂の小学校令施行規則によれば、英語科は必ずしも文部省著作の教科書を使用する義務がなかったにもかかわらず、1907(明治40)年から1921(大正10)年までは新規の検定認可を受けることができたのは英習字練習帳のみであり、民間の手になる検定リーダーはいっさい発行されなか

ったから[47]、この期間は実質的に国定教科書時代となった。

　浅田栄次の執筆になるこの文部省英語リーダーは、1939（昭和14）年に新版が出るまで、実に30年以上にわたってほとんど改訂されることなく使用され続けた。その間の総発行部数を『文部省年報』の各年版から計算すると約240万部にも達する[48]。教科書の内容をみると、新語数は巻一が265語、巻二が382語、巻三が539語の合計1,186語で、これは現在の中学校用の英語教科書とほぼ同等であり、おおむね妥当な数値である。しかし文法項目の配列が雑多で、巻一に感嘆文、現在完了、現在完了進行形、巻二に付加疑問、仮定法、関係代名詞などが総花的に盛り込まれているなど、当時としてはやむを得ないながら、今日の水準からみると、かなり教えにくい構成である。また、明治末期としては音声指導に対する配慮にも乏しい。

2-4-3．1900年代初頭の英語教授法

　1900年代初頭における小学校英語教授法が大きく前進したことは、第三次小学校令の施行規則（1900）からも窺い知ることができるが、さらに具体的な指針は『東京高等師範学校附属小学校教授細目』（1907）[49]に求めることができる。同校は三部に分かれており、英語教育は高等科の第一部と第二部で実施された。第一部は2年制で、附属中学校に接続するエリート・コースだった。第二部は4年制で、主に就職希望者を受け入れた。両部とも英語は各学年に週2時間ずつ実施されていたが、それぞれのコースの性格の違いによって教育内容に以下のような相違があった。

（1）東京高等師範学校附属小学校高等科第一部
　教科書は Leonard・棚橋源太郎共著 *New English Readers Based upon*

47　「明治以降外国語教科書データベース」参照
48　ただし、1920（大正9）年度と1923（大正12）年度については記載がなく、発行されなかったとは考えにくいため、前後の年度からそれぞれ約16万冊として計算した。
49　『東京高等師範学校附属小学校教授細目』大日本図書、1907年。なお、同書は大手の出版社から刊行されており、初版発行の2カ月後に再版が出るなど、広範に影響を与えたと思われる。

a New Method（1903年検定済）の巻一と巻二であった。「本細目実施上並びに教授上の注意」によれば、高等科１年（現在の小５の学齢）では「はじめの十三〔時間〕の Preliminary Oral Lessons を授くるには、児童をして教科書を持たしむることなく、全然、口頭と黒板上に於てすべし」とある。これは棚橋らの教科書の指導方法（いわゆる New Method）をそのまま踏襲したものである。Oral Method を導入した H.E. Palmer 来日（1922年）に先立つこと15年前に、オーラルによる入門期指導法が小学校に導入されていた点が注目される。また、音声・会話指導の重要性を次のように強調している（pp. 737-738）。

> 会話は、実用語学の最重要なる要素にして、特に初歩にありては、語学教授全体の本幹となり、発音、綴字、習字、講読等、悉く之より派生すべきものとす。故に、初歩にありては、講読の材料は、悉く会話の材料たるべきは勿論、尚、教師はなるべく多く英語を以て談話して、活きたる模範を示し、児童をして之に慣れしむるを要す。

教師の発音に関しては、「教師は、音声学の教ふる所に従ひて、之に要する発音器の位置、変化等を説明し、其要件を意識して発音せしめ、且、充分に之を練習せしむるを要す」と、かなり高度な要求を課している。このように、入門期の指導法として口頭練習を含めた音声と会話の指導に細心の注意が払われ、かつ相当な比重が置かれていたことがわかる。

また、「名詞は desk, chair 等の教室内の実物と pen, knife 等の帰化語とを用ふべきものとす」「会話には動作をも用ふべし」、などという指示がされており、実物教授と動作を重視して日本語を排した直接教授法（Direct Method）、とりわけ明治30年代以降に日本でも流行し始めていた Natural Method や Gouin Method の影響が感じられる。

（２）東京高等師範学校附属小学校高等科第二部

教科書は井上十吉著『井上小学英語読本』（1905年検定済）の巻一（第１学年）、巻二（第２、３学年）、巻三（第４学年）であった。『教授細目』では、教授上の注意として「児童用教科書を用ひしむるも、従来往々見しが如く、単

に読解の一方に偏することなく、寧ろ、発音会話等、口演的方面に重きをおきて、実用英語としてのあらゆる方面、即ち、簡易なる英語の談話、文章を理会し、及び、簡短なる思想感情を、談話上、文章上、英語に表出するの能を養ふことに勉めざるべからず」としている。音声の重要性を強調しつつ、「実用英語としてのあらゆる方面」を伸張させることに注意を喚起している点が注目される。

また、「本科を教授するに当たりては、特に注意して、実物、絵画等の助により、努めて、直覚的に取り扱ひ、口と耳との練習を先にし又手の運動を自在ならしめんことを務むべし。初めより、書物を読ましむるが如きは、甚だ可ならず」とある。ここでも aural-oral にかなりの重きが置かれていたことがわかる。学年別の留意点としては、「第一学年間は、なるべく書物を用ひず、事物と思想とを連結し、思想と言語とを結合し、言語は文字文章にて発表し、而して、其間相互の関係を親密ならしめんことに務むべし」。「第二学年に至るも、尚ほ口頭練習を専らにし」、「第三学年以上によりては、Reading material を基礎」にするとしている。「教授は主として、Analytical method を用ふ。」「語法［＝文法］は、既に教へたる材料を帰納して、自然に其法を会得せしめ（中略）徒らに、抽象的の法則を記憶せしむるが如きは、児童の心意発達に適せず」とある。

この『東京高等師範学校附属小学校教授細目』をみる限り、明治末期には訳読法を脱し、耳と口を重視した直接教授法（Direct Method）的な新しい教授法が小学校英語科教育の教授方針として前面に出てきたことがわかる。もちろん、全国の小学校がこのような進んだ教授法を取り入れていたわけではない。また、のちに述べるように、教師の水準にも隔たりがある。しかし、Palmer の来日と Oral Method の本格的な導入に先立って、すでに明治末期の日本の先進的な小学校では、英語教授法の水準がこのような高いレベルにまで達していたことは再認識されてよい。

2-4-4. 教案からみた小学校の英語教授法

（1）吉田幾次郎の教案

当時の小学校英語教育の実相を、今度は教案から検証してみてみたい。吉

田幾次郎（1874-1933）は「毎時配当 神田氏改訂小学校英語読本教授案」を残している[50]。この教案は、広く使用されていた神田リーダー（全4巻、1904年検定済）の巻一と巻二に基づいて作成された各週2時限分の詳細なものである。吉田幾次郎は東京高師英語専修科を卒業し、同窓には佐川春水がいた。1904（明治37）年には初等英語雑誌『英学界』（*The Youth's Companion*、有楽社）を編集、1906（明治39）年から1年間東京府立一中に勤務した。のちに彼が編集主幹となって発行された『初等英語研究』をみればわかるように、「英語をABCから説明するなどということをきわめてやさしく、おもしろくやってのける、まあ一種の天才」（研究社社長の小酒井五一郎）といわれる人物である[51]。冒頭で吉田は、小学校における英語教授法の現状について手厳しい見解を吐露している。

> 小学校の教授法は中学校以上のそれとは比較にならない程進歩して居る様子だが、独り英語科のみは吾輩の知る所では、殆どお話にならない程、猶ほ幼稚の有様にあるものゝやうである。甚だ失敬な申分だが今日の如き有様では、小学校の英語科は害多くして益少しと断言せねばならぬのである。
> 　吾輩は前年中学校に奉職して一学年の英語科を担任したことがあるが、其の時最も苦しんだのは、生徒が小学校や其他で習ってきた学問を打壊すこと——発音上に於ける間違、直訳をやらなければ済まないやうに思ふ悪癖など数へ立つれば随分おびただしい欠点の有る学問をして来て居る、それを吾輩は打壊して正しく教へなくてはならなかったので、非常に其為めに苦心もし力も時間も費したのである[52]。

ここに赤裸々に記されている状態こそが、当時の一般的な小学校英語教育の実情だったと思われる。吉田はこうした深刻な現状を打破するために、この教案を執筆したとしている。

吉田の教案は、神田リーダーの方針を忠実には踏襲せず、大胆かつ批判的に利用している。彼は「元来語学の教授は教科書に依て教ふる時間は、全時

---

50 『教育実験界』第15巻第5号～12号（1905：明治38年）に8回連載。1学年用は15週分（1学期分）まで、2学年用は第4週分まで。
51 大村喜吉「吉田幾次郎」『英語教育史資料』第5巻、1980年、p.204
52 『教育実験界』第15巻第5号、1905年、pp.12-13

の一部であって、多数はこれを応用しこれを布衍して話したり聴いたり書いたりする時でなくてはならぬ」から、教案には「教科書以外の教材を多く示す」としている。また、彼は神田リーダーがローマ字から入っている点を「一個の旧説」であるとし、「語学教授の趣旨より言へば適当なる方法ではなかろう」と批判している。これに対する吉田の方針は、「先ず第一学年の最初の十週間許りは no text で、専ら教師の口述法を採り、其間に追々アルファベットや羅馬字を教へて、教科書を使用する土台を作り、第十一週当たり［実際には第9週＝5月末］から教科書を使用して一学年の終には所定通り一冊を授了するよう立案する」というものである。1学年の第1週は児童に身近な英語からの外来語の話から始め、音声指導法を詳細に示している。「総て英字を記し眼より教ふることは数週間の後に譲り当分は耳に聴かせ口に言わせて英音に熟せしむることをのみ力むべし」。当分は筆記具を含む何物をも机上に置くことを禁止し、黒板も使わず、ただ発音器官を示す掛図を適宜利用するだけの、「教師児童共に入用なるは口と耳のみ」という徹底した aural-oral の入門期教授法を展開している。吉田は、語学教授は「語」からではなく「意義をもつ文」から始めよとする Gouin Method を高く評価している。観念連合を形成するために、自席を離れての動作（第3週の2時限から）や、鉛筆やナイフ等の実物の使用（第4週の2限から）を積極的に行わせている。

　入門期英語教育の「天才」といわれた吉田幾次郎による優れた英語教授法が、全国誌を通じて各地の小学校現場に伝播された意義は大きい。

（2）和歌山の高等小学校での教案

　地方の高等小学校における英語授業の一端をみてみよう[53]。以下に引用した教案は、和歌山のある高等小学校の第1学年（現在の小5に相当）を対象に、1906（明治39）年3月7日に実施された授業を再現したものである。理解しやすいよう、使用されている教科書（*Kanda's English Readers for Pri-*

---

[53] 東本惣太郎「高等科第一学年英語科教案」『紀伊教育』第147号、1906（明治39）年5月、pp.4-5

mary Schools, No. 1. 1904) の該当ページを右に示す (**写真5-3**)。

　材料　神田氏小学改訂英語読本　廿六頁
　方法
　一、本を出さしむ　Open it, page 25
　二、1.2.3.4.の下読を命ず
　三、二三生に読ましめ後今日は之等を英訳せんとす。
　四、「ココヘオイデナサイ」之はすでに学びたるならん如何二三生に云はしめ後板上に書かしむ。書方につき批評訂正
　五、戸の字を教ゆ。d-o-o-r　door　斉唱
　六、然らば「戸の処へ御いでなさい」如何に書けばよきか数生に云はしめ to　の字教授（発音に注意して）
　七、右板書せしむ
　八、「あけよ」とは英語にて如何。然らば戸をあけよとは如何
　九、閉ぢよとは如何　　八九両項板書（書方批評訂正）
　十、汝の席へ帰れとは如何
　十一、コッチへ御帰りなさい教授
　十二、範読一回
　十三、読話練習
　十四、実施せしむ
　十五、読方二回　　時間を与えて文字を覚えしめ草書練習
　十六、書取

　これをみる限り、テキストである神田リーダーの方針に則り、日本語と英語の対訳方式を中心としている。その上で、発音、読方、書取などを総合的に指導している様子がわかる。

（3）杢田與惣之助の教案
　愛媛県師範学校の教諭であった杢田與惣之助（まつだよそのすけ）（1882-1960年、広島高師出身）[54]は、1908（明治41）年に『小学校用文部省英語読本』(1908年) 巻一第13

---

[54]　江利川「杢田與惣之助の英語教授法研究（序説）」『KELT』第7号、1991年、「英語科授業史における杢田與惣之助」伊原巧ほか編『英語科授業学の諸相』三省堂、1993年参照。

FIRST READER. 25

LESSON VI.

1. Koko e oide nasai.
2. To no tokoro e oide nasai.
3. To wo oake nasai. Sore wo oshime nasai.
4. Kotchi e okaeri nasai. Anata no seki e okaeri nasai.

26 FIRST READER.

TO BE READ.

1. Come here.
2. Go to the door.
3. Open the door. Shut it.
4. Come back. Go back to your seat.

TO BE COPIED.

2. Go to the door.
3. Open the door. Shut it.
4. Come back. Go back.

写真5-3　神田乃武の小学英語読本・巻1（1904年）

課の教案を書き残している。筆者はこの教案の全文を校訂の上、覆刻したので[55]、ここでは教案に現れた教授法の特徴について概略を述べるにとどめる。この教案の特徴は、①音声指導を重視し、会話主体の授業である。②本やペンなどの実物を教具として使い、頻繁に「動作にて示す」という指示を与えている。これらの点で、杢田は吉田幾次郎の教案に非常に類似した教授法を採用していたといえる。③ただし、杢田の場合は吉田と違って終始英語のみを使って授業を進めており、教案の最後は「意味は邦語の媒介なくして了解し得」という総括で締めくくられている。この点で杢田の方がより徹底して直接教授法（Direct Method）にもとづいた指導を行っていたといえよう。

[55] 江利川「小学校用国定英語教科書の成立と変遷」『KELT』第8号、1992年、pp.107-109

2-4-5． 岡倉由三郎の小学校英語教授法

　英語教育界の重鎮だった岡倉由三郎は小学校での英語教育に反対しており（後述）、主著『英語教育』(1911年) も「特に中程度の諸学校」を直接の対象にしている。しかし、『教育大辞書』（同文館、1907年）に「英語教授法（小学校における）」（pp122-126）を書き残している[56]。この論文は「初期の語学教授に最適な方法は如何」として次のように結論づけている。

> 種々の点より考ふるに、畢竟自然的方法（Natural Method）に依るを以て最も可なりとすべし。即ち生徒の年齢や四辺の状態を斟酌して生徒が自国語を学ぶと同様に感ぜしむる様にして英語の基本的観念を教へ込むにあり。此際文字は無論教ふることなく日本語も是非必要を覚ゆる場合の外は決して用ふることなし、実物又は実地の動作を示して、直ちにこれを英語にて発表することを教ふるなり。

　また、「（二）十時間目以降の教授法」の中でも「文字を後にして口と耳とを先にして教科書を主題たらしめざるを原則とす」としている。「（三）第二学期以降の教授法」の中では、読本を使った読方の教授法については詳述しており、「英語教授の中心は（中略）直読直解教授なり」「小学校の英語教授などに於ては十分の六及至七までも、この直読教授に力を注ぐとも決して適当にはあらざるなり」と主張している。

　岡倉の名前による上記の小学校英語教授法は、彼が主任を務めた東京高師の教授細目や、同校の出身者である吉田幾次郎の教案などとともに、口頭教授法の重要性を強調している。この論文は、広く普及した教育学辞典に掲載されたことによって、全国の小学校英語教育を啓発する上で多大な力を発揮したと思われる。

2-4-6． 1900年代初頭の英語学習状況

　東京府師範学校教諭の田中虎雄は『井上小学英語読本教授書・第一巻』（1906年）の巻頭に掲げた「小学校の英語教授に伴へる各種の弊」の中で、第

56　ただし、この論文中には「岡倉由三郎氏…」という敬称を付けた記述があり、実際に岡倉自身が執筆したと断定するには疑問が残る。

二次小学校令（1900）の規定について、「実に立派な目的であるが実際にはこの目的の十分の一も達せられていないのである。或は四年間にやっと神田氏の改訂前の小学英語読本の一巻だけ教へたとか或は〔平易に〕改正した神田読本の第二巻までしか出来ませんとか云ふ学校も往々ある」と現場の実状を述べている。また教授法についても、「近年小学校の各科教授法は長足の進歩をして随分立派な成績をあげられた所のあるのに英語科のみは尚甚幼稚な状態にあるのは遺憾千万なことである」と憂えている[57]。英語教授法改革運動が高まりをみせ始める中で、こうした小学校の英語科教授法と教員の資質等に対する批判は、この当時少なからずみられた（詳細は次節）。

次に、国際港をかかえ英語教育に熱心であった横浜第二高等小学校における1907（明治40）年度の英語科教授要目を手がかりに、実状の一端をみてみたい[58]。教授の順序としては、「先ず『アルファベット』の発音に習熟せしめたる後『スペリング』を授け、次に単語の発音に及ぼし、併せて其解釈を授け、最後に其の書き方を授くべし」と導入部の指導方針を述べている。また、「短句及び文章の教授は必ず之を構成せる単語を教授したる後に授けざるべからざるが故に、其単語に熟せざる限りはみだりに短句及び文章を授くべからず。又文章の読み方を授けたる後には直に其訳を授くべし。一頁若くは数頁をよみ了りたる後に初めに其訳を授くることなき様にすべし」として、単語から文解釈に進み、逐条的に訳読させる方式を提示している。こうした訳読法的な名残をとどめた教授法が当時の公立小学校における実際の姿であったと思われる。最後に同校の「教授上の注意」をみてみよう。明治末期の小学校英語教授法が、相当高度なレベルに達していたことが窺える。

---

[57] 田中虎雄『井上小学英語読本教授書・第一巻』金港堂、1906年、pp.1-2。なお田中は同書の第一巻の中で、小学校英語科教授法の批判と改革の提言を78頁にわたって詳述しており、優れた内容である。主な項目は、①小学校の英語教授に伴へる各種の弊（児童数の過多、時間数の僅少さ、英語教員の実力不足、ローマ字教授の弊害、訳読主義の弊害、必修科から随意科への格下げ）、②小学教育における英語の理想とこれを実現する方法（低学年は耳の練習、高学年は朗読が一番大切）、③教授法詳論（発音、読み方、翻訳、文法、書取、会話）、④ Preliminary Lessons（読本に入る前に3カ月かけて音声等の練習）である。

[58] 「英語教授法私業」（横浜第二高等小学校、1907年度）、『神奈川県教育会雑誌』第28号（『横浜市教育史』資料編、1981年、pp.172-175に再録）

一　本科の教授は凡そ耳より聞かしむることにのみ偏せず、口頭の練習を与へたる後は更に又書取を課し、耳口目手の四段教授を行ふべし。
二　本科は練習によりて効果を収むるものなれば、如何なる場合に於ても出来得る丈多く練習を課することを要す。
三　本科教授の際に在ては、教室内に於ける総ての対話は学年に応じ或は成るべく英語によらしむべし。
四　発音は特に英語教授の初期に於て之を正し、又国語に存せざる発音に留意して之れに習熟せしむべし。
五　英語の意義を了解せしむるには其初程に於ては実物絵画等を以てし、又やや進みたる生徒に対しては泰西〔西洋〕の人情、風俗、制度等の梗概を敷衍することあるべし。
六　解釈は直訳を避け正当なる意訳をなし、又之を授くるには国語の話方及び文法に留意すべし。
七　読み方は学年に応じて発音は勿論章句の抑揚緩急及び止声に注意し、又既習の章句に対しては反復練習を行ひ、時々暗誦及び書取を課せしむべし。
八　綴方とは作文及び文法教授を併称せるものにして、作文は和文英訳英文和訳並に簡易なる書簡文の教授を含み、又文法を授くるには教本を神田小学英語読本に採り其範囲内に於て行ふべし。
九　話方とは会話教授を指すものにして読本中の語句文章のみに依頼することは頗る不十分なるを以て、教授者は難易を考察し各学年に応じたる日常必須の会話を授け之が練習に努むべし。
十　書き方に於ては別に教科用書を指定しあるも、筆跡敏捷字体清麗にして習ひ易きものに如かず、左れば「ロングマン」英習字帖（男子用として）。

2-4-7．小学校英語科教育をめぐる論点

　明治末期には小学校での英語教育のあり方をめぐって、様々な批判や提言がなされていた。公立小学校での英語教育のあり方が模索されている今日に通用する諸問題が、すでに検討されていた。

(1) 英語を課す時期について

　英語を課し始める時期の問題は、小学校で英語を教えることの是非にも関係する根本問題の一つである。すでにみたように、岡倉由三郎は小学校で英語科教育を実施することに反対の立場に立っていた。この点は彼の「外国語教授新論」(1894年)や『英語教育』(1911年)から明らかである。岡倉自身は小学校での英語教授法の論文を執筆しており、かつ東京高等師範附属小学校でも英語を教えた経験を持っていた。にもかかわらず、小学校英語科教育に対する批判は次のように手厳しかった[59]。

　　或論者は、小学校から始むべしと唱へるが、自身は不賛成である（中略）其成績は今日までまだ見るべき者を出したことが無い。してみれば理論上より見ても、又実際の結果より見ても小学校に英語科を置くことの無益なる次第が解かる。（中略）云はば徒労の事業と見ねばならぬ。

　岡倉は反対理由を制度、経費、児童の進路などの面も含めて何点か挙げているが、一流の言語学者でもあった岡倉の言としては、とりわけ次の指摘が注目される[60]。これは今日でもよくみられる主張である。

　　外国語の教授は、母国語の知識の堅固に出来て居ない者には甚だ困難を感ずると云ふことである。（中略）現今の小学校では、専ら国語の知識を正確にし、其運用に熟せしむる様、力を注ぐが妥当であって、それがやがて他日外国語を習得する根底となるのだから、間接に外国語教授の効果を大ならしむ所以である。

　これに対して、岡倉と同じ東京高等師範学校の附属小・中学校教諭だった伊藤長七は、都市部で適当な教員を得られる場合には尋常小学校でも英語教育を進めるべきだとして、次のように述べている[61]。

　　都市小学校にありて、相当の教授者を得らるべき場合には、何程少しでもよいから、尋常小学校の児童にも英語を学ばしめたいものと思ふ。（中略）尋常

59　岡倉由三郎『英語教育』博文館、1911年、pp.12-15
60　*Ibid.* pp.15-16
61　伊藤長七「小学校における英語科」『英語教授』1909（明治42）年4月号所収

> 小学校の上級位の児童は、語学の学習に極めて堪能であって、他人の正確になる発音を模倣すること、記憶力の強きことなどは却て中学生にも勝って居るという心理学上の説が実地に確かめらるる（中略）実用的の効果を発揮せずとも、吾国民の間に、英語修得の水平線を高むるといふ効果をあらはす。

この最後の主張には教養主義的、および国民教育的な視点がみられ、注目される。

では、実際に英語科教育を行っていた小学校ではどうだったのであろうか。学習院初等科の経験をみてみよう。石黒魯平は次のように述べている[62]。

> 二十年程前〔1910＜明治末＞ごろ〕に学習院では、初等科五・六年に、塩谷栄氏の"The Language Readers"とか熊本氏の"Drill Readers"などの第一巻を半分以上やる位の程度で、英語を課していた。先生は熊本謙二郎氏以下堪能な人たちであった。それを相当長い経験の後にやめてしまった。その時熊本教授は、小学六年児童には、
> 　　The middle finger is longer than any other finger.
> などの表現に要する思考力が十分でないといふ説明をせられた。

同様に、慶応幼稚舎でも第1学年から課していた英語を、1922（大正11）年からは4学年以上からに変えた。その理由の中で、「母国語を発音するさえ困難なる時期に、更に英語の発音を学習せしむるは、徒に児童を苦しめるのみである」としている[63]。

（2）中等学校英語科との整合性

1907（明治40）年度までは、中学校および高等女学校に進級するには高等小学校の2年以上の課程を修了していなければならなかった。そのため、高等小学校で英語を学んだ者とそうでない者とが中等学校で混在することがし

62　石黒魯平『外語教授　原理と方法の研究』開拓社、1930年、pp.33-34
63　小林澄兄・堀梅天「幼稚舎に於ける英語教授は高学年より始むるを可とするの意見」1918年（『稿本慶応義塾幼稚舎史』1965年所収）。なお、慶応幼稚舎の英語教育に関しては、竹中龍範「わが国における早期外国語教育の歴史」垣田直巳監修『早期英語教育』大修館、1983年、および「小学校における英語教育の歴史――慶応幼稚舎の場合」『香川大学教育実践研究』4、1985年を参照

ばしば起こり、深刻な問題となった。京都府立第一中学校教諭の山本良吉は、1903（明治36）年に次のように述べている[64]。

> 高等小学校に英語を課する必要のありやなしやは現今に於ては一の疑問なり（中略）高等の学校にありては、新入生に英語の力のあるものと、なきものと混合し居らんよりは、寧ろ全く英語の力なき者のみの方、教授にも管理にも都合よしとす。

また、『教育時論』(1907)の「時事彙報」には、「高等小学校は英語の教育に於ける最初の階梯にして、従来中学其他との連絡につき、当局者間に於て物議の絶えざりし問題」とある。次の記事を読むと、この問題が年を経るごとに一層深刻化し、以下のように、ついには文部省レベルで英語廃止論を検討するまでに至ったことがわかる[65]。

> ●小学校と英語科　高等小学校に於ける英語科は随意科目にして、土地の状況に依り、或はこれを加授し或は之を加授せざるものあり、其結果中学校入学後の学力に甚だしき不統一を来すの弊あるが、文部省にては、今後之を必須科目とすべきや、又はこれを全廃すべきやに就き、専ら調査研究中なりと。

（3）小学校の英語教員問題

英語科を担当する小学校教員の資質も深刻な問題になっていた。明治末期の教育雑誌には次のような記事がある[66]。

> **英語授業改善**　東京市に於は従来高等小学校に英語科を随意科目として教授〔してきたが〕生徒の成績毫も挙がらず、のみならず其教授法も亦区々に亘れるの嫌ありて（中略）其発音と云ひアクセントと云ひ殆ど変則的の傾向を来し、中学時代になりても此の悪習慣の矯正困難なるより、父兄其他の間に非難あるを以て之を全廃せんかとの議もありしかど（中略）〔明治〕41年度より教授法の改良〔を行い〕、その第一着手として当該教員には中等英語教員有資格者若くは同等以上の学力を有する適当の教員を採用することとなり。

64　「高等小学校の英語教師」『教育時論』第646号、1903（明治36）年3月25日、p.12
65　『教育時論』第836号、1908（明治41）年7月5日、p. 39
66　『教育学術界』第17巻1号、1908（明治41）年4月10日の彙報

また、岡倉由三郎も「教師の点から考へても、外国語の学習を小学校から始めるのは善くない。(中略)初歩の英語教授は最も大切であるから、然るべき教師で無い者が、幼稚なる学生に対して、なまなかの教へ方を行ふならば、後になって矯正をするにも甚しき困難を感ずる」と主張している[67]。

　小学校英語教員問題を打開するために、西洋人から直接英語を学ぶ機会の多い高等女学校の卒業生ならば、「小学校にて最も要する、正しき発音、読方、会話の如は最もその長所とする所なるべし」とするユニークな意見もみられた[68]。他方では、この意見に反論し、「小学校英語科教員採用の方法は、現今行はるゝ検定法に如くはなく、只吾輩の望む処は、検定の程度を高むるまでもなけれど、今少し実用的に変更せられん事のみ」とする意見もあった[69]。

　小学校英語教員の力量の低さは、何よりも彼らを養成していた師範学校の英語教育の貧弱さに起因するものであった。第4章で論じたように、明治末期の師範学校第一部の英語の授業時間数は、わずかに週3－3－3－2（計11）時間であり、しかも男子は必設随意科、女子は加設随意科にすぎなかった（師範学校規程：1907年）。週6－7－7－7－7（計34）時間も英語を学んだ中学校の卒業生ですら、「極めて少数の優等生の外は、決して適当なる小学校の英語教師となる能はざるが如し。其発音、其読方、其分析力、其理解力、すべて、例へば『ナショナル』第一読本をも間違なく教へ得るとは断言し難き様に思はる」[70]といわれていた状況で、師範学校卒業生が英語、しかも大切な入門期の英語を教えることの困難さは、並大抵のことではなかったと思われる。

　では、明治末期の高等小学校で英語を教えた教員の実力は、実際にはどの程度のものであったのか。それを判断する一材料として、1910（明治43）年5月に実施された東京府小学校英語専科教員検定試験問題をみてみよう[71]。

67　岡倉由三郎『英語教育』p.15
68　山本良吉「高等小学校の英語教師」p.13
69　田村郡太郎「山本良吉氏の小学校英語科教師採用説に反す」『教育時論』第652号、1903（明治36）年5月25日、p.9
70　山本良吉「高等小学校の英語教師」p.13
71　『英語青年』第23巻第6号、1910（明治43）年6月15日、p.136

英文和訳

1. Excellence in art as in everything else can only be achieved by dint of painstaking labour. There is nothing less accidental than the painting of a fine picture or the chiselling of a noble statue. Every skilled touch of the artist's brush or chisel, though guided by genius, is the product of unremitting study.

2. Family reunions at meals should always be rendered pleasant and agreeable. The occasion is a proper one for the observance of all the social amenities, and should be marked by the most kindly interchange of thought and feeling. The minor etiquette of the table must always be remembered and observed.

和文英訳

1. 若し合衆国が独立しなかったらあの様に進歩するのではなかったらう。
2. 地震の多いのが欠点で是さへ無かったなら日本は世界第一の国だが。
3. 若し私の御願を聞いて下されば実に有難い。
4. 何国語を学んでも始めは同じ困難を免かれない。

英文法

(1) 次の文を Indirect Narration に変ぜよ

"I have something particular to say," said Sir John to my father. "Will you come into the house for a few minutes? I will tell it to you there."

(2) 次の文に誤あらば正せ
  (a) The woman is not inferior than the man, but quite different.
  (b) I have never saw hundred years old man.

教授法

高等小学校一学年に授くるものとして英語最初歩教授案二時間分を作れ。

これをみると、解釈、英作文、英文法などはオーソドックスな問題で、教

授法の問題は入門期の指導に関するものである。この検定問題の英語レベルは、おおむね当時の高等学校や専門学校の入試問題程度で、師範学校卒業生相当の受験者にとっては決してやさしくはない水準であったと推測される。必ずしも単純な比較はできないが、現在の学習指導要領からすれば、和文英訳や英文法などは現在の高校の学習内容で、中堅大学の入試問題程度の水準といえよう。いずれにしても、当時の文部省施行の中等学校教員検定試験（文検）[72]と比べると、格段に平易であったことだけは確かである。

第3節　商業科附設時代の低迷期：1912－1918年

　図5-1（166ページ）の加設率の変化をみると、1912（大正元）年度からその数値が劇的に減少していることがわかる。また逆に、1919（大正8）年度には値が急上昇に転じている。こうしたグラフ・データの背後にある現実の動きを考察してみよう。

3-1.　外国語の商業科への編入と実用目的への一元化

　最初の急変は1911（明治44）年7月の小学校令改正によって引き起こされた。外国語科は独立の教科目としての位置を失い、加設科目である商業科の中で「英語を併せ授くることを得」とされてしまったのである[73]。この結果、外国語（英語）を何らかの形で加設する学校は全国平均で1911（明治44）年度の4.7％（567校）から、翌1912（大正元）年には一挙に2.3％（289校）へと半減した。

　この小学校令の改正では、日露戦争後の急速な重工業化の中で「工業の趣味を長じ」ることが謳われ、実業科目が必修になったことによって、高等小学校の児童は手工、農業、商業のいずれかを履修しなければならなくなった。

---

[72]　たとえば、伊東勇太郎『文検受験用英語科研究者の為に』大同館、1925年、宮本五郎『文検英語科問題解答集』大同館、1929年参照。また、文検の英語問題に関しては茂住實男の研究がある（「文検」研究会編『「文検」試験問題の研究』学文社、2003年所収）。

[73]　この時期の小学校英語教育に関しては、竹中龍範「小学校の英語――商業科附設の時代」『日本英語教育史研究』第18号、2003年参照。

その余波を受けて外国語は「商業科」の中に組み込まれ、商業活動のための一方便としての位置に矮小化されたのである。

こうした背景には、1908（明治41）年度の義務教育6年制化によって高等小学校が中等学校との接続を断たれ、2年制（3年制も可）の完成教育機関になったという制度上の変化がある。旧制中学校から高等教育へと進むエリートには、世界を認識し先進文化を摂取するために英語がふんだんに教えられた。だが、非エリートの傍系コースとなった高等小学校では、「商業科」を選択した一部の児童にだけ実業教育の一環として英語を教えてもよいとされるにとどまったのである。

ここに、高等小学校における英語科教育の目的は、最後的に「実用」に一元化された。この点は、1910年代以降の各科教授法の記述の中にはっきりと示されている。この時期の各科教授法の教科書をみると、「英語の教授は常に実用を主とすべし、されば会話問答の形式を便とす」[74]となっており、さらに明確に「小学校の英語教授の目的は、実用を主眼とすれば、語彙の数は少なくとも、日常応答に差支なきを主眼とすべし。かの文学的に走るが如き、甚、非なり」[75]と断言している教科書もある。大正初年に出た次の教科書をみると、この時期には高等小学校の英語科の目的から、中等学校の予備教育のためという側面を払拭しようとしていたことがわかる[76]。

> 小学校に於ける英語の教授は、簡単なる会話を為し、近易なる文章を理解して、処世に資すること、即ち**実用**を以て主とすべきものにして、従来或種の論者の如く、之を以て中等以上の学校に進む予備教育となさんとせるが如きは、甚だしき誤謬と言はざる可からず〔強調は原文〕

義務教育6年制化以降の高等小学校の社会的階級的な性格について、野口援太郎は次のように述べている[77]。

---

74 小泉又一、乙竹岩造『改正小学校各教科教授法〔訂正7版〕』大日本図書、1910年、p.333
75 小平高明『師範学校教授要目準拠 各科教授法』目黒書店、1910年、p.435
76 小川正行ほか『新撰各科教授法〔訂正三版〕』東京宝文館、1913年、p.301
77 野口援太郎『高等小学校の研究』帝国教育会出版部、1926年、p.7

高等小学校の教育は他日、主として実際生産に従事する人々を養成するものである。中等学校以上の諸教育機関は、多くは直接生産に従事するものではなく、学者、教育家、政治家、芸術家、事務家等、所謂自由職業者か、若くは生産に従事しても、それは指揮命令する生産軍の将校を養成する機関である。これに反して生産軍の主体をなす所の大多数の卒伍を養成するものは、実にこの高等小学校である。

つまり、義務教育6年制化によって、尋常小学校から中等学校への進学が可能になると、高等小学校は最後的にエリート・コースから隔絶され、ごく一部が師範学校や実業学校に進学した以外は、生産軍の一兵卒として実務に従事する「実用の人間」を再生産する学校となったのである。

高等小学校の袋小路化は、おのずと生徒の意識も変えた。高等小学校に勤めた経験を持つある教師は、次のように語っている[78]。

高等小学校の教師にとって、四月の新学期はつらかった。はじめて教室へ入る。みるとつい先頃の三月まで同じ教室で机を並べて勉強した子どもたちのうちで成績が良く、経済的に恵まれた家庭のものがいなくなっている。彼等は中等学校に進学していったからである。高等小学校の児童には、進学の希望がかなえられなかった挫折感を深く抱いているものも多かった。また、彼等には卒業後の進路も中等学校の卒業生のようにはひらかれてはおらず、袋小路だった。だから、教室は日かげのように暗かった。

こうした学校系統の階層構造化は、必然的に教育内容の階層構造化を伴った。そうした実態を、高等小学校と中学校の英語教科書の内容を比較することで検証してみたい。対象は、どちらも浅田栄次が実際の執筆に当たった[79]『小学校用文部省英語読本』（全3巻、1908～1910年）と、中学校用の *Asada's English Readers*（全5巻、1909年12月27日検定認可）で、生徒の学齢期はほぼ同じである。

『小学校用文部省英語読本』巻一では、英米人（30％の課）に加え、Taro,

---

[78] 中野光「〔野口援太郎著『高等小学校の研究』（1926年）の〕解説」、日本図書センター、1982年
[79] 江利川「小学校用国定英語教科書の成立と変遷」『KELT』8号、1992年、pp.82-84

Kinzo, Ume といった日本人が23％の課に登場している。また、設定場所でも英米が皆無であるのに対し、日本が13％の課を占めているなど、児童に身近な話題が中心となっている。それに対して、中学用の『浅田リーダー』巻一では日本人は一切登場せず、英米人が44％の課を占めている。日本を設定場所とした課もない。その反面で、英、米、仏、独、露、中国、朝鮮といった海外の地名が多数登場してくる。題材が英米を中心に広く世界に求められていることがわかる。

　小学校用の巻三では、加減乗除やホテルの予約の仕方、郵便制度などのような実社会に直結する実用英語が随所に登場する反面、詩、小説、伝記などの文学的作品はいっさい見られない。この点も、巻一から詩やイソップ物語などの文学的作品を載せ、外国事情にも多くの課を割いている中学用とは著しい対照をなしている。

　こうした実用主義的な編集は、明治末期の他の小学校用英語教科書の特徴として一般的にいえることである。筆者が明治30年代以降の代表的な小学校用の英語教科書、約十種類を調査した限りでは、全体としては次のような一般的特徴を列挙することができる[80]。

　(1)　音声・会話が重視されている。
　(4)　題材には日本人が多く登場し、児童に身近な話題が多い。
　(2)　実用主義的な題材が多い。
　(5)　外国事情や文学等の教養主義的な教材の比重は軽い。

3-2. 学校現場からの英語科復活要求

　英語教育の商業科への併合は、下からの英語教育要求と対立した。併合が強行されるや、ただちに教育関係者の各種大会で英語科の独立要求が相次いで決議された[81]。全国各市学校連合会（1913年10月）では、「高等小学校に於ける英語を独立教科目に復旧せられん事を其筋に建議する事」が可決され

80　江利川「小学校における英語科教育の歴史（4）」『日本英語教育史研究』第8号、1993年、pp.91-97
81　この点については三羽光彦『高等小学校制度史研究』1993年、p.167の註27から示唆を受けた。

た[82]。第五回全国小学校教員会議（1914年4月）では、「英語科を商業科より独立せしむること」が可決された。理由は「英語と商業とは其の性質同一のものにあらず工業地に於ても英語を課する必要あるに由る」「英語科教授は必ずしも商業科教授に従属せしむべきものにあらざるに由る」とされた[83]。東京府教育会主催の全国教育者大会（1914年6月）は、「小学校に於て実業に関する智能を一層増進せしむる為現下施設すべき事項如何」という文部省の諮問に対する答申の一項目として、「高等小学校の実業科目を土地の状況に適切ならしむるため二科目を兼修せしめ若は商業科より英語を分離することを得しむること」を決議している。さらに、第十一回全国連合教育会議（1917年5月）においても、文部省諮問の「高等小学校の教科目及各学年の教授程度毎週教授時数等に就き改正を施す必要なきか若しありとせば其の方法如何」に対する答申として「商業中の英語を分離し加設科目とすること」を可決している[84]。

この英語科問題に対しては世論の関心も高かったようで、『読売新聞』（1916年5月8日付）は「連合教育会提出の案では従来商業中に含まれた英語を分離独立せしめ、商業の必要なき地方で英語のみを課するの便を謀つてあつて説明者は現行法令中改良すべき緊急点であると言つた。以て近時の趨勢を察知すべきである」と報じている。

また、内閣総理大臣の教育諮問機関である臨時教育会議も、1918（大正7）年5月の第三回答申で「高等小学校の教科目は取捨選択の範囲を広くし且つ教科目の内容に関しても十分に裁量を加へしめ以て地方の実状に適切なる教育を施さむことを要す」[85]として、英語科の名は挙げていないものの、地方の実情に応じた選択科目の拡大と弾力化を答申した。

こうして、ついに外国語科は復活した。学校現場からの声に押される形で、1919（大正8）年2月の小学校令改正で「外国語」が「商業」より分離され、独立の加設科目となったのである。その指導方針は教則第16条で次のように

---

[82] 『教育時論』第1028号、1913（大正2）年11月5日、p.42
[83] 『教育時論』第1045号、1914（大正3）年4月25日、pp.11〜12
[84] 『帝国教育』第419号、1917（大正6）年6月、p.67
[85] 文部省内教育史編纂会『明治以降教育制度発達史』第5巻、p.116

定められた。

> 外国語は日常簡易の英語を修得せしむるを以て要旨とす。
> 外国語は発音・綴字より始め簡易なる文章の読み方・話し方・綴り方・書き方を授くべし。
> 外国語を授くるには成るべく日常の生活に関連せしめて其の理解を容易にし、練習に重きを置くべし。

ここには「日常簡易の英語」、「日常の生活に関連せしめ」といった文言で、高等小学校英語科に特有の実用主義的な目的が一層明確に掲げられている。臨時教育会議の討議の中で小松原英太郎は、高等小学校の性格を「普通教育を補充せしむると同時に実際生活上に密接なる教科目を授けまして卒業の後は直ちに社会の実生活に入って相当能力を出すことができるやうにする」ことであると述べた上で、そこでの「教育は実に国民の日常生活に適切有効ならしむることを期待しなければならぬ」と発言している[86]。すなわち、英語を教える場合にも、旧制中学校などのように高尚な学術文化を摂取するための手段としてではなく、あくまで「日常生活に適切有効」な実業科目として学ばせる方針だったのである。こうした実業志向は、1941（昭和16）年度からの国民学校高等科において、英語が「実業科」の中に位置づけられたことで完結する。

では、なぜ英語を商業科に組み込む政策はわずか7年で破綻したのだろうか。日露戦争を経て名実ともに帝国主義段階に入った日本は、第一次世界大戦によって商工業での海外依存が飛躍的に高まり、国民は必然的に海外に眼を向けざるを得なくなっていた。さらに、産業化はおのずと高学歴志向を育んでいった。英語は高等小学校を尋常小学校と本質的に区別する、いわば「中等教育」の証であり、上級学校に進学し社会階層的上昇を実現するためのパスポートであった。そうしたパスポートを奪われることに対して、広範な反発が沸き起こったのは必然であった。しかも相変わらず上級学校では英語が重視され続け、中学入試の苛烈さから「高等小学校はいわば中学校進学

---

[86] 臨時教育会議（総会）速記録第十四号（大正7年5月1日）p.9（文部省『資料 臨時教育会議』第三集所収）

者の『予備校』ないし『中学浪人』のたまり場になっていた」という側面もあった[87]。たとえば大阪府の天王寺師範附属小学校では1917（大正6）年当時、法令に従い高等科の「商業」の中で英語を教えていたが、進んで他の上級学校に入学せんとする志望を有するものは大部分この部〔商業科〕に集まる傾向あり、思ふにこの科を履修するときは英語を学習する便を有するを以てなるべし」と学習動機を分析している[88]。

　政府の政策は、こうした現実を踏まえない画餅であった。また逆に、外国語に対する国民の下からの教育要求は、高等小学校の袋小路化と低度実業教育機関化という上からの政策的な意図を乗り越えるまでに力強いものになっていたといえよう。このことは、戦後の新制中学校における英語教育の一挙的な大衆化を可能にした一つの前提条件が、すでに1910年代には形成されていたことを窺わせる。高等小学校の英語科教育が本格的に大衆化するのは、この直後からであった。

第4節　高等小学校の大衆化と英語教育の隆盛期：1919－1940年

4-1．英語加設率の急増と検定教科書の隆盛

　英語科が独立の教科になると、押さえつけられていたエネルギーがほとばしり出るかのように、加設する小学校が急増した（図5-1・【資料5-1】）。改正前年の1918（大正7）年度に「商業科」の中で英語を教えていた学校は、全国でわずかに239校（加設率1.7％）にすぎなかったが、改正年度（1919）には一気に555校（3.8％）に倍増し、1921（大正10）年度には744校（4.8％）と明治末期の水準を回復、以後1932（昭和7）年度まで着実に上昇を続けた[89]。

---

[87] 天野郁夫『試験の社会史』東京大学出版会、1983年、p.198。なお、中学校の現役合格率は1912（大正元）年度にわずか39.4％であり、高等小学校の1年次修了者が30.6％、同2年次修了者が28.8％もあった（赤塚康雄『新制中学校成立史研究』明治図書、1978年、p.24）。
[88] 文部省普通学務局『全国小学校加設科目に関する調査』1917年、p.98
[89] 櫻井役『英語教育史稿』（1936年）には、1917年度から1926年度までの外国語を加設する高等小学校の校数が記されており、しばしば引用される。しかし、櫻井の1918年度237校、1922年度991校という数字は、『文部省年報』にもとづく筆者の計算では、それぞれ239校、1,074校になる。

第4節　高等小学校の大衆化と英語教育の隆盛期：1919-1940年

英語復活に沸く当時の気分を反映して、玉川学園の創設者である鯵坂〔小原〕國芳は1919（大正8）年に次のように述べている[90]。

> 小学校に於て英語科の必要を今更うんぬんする必要もないが、少くとも高等科ではぜひやって欲しい。今度いよいよ随意科から選択科にした意味も、余程英語科を尊重した意味であらうと思われる。（中略）先づ正科としてどしどし実現して教師を養成して大いにやることである。（中略）それは世界の日本という大きい立場から考へてさうである。吾々の見識をどれほど大きくして呉れるか分らぬ。

小学校の英語学習人口が急拡大する中で、民間の手になる検定英語リーダーも1921（大正10）年に15年ぶりに復活し、以後は1939（昭和14）年度までに63種類も発行された（他に英習字練習帳30、分類不明1）。その先鞭を付けたのが東京開成館編輯所著 *The Elementary School Readers* 全2巻（1921年検定）で、改訂を重ねて広く使用された。このリーダーをみると、空白の15年間に民間の教科書編修技術がいかに向上していたかが歴然となる。

①文法項目では巻一で受動態や時制（過去形、未来形、現在進行形）、巻二では比較から関係代名詞、関係副詞、感嘆文、仮定法などが登場するが、全体的には易から難へと比較的系統だって配列されている。

②新語数は巻一458語、巻二594語の計1,052語で、今日の中学校3年間の語彙にほぼ匹敵する。各課の平均新語数は15語で、ほぼ一定している。

③題材面では生徒に身近なトピックから始まり、英米の風物、「北風と太陽」「兎と亀」「金の卵」などの寓話、理科算術や伝記などの読み物がバランスよく配置されている。また、巻二の後半では「銀行」「デパート」といった実社会に関する題材や、英文レターの書き方、電話のかけ方などの実用英語のノウハウを盛り込んだ題材が登場している。卒業後の実務に備えさせようとしたのであろう。

④挿絵は大きく美しい。しばしば登場する Picture Vocabulary によって日本語を介さない直接教授法による練習ができるようになっている。

---

[90]　「小学校の英語科について」『学校教育』第71号、1919年6月1日、pp.89-90

以上ような編集方針は、おおむねその後の英語教科書に踏襲されている。ただし、昭和期になると音声練習の面が一段と強化され、発音表記法は旧式のウェブスター式が1930年代の半ば頃までには今日的なIPA（国際音標文字）に切り替わっていった。

4-2. 1920〜30年代の英語学習状況

尋常小学校2校の実践例を含め、先進的な英語科教育の様子をみてみたい。

4-2-1. 神戸小学校尋常科

『神戸小学校五十年史』によれば、同校では1917（大正6）年10月5日に英語発音の課外教授を開始している。記録には「国際海港都市たる神戸人としては英語を使用し、外人に親しむことは最も大切であり、又英語会話を練習するには幼少の時より始むることが最も大切であるとの見地から米人スミス氏に嘱託し、有志児童〔百二十余名〕に英語発音教授を開始した」とある（pp.350-351）。児童の訓練にとどまらず、翌1918（大正7年）には職員有志の英語発音会も開始された。この時期は英語が商業科に組み込まれており、全国的には英語教育がもっとも低調な時期であったにもかかわらずである。1919（大正8）年5月には「午後零時四十五分より尋常科第三学年有志児童の為め英語発音教授を行ひたり」という記録がある。法令とは無関係に、尋常小学校3年の児童に早期英語教育を課外で実施していたのである。しかし、さすがにこれにはクレームが付いたのか、翌1921（大正10）年5月には「英語発音教授は善照寺境内の幼稚園を借用して授業することに変更せり」となった。

尋常高等小学校であった同校が統廃合のために尋常科のみになってからも、驚くべきことに英語教育はますます盛況になっていった。1925（大正15）年4月より「高等科が中宮校に移って尋常科のみになってからも一層力を入れて斯道の発達を計った」のである（p.875）。こうした英語熱は昭和になってからもしばらく続き、次にみるように、ついには神戸にある外国人学校との合同学芸会（「英語会」）を催すまでになった（p.503）。その内容は驚嘆すべきものである。

第4節　高等小学校の大衆化と英語教育の隆盛期：1919-1940年　215

```
THE THIRD ENTERTAINMENT
            OF
   THE ENGLISH DEPARTMENT
     KOBE PRIMARY SCHOOL
            AND
      CANADIAN ACADEMY
      LECOLE SAINT MARIE
     ENGLISH MISSION SCHOOL

   AT THE KOBE PRIMARY SCHOOL
   AT 2 P.M., THURSDAY, MARCH 3rd, 1932
OPening Address ················Chairman

              PART I
 1 Japanese National Anthem
 2 British National Anthem
 3 American National Anthem
 4 French National Anthem
 5 Addresses by················Mr. N. Nakayama
 6 Welcome Greetings···············By some Pupils
 7 The Counting Lesson·············1. 2 ···· K.P
 8 Billy Pringle ·········Chorus ····· 2. 3 ····· 〃
 9 on the Way ····Conversation ··{S. Kawamura / H. Matsuo}  〃
10 Mrs. Pussy's Dinner ············ 2 ········· 〃
11 I see You ············· Chorus ···· 1 ········· 〃
12 "I Saw a Ship" and the others.
                 Recitation ··· 2. 3 ····· 〃
13 Dutch Songs ················ 2 ····· C.A.
    Bubble Chorus

14 Piano Solo (Selected)···········Ami'da Kiyoko Tachibana···K.P
15 Cymbal Drill ························································ S.M.
16 (a) "Every Little Wave had its Night cap on"
    (b) "An Old English Rhyme"··············· 3. 4 ······· C.A.
17 "people will talk" ············· play ······················ E.M.
18 piano "La czarine" ·········Duo··········{Matsue Abe / Louisette Diserens} S.M.
19 "Sailors"···············Japanese dance ······ 1. 2 ······ K.P.
                Kobe Primaryy School ······K.P.
                Canadian Academy ·········C.A.
                Lecole Saint Marie·········S.M.
                English Mission School······E.M.

              PART II
 1 John Browu's Little Indians Chorus ······· 1 ········· K.P.
 2 Building a House ·························· 3 ·········· 〃
 3 The Merry Little Men ······················ 4 ·········· 〃
 4 How to Play ·································· 1 ·········· 〃
 5 In Uion, There is Strength··Recitation·····Yoneo Matsuda····· 〃
 6 GooddNight Ladies ··········Chorus ········ 3 ·········· 〃
 7 See-Saw Sacradown ························· 4 ·········· 〃
 8 "A Dream Party"············A Bialogue ···· 3. 4 ······ C.A.
 9 (a) Tambourines
    (b) The Gypsy Camp·······Chorus ········· 5. Bl ······ 〃
10 Piano Solo "Waterloo"······················Kayo Nishimura ··· K.P.
11 "A Souod Opinion"···········Dramatization ··· 5. 6 ······ C.A.
12 Eng'ish Speaking Meeting··· Debate ······· 7. 8 ······ 〃
13 The Dentist ·················Play ···························· E.M
14 Piano "Marche Indienne"··· Trio ······{Matsue Abe / Louisette Diserens / Fusako Nakamura} S.M
15 (a) See Ballade
    (b) The Fisherman's Prayer ··············· 7. 8 ······ C.A.
16 Dumbell Drill ························································ S.M.
17 (a) Tsunokuni
    (b) Utagaruta ·············Japanese dance ··· 3. 4 ······ K.P.
Closing Address ········································ Chairman.
```

図5-5　神戸小学校の英語会プログラム（1932年）

英語会-昭和五年三月三日

　大正七年〔大正六年の誤りであろう〕より実施せる英語発音教授は毎年二百五十人乃至三百人の志望者を得て、教授を継続していたが、一には学習を奨励するため、一には外人との直接交渉によって国際心を養成し気宇を大きくするため、年一回英語会を開催することとした。期日は三月三日の雛祭の日を選び、これを外国人に紹介することとし、カナディアンスクール、エコーレ・セント・メリー、イングリッシュミッションスクールの三校職員児童を招き、各校独特の学芸会を演ずることとした。そして、その第一回を昭和五年三月三日午後一時より本校講堂に於て開催した。

　この学芸会の英文プログラム（1932年の第3回）をみると、英語の歌あり、劇あり、スピーチありと、実に充実した国際理解教育の場となっていることがわかる（図5-5）。

216　第5章　高等小学校の英語科教育

写真5-4　和歌山師範附属小での尋常1年生への英語授業（1924〜25年頃）

4-2-2．和歌山師範附属小学校尋常科

　和歌山県師範学校附属小学校では、訓導の石口儀太郎（1900-1970年）が中心となって、1924（大正13）年10月より、なんと尋常科の1年生と2年生174人を対象に英語教育を実践した。ネイティブスピーカーと日本人教師のティーム・ティーチングで、直接教授法（Direct Method）により週3回30分ずつ英語を教えたのである（**写真5-4**）。石口は同校に在任中の1926（大正15）年6月にみずからの実践を集大成した大著『新尋一教育の実際』を刊行している[91]。公立の尋常科で、しかも1年生から英語の授業を実践した例は、筆者が知る限り他にない。その意味で、和歌山師範附属小学校における実践は、日本の英語教育史の中で特筆すべき活動である。その実践内容については、すでに筆者らが詳細に考察したので[92]、ここでは低学年向けの特徴ある指導

91　石口儀太郎『新尋一教育の実際』教育研究会、1926年
92　東悦子・江利川春雄「和歌山師範附属小学校における低学年の英語教育－1920年代における石口儀太郎の実践を中心に」『紀州経済史文化史研究所紀要』第25号（和歌山大学）、2005年、pp.1-23

法を紹介するにとどめたい。
　授業には歌、遊戯、掛図、単語カードなどを取り入れている。石口は「耳の練習と発音のけいこには、唱歌が一等ききめ」があるようで、「ことに幼学年児には、かんたんなる動作遊戯などをしながら教授をすすめることは、実に、だいじなこと」で、「これらを暗誦することが自然に英語のもつ調子を会得する助けとなる」と記している。
　また、絵教材の使用に当たっては国語用掛図などの使用を推奨し、「児童等はすでに自国語の学習に一度は出くはした極めて印象の深いものであるから面白く有効である」としている。さらに、絵を使った遊戯として、「名前を言つて絵をつかせる」「絵をみてすぐに其の名を言はせる」「印刷文字と絵とを添はせる」「絵について短いお話などきかせる」「絵をつくつて見せる」を挙げている。いずれの実践も今日的な示唆に富んでいる。
　師範附属小学校とはいえ、尋常科1・2年生への英語教育の導入という大胆かつ先駆的な実践は、大正自由主義教育が開花した1920代ゆえに可能であった。事実、同校の英語教育は5年ほど継続したものの、その後の軍国主義・国粋主義の台頭の下で中断を余儀なくされ、復活したのは敗戦後の1946（昭和21）年度からであった（5-2-3参照）。
　なお、同校の姉妹校である和歌山女子師範附属小の1930年前後の英語教育方針については『皇国教育』（1931年）に詳しい。和歌山県は全国随一の北米移民県であり、小学校英語への期待も高かったようである。1939（昭和14）年度における高等小学校の英語加設率は25.9％で、全国6位だった（図5-3参照）。

4-2-3. 川崎市特設高等小学校

　川崎市特設高等小学校の校長であった山崎博の『高等小学教育の革新研究』（三成社、1936年）には各時間ごとの「教科実際案」（1935年度）が2学年分掲載されており、昭和期の公立高等小学校における英語教授の実際を知る上で貴重である。これによれば入門期には「単語カード」がしばしば用いられている。また、米貨や野球道具といった実物を毎回のように教室に持ち込み、「実物挿絵によりて話方の大体を授け後本によって教授す」とあるよう

に、なるべく日本語を介さないで実物による「観念連合」を形成させることに留意していた様子がうかがえる。また、2年の3学期にはレコードが使用されているが、要目には「文部省顧問パーマー氏商大教授ルッドマン氏発音練習」とある。H. E. Palmerの指導法が公立小学校の英語の授業にまで浸透していた事実は注目される。

なお、同校では「高等小学校の実業教育化、職業教育化を考へる場合に中心価値を具現するものは実業教科である」とした上で、「実業教科には英語、家事（女児）、裁縫（女児）、図画、手工、工業、商業、簿記、珠算、職業指導科が含まれる。本教科は実業価値を体現せる教科である。作用としては実習要素を多分に内含するものであるから実習科ともいへるかも知れない」(p.154) としている。国民学校令の規定を先取りするかのように、英語科を明確に「実業教科」として位置づけている点が注目される。この時期にはまだ小学校外国語科の教養的意義を強調する主張も一部にあったが[93]、高等小学校の大衆教育機関化がますます進み、しかも戦時色が強まり英語が敵性語や敵国語とみなされる風潮の中にあっては、国際理解や欧米の進んだ文化の摂取のための外国語という論理が後退し、外国語の即物的な実用性が前面に押し出されるようになった。そうした傾向は官立の東京高等師範学校附属小学校においてもみられ、就職コースであった同校第4部の男子高等科では、当時「実用英語」を週2時間ずつ1・2年生に課しており、この方針は少なくとも1940年までは続いたという[94]。

4-2-4．私立大森清明学園（東京）

私立小学校における実践例を、東京の大森清明学園教諭であった入江勇起男の「小学校に於ける英語教育（1）～（3）」(1935年) からみてみよう[95]。ここにはかなり詳しい教授方針も書かれている。興味を引くのは、入江が小学校英語科の存在意義を必死に訴えている姿である。彼は「学習困難なる外国

---

[93] たとえば、中澤留『高等小学学習指導形態の研究』南光社、1936年。江利川「高等小学校における英語科教育の目的とその変遷」参照
[94] 『東京教育大学附属小学校教育百年史』1973年、p.702
[95] 『英語の研究と教授』第4巻第5～7号、1935（昭和10）年8月～10月

語を、例へそれが外国文化を知る正しき道であるにせよ、何故小学校に於いて課す必要があるか」と問いかけ、その理由を「（1）尋常小学時代は人間一生の中、語学的才能の最も伸張する時期なるを以て学習に最も能率が上る」点と、「（2）外国に対し Prejudice を持たず、又は持つこと少きを以て、教はりたるがまま素直に受入れ international culture を得る素地を養ふことが出来る」点に求めている。その上で、小学校の英語科の意義と指導方針を次のように主張している。教育目的を「興味」や「教養」に定め、音声・会話指導に力点を置いていた様子がわかる。

1. 児童今日の必要又は興味を満す為、
2. 英国文化が築かれている礎を一教養として与へる為、
3. 中等学校に於ける英語科の負担を軽減する為、

現在中学校の Reader 一の巻前半に見るが如き基礎的なる文章を、三十分づつ一週二回、二個年計画（この時間年限は一つの仮設）にて、聞いて分るのみならず、正しき発音にて話し得る様にし、併せて alphabet の四通りの文字を教へること。但し余力あらば進んで英語の単語、文章を読み、又書く基礎知識を与へること。

4-3. 戦争と小学校外国語科

急上昇を続けていた外国語の加設率は、1930年代に低下し始める。加設率は1919（大正8）年度から着実に上昇を続けてきたが、1933（昭和8）年度の9.9％をピークに漸減傾向に転じ、1940（昭和15）年度には8.6％にまで低下した。その背後にあるものは1931（昭和6）年の「満州事変」を契機とした戦争の本格化と、それに伴う極端なナショナリズムの高まりであろう。1935（昭和10）年3月には国体明徴が衆議院で決議され、1937（昭和12）年5月には『国体ノ本義』が刊行された。1936（昭和11）年10月に出された「教学刷新評議会答申」では、「外国語の教科については、全般的に考慮を加え実際上の必要に応じてこれを課すべく、又その教授に於ては、外国の国情・国民性を知らしめ、これによって我が国の特徴を明ならしむるに留意するの必要あり」とされ、その後の方針の基調となった。

こうした時代の雰囲気の中で、神戸尋常小学校の外国人学校との合同学芸会「英語会」は、参加児童数に衰えがみられなかったにもかかわらず、突然「昭和九年度に及んで学校教育の本質的努力を致すために一時英語発音教授を中止することになった」[96]。またもや小学校英語科廃止論が叫ばれる時代となったのである[97]。

第5節　戦時下と敗戦占領下の激動期：1941－1946年

5-1.　国民学校の成立と外国語科

1941（昭和16）年3月に国民学校令が公布され、4月には小学校が「皇国民の錬成」を目的とする国民学校になった。そこでは「実業科」の中で「必要に応じて簡易なる外国語を課することを得」とされた。これまでの小学校令施行規則とは異なり、国民学校関係法令では外国語の教授目的や内容に関する規定がないため、いかなる方針で教育されたのかは定かでない。しかし、東京高等師範学校附属小学校で英語を教えていた佐佐木秀一は、「地方の実状に応じて、英語又は支那語等が実業科と関連して課すことが出来る」とした上で、次のように述べている[98]。

> 都会地なれば実業英語、農村地方なれば、農業の大陸進出に関連して支那語が科せられることとならう。前者の場合、中学一二年でやるやうな一般的な基礎養成でやるか、又は一応の完成として内容を商業・工業等に関係あるものでやるかということには問題があると思ふ。私見としては大体、後者をとるものであるが、只これと異る所は、一年一学期は専らローマ字を課し、之を実業英語に発展させてゆくのである。上級三年の中学校への希望者には、自学的にやらせればよい。高等国民学校の児童の程度の実際と完成教育であるといふことから私はこの方法を実施している。

96　英語会への参加児童数は、1926年度364人、1929年度251人、1933年度265人（『神戸小学校五十年史』p.878）
97　たとえば「小学校の英語科廃止」『英語青年』1938（昭和13）年5月1日号の片々録、参照。
98　東京高等師範学校附属小学校初等教育研究会編『国民学校の基礎的研究』大日本図書、1940年、pp.523-524

このように、都市部では英語を課し商工業と関連した「実業英語」を、農村地方では「農業の大陸進出に関連して支那語」をそれぞれ課すべきだと述べられている点が注目される。すでに岐阜県の高等小学校では1935（昭和10）年度から「満州語」が加設されており、1939（昭和12）年度からは「支那語」も加設科目統計に現れるようになった（【資料5-1】）。こうした傾向は、当時の農業学校などと同様である。

5-2. 英語教科書の5種選定と国定化
5-2-1. 国民学校の英語教科書

英語教科書の使用状況の一端は**表5-10**のとおりである。いずれも民間発行の英語教科書が使われていた。しかし、日中戦争期には民間の検定教科書への圧迫が徐々に強まり、1940（昭和15）年9月に文部省は「昭和十六年度中等学校等教科書ニ関スル件」を通牒し、教科書を各学科目の各分野ごとに5種以下に制限した。その結果、小学校用の英語教科書は表5-11のとおり、読本5種類、英習字帳4種類の9種類だけに制限された。

こうして、民間による検定英語教科書の新規発行は1939（昭和14）年度を最後に途絶えた。その直後の国民学校期にはすべて国定英語教科書に代わったのである（**写真5-5**）。ただし、1943（昭和18）年度用の教科書目録には、表5-11に記載されたものと同じ民間発行の3冊の英習字帳だけが記載されている[99]。

5-2-2. 『文部省小学新英語読本』

文部省は明治末期の旧版に代わって1939（昭和14）年より*The New Monbusyō English Readers for Elementary Schools*（『文部省小学新英語読本』）を刊行した。実際の著者は明らかにされていないが、「編纂趣旨」は文部省で英語担当の図書監修官をしていた蠣瀬彦蔵が執筆している[100]。巻一は1939（昭和

---

[99] 林勲編『昭和十八年度中等学校青年学校教科用図書総目録（付国民学校高等科用）』日本出版配給株式会社、1942年。
[100] 蠣瀬彦蔵「高等小学校用新文部省英語読本編纂趣旨」『文部時報』第8巻第8号、1940年6月、pp.2-3。なお、蠣瀬は米国で博士号を取得した「合理的でリベラルな考え」を持

表5-10 昭和期に使用された検定教科書

年度	学校名	図書名	発行年月日	検定年月日	著作者	発行者
1927 昭和2	長野県松本尋常高等小	スタンダード・エレメンタリー・スクール・リーダー	大15.10.11	昭2.1.25	英語教授研究会編輯所	彰文館
1929 昭和4	三重県の高等小学校	スクール、チルドレン、リーダーズ	昭2.12.24 訂正再版	昭3.1.12	東京開成館編輯所	東京開成館
1936 昭和11	長野県清水高等小学校	ライジング・スター・リーダース	昭8.2.5 修正再版	昭8.2.8	A.W.Medley 村井知至	泰文堂

(出典)松本市『史料開智学校』第17巻、1995年、pp.566-567、三重県県令第25号（1929年3月）より作成。データの欠落部分は筆者が補足

表5-11 小学校用「5種選定」英語教科書

著者	図書名	巻冊	検定年月日	発行者
文部省	The New Monbusyō English Readers for Elementary Schools	2	1941.2.12 文部省検査済	文部省
Medley, 村井知至	Rising Star Readers for Primary Schools	2	1933.2.8	泰文堂
三省堂編輯所	The New English Primer: Revised Edition	2	1939.6.13	三省堂
東京開成館編輯所	New Elementary School Readers	2	1938.1.28	東京開成館
稲村松雄	Revised Royal Crown Readers for Elementary Schools	2	1938.2.7	彰文館
東京開成館編輯所	Primary School Penmanship	2	1933.11.24	東京開成館
彰文館編輯部	First Modern Penmanship	2	1939.2.13	彰文館基祐
昭和図書編輯部	The Gloria Penmanship	2	1937.3.16	昭和図書
英習字研究会	New Progress Penmanship	2	1935.12.20	修文館

(出典)『昭和十六年度使用中学校教科用図書総目録』（小学校の部）pp.3～4（中村紀久二氏蔵）

14)年7月26日初版発行、1941（昭和16）年2月10日訂正発行（改訂部分はごくわずか）、同年2月12日文部省検査済である。同年2月26日には巻二も発行され、その年の4月に発足した国民学校高等科用の国定英語教科書となった。

内容的には明治の旧版との継承性はなく、まったく新しい著作である。蠣瀬の「編纂趣旨」によれば、「教材の排列については一層難易の順に注意した。多くは課を二部に分つて、第一部は叙述の文とし、第二部は問答式などを利用して反復練習の機会を増し、又訳読を主としない教授法、口頭教授法〔Oral Method〕にも利用出来るやう考慮した」。この他、乏しい時間数に配慮して「簡単な文法形式に限定し」、語彙も「なるべく使用頻度の多いも

つ人物で、30余年も英語教科書の検定を担当した（語学教育研究所編『英語教授法事典』1962年、p.261)。

写真5-5　国民学校期の国定英語教科書と指導書・参考書

のを用ひる方針」とした。音声指導も重視されており、「第一課に先立ち発音練習を設け、尚数課毎に発音練習を添へた」。興味深いことに、題材には戦時色がまったく盛り込まれていない。

　巻一をみると、まず本課（70ページ；25課）に先立って4ページにわたるIntroductory Sound Drillが付き、Oral Methodの浸透ぶりがわかる。言語材料は段階的で無理なく配列され、巻一では間接疑問文、不定詞、過去形まで進む。題材もバラエティーに富み、戦時色もなく、そのまま新制中学校でも遜色なく使える。

　1年半後に刊行された巻二は、本文72ページ、付録26ページで、全24課からなる。題材の特徴は、巻一では全課の2割に登場していた欧米人の姿がほとんどなくなり、日本人を主人公にした日本国内の話題が大勢を占めるようになった。愛国的な郷土教育が叫ばれる時局を反映してか、Tokyo, Tokyo Station, Mt. Huzi, Kobe, Osakaといった地誌的な課が目立つ。また、At a Shop, Writing a Letter, A Letter to a Friendといった実用英語的な課が最後の方に置かれているのは実社会に出る備えであろう。付録では11ペ

ージにもおよぶ「日本語化した英語」（Japanized English Words）の一覧が注目される。たとえば「エプロン apron［éiprən］西洋前掛」「ストライク strike［stráik］〔野球〕条件に叶う投球」といった具合である。駅のローマ字表記が消えた当時の世相を考えると、この付録は英語を正しく覚えるためというよりも、身近な生活から英語を追放するための「言い換え用語集」を意図したのかもしれない。

5-2-3. 『高等科英語』

『文部省小学新英語読本』の巻一は半分ほどに縮約されて、戦局も押し詰まる1944（昭和19）年秋に『高等科英語』（全1巻）となった。全体で60ページ、本文はわずか30ページで、この一冊が「一二年生用」とあるから、せいぜい週1時間程度の授業を想定していたと思われる。戦時下を反映して旧版の英米人はすべて日本人に差し替えられ、世界地図は「大東亜共栄圏」地図に、服装は国民服とゲートル姿に改められた。出征兵士の留守家庭への配慮からであろうか、『文部省小学新英語読本』にあった一家団欒の挿絵は削除されている。言語材料をみると、固有名詞を除く新語数を旧版（巻一）の350語から287語に精選し、文法項目の流れに無理はなく、入門期の英語を要領よくまとめてある。巻頭の音声練習（Drill in Sounds）や語彙一覧等の付録も残されており、薄い冊子ながら新教授法の原則が保持されている。

敗戦色濃厚な時期に、『高等科英語』は実際にどのくらい使用されたのだろうか。その実態は不明の点が多いが、「昭和二十年度使用国民学校教科用図書ノ供給制限ニ関スル件」[101]によれば、「英語」は高等科1年に40％供給するとされている。敗戦の年の極端な物資難の中にあっても、敵国語である英語の教科書を児童の4割分は確保しようとしていたわけである。この事実は、「太平洋戦争中は敵国語である英語は禁止」といった思い込みがいかに事実無根であるかを示している。

『高等科英語』は、敗戦の翌年にも暫定教科書として一年だけ使用された。戦時版にあった「敵機 tekki」と「敵 teki」の2語が削除され、冒頭の「大

---

101 「三重県公報　教第5, 235号」1945（昭和20）年1月19日（三重県教育センター蔵）

東亜共栄圏地図」が再び世界地図に戻されているなどの軽微な修正がなされた。第1分冊は1946（昭和21）年2月20日翻刻発行で新学期に間にあったが、第2分冊は5月17日文部省検査済だが翻刻発行日が8月30日であるから、実際に配布されたのは秋以降であろう。

『高等科英語』の存在は、準義務教育的な大衆教育機関であった高等小学校においても、英語科教育が戦中戦後を通じて連続的に行われる態勢ができていたことを証明している。語彙の精選や卓越した言語材料配列などをみても、新制中学校の英語教科書と連続する側面が強い。

ただし、国民学校高等科では1944（昭和19）年度ごろから徐々に勤労動員を課せられ、翌年度からは授業がほとんど停止させられた。したがって、実際には英語の学習は不可能に近い状況だったと思われる。国民学校で英語教育が本格的に再開されたのは敗戦後であろう。1920年代に先駆的な英語教育を低学年から実践していた和歌山県師範学校附属小学校でも、英語学習が尋常科1年生から再開されたのは敗戦後の1946（昭和21）年度からであった。同年2月3日の『朝日新聞』には次のような記事がある。

附属校で英語教育
　和歌山師範附属国民校では戦前五年間に亙り英語教育を行ひ好成績ををさめていたが、誤てる軍国主義のため一時中断されていたところ終戦とともに復活、新学期から目先だけでなく文化的、平和的な人間を作るため一年生から簡単な会話を教へ漸次原書まで読めるやう教育することになつた。第一期は会話よりまづ耳の訓練、第二期はイソップ物語などの読物をテキストにして子供の興味を盛り教育、大体一週四時間の予定。

以上の流れを踏まえ、最後に国民学校高等科における英語科教育と、戦後の新制中学校における英語科教育との関係を、教員と英語学習人口の面から考察してみたい。この問題は、英語科教育における戦前と戦後との連続性と断絶性を解明し、さらには戦後英語教育の一挙的な大衆化を可能にした前提条件を明らかにする上で重要である。

5-3. 国民学校高等科と新制中学校の英語教育

1947（昭和22）年に出された「学習指導要領　英語編（試案）」では、地域差を考慮に入れて中学校の英語を選択科目とした。これは「土地の状況により加設することを得」とした高等小学校（国民学校高等科）の規定と同じであり、外国語を必修とした旧制中学校とは断絶している。また、すでに見たように、乏しい授業時間数や教材構成などの点でも、新制中学校の英語科は旧制中学校よりもむしろ高等小学校の英語科に近い性格をもっていた。

一挙的な義務教育3年延長により、発足時の新制中学校では深刻な教員不足が生じていた。1947年4月30日時点での不足率は教科全体で19.1％（2万3,379人）で、とりわけ農村部は深刻であった。教科の中では外国語教員の不足がもっとも著しく、不足率は30.1％（3,543人）にも達していた[102]。こうした状況下で、発足時の英語教師はどのように確保されたのであろうか。戦後の英語教育界を指導した小川芳男は次のように述べている[103]。

> 新制中学はそれまでの国民学校高等科が母体となって生まれたものだが、この高等科には英語科がなかった。したがって英語の教員はいない。小学校教員養成の師範学校では、英語を教えたとはいっても専門に教えたわけではないので、極端な話、英語の専門家が零で新制中学の英語教育はスタートしたのである。

「高等科には英語科がなかった。したがって英語の教員はいない」という認識が、いかに誤りであるかは本章で明らかにした。小川ですらこうした事実認識であるから、高等小学校が新制中学校の発足に果たした役割を改めて確認する必要がある。

仲新は「新制中学校は国民学校高等科を最も主要な母体とし、さらに青年学校をもこれに併せて、主としてこれらを基盤として成立したものといえる（中略）生徒についても、また校舎・施設および教職員組織の面から見てもそうであった」[104]と述べている。また、赤塚康雄も「新制中学校の教員組織

102　文部省教育調査課『教育要覧』1947年、pp.164-165
103　小川芳男『私はこうして英語を学んだ』TBSブリタニカ、1979年、p.155
104　仲新『日本現代教育史』第一法規出版、1969年、p.296、p.302

は小学校、青年学校からの教員を中心として構成された（中略）『高等小学校』、青年学校の存在が、新制中学校の教員確保の保証となった」[105]と述べている。

確かに新制中学校の教員の経歴をみると、発足直後の1947（昭和22）年5月15日の全国調査（東京を除く）では、小学校からが50.9％で過半数を占め、次いで青年学校からが23.2％、中等諸学校からが5.9％、その他の学校からが0.4％、新規採用が19.6％であった。また、学歴では中等学校教員養成系学校の卒業生はわずかに4％にすぎなかった[106]。さらに、同年12月1日の文部省の調査では、新制中学校教員の供給源のうちもっとも多いのは小学校高等科の教員で、全体の約4分の1（23.9％）を占めている（表5-12）。

英語教員の場合をみると、新制中学校の英語教員総数は1947年12月1日現在で、兼務を除くと2万2,611名であった。そのうち英語の免許を持つ有資格教員は2,740人（12.1％）にすぎなかった。その免許種は高等学校英語159名（0.7％）、中等学校英語2,294名（10.1％）、実業学校商業英語85名（0.4％）、小学校外国語202名（0.9％）であった（表5-13）。しかし、このうち高等学校および中等学校の英語教員免許をもつ者のうちのかなりの部分は翌1948（昭和23）年度に発足した新制高等学校に異動してしまった。そのため、GHQ-CIEの占領当局は「最も優れた新制高校の校長や教員を選抜して、新制中学に転任させるよう勧告した」[107]。当時の切実な教員事情を、新潟県の関係者は次のように報告している[108]。

> 英語に関しては非常に頭を悩ませている。事にその質に至っては近年他の教科科目についても一般的に言えることではあるが、極めて低下している状況である、これは、専門的教育を受けなければならず、又正規の英語教員の資格を有するものは、殆んど近く新制高等学校になるはずの中等学校に吸収されてしまうことが、質の低下の一因となっている。

105　赤塚康雄『新制中学校成立史研究』明治図書、1978年、pp.208～209
106　文部省調査普及局編『教育調査資料集4　新制中学校実施の現状』刀江書院、1949年、p.4
107　佐々木仁三郎『三重県終戦秘録』三重県郷土資料刊行会、1970年、pp.140-141
108　文部省調査普及局編『教育調査資料集4　新制中学校実施の現状』p.33

228　第5章　高等小学校の英語科教育

表5-12　新制中学校へ勤務する直前の経歴と新規採用（1947年12月1日調べ）

	小学校初等科	小学校高等科	青年学校	中等学校	その他の学校	新規採用	合計
実　数	23,666	29,212	22,988	13,844	943	31,540	122,193
百分率	19.4%	23.9%	18.8%	11.3%	0.8%	25.8%	100%

（出典）『文部省第75年報』1947年度、p.745

表5-13　免許別教員数（本務教員男女総数；1947年）

勤務学校種 ＼ 免許種	高等学校			中等学校				実業学校		小学校	英語免許合計
	英語	仏語	独語	英語	仏語	独語	支那語	商業英語	支那語	外国語	
新制中学校	159	6	5	2,294	61	68	146	85	3	202	2,740
（構成比）	0.7%	0.0%	0.0%	10.1%	0.3%	0.3%	0.6%	0.4%	0.0%	0.9%	12.1%
旧制中等学校	593	19	27	5,729	55	87	174	110	14	165	6,973
青年学校	4	1	0	123	5	0	3	6	1	12	155
小学校	3	0	0	115	7	1	10	0	0	41	177
盲・ろう学校	0	0	0	16	0	0	0	0	0	2	18
幼稚園	0	0	0	4	1	0	0	0	0	4	9
各種学校	28	10	7	157	9	4	6	2	0	5	228
合計	787	36	39	8,438	138	160	339	203	18	431	10,589
大学・専門学校	840	72	468	1,660	33	72	57	9	0	18	3,229
総計	1,627	108	507	10,098	171	232	396	212	18	449	13,818

（註）中等学校の英語は「外国科英語」と「英語」の2種の免許の合計。独語、仏語も同様。
（出典）文部省調査局『学校教員調査報告（昭和22年12月1日現在）』より作成

　それゆえに、小学校の外国語免許所持者の役割が重要になってくる。その勤務先を調べてみると、1947（昭和22）年12月1日時点の調査[109]では、小学校外国語科の教員免許所持者は479名となっている（**表5-14**）。その勤務先でもっとも多いのは新制中学校の202名で42.2%を占めている。この時点で新制中学校の英語教員のうち正式な免許状のある者は2,740名（12.1%）であったから、その有資格教員のうち小学校外国語科教員免許状の所持者は7.3%になる[110]。しかし、後述するように、小学校の英語教員は一般に都市部に集中していたから、都会の中学校ではこの値よりもかなり高い割合の英語教員

109　文部省調査局『学校教員調査報告―学校教員の総括』1948年
110　*Ibid*. pp.137-138。なお、国民学校専科教員免許状を有する教員は新制中学校の「仮免許状」を有するとみなされていたが、1949（昭和24）年の免許法改正で仮免許状が廃止されたのに伴い、「中学校助教諭免許状」を有するとみなされるようになった。

第5節　戦時下と敗戦占領下の激動期：1941-1946年　229

表5-14　小学校各種教員免許状所持者の勤務先（本務教員男女総数；1947年12月1日現在）

学校種別＼免許種	小学校本科正教員	尋常小学校本科正教員	尋常小・小学校准教員	（専科）体操	音楽	農業	工業	外国語	合計
小学校	10,591	55,830	10,496	302	361	1,332	21	41	225,119
新制中学校	6,364	5,540	1,035	416	299	5,499	124	202	25,309
旧制中等学校	8,938	1,275	355	265	145	610	39	165	13,920
青年学校	4,785	1,942	444	87	23	2,644	37	12	14,429
盲・ろう学校	415	144	25	4	14	7	0	33	687
幼稚園・各種学校	576	260	91	3	19	4	0	8	1,190
大学高専師範諸学校	2,124	124	43	20	20	88	9	18	2,603
総計	169,414	65,115	12,489	1,097	881	10,184	230	479	283,257

（註）習字、図画、工作、裁縫、家事、商業、水産、養護の免許は省略（ただし合計には算入）
（出典）文部省調査局『学校教員調査報告－学校教員の総括』pp.183-186より作成

表5-15　免許資格別教員数（1948年1月調べ）
　　　　＊各府県の下段が外国語（英語）担当者の人数（構成比）

府県	教科	当該教科目の高等中等学校教員免許状を持つ者	他の教科目の高等中等学校教員免許状を持つ者	小学校教員免許状を持つ者〔免許種不明〕	教員免許状を持たない者 大学高専卒	青年師範卒	その他	合計
新潟県	全体	385(8.1%)	151(3.3%)	3,166(66.8%)	554(11.7%)	168(3.5%)	311(6.6%)	4,739(100%)
	外国語	30(9.0%)	20(6.0%)	131(39.2%)	120(35.9%)	6(1.8%)	27(8.1%)	334(100%)
愛知県	全体	490(11.1%)	103(2.3%)	2,901(65.7%)	416(9.4%)	320(7.2%)	183(4.1%)	4,413(100%)
	外国語	40(13.1%)	17(5.6%)	127(41.5%)	99(32.4%)	5(1.6%)	18(5.9%)	306(100%)
鳥取県	全体	16.9%	7.8%	46.2%	14.9%	7.6%	6.7%	(100%)
	外国語	23.3%	6.8%	10.7%	45.6%	2.9%	10.7%	(100%)
京都府	全体	363(26%)	51(4%)	642(47%)	212(15%)	51(4%)	56(4%)	1,376(100%)
	外国語	47(37%)	5(6%)	28(22%)	38(30%)	2(2%)	4(5%)	36(45%)
4県の平均	全体	15.8%	4.4%	56.0%	12.8%	5.6%	5.4%	(100%)
	外国語	20.6%	6.1%	28.4%	35.4%	2.1%	7.4	(100%)

（出典）文部省調査普及局編『教育調査資料集4新制中学校実施の現状』1949年、pp.64、76、135、163、173より作成。新潟県は南魚沼郡を除く。鳥取県は構成比のみで実数の記載はない。

が小学校から補充されたと考えられる。

　英語教員の供給源を示す全国的な統計はないが、新潟、愛知、鳥取、京都の4府県についての調査（**表5-15**）によれば、高等・中等学校の外国語教員免許状を持ち新制中学校で英語を教えている者は京都府で37％、新潟県では9％と差が激しいが、平均では20.6％で、これは教科全体の平均値15.8％よりも高い。英語を教えている者のうち小学校教員免許（免許種は不明）を持

つ者は平均28.4％で、教科全体の平均値（56.0％）の半数ほどにすぎない。つまり、師範学校を出た小学校教員では英語を教えることが困難だったと思われる。この時期の広島県での実態が、文部省の報告書に次のように生々しく語られている[111]。

> 新制中学校の発足にあたっては、その教員は多く小学校から仰いだ。旧制中学校の教員は新制高校の教諭になることを欲して新制中学校の教員になろうとしない。従って一般に教員の質は劣っている。特に英語の科目において甚だしく、師範学校卒業の教員は英語の実力が弱いといわれる。引揚者等の中で相当優秀な嘱託教員等もあるが、師範系以外の者は一般に落着きが悪く現在の給与水準では他の職業に転ずる虞れが多い。（中略）水産、商業、外国語、工業の教員は特に高等、中等教員免許状所有者や大学高専出を以て充当している。中でも外国語は数も多く、注目すべきである。一般に師範卒では外国語の実力が充分でないと考えられていることが分る。

以上から明らかなように、新制中学校発足時の英語教員の最大の供給源は、教員免許状を持たない大学・高等専門学校の卒業者であった。高等教育を受けた彼らは、英語の学習量において師範学校卒業者の比ではなかったから、真っ先に求められたのである。割合にすると鳥取県では45.6％、4府県平均でも35.4％と全体の3分の1以上を占めていた。敗戦直後は戦災や企業の破綻により理工系といえども就職口は乏しく、理数科との兼任で英語を担当した者が多かった。

以上を総合すると、新制中学校発足時の英語教員は、有資格の高等・中等教員が約2～3割、旧制大学・高専卒を中心とする無資格教員が4～5割であった。それ以外の約3割が小学校の教員免許を持つ者で、それには高等小学校の有資格英語教員の約4割が含まれており、これが全英語教員の7.3％を占めていたのである。

---

111 『教育調査資料集4 新制中学校実施の現状』p.112。なお、広島県での実状調査は1948年2月中旬実施。

5-4. 国民学校成立前後の英語学習人口

　国民学校が発足した1941（昭和16）年度の国定英語読本 *The New Monbusyō English Readers for Elementary Schools* の発行部数は、『文部省年報』によれば全2巻で35万冊にも達した。この数字から教師用（数千部）と義務制だった青年学校の普通科生用（推計で約2万部）[112] とを差し引いたとしても、同時期における国民学校高等科の英語学習者数は2学年で30万人程度になると推計される。これは、高等科児童総数の15％に当たる。この数字と同時期の外国語加設率（1940年度で8.6％）との間には開きがあるが、加設率はあくまで学校数にもとづく全国平均であり、加設率の高い都市部の学校ほど一般に児童数が多いことを考えると、決して不自然な数値ではない[113]。

　高等科と学齢期を共有する中学校1・2年生は当時約19万人だったから、全員が英語を学んだとしても国民学校高等科の英語学習人口（約30万人）には遠く及ばないことになる。この点は慎重に考察すべきであるが、いずれにせよ、戦後の新制中学校における英語科教育の飛躍的な大衆化を可能にした一つの前提条件を、傍系の高等小学校（国民学校高等科）が歴史的に整備していた事実は、再認識されるべきであろう。

第6節　小　括

　小学校における英語科教育は明治初期にはじまり、その本格的な実践は高

---

[112] 青年学校や実業補習学校ではしばしば高等小学校用の教科書が使用された。文部省実業学務局『文部大臣選奨　優良補習学校施設経営』（1928年）をみると1928（昭和3）年時点で約2割の実業補習学校で英語が教えられていた（第6章2節）。青年学校普通科男子の2割に英語が教えられていたとすれば、学習人口は1940（昭和15）年度で約2万人になる。この他、各種実業学校でもこの文部省リーダーが使用されていた可能性がある。

[113] 都市部と地方の小学校1校当たりの児童数を比較すると、1939（昭和14）年度では加設率1位の大阪は加設校のない宮崎の1.48倍、秋田の2.07倍であり、東京は宮崎の2.49倍、秋田の3.48倍にもなる。『文部省年報』1939年度版によれば、1校当たりの児童数は大阪188.5人、東京316.7人に対して、宮崎127.2人、秋田91.0人であった。こうした傾向は各道府県内の都市部と農村部とを比較してもいえる。したがって、加設率の全国平均が8.6％であったとしても、英語の学習人口が15％程度であったと考えることには論理的整合性がある。

等小学校が制度的に確立した1886（明治19）年度より6・3制に移行する1946（昭和21）年度までの60年間以上に及んでいた。それはアジア・太平洋戦争下でもほとんど途切れることはなかった。教科としての位置づけは開設自在な加設科目であり、随意科目だった時期が大半であった。そのため、その時代時代の教育政策の影響を直接的に被った。また、土地の状況により加設が左右されたために、一般に商工業が発展している土地ほど加設率が高いなど、地域の経済構造と住民の教育要求とを反映しやすい教科であった。

1908（明治41）年の義務教育六年制への移行に伴って、高等小学校が袋小路的な完成教育機関になると、英語教育は商業科に組み込まれて実用主義が強められ、その正常な発展は上から政策的に阻害された。しかし、こうした政策は教育現場からの根強い反発にさらされ続け、英語科は1919（大正8）年度に独立の教科として復活した。外国語を学ぼうとする下からの教育要求は、為政者の政策的意図を越えて国民各層の間に根づいていたのである。その後は急速に加設率を盛り返し、アジア・太平洋戦争の時期には国粋主義の風潮の中で加設率の低下傾向を示しはしたものの、昭和期にはおおむね全国の１割程度の高等小学校で英語が教えられ続けた。国民学校期にもその発足時から国定の高等科用英語教科書が用意されていたことは注目に値する。

こうした経緯を経て、高等小学校の英語学習人口は1940（昭和15）年頃には30万人前後に達しており、同一年齢の中学生19万人を上回るまでに成長していたと考えられる。高等小学校における英語科教育のこうした大衆的発展こそが、戦後の新制中学校における英語科の定着と発展の一つの前提条件を形成していたといえよう。高等小学校英語科と新制中学校英語科との連続性は、①乏しい時間数に対応した教材の程度や構成、②学齢がほぼ同一で非エリート層を広範に含むという学習者層、③選択科目という教科としての地位、④学校の設置母体の大半が市町村立、などの類似性から指摘できる。

高等小学校は現在の小学校よりもむしろ中学校に似た性格をもっているため、そこから得られる教訓を現在の小学校英語教育に機械的に当てはめることはできない。しかし、教材、教授法、教員養成などの面での様々な遺産は、今再び吟味されるべき価値をふんだんに含んでいる。

【資料5-1】 高等小学校における英語の加設状況（全国；1900-1940年）

年度	英語加設率	英語(外国語)を加設した高等小学校			加設科目設置校総数	加設科目中の英語科の比重	高等小学校総数	加設科目の内容等
		英語加設校数	英語単置	他教科と併置				
1900(M33)	6.0%	368	346	22	828	44.4%	6,162	手工、農業、商業、英語
1901(M34)	6.4%	490	445	45	1,235	39.7%	7,696	手工、農業、商業、英語
1902(M35)	6.9%	581	517	64	1,792	32.4%	8,453	手工、農業、商業、英語
1903(M36)	6.3%	567	500	67	2,237	25.3%	9,062	手工、農業、商業、英語
1904(M37)	6.1%	576	420	156	5,240	11.0%	9,436	手工、農業、商業、英語
1905(M38)	5.7%	565	395	170	6,190	9.1%	9,930	手工、農業、商業、英語
1906(M39)	5.4%	569	425	144	6,616	8.6%	10,513	手工、農業、商業、英語
1907(M40)	5.4%	605	392	213	7,051	8.6%	11,196	手工、農業、商業、英語
1908(M41)	5.5%	571	288	283	7,041	8.1%	10,396	手工、農業、商業、英語
1909(M42)	5.5%	601	215	386	7,656	7.9%	10,869	手工、農業、商業、英語
1910(M43)	5.4%	630	67	563	8,109	7.8%	11,744	手工、農業、商業、英語
1911(M44)	4.7%	567	39	528	8,589	6.6%	12,191	手工、農業、商業、英語
1912(T1)	2.3%	289	14	275	9,025	3.2%	12,703	商業（英語ヲ併セ教授クル）、手工、農業、英語
1913(T2)	2.3%	296	0	296	9,357	3.2%	12,990	商業（英語ヲ併セ教授クル）、手工、農業
1914(T3)	2.1%	272	0	272	9,570	2.8%	13,253	商業（英語ヲ併セ教授クル）、手工、農業
1915(T4)	2.2%	292	0	292	9,795	3.0%	13,563	商業（英語ヲ併セ教授クル）、手工、農業
1916(T5)	2.0%	279	0	279	9,781	2.9%	14,113	商業（英語ヲ併セ教授クル）、手工、農業
1917(T6)	2.0%	279	0	279	10,162	2.7%	14,066	商業（英語ヲ併セ教授クル）、手工、農業
1918(T7)	1.7%	239	0	239	10,399	2.3%	14,439	商業（英語ヲ併セ教授クル）、手工、農業
1919(T8)	3.8%	555	13	542	10,895	5.1%	14,689	手工、農業、商業、家事、図画、英語
1920(T9)	4.1%	625	23	602	11,028	5.7%	15,159	手工、農業、商業、家事、図画、英語
1921(T10)	4.8%	744	34	710	11,165	6.7%	15,630	外国語、手工、農業、商業、家事、図画
1922(T11)	6.6%	1,074	19	1,055	11,571	9.3%	16,229	外国語、手工、農業、商業、家事、図画、法制
1923(T12)	6.1%	1,032	21	1,011	11,969	8.6%	16,798	外国語、手工、農業、商業、家事、図画、法制
1924(T13)	6.6%	1,148	29	1,119	12,461	9.2%	17,334	外国語、手工、農業、商業、家事、図画、法制
1925(T14)	6.8%	1,202	29	1,173	12,677	9.5%	17,642	外国語、手工、農業、商業、家事、図画
1926(T15)	6.7%	1,203	1,201	2	1,216	98.9%	17,941	英語、公民、法制、簿記、水産
1927(S2)	8.5%	1,554	1,552	2	1,565	99.3%	18,212	英語、公民
1928(S3)	9.4%	1,723	1,721	2	1,737	99.2%	18,404	英語、公民
1929(S4)	9.5%	1,753	1,752	1	1,768	99.2%	18,495	英語、公民
1930(S5)	9.7%	1,797	1,795	2	1,816	99.0%	18,547	英語、公民
1931(S6)	9.7%	1,803	1,801	2	1,821	99.0%	18,554	英語、公民、手芸
1932(S7)	9.9%	1,842	1,841	1	1,850	99.6%	18,571	英語、公民
1933(S8)	9.9%	1,833	1,831	2	1,852	99.0%	18,591	英語、公民
1934(S9)	9.8%	1,833	1,831	2	1,853	98.9%	18,663	英語、公民
1935(S10)	9.6%	1,793	1,791	2	1,808	99.2%	18,747	英語、公民、満州語
1936(S11)	9.5%	1,783	1,781	2	1,796	99.3%	18,798	英語、公民、満州語
1937(S12)	9.5%	1,802	1,800	2	1,821	99.0%	18,898	英語、公民、満州語
1938(S13)	9.1%	1,728	1,724	4	1,746	99.0%	18,972	英語、公民、職業指導科
1939(S14)	8.9%	1,705	1,700	5	1,726	98.8%	19,073	英語、支那語、公民、職業指導科、武道
1940(S15)	8.6%	1,645	1,642	3	1,663	98.9%	19,116	英語、支那語、公民、職業指導科、武道

（註）高等小学校には市町村立および私立の単置制高等小学校と尋常高等小学校（本校と分校）の高等科での正教科と補習科をすべて含む（師範学校附属小は除外）。1921～24年はドイツ語1を含む。
（出典）【資料5-2】とともに、『文部省年報』各年版の「小学校及分教場全数」および「加設科目ヲ課スル市町村立私立小学校」より編集作成

【資料5-2】道府県別の英語加設率

道府県	加設率			1900（明治33）		1915（大正4）		1939（昭和14）	
	1900 明治33	1915 大正4	1939 昭和14	高等小学校数	加設校数	高等小学校数	加設校数	高等小学校数	加設校数
北海道	6.1%	7.0%	5.7%	164	10	302	21	813	46
青森	2.7%	1.1%	4.9%	112	3	180	2	347	17
岩手	0.0%	0.6%	0.6%	73	0	331	2	538	3
宮城	1.0%	0.0%	3.5%	102	1	348	0	458	16
秋田	1.0%	1.9%	0.0%	100	1	263	5	394	0
山形	0.0%	0.6%	0.7%	211	0	309	2	451	3
福島	0.5%	0.6%	2.3%	194	1	353	2	706	16
茨城	1.0%	0.0%	4.3%	210	2	439	0	516	22
栃木	0.0%	3.5%	5.3%	145	0	226	8	285	15
群馬	0.0%	0.0%	2.1%	174	0	321	0	340	7
埼玉	0.0%	0.3%	1.6%	135	0	301	1	444	7
千葉	0.0%	1.1%	1.2%	215	0	456	5	488	6
東京	35.6%	5.6%	32.4%	253	90	288	16	318	103
神奈川	12.9%	7.9%	28.6%	139	18	228	18	304	87
新潟	6.7%	3.0%	3.8%	193	13	430	13	650	25
富山	12.7%	16.7%	15.2%	55	7	78	13	277	42
石川	12.9%	1.9%	23.9%	93	12	213	4	314	75
福井	4.0%	3.1%	8.2%	50	2	226	7	306	25
山梨	1.5%	1.0%	2.5%	135	2	202	2	284	7
長野	1.3%	0.0%	3.6%	380	5	557	0	665	24
岐阜	5.8%	2.7%	8.7%	137	8	401	11	575	50
静岡	13.5%	4.0%	26.2%	185	25	351	14	496	130
愛知	14.4%	2.5%	33.9%	180	26	320	8	451	153
三重	15.5%	2.3%	9.1%	110	17	354	8	449	41
滋賀	12.0%	1.1%	10.9%	100	12	262	3	304	33
京都	9.0%	6.0%	18.8%	78	7	268	16	346	65
大阪	0.0%	24.3%	51.7%	102	0	173	42	352	182
兵庫	16.6%	4.1%	9.2%	211	35	460	19	544	50
奈良	1.2%	0.0%	23.8%	83	1	172	0	235	56
和歌山	5.2%	2.8%	25.9%	116	6	286	8	348	90
鳥取	3.8%	0.0%	5.1%	52	2	168	0	235	12
島根	2.4%	3.0%	3.4%	123	3	264	8	383	13
岡山	6.1%	0.4%	5.5%	131	8	458	2	495	27
広島	3.4%	1.3%	12.8%	145	5	384	5	584	75
山口	0.0%	0.6%	2.6%	296	0	359	2	418	11
徳島	11.9%	0.0%	4.5%	109	13	205	0	264	12
香川	11.8%	0.0%	7.1%	51	6	151	0	226	16
愛媛	3.4%	2.7%	0.9%	87	3	291	8	446	4
高知	0.0%	0.6%	8.8%	68	0	163	1	238	21
福岡	0.0%	3.4%	11.0%	98	0	294	10	391	43
佐賀	0.0%	0.0%	0.0%	119	0	181	0	173	0
長崎	12.1%	1.5%	8.0%	107	13	275	4	387	31
熊本	4.7%	0.3%	6.8%	64	3	289	1	518	35
大分	0.0%	0.0%	0.7%	90	0	334	0	402	3
宮崎	0.0%	0.0%	0.0%	56	0	139	0	201	0
鹿児島	6.3%	0.0%	0.8%	128	8	211	0	520	4
沖縄	0.0%	2.0%	1.3%	21	0	50	1	157	2
計	6.0%	2.2%	9.0%	6,180	368	13,314	292	19,036	1,705
平均				131.5	7.8	283.3	6.2	405.0	36.3

(出典)【資料5-1】参照

第6章

実業補習学校・青年学校の英語科教育

　実業補習学校(industrial continuation school)およびその後身である青年学校(youth school)は、義務教育終了後の進学先の中でももっともエリートコースから遠い学校制度であった。そのため、英語教育の大衆的な広がりの度合いを把握する上で、重要な研究対象となる。

　実業補習学校は尋常小学校卒業以上の勤労青少年を対象として、小学校教育の補習と、農業、工業、商業などの簡易な実業教育を施す教育機関として1893（明治26）年に発足した。そのほとんどが農業補習学校であり、大半が小学校などに附設され、教員も当初は小学校教員による兼任が大部分であった。授業形態は夜間に開設されたものが半数を超え（**表6-1**）、早朝、夕間、休日等に開設される学校もあった。通年制に加え、農閑期等に季節を限定した授業も行われ、また一定期間だけ宿泊によって授業を行う宿泊実業補習学校もあった。「貧しいがゆえに高等小学校に進学出来ない者が集まる実業補習学校」[1]という評価があるように、一般には経済的な余裕のない家庭の子弟が、勤労の傍ら学ぶ定時制の学校だったのである[2]。

　実業補習学校および青年学校は急速な発展をとげ、校数・生徒数ともに中学校を大幅に上回るまでに成長し、戦前の学校制度において無視できない比

1　鷹野良宏『青年学校史』三一書房、1992年、p.22
2　実業補習学校の現場からは「本校生徒は一般には労働者又は貧家の子弟多きを以て、ややもすれば社会の暗黒面のみを観るの弊なしとせず。従って将来社会生活に脅威を及ぼすの恐なしとせず」（東京市立第二実業学校〔補習学校〕）、「生徒の多くは昼間各一定の業務に服し労憊の躯を提げて登校するのみならず、被傭者にありては日夕相当監視の下に其業務に服し、労役奔命の外勤もすれば温き情味に触れざるもの亦少からざる」（大阪市立育英商工学校）といった実状が報告されている（文部省実業学務局『文部大臣選奨　優良補習学校施設経営』1928年）。

表6-1　実業補習学校の授業形態　　（男子：1930年5月1日現在）

	通年学校数	季節制学校数	不明	計	百分率
昼間授業を行うもの	2,380	962	9	3,351	23.6%
夜間授業を行うもの	2,222	5,792	12	8,026	56.5%
昼間及昼間授業を行うもの	1,954	784	3	2,741	19.3%
不　　　　明	28	39	25	92	0.7%
計	6,584	7,577	49	14,210	100%
百　分　率	46.3%	53.3%	0.3%	100%	

(註) 女子は昼間授業が85.8％、通年制が61.5％であった。
(出典) 文部省社会教育局編『実業補習教育の沿革と現状』青年教育普及会、1934年、pp.141-142

重を占めていた[3]（表6-2・6-3）。

第1節　制度的変遷と英語科の位置

1-1. 実業補習学校の制度的変遷と英語科の位置

　実業補習学校は、1893（明治26）年11月の実業補習学校規程によって制度的に確立された。そこでは「実業補習学校は諸般の実業に従事し又は従事せんとする児童に、小学校教育の補習と同時に簡易なる方法を以て、其職業に要する知識技能を授くる所とす」（第一条）とされている。実業補習学校の教科目は修身、読書、習字、算術および実業に関する科目とされ、正課に外国語はなかった。ただし、このうち「実業」に関する教科目は「商業地方に於ては商業通信、商業算術、商品、商業地理、簿記、商業に関する習慣及法令の大略、商業経済、外国語の類」の中から選択し、または便宜分合して定めよとある。外国語（英語）が当初から「実業」の下位科目として位置づけられている点に、学校の特徴が現れている。

　1902（明治35）年1月には実業補習学校規程が改正され、小学校課程の補習の側面が後退し、初等実業教育機関としての性格がより前面に出された。
　1913（大正2）年2月の『実業補習教育調査報告』（文部省実業学務局）では、

---

[3] 三重県では各市町村に平均1校以上が設置され、1926（大正15）年度に高等小学校から実業補習学校への入学者の割合は男子が63％、女子が56％だった。つまり、卒業生のうち、郷里を離れる者以外の大部分が実業補習学校に入学し、ほとんど義務制に近い状況だった（『三重県教育史』第2巻、1981年、p.730）。

表6-2　満20歳青年男子の学歴比較　1940（昭和15）年

学歴程度	尋常小学	高等小学	青年学校	中等教育	高等教育	不明	計
構成比（％）	10.4	24.3	46.9	14.0	3.5	0.6	100

（註）在学・中退者を含む。
（出典）文部省社会教育局『昭和十五年度　壮丁教育調査概況』1941年、p.14より編集作成

表6-3　実業補習学校・青年学校の学校数・生徒数・専任教員数

	年度	学校総数	農業学校内数	専任教員数	生徒数(A)	中学生徒数(B)	A/B
実業補習学校	1895（明28）	55	26(47%)	71	3,327	30,871	0.1
	1905（明38）	2,746	2,450(89%)	1,272	121,502	104,968	1.2
	1915（大4）	8,908	6,528(73%)	2,815	498,178	141,954	3.5
	1925（大14）	15,316	12,053(79%)	9,821	1,051,437	296,791	3.5
青年学校	1935（昭10）	16,705		68,179	1,902,157	340,657	5.6
	1940（昭15）	20,492		96,820	2,619,684	432,288	6.1
	1943（昭18）	18,034		86,050	3,063,638	607,114	5.1
	1946（昭21）	12,091		62,115	2,458,575	707,878	3.5

出典：『文部省年報』各年版より作成

「普通科目は修身、国語、算術、地理、歴史、理科（物理、化学、博物）、図画、英語等の中より選択すべし」と規定され、英語が普通科目の一選択教科として認知されている点が注目される。各学科目の配当時数は、画一的な規定ではないとした上で、商業補習学校についてのみ次のように参考例を提示している。小学卒で修業年限3年、毎週授業時数を12時間とするものについては英語2－2－3、中学卒以上、修業期間6カ月、週時間数12時間で毎夜授業する場合には商業英語4時間とし、また「職業別組織の例」として、銀行、外国貿易、織物商、機械商に従事しようとするものは英語を習うべきだとしている[4]。英語学習の目的が明確に職業上の必要のためとされている点が、実業補習学校の特徴である。

　1920（大正9）年12月の実業補習学校規程中改正では、従来の小学校教育の補習機関的な性格がさらに後退し、職業実務教育と公民教育に重点が置き換えられ、教科目では「外国語」が加設科目に加えられた。英語科の教授内容についての規定はないが、文部省実業補習教育主事の岡篤郎は、「英語は、

---

[4] 文部省社会教育局『実業補習教育の沿革と現状』青年教育普及会、1934年、pp.27-29

普通の英語につき、発音、綴字より始め、近易なる文章の読方、読解、話方、作文、書取、習字等を授け日常生活に必要なる知識を授ける」と述べている[5]。この内容は前年（1919年）に出された高等小学校英語科の教授方針（教則第16条）をおおむね踏襲したものである。

　また、拘束力はないが、文部省実業学務局は1922（大正11）年3月に「実業補習学校における学科課程の標準」を作成し、これを指針に学科の種別や地域の状況等により各学校で臨機応変に課程表を作成せよと通達している。英語の位置づけは次のとおりで、校種と男女で異なっていたことがわかる。

(1) 男子農業補習学校、男子水産補習学校、女子実業補習学校
　　いずれも、英語はない。
(2) 男子工業補習学校
　① 週授業時間数が前期8時間、後期6時間の場合には英語はない。
　② 時数が前期10時間、後期9時間の場合には、前期にのみ「簡易ナル実業英語」を1、2年とも各35時間（つまり週1時間）課す。
　③ 週時間数が前後期とも12時間の場合には、前後期とも35時間（週1時間）課す。
(3) 男子商業補習学校
　① 週時間数が前期8時間、後期6時間の場合には英語はない。
　② 時数が前期10時間、後期9時間の場合には、前後期とも「簡易ナル実業英語」を1、2年とも各35時間（つまり週1時間）課す。
　③ 週授業時間数が前後期とも12時間の場合には、前期35時間（週1時間）、後期70時間（週2時間）課す。

1-2. 青年学校の制度的変遷と英語科の位置

　1926（大正15）年には陸軍の意向で青年訓練所令が制定され、軍縮に伴う予備役確保の意図から、16歳から20歳までの男子青年に軍事的訓練が施されるようになった。

　1935（昭和10）年4月には実業補習学校と青年訓練所とを統一すべく、青

---

[5] 岡篤郎『産業教化地方改善　補習学校経営原論』東洋図書、1928年、p.253

年学校令が公布され、「青年学校は男女青年に対し心身を鍛錬し徳性を涵涵すると共に、職業及実際生活に須要なる知識技術を授け、以て国民たるの資質を向上せしむるを目的とす」(第一条)とされた。

青年学校は普通科、本科、研究科、専修科からなっていた。普通科は尋常小学校卒業者を対象とし修業年限は2年、本科は普通科修了者または高等小学校卒業者を対象とし男子5年、女子3年(ただし地域の事情により男子4年、女子2年も可)、さらにその上には研究科(1年以上)が置かれた。以上のいずれの課程にも英語科(外国科)に関する規定はなかった。また傍系の専修科は科目制で、修業期間はおおむね3カ月以上1年以内、授業および訓練期間、入学資格、専修項目等は地域の状況により適宜定めるとされた。専修項目は「珠算、簿記、速記、タイプライター、英語、製図、家具、塗工、園芸、養蚕、手芸、洗染、割烹其の他として職業に関する特別の事項とすること」とされ、青年学校の法令上初めて「英語」が登場する[6]。

その後、男子青年学校は1939(昭和14)年4月に義務制となった。同年の4月には工場事業場技能者養成令が出され、全国各地の工場などに技能者養成所が開校された。戦後の職業訓練校の前身である。こうした技能者養成所でも英語が教えられた(後述)。

1947(昭和22)年4月の6・3制発足に際して、青年学校は普通科と本科1年が新制中学校に移行吸収され、1948(昭和23)年3月31日には正式に廃止された。

青年学校における外国語科の取り扱いについては実業補習学校と同様に公式の法令はないが、文部省の千葉敬止は1938(昭和13)年に次のように述べている[7]。

> 外国語は我が国民の日常生活に須要なる普通の知識となって、一般教養を高める上から是非授けなければならぬやうになっていますれば、普通学科の中に加へて授くべきものと思ひますけれども、英語にしても支那語にしても左様にはなっていませんから、普通学科に於ては之を課する必要がないと思ひ

---

[6] 「青年学校ニ関スル件」1935年(昭和10)年通牒
[7] 千葉敬止『青年学校普通学科教授及訓練要目解説』1938年、pp.165-166

ます。尤も職業の種類によりましては、之を必要とするものもありますが、然る場合には、其の職業科の時間の一部を割き、職業科として之を授けてもよろしいのであります。また必要があれば、専修科の課程を設けて之を専修せしめるやうにするのも一方法と思います。

このように、文部省当局者は、外国語は職業上の必要がある場合に「職業科」の一環としてか、専修科目として課すべきだという認識を示している。しかし戦前期においては、学校現場のカリキュラム編成はしばしば法令ないし当局の指針と異なる場合が多いため、あくまで学校現場の実相を伝える資料に当たらなければならない。その点で注目される資料の一つが「私立青年学校の学科編成に就いて」と題する実態報告（1940年）[8]である。これによれば、少なくとも東京では「加設学科を置いている私立青年学校の殆んどすべてが英語を置いている」という実態だったようである。

> 加設科目についてしらべて見ると、英語を加設しているものが最も多く、その他物理とか化学とかを加設している例もかなり多く見られる。（中略）英語は要目の中には入っていないのであるが、加設学科を置いている私立青年学校の殆んどすべてが英語を置いていることが注目せられる。而して、商業方面の私立青年学校では中等学校用の英語教科書でやっているのが多いのに対して、工業青年学校では大抵工業英語といふものを加設して教へている。工場の生活に於ては材料、機械、工具等の名称に於て又その他の種々の術語に於て多くの英語が日常的に使用されているので、優秀な産業人となるためにはかゝる実生活に必要な英語の知識を獲得することがどうしても必要なのである。かうした実際の必要に迫られて要目にない所の英語を加設している学校が多いのであろう。この点は要目に於て今後研究を要する問題である。

こうした英語重視の傾向は、大半の工業学校や農業学校が法令上その義務がなかったにもかかわらず、実際には英語を課していたのと同様である（3章参照）。英語に対する国民の教育要求は当局の意図する以上に高かったようである。

8　矢口新・飯島篤信「私立青年学校の学科編成に就いて」『東京府私立青年学校協会報』1940年3月号（文部省社会教育局『青年学校教育義務制に関する論説』1940年、p.614、所収）

第 2 節　英語教育の実施状況

2-1.　英語の授業時数と教授内容

　学校単位の英語教育の実施状況を年代順にみてみよう（**表6-4**）。これによると、普通英語とともに商業英語ないし工業英語を課している学校もある。英語の週時数は1時間から6時間まで多様であるが、商業校では4～6時間のところが少なくない。ここで注意すべきことは、旧制中学校などとは異なり、夜間課程が主の実業学校は週の総時数が8～18時間程度にすぎなかったから、仮に週6時間の英語を課していたとすれば、それは総時数の3分の1以上に達するということである。戦前の商業要員の育成に際しては語学力（とりわけ英語力）の養成が重視されていたのである（第3章4節参照）。

2-2.　実業補習学校の英語教師と英語科の開設状況

　文部省実業学務局『文部大臣選奨　優良補習学校施設経営』（1928年）には優良と認定された実業補習学校の教員名簿が学校別に記載されているために、これをもとに英語教員の実相と英語科の開設割合を割り出すことができる。

　まず**表6-5**で英語教師の内訳をみると、記載されている39名のうち、実業補習学校の専任は10名（26％）で、他は他校との兼任であった。経歴は様々であるが、免許資格別には小学校本科正教員および専科正教員が11名（28％）、実業学校を含む中等教員が10名（26％）で、他は無資格ながら大学・高専の商業科や工業科および外国語学校を出た教員も少なくない。この面からも、昭和初期の「優良な」実業補習学校では小学校の補習教育的な側面が後退し、かなり中等実業学校的な性格が強まっていたことがわかる。なお、英語以外の教科を兼任する割合も高く、当然ながら商業系の学校を出た教師は商業関連の専門科目を、工業系出身者はその方面の専門科目を担当している場合が多い。

　次に英語の開設率をみると、不明の1校を除く82校の実業補習学校のうち22％（18校）であった。その内訳をコース別にみると、複数のコースを置く学校が多いため、のべコース数は38となり、うち農業系が10、商業系および工業系が各8、水産1、不明1であった。この当時、実業補習学校のうち約

表6-4 実業補習学校・青年学校における英語教育の実施状況（1898-1941年）

調査年	学校名	コース	期間	時数	内容	備考
1898 明治31	四日市実業補習学校	商業	2年	各6	誦読訳解習字（2年はさらに会話）	尋常小（4年）卒以上
1910 明治43	私立仙台商業補習学校	普通科高等科	各1年	各5	日常通用語及商用語	普通科は尋常小卒、高等科は高等小卒
1917 大正6	私立京橋実業補習学校	専修科本科	各2年	44-4	商業用会話	夜間制商業教育機関、14歳高小卒以上
1917 大正6	東京市立京橋工業補習学校	普通科専修科	2年 1年	1-2 2	簡易ナル語句ノ読方、書方、綴方及工業用語	修身1-1、国語4-1、算術4-1、英語1-2、工業1-3 (or 4)
1918 大正7	東京市立南槇町実業補習学校	商業工業	6ヶ月	6	羅馬字、会話、普通文ノ読解、書方	
1918 大正7	東京市立京橋実業補習学校	商業工業	2年	6-6	修身1、国語3、算術2、英語6、および商業または工業科目	
1918 大正7	東京市立本所実業補習学校	商業工業	6ヶ月	6	羅馬字、会話、普通文ノ読解、書方、綴方及ビ商工業英語	
1918 大正7	東京市立第一（および第二）商業補習学校	本科 普通科	各2年	2-3 0-1	訳解、書取	修身及び国語2-2、算術3-2、英語2-3、商業2-2
1922 大正11	愛知県立商業補習学校	商業科	2年	2-5	各講読、作文、習字等	14歳高等小学校卒以上、夜間6-9時
1924 大正13	愛知県立工業補習学校	紡織、染色、機械	2年	2-0		
1932 昭和7	名古屋市枇杷島商業実修学校	商業	2年	1-1	訳読文法商業用語	男子のみ。女子は裁縫
1933 昭和8	四日市市立商工専修学校	本科 専攻科 別科 高等英語科	4年 2年 1年 1年	各3各 3 1 9	発音綴字読方訳解習字文法1、英訳2、訳解6	週時数18、リーダー3までニューオリエントリーダー4他プリント授業（教科書なし）ニュー・ユニオンリーダー5他
1934 昭和9	名古屋市中ノ町商業実修学校	高等科貿易語部（英語科・支那語科）		?		英語科3学級、支那語科1学級
1934 昭和9	大阪市船場商業実務学校	専修科	6ヶ月	?	英語初等2組、英語中等1組、共に後期のみ	
1934 昭和9	鳥取県西伯郡渡実業公民学校	本科高等科	-	?	英語科教授の主眼点として「英文の基礎知識及趣味養成」とある。研究科目に支那語あり	
1935 昭和10	金沢市立女子実業青年学校	本科第一部	2年	1-1		本科二部、普通科は英語なし
1941 昭和16	千葉県白井村・白井公民青年学校	農業（本科男子）	2年	4-4	ローマ字、普通英語	（第二種：全日制）

(出典)『愛知県教育史』第4巻 資料編 近代3、1994年、『石川県教育史』第2巻、1975年、岡部教育研究室『農村における青年教育』1942年、『東京教育史資料大系』第9巻・11巻、『百年史 四日市市立中部西小学校』1979年、『宮城県教育百年史』第4巻、1979年、文部省社会教育局編『実業補習教育の沿革と現状』1934年、『四日市工業高等学校五十年史』1972年

第2節 英語教育の実施状況 243

表6-5 実業補習学校の英語教員（1928年）

学校名・種別	修業年限・授業時刻等	職名	身分	氏名	資格経歴	兼任学科目
東京市立第二実業学校（工業）	予科1年、本科2年、専修科6ヶ月、18-21時半	嘱託 嘱託	兼任 兼任	村井一郎 児玉琢尾	中等教、広島高師卒 九州帝大卒	国語 数学・力学・製図
東京市本所区本所商工学校（商業・工業）	普通科（前期）2年、中等科（後期）2年、専修科1年、18時40分～21時5〔0〕分	教諭 助教諭 教諭 助教諭	専任 専任 専任 兼任	小宮山重左衛門 鎌田利衛門 森 亮一 近藤直太	実業者、青山師範、日大卒 小本正、東洋大印度哲学 中等教員、米沢高工卒 中等教、教員養成所卒	商事事項、簿記、法制、歴史 — 工業、数学 —
大阪市立堀川商工専修学校（商業・工業）	本科2年、専攻科6ヶ月、18〜21時半。専攻科（男女）には「英語初等科」「英語高等科」がある。	教諭 嘱託 嘱託 嘱託	専任 兼任 兼任 兼任	繁村長孝 多田一平 河野徹士 竹村茂助	大阪外語 小本正、石川師範 大阪外語 専門教、大阪外語	英.国.女子英（英語A） （英語A） （英語B） （英語B）
大阪府立今宮高等補習学校（工業）	4ヶ月、18時半～21時10分。「実業英語部初等科」（前・後期）がある。	教諭 教諭	兼任 兼任	中野益利 二反田鶴松	旭大工科探鉱治金科 文部大臣指定、大阪外語別科	実用英語初等科 実用英語初等科
大阪市立育英商工学校（商業・工業）	各部2年、専科6ヶ月、1・2部と早朝部は1年、商業本科2年。早朝部は小学校開始前3時間前、夜間部は日没後（季節変動）	教諭 助教諭 嘱託 嘱託 嘱託 嘱託 嘱託 嘱託	兼任 兼任 専任 兼任 兼任 兼任 兼任 兼任	寺村善助 佐藤富長 池永敏夫 浅井誠太郎 松尾常保 泉正之助 松原保弥 定包進一 野瀬龍馬	小本正 小本正 大阪高商卒 長崎高商卒 早稲田商科専門卒 長崎高商卒 中学卒 私立英語専門学校卒 大阪外語卒	修身.商業.数学 — 広告術 — — 商業本科、商業 商業本科、商業 — 支那語のみ
埼玉県比企郡大河公民学校（農業）	青年訓練所併設。第一部前期2年後期3年、第二部2年、研究科。男子19-22時、女子9-16時	教諭	兼任	大塚 薫	師範本科卒	剣道
栃木県下都賀郡小山公民実業学校（商業・農業）	第一部昼間1年、研究科1年、第二部夜間：前期2年・後期3年・研究科	教諭	兼任	桜井貫一	無資格、帝大選科三年修業	地理、歴史作文、習字
奈良県高市郡真菅農業補習学校（農業）	夜間：初等科2年、高等科3年、研究科2年、男子昼間部2年	助教諭	兼任	松尾安永	専科正、奈良養卒	—
愛知県知多郡横須賀実業補習学校（農業・商業・工業・水産）	甲種：通年昼間（男子4学科、女子は実業科）、乙種：季節夜間（10〜3月、夜2時間）、本科：前期2年後期3年、高等科、研究科各3年	嘱託	専任	井上敬三	商業科認定、商業学校卒	商業
名古屋市熱田実業補習学校（商業・工業）	商業一部：国語、簿記が主、二部：珠算が主、三部：英語が主。前後期各2年、研究科6ヶ月、通年制で18〜21時半、商科と工科の隔日授業	助教諭 助教諭 嘱託 嘱託 嘱託 嘱託	兼任 兼任 兼任 兼任 兼任 兼任	牧 新平 林 茂 松原茂雄 森 鑑三 河原 克 早瀬 実	小本正、中卒 明大経済卒 中等、明治学院卒 小専、実業名古屋商業 中等英語、東京外語卒 京都同志社大学商科卒	— — — — — —
	＊設備として「英語科用蓄音機 外国製音機及パーマー氏英語レコード数十枚を備ふ」とある。教授法については「英語に於ては後期に於て教科書以外に英字新聞又は簡易なる単行本に付きて各自に研究せしめ会話は教授中に於て時々行ふ」					
静岡県志太郡町立島田商工実務学校	前期後期2年、19-21時	助教諭心得 嘱託	専任 兼任	友澤 茂 塚本英雄	工芸学校卒 教諭	工業、国語 —
山梨県青年訓練充用睦合実業補習学校（農業）	甲科（昼間）：男2年、乙科：10-3月、19-21時、前期2年、後期4年、専修科2年	助教諭	兼任	澤登次男	小本正、師範校卒	国語、数学、体操「簡易なる英文の読方訳解、綴方、習字」
宮城県登米郡米川公民学校（農業）	第一部後期2年昼間、高等科：男4年・女2年、研究科：男女1年、第二部：前期2年昼間は召集教授、農閑期は夜間教授	助教諭	兼任	菅原俊恵	小本正、師範卒	＊教科書は第一部は中等程度、第二部は印刷物
福島県石城郡泉農業公民学校（農業）	男子本科4年、高等科2年、研究科：男4年、女2年と4年、各専攻科を置く	助教諭	専任	鈴木新衛	中学卒検定（数・国）	国語、数学
鳥取県日野郡山ノ上農業補習学校（農業）	第一部：昼間本科・別科・高等科2年、第二部：午後本科・研究科各2.3年	助教諭	兼任	飯田庸雄	小正 師範二部	国語
島根県八束郡熊野村実業補習学校	授業：男9、12、1、2、3月、女通年、初等科、高等科2年、研究科：男3年、女1年。英語は男高等科に2年、年19時。	助教諭	兼任	細田 勇	本科正教員 島根県師範卒	数学
岡山県邑久郡邑久土曜学校（農業）	高小卒男子、本科4年専攻科2年。週授業時は3.2.1.1.1.1、1日授業時数6.6.7.7.7.7	指導員	兼任	吉田安太	代用早大一年志願兵	修身、公民、教練
福岡県三瀦郡大川商工学校（商業・工業）	第一部（昼間通年）商科・工科2年制、第二部（夜間季節制）英語は商業本科のみ週5時間	不明	不明	不明	不明	不明

（出典）文部省実業学務局『文部大臣選奨 優良補習学校施設経営』（1928年）の各校職員表より作成

8割が農業補習学校であったことを考えると、割合的には商業系や工業系の学校で英語科を開設する率が高いことになる。

また、英語を課していない学校は78％（64校）で、コースののべ数74のうち農業が62（84％）を占め、逆に商業は3（4％）、工業は2（3％）にすぎなかった。なお、女子部を置く学校では家事や裁縫を課す学校が多かった。

参考までに、1910（明治43）年に刊行された文部省の『実業補習学校ニ関スル取調書』から英語の開設状況を見てみよう。これは静岡、岡山、広島、山口、長崎、熊本、鹿児島の7県の実業補習学校を調査したものである。教科目が判明している37校中、英語を開設していた学校は4校（12.1％）で、校種別には工業が4校中2校、商業が4校中1校、農業・水産が20校中わずか1校だった。当時は実業補習学校の約9割が農業系であり、しかも調査対象に東京や大阪などの大都市圏が含まれていないから、「都市型教科」である英語を課す学校は少なかった。

逆に、1926（大正15）年の東京の実業補習学校67校における学科目をみると、実に59校（88％）が英語を開設しており、不明の6校（9％）を除くと、開設していない学校はわずか2校（3％）にすぎない。「英語は女子学校の二三を除けば他の全部に課されて居て著しく目につく」[9]状況だったのである。高等小学校の場合と同様に、都市部の実業補習学校では英語の開設率が高かったのである。その理由は、商業や工業系の学校が多かったことに加え、英語教員の確保が比較的容易だったためであろう。

なお、青年学校になってからの全国的な英語開設状況を把握できる資料は、残念ながら目下のところ見出せない。継続的な研究が必要である。

第3節　英語教科書の実態

3-1．英語教科書の多様な使用状況

1894（明治27）年2月に制定された「実業補習学校教科用図書ニ関スル件」によれば、実業補習学校の教科書は普通教科目については小学校用か実業補

9　東京市政調査会『東京の実業補習教育』東京市政調査会、1928年、pp.113〜132

習学校用に編集したもので文部大臣の検定を経たものとし、実業科目に関するものはその限りではないと規定された。また、府県の審査裁定は必要なかった。そのため実際に使われた英語教科書を調べてみると、①中等学校用、②高等小学校用、③実業補習学校ないし青年学校用、④以上のものの組み合わせ、の4種類に類型化できる。

学校現場での使用状況については第4節で述べるとして、次に③の実業補習学校ないし青年学校専用の英語教科書について、年代順に概観してみたい。

3-2. 実業補習学校および青年学校専用の英語教科書

全体を概観すると、①乏しい授業時間数の中でいかに英語の基礎力を定着させるか、②職業教育機関としての生徒のモティベーションに合う題材をどう盛り込むか、③商業系、工業系といった進路に応じた教授方針の違いをいかに教材に反映させるか、などの点で中学校用の教科書とは異なる工夫が窺え、英語教科書史の中でユニークな位置を占めるものが少なくない。

3-2-1. 1920年代の実業補習学校用の英語教科書

まずは、1920年代の代表的な教科書をみてみよう。

①東京開成館編輯所著・William E. L. Sweet 校訂 *Short Studies in English*（全2巻）、東京開成館、1926（大正15）年8月発行

例言によれば、「実業補習学校英語科高等小学校商業科等の教科書として編纂せるもの」で、「僅少の授業時間に於て生徒をして英語に対する理解と応用との力を比較的円満に発達せしめんとする」ことに留意したとある。また、「主として実利上の効果を収めんがために、本文練習共に努めて実際応用に資すべきものを選び」とある。巻一は110ページほどで、内容的には助動詞（can, must, may など）、比較、Shall I...? Shall we...? などを含んではいるが、おおむね現在の中学1年生用程度である。当時の中学校用に比べるとかなりやさしい。

②牧一著 *Young Men's English Readers*（全2巻）、修文館、1925年（大正14）9月発行

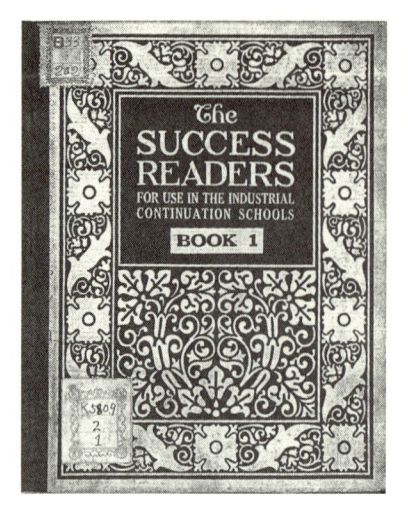

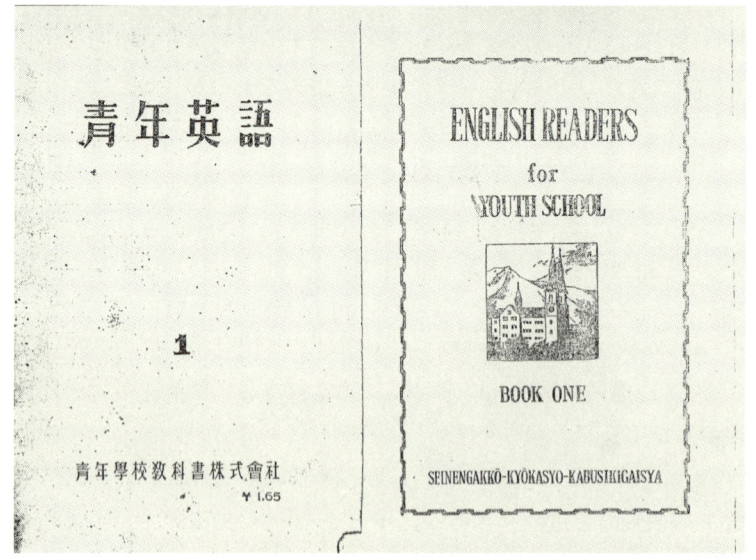

写真6-1　実業補習学校・青年学校専用の英語教科書

　序によれば、「本書は主として補習学校用教科書として編纂したものであるが、中学校一二年又は一般初学者の教科書としても適当である」とある。第一巻は発音および簡易な会話練習が中心で、第二巻は平易な文体の読み物である。それぞれの巻に Picture Lesson と Drill Table とが加えられてい

るが、「前者は、単語を知らしむると共に、これを用いて既知の語法を応用練習するのであり、後者は、異れる単語の組合わせによって、一定の語法を反覆復習するのである」と述べられている。

　③東京開成館編輯所著 *The Success Readers for Use in the Industrial Continuation Schools*（全2巻）、東京開成館、1925（大正14）年1月発行

　巻一では、本課に入る前に予備課として Phonetic Drill, The Alphabet, Introductory Lessons, Reading Lessons が43ページにわたって付けられて

表6-6　実業補習学校・青年学校用の英語教科書一覧　（判明分のみ）

教科書名	巻	著者	発行者	発行年月日	備考
Short Studies in English	全2	開成館編輯所	東京開成館	1926.8.26	高小商業科用兼用
New English Readers	全3	K.Wadagaki	東京開成館	1926以前	実業・補習学校用
The Success Readers for Use in the Industrial Continuation Schools	全2	東京開成館編輯所	東京開成館	1925.1.10	
The Civic Readers	全3	三省堂英語編輯局	三省堂	1925	
Young Men's English Readers	全2	牧　一	修文館	1925.9.18	補習学校用
Standard English Reader for Continuation Schools	全1	英語教授研究会編輯局	彰文館	1926.10.5	
Young Men's Readers	1, 2	Y.M.C.A.Schools	Shobundo	1927	
The Cherry Readers	2, 4	清水清	Kobundo	1927-28	
New Business Readers	1, 2	神戸商業実修学校英語研究部	文明社	1930	
The Elementary Public Readers for Primary Schools and Continuation Schools	全2	石原定忠　監修：小日向定次郎	英進社	1934.10.5	
Matuzakaya's English Reader	全1	伊佐義雄	松坂屋	1935.9.5	松坂屋青年学校用
Beginner's Technical Reader	全1	大阪工業英語研究会	斯文書院	1937.10.9	工場付設職工養成所、青年学校、工業学校付設専修科用
工業初等英語（巻1）	不詳	大日本工業学会	大日本工業学会	1938.8.23	青年学校工業学校用
The Practical Kogyo Readers	全2	相引茂	斯文書院	1938.11.21	1939文部省検定済
英語教科書（The Training Readers）	全3	帝国書院編輯部	帝国書院	1939以前	高女・実業用（4巻本）の転用か
The Concise Technical Readers	全3	相引茂	斯文書院	1942.7.5	
The Practical Technical Readers	1	相引茂	斯文書院	1943.4.25	
青年英語（English Readers for Youth School）	1	青年学校教科書株式会社		1946.7.8	巻1のみ確認。暫定教科書

（註）鳥居美和子『教育文献総合目録第3集　明治以降教科書総合目録Ⅱ　中等学校篇』1975年、東京学芸大学附属図書館『東京学芸大学所蔵望月文庫目録』1966年を参考に、可能な限り現物を確認。

おり、音声指導が徹底している。巻一のパートⅠには随所にPicture vocabulary, Conversation Lessons, Reading and Action Lesson, Picture Reading, Phonetic Exercise が配置されている。ただし、発音表記はまだウェブスター式である。題材には野菜栽培に関する内容も盛り込まれ、実業補習学校の大半を占める農業補習学校での使用を意識した様子が窺える。

④英語教授研究会編輯局著 *Standard English Reader for Continuation Schools*（全1巻）彰文館、1926（大正15）年10月発行

タイトルに補習学校用と明記された教科書で、全1巻104ページの中に読解はもとより発音、英習字、文法、英作文のすべてが盛り込まれている。第1課 This is a pen. から第41課 Twinkle, Twinkle, Little Star まで身近な題材と平易な言語材料によって英語の基礎的素養を身につけさせようとしている。新出語数は478語で、1課当たりは平均11.7語となる。また、第33課 Trades でさまざまな職業が、第34課 The Carpenter で様々な大工道具が英語で紹介されているのは、いかにも実業補習学校用らしい。

⑤石原定忠著 *The Elementary Public Readers for Primary Schools and Continuation Schools*（全2巻）英進社、1934（昭和9）年10月発行

表題のように高等小学校と実業補習学校の兼用の英語教科書で、1935年には高等小学校用として文部省検定を受けている。各課の新語は巻一が351語（各課平均11.7語）、巻二が379語（平均14.0語）で、巻末の新語リストには和訳が付けられている。発音記号はIPA（国際音標文字）である。注目されるのは、巻一の冒頭に Phonic Lessons が置かれ、随所に Picture Vocabulary が挿入されているなど、Oral Method で教えられるよう工夫されていることである。また、巻末では英字広告（Advertisement）の読み方を教えるようになっており、実務的な英語を教授しようとする姿勢が窺える。

3-2-2.　1930年代の商業系補習学校・青年学校用の英語教科書

次に、1930年代の商業系の英語教科書をみてみよう。

①神戸商業専修学校英語研究部著 *New Business Readers*（全3巻）、文明社、1930（昭和5）年10月発行

商業補習学校の英語教師が自前で編纂した3巻本の本格的な教科書である。初版発行の約1年後には五版が発行されており、広く歓迎されたようである。「はしがき」に明記されているように、リーダーの中に文法、作文、習字などの要素を盛り込み、乏しい授業時間数でも総合力を養えるように工夫されている。この点は高等小学校の英語教科書と同様であり、戦後の新制中学校用教科書に通じるものがある。また、題材面では Department Store, Daily Business, Business Letters, Market for Goods（巻2）などの商業に関する材料を高学年に進むほど多く取り入れて、生徒の関心や年齢構成に配慮した編集になっている。

②伊藤義雄編纂兼発行 *Matuzakaya's English Reader*（全1巻）、松坂屋、1935（昭和10）年9月発行〔非売品〕

　私立青年学校には事業主が開設するものが少なくなかったが、この教科書はデパートの松坂屋が附設の青年学校用に編纂した教科書である。以下の緒言は英語教育の方針を窺い知る上で興味深い。

　　本書は松坂屋青年学校英語科教授用に編纂せるものにしてその編纂に当り、特に留意せし点は、従来授業時間数少く効果著しく挙がらざるに鑑み、成る可く英文を多くして、練習問題等は教授の際適宜之を補ふこととせり。
　　1　第一編は特別教育期間中に、第二編はその後の夜間教育に課する。
　　2　発音記号は International Phonetic Association の broad notation を採用せり。発音練習は最も重要事なれば、常に反復して練習をなさしめ、正確なる修得をなさしめられたし。
　　3　付録とせし Columbia Educational Records 原文はレコードによる、正確なる発音、抑揚の練習並に聴取練習に便ならしめんため採録せしものにつき十分利用せられんことを望む

　内容構成は、目次1ページ、Sound Drill 10ページ、The Alphabet 2ページで、本文は Part 1 が This is a dog. から始まる8課の基本文練習、Part 2 は Do you speak English? から始まる13課の会話文と簡単な読み物で、簡単な文法のまとめと和文英訳問題が付けられている。題材内容はイソップが2編と、英詩2編が載せられている（Tennyson の A Cradle Song と

RossettiのThe Wind)。また"Mt. Fuji"や"Japan"といった日本に関する課が盛り込まれているのは、1930年代の英語教科書によくみられる傾向である。後者の"Japan"ではこの時期の忠君愛国的な風潮を反映した次のような文がある。英文のレベルをみると、節を受ける形式目的語構文も含むから、おおむね現在の高校1年生程度である。

> We are Japanese boys. We live in Japan. It is an empire and has a glorious history which we can never find elsewhere in the world.
> The people are very brave and loyal to their Emperor.
> The empire is now one of the Three Powers in the world. Do not you think it happy that we were born in Japan?

また、デパート附設の青年学校らしく、店員と顧客との会話を題材にした課がある(第16課 At The Hat Department)。この課にはground floor / 1st floor, lift / elevatorなどの英語と米語の対比リストが付けられており、きめ細やかな接客態度が感じられる。注目すべきは、巻末のAppendixにHarold E. Palmerが吹き込んだレコード教材によるElementary English Conversationが38ページにわたって付けられていることである。彼が提唱した音声重視のOral Methodは、こうした実務英語に徹した完成教育機関でこそ、その威力を発揮したのかもしれない。

3-2-3. 1930・40年代の工業系青年学校用の英語教科書

トヨタ自動車工業技能者養成所における、戦時下の英語教育の様子を見てみよう[10]。

> 「This is a nut. (これはナットです) This is a bolt. (これはボルトです)」
> 教師の発音をまねて、教室では、四十数人の少年たちが、声を合わせていた。
> 敵性言語として、英語が目の敵にされていた第二次大戦中のことである。

---

[10] 「養成工一期生(1)」『読売新聞』(中部本社版) 2001年11月20日付

教壇から英語が追放された、野球のストライクまで、「よし一本」に変わった。しかし、トヨタの技能者養成所では英語は必修だった。

　高等小学校を出て、養成工一期生となった板倉鉦二（76）は、今も当時の英語の教科書を大切に持っている。表紙は、歯車と工業の煙突の絵だ。

　「機械も工具も部品も、米国製が多かったので、英語ができないと仕事にならなかったんです」

　板倉は、中学に進学できなくても、英語を学べることが誇らしかったという。

こうした勤労青年たちの英語学習状況を知るために、使用された英語教科書の内容を分析してみたい。まずは上記の技能者養成所でも使用された *Beginner's Technical Reader*（1937年）である。

①大阪工業英語研究会著（相引茂、村田熊蔵）著 *Beginner's Technical Reader*（全1巻）、斯文書院、1937（昭和12）年10月発行（**表6-7**参照）

「編纂の趣旨」は、この時期の技能者養成所および青年学校における英語教育の実態を知る上できわめて興味深い。

　　本書は工場付設の職工養成所及青年学校又は青年学校令による工業学校付設の専修科に於ける英語教科書として編纂したものである。
　　この種の学校は概ね六ヶ月乃至一ヶ年又は二ヶ年と云ふが如き其の学習期間が短い上に、なお生徒は悉く昼間労務に服し、家庭に於て予習復習をなす余裕を持たないのである。従って格別の工夫と努力とを払はなければ到底所期の効果を上げる事は出来ない。編者は多年この種の学校の教育に従事し此の点に就き常に苦慮して来たのであるが、その経験に徴し少くとも次の二点は特に最も重要なりと確信しているのである。
　　1．家庭に於ける予習復習を見越して教授せざる事、即ち授業時間中に予習復習を行はしめ其の日の授業内容をその時間中に徹底的に修得せしむる事。
　　2．出来るだけ無駄を省く事。この種の学校の英語は機械器具のname plateや、簡単なる型録や、機械器具の使用方法の解説等を読みこなし得れば足りるのであって、所謂趣味や道楽や安価な教養のために課するのではない。従って教材は須らく彼らが工場に於て直接関係あるものに求むべきであって、

表6-7　大阪工業英語研究会著 *Beginner's Technical Reader*（1937年）の内容

PART ONE		PART TWO	
課	タイトル〔題材内容〕	課	タイトル〔題材内容〕
1	This Is A Nut〔ナットなどの機械部品〕	1	Cattle〔牛の有用性〕
2	That Is A Vice〔万力などの工具〕	2	The Underground Railway〔ロンドンの地下鉄〕
3	Is This A Boiler?〔ボイラー、エンジン〕	3	The Paper Making〔製紙工場〕
4	Is That A Ruler?〔定規〕	4	Petroleum〔石油採掘〕
5	What Is This?〔乗り物〕	5	Copper〔銅の特性〕
6	I Am A Boy〔工業学校生、徒弟、工女〕	6	The Lift & The Escalator〔エレベーターとエスカレーター〕
7	What Are You?〔少年製図工〕	7	Two Great Inventors〔ミシンと空気ブレーキの発明〕
8	There Are Four Men〔工場の鍛工〕	8	Concrete〔コンクリートの有用性〕
9	The Iron Works〔製鉄工場〕	9	Numbers, Fractions, & Decimals〔数、分数、掛算〕
10	I Have A Spanner〔徒弟、見習技師〕	10	Area Of Surfaces〔面積の表現〕
11	Drawing〔製図〕	11	Cotton〔綿の有用性〕
12	A Designer〔設計技師〕	12	Electricity〔発電、送電、変電〕
13	An Engineer〔英国の技術者〕	APPENDICES	
14	（Ⅰ）Counting　（Ⅱ）Easy Sums（Ⅲ）Measures　（Ⅳ）Lines & Angles〔数、計算式、単位、線と角度〕	Advertisements & Catalogues〔広告とカタログの英語〕	
15	Time〔時間表現〕	Parts Of A Lathe〔旋盤各部の英語名称〕	
16	Which Is Longer?〔長さの比較〕	Key To Pronunciation	
17	Three Men〔大工、左官、石工〕	Romazi	
18	A Boy Mechanic〔少年機械工〕	Numbers	
19	Radio〔ラジオ〕	Months, Seasons, Etc.	
20	Buying A Suit〔店員と客との応対〕	Punctuation & Other Marks	
21	Thomas Edison〔エジソン伝〕	Technical Abbreviations	
		Correspondence	
		Vocabulary	

花鳥風月に教材を採るが如きはこの種の学校に関する限り無駄と云はざるを得ない。又其の教ふる文章や文法にしても型録や解説書に使用せらるるものに準拠すべきであって、滅多に用ひられない未来や現在完了、過去完了、未来完了と云ふが如き形に多くの時間を費す事も無駄な事であって、宜しく之等の文に多い Passive, Infinitive, Participle, Gerund や省略型に主力を注ぐ事が効果的なのである。なお授業時間中に単語の発音や訳を一々生徒に記帖せしむる事は時間数の少ないこの種の学校に於ては時間の浪費となるから、単語は発音も訳も懇切丁寧に注解したものを付録とする事が必要である。そ

の発音もPhonetic Signだけでなく日本仮名をも附けてやらねばならぬ。

確かに、巻末のVocabularyは本文中のほとんどの語彙が和訳付きで網羅されており、時間に追われる勤労青年が辞書を使って予習しなくても学習が進められるように配慮されている。本課の言語材料は一般の英語教科書の巻一と同様にThis is …から始まる標準的なものだが、題材内容は第1課のThis is a Nut.から第12課のElectricityに至るまで徹底して工業技術に関するもので占められている。多くの課でapprentice（徒弟、見習工）や各種工業技術者が主人公となっている。また豊富な挿絵が盛り込まれてあり、工具や工作機械などを中心に技術者に必要な英語語彙力を高める工夫がみられる。英文広告も教材化されており、簡単な文法事項のまとめや和文英訳問題が適宜付けられている。巻末のAppendicesでもAdvertisementsやCataloguesが取り入れられており、Parts of a LatheやTechnical Abbreviationsなどとともに、きわめて実用主義的で実際的な教材で構成されている。まさに工業実務に就いている生徒にとっては「身近な題材」でかためられているが、逆にいえば英米文化の要素が一掃されている。この時期の日本は工作機械をはじめとする機械工業において米英に大きく依存しており、技術者にとっても英語は必要であったが、対中関係をめぐって米英とは敵対的な関係に入りつつあったのである。

②大日本工業学会編纂（浅川権八ほか監編）『工業初等英語（巻1）』大日本工業学会、1938（昭和13）年8月発行

本書は「今までに英語を習得する機会のなかった人たちのために、一番近い道を通って職業上必要な英語を習得できるように」意図されており、「工場青年学校、工業学校等の教科書として適当であることは勿論、一般実務者の手携書、見習い工員の独修参考書として最適のもの」として編纂された。そのため、「徹頭徹尾工場作業の実際に立脚し、その叙述は平易を旨とし、特に説明図及び実際写真図を豊富に挿入して初学者にも容易に分かり得る様に」配慮されている。

第一編は発音と文字で、特に発音には14ページを割いて懇切丁寧に解説し

ている。単語、文ともに工業に関係したものを集め、すべての語句には意味と発音を付して独修者に便宜を図っている。第二編は本文で、10課からなる。英文和訳と和文英訳が交互に並び、語句に関する詳細な註釈が付けられ、文法的な解説も適宜ほどこされている。第三編は付録で、和文英訳解答と練習用筆記体からなる。

　なお、東京の工業補習学校出身で陸軍技術軍曹だった中村一雄（東京都杉並区在住）は、インドネシア・ジャワ島での抑留中に大庭定男主計中尉の「初等英語講座」[11]を受講し、その後は南方燃料研究所が所蔵していた本書の第11版（1943年3月刊）を使って工業英語を独修したという（2006年1月15日談話）。

　③相引茂著 *The Concise Technical Readers*（全3巻）、1942（昭和17）年7月発行、および *The Practical Technical Readers*（全2巻）、1943（昭和18）年4月発行

　前者は①の *Beginner's Technical Reader* の編集方針を受け継ぎつつ、3巻本に拡大したやや上級の教科書である。巻一の構成は、The Alphabet 1ページ、Exercise in Sounds 8ページ、本課22課64ページ、および Appendices である。このうち巻頭の Exercise in Sounds には口蓋図が付けられており、音声指導に関しても配慮が示されている。本課の題材内容は工業技術に関するもので占められている。また、Picture Lesson が9課で取り入れられており、工具から武器や航空機の名称に至るまで、豊富な挿絵を駆使して技術者に必要な英語語彙力を高める工夫がみられる。また、英文広告の教材化、簡単な文法事項のまとめや和文英訳問題の添付、Appendices での Advertisements, Catalogues, Parts of a Lathe, Technical Abbreviations などもすべて *Beginner's Technical Reader* の方針が受け継がれている。巻二、巻三の編集方針も基本的には巻一と同様である。

　また、*The Practical Technical Readers* の方も工業技術に関する内容が中心で、Advertisements や Catalogues も盛り込まれており、先の *The*

11　本書第7章1－5.「敗戦後のジャワ抑留地での英語教育」を参照

Concise Technical Readers を2巻本に簡略化したような教科書である。本書はアジア・太平洋戦争たけなわの1943（昭和18）年に刊行されたため、ローマ字練習では「防空演習」「精神一到何事か成らざらん」「我々日本人は大東亜平和のため努力しなければならぬ」などの戦時色が目立つ。また、英語ではなくローマ字広告が掲載されているのは、「大東亜共栄圏」内での日本語普及政策を反映したものであろうか。反面、23課では"George is a good boy mechanic."といった英米人を主人公にした課もあり、注目される。

3-2-4. 敗戦直後の青年学校用の暫定英語教科書

青年学校教科書株式会社（著作兼発行）の『青年英語1』（*English Readers for Youth School. Book One*）は、1946（昭和21）年7月8日発行、同日文部省検定済の暫定教科書[12]である。青年学校の教科書国定化は1939年に着手され1944年に原則とされたから、この教科書は事実上の国定（「一種検定」）で、最後の青年学校用英語教科書であろう。文部省教科書課にいた宍戸良平は「英語の教科書について」（1946年）[13]の中で「目下進行中にして本年度中に間に合はせるものとしては、実業学校用の『実業英語一・二・三・四』、青年学校用の『青年英語一・二・三』がある。いづれも用紙事情や印刷能力低下のため分冊として発行される」と記している。前者は4巻すべてが刊行されたが、『青年英語』の第2分冊以降が発行されたのか否かは不明である。

第1分冊をみると、ほとんど各ページに挿絵があり、言語材料的には国民学校用の『高等科英語』とほぼ同じ程度で、新語数は414語、各課平均23語である。題材的には、GHQ占領下を反映して日本駐留中のアメリカ兵が登場する課が目につく（第6、9、10課）。しかし、本文の英語は Have you a radio-set? Yes, I have., It is twenty to six., colours などのように戦前同様のイギリス式である。

---

12 中学校用、高等女学校用、および国民学校高等科用の暫定英語教科書については、江利川「敗戦占領下の暫定英語教科書」『日本英語教育史研究』第9号、1994年を参照されたい。
13 宍戸良平「英語教科書について」『英語の研究と教授』1946年10月1日号、pp.29-30

第4節　英語の学習状況

　職業上の必要からもっとも外国語が重視されたのは商業補習学校であったので、商業課程を置く3校の事例に即して、英語の学習状況を具体的にみてみたい。

4-1.　名古屋市立三蔵実業補習学校

　「名古屋市三蔵実業補習学校概況」（1919年）[14]によれば、同校は1918（大正7）年4月に創設された商工業従事者のための夜間制で、入学年齢が様々であるために学年制ではなく学科制がとられ、1科目の毎週授業時数を6時間以内、修了期間を6カ月もしくは1年とした。また、各講座を隔晩開講することで毎晩登校する者は2科目の兼修をすることができた。開校当初は生徒数が1,000名を超す盛況のため多数の入学希望者を断らざるを得なかったようで、商店主や工場主の中には一挙に40人もの従業員を通わせ、その費用をすべて負担する者もあったという。

　当初に開講していたコースは、①国語および商業書信科、②商業算術および珠算科、③商業要項および簿記科、④英語科で、各科とも毎週1時間の修身が必修であった。このうち英語科はレベル別にA～Dの4組に分かれ、順次上級の組に進んだ。

　A組　教科書は熊本リーダー1、神田リーダー1で、尋常小学校卒業生をもって編成。
　B組　神田リーダー1、熊本リーダー2により教授し、文法初歩を授ける。
　C組　熊本リーダー2、神田リーダー2により教授し、文法初歩および商業用語を併せて課した。
　D組　神田リーダー2、熊本リーダー3、および熊本サムモーアグランマーにより教授し、商業用語を合わせて課した。

　教科書はいずれも、当時の中学校で使用されていた代表的なリーダーである。レベルは最高レベルのD組で熊本リーダーの3までを使用したから、

14　『愛知県教育史』資料編　近代3、1994年、pp.592-594

おおむね中学3年生程度である。また、商業用語を課しているのも商業補習学校らしい。

このように、実業補習学校で中等学校用教科書を使用した例は多いようで、たとえば宮城県商業夜学校（2年制）が古くは1888（明治21）年に、当時の中学校で盛んに使用されていた『ウィルソン綴字書』や*New National Readers*（1〜5巻）を使用していた記録がある[15]。実際に *National* の巻5まで使用していたとしたら、かなり程度の高い授業が行われていたことになる。

4-2. 四日市市立商工専修学校

1922（大正11）年に創設された夜間課程の四日市市立商工補習学校（三重県）は、1926年に四日市市立商工専修学校と改称し、さらに翌27年には4年制の本科に加え専攻科、別科、補習科を設置、1935（昭和10）年3月には実業学校令にもとづく昼夜の本科3年、夜間の専攻科2年の四日市市立商工学校に昇格した。商工専修学校（夜間）時代の英語の時数は1933年時点で本科・専攻科とも週3時間であった。

1931（昭和6）年に使用された教科書をみると、リーダーが1・2年で高等小学校用の鈴木富太郎著 *The Nation Elementary Readers*（1・2巻）、3・4年で上條辰蔵著 *Standard Commercial School Readers*（2・3巻）だった。英作文では Medley・村井の *The Art of English Composition* などの3種類の教科書が2・3・4年でそれぞれ使用されている。

このように、多くが夜間制で、英語の授業時間数に乏しかった実業補習学校や青年学校の低学年では、週2〜3時間用に編集されていた高等小学校用の英語教科書が使用されていた場合が少なくない。青年学校でも、たとえば徳島県板野郡松茂村立松茂青年学校では男子部第一部普通科（尋常小学校に接続）では『小学校用文部省英語読本』（1908年初版発行）が使用されていた。同校ではこれによって基礎学力を養った後に本科では *New Age Readers* を使用した[16]。この教科書は元来は中等実業学校用に編纂されたもので、農

---

15 『宮城県教育百年史』第4巻、1979年、p.478
16 茶園義男『青年学校論』教育出版センター、1978年、p.97。なお、同校の第二部本科お

業などの実業に関する題材が多い。

　四日市商工専修学校では専攻科に進むと1年では武信由太郎著 New Orient Readers 巻4および三省堂編輯所著 The Systematic English Composition 巻1が使用された。さらに、1933（昭和8）年に新設された高等英語科では、毎週、英文法1、英訳2、訳解6の計9時間の英語だけが課せられ、以下の教科書を使用した[17]。

　　G. Caiger 著　How to Write English
　　米本新次著　Constructive English Composition 巻3
　　Y. Yamada 著　New English Grammar
　　Chesterton 著　The Innocence of Father Brown
　　東京高等師範学校附属中学校英語研究会著　New Union Reader（巻5）

　補習学校であっても専攻科では旧制中学校の5年レベルの高度な英語教育が行われていたことが注目される。四日市市は三重県で最大の貿易港を擁した商工業都市であり、市内の高等小学校の英語加設率も高いなど英語教育に熱心な土地柄であった[18]。そのため、生徒のモティベーションも高かったと思われる。この点では、国際港を抱える横浜や神戸などの商業補習学校では相当高度な英語教育が行われていたと推察されるので、次に横浜の例をみてみたい。

4-3．横浜市立横浜商業専修学校

　横浜市立横浜商業専修学校の英語教育は、実業補習学校の中でも白眉であろう。同校は、横浜商法学校夜学部として1882（明治15）年に創立され、のちに横浜商業補習学校となり、1925（大正14）年に横浜商業専修学校となった。1922（大正11）年4月には前期2年（尋常小学校卒業者：12歳以上）、後期

　　よび女子部第一部普通科については英語教科書の記述はない。また、同校の英語担当教師は1名で、高等工業学校を卒業し、資格は実業学校数学科教諭で、英語以外に数学と理科を教えていた。

17　『四日市工業高等学校五十年史』1972年、pp.37-41

18　この点については、第5章の図5-4参照。また、四日市商業学校については第3章2節参照。

2年（前期修了者と高等小学校卒業者：14歳以上）、その上に2年制の高等科（英語専修部と法制経済専修部）が置かれたが、1925（大正14）年に前期課程を廃止し、本科4年（高等小学校卒業者以上）と、それに接続する2年制の専攻科（商科と英語科：18歳以上）を置いた。このように実質的には中等商業学校と遜色ない学校であったため、1933（昭和8）年3月に商業学校として認可された。現在も、横浜市立横浜商業高等学校定時制として有為な人材を送り出し続けている。

　同校の英語教師の質と授業水準とを、英語専攻科に1924（大正13）年から3年間在籍した生徒の回想からみてみたい[19]。名著『英和活用大辞典』を著した勝俣銓吉郎の英語教師としての知られざる一面を伝え、実業補習学校における英語教育の到達水準を生き生きと描写している貴重な記録である。

　　当時の先生の中で、私の最もありがたく思ったのは英作文の勝俣先生であった。あの英作文の大家、早稲田の勝俣銓吉郎先生であった。教科書は先生御自身の著書「和文英訳教材」で、和文を適当に区切って私達に直ちに英語で言はせ、それを先生一流の達筆で黒板におかきになり、幾度も口の中で繰返しては訂正されたものである。授業中の先生の態度には一分のすきもなく、文例熟語などは口をついて出て来る。まことに内容の豊富な講義であった。試験などもよく応用問題を出されたが、ある時「余の希望」といふ題で百語以内で英文を書けと言はれたが、筆者の文を皆の前で披露されたことは今だに光栄に思ってゐる。

　　先生はよく、お若い時分に横浜に出て外人の私塾などで勉強されたことを語っては私達を激励して下さった。先生の研究心の盛なことは十分の休憩時間に於ける職員室の先生の御様子からも推察することが出来た。頭髪をもしゃもしゃにして眼鏡を前額の所へもち上げて一心にあの厚いスタンダード辞典（バラックの職員室におくには余りによすぎるが）を丹念に勉強しているお姿をみては私達も自らを鞭撻して勉強し合ったものである。

　　次の学年には先生から訳読として「インテレクチュアル・ライフ」を、その次の年にはエリオットの「サイラス・マアナ」を教はった。「サイラス・マ

---

[19] 小塚三郎『夜学の歴史－日本近代夜間教育史論』東洋館出版、1964年、pp.133-135より引用（原資料は、横浜商業専修学校『校友会雑誌・創立五十周年記念号』1933年）

アナ」のやうなむづかしいものを当時の英語専攻科生がやってのけたことは、現在の若い諸君には発奮の材料になるかも知れぬ。私達は当時かなりの自信を以て勉強した。名は夜学生に過ぎなかったかも知れぬが、実力に於ては専門学校の学生何かあると言ったやうな気迫をもっていた。勝俣先生は又話術が巧みで、よく私達を話の世界へひき入れ、ユーモアにみちた話をされた。その課外の話などが程経て「英語青年」に出たりするのをみて、私は天下の一般学生よりも一足先きにこの先生の話をきくことに出来ることを感謝し、同時に誇りともしたのである。

英国のオーガステイン・ビレルを思はせるのはわが敬愛する下山忠夫先生である。先生から最初「クリスマス・カロル」をならった。マクミラン版の本を用ひてのこの講義は、今までリーダーばかり習ってゐた私共にはなんだか大人になったやうな感じがして皆一生懸命に勉強したものだ。あの冒頭の"Mary was dead: to begin with"、などは皆が暗誦する位によんだものだ。クリスマス前夜のクラチット家での賑かな光景の箇所など、皆先生を囲んで楽しく勉強したのである。当時の同級生の会を「スクルーヂ・パーティ」と名付けたのもこの物語中の主人公の名に因んでの故であった。

次の年には、ギッシングの「ヘンリー・ライクロフトの手記」を教はった。先生の御講義は字句の解釈もさることながら、作品の鑑賞の方面に力をそがれたことを私達はありがたく思った。先生の試験は辞書を用ひて教科のまだ習ってない章を一定時間内に出来るだけ多く訳すことであった。私はこの試験の方法によって可成り「翻訳」といふことに興味を感ずるやうになった。

最後の学年ではラムの「エッセイズ・オブ・イーリヤ」を学んだ。英文学の珠玉「イリヤ随筆」を語る先生はまことにこの本にふさはしい方であった。気の毒なラムの人となりに涙しつつ学んだ「夢の子供」などは緊張の中に咳一つするものもなく先生の講義に引きつけられ、その講義が終わった時には思はず「ハッ」を一同歎声を発して顔を見合せたことを今だに覚えている。

あたかも大学の英文科を思わせる水準である。しかし、こうした英語教育を実施していた夜間制実業補習学校もあったのである。しかも、こうした事例は必ずしも例外的とはいえないようである。『東京の実業補習教育』（1928年）には「某補習学校英語教授時数の如きは、前後四カ年を通算すると、実に七百三十九時となり、凡ての学科に超越して居る。修学年限五個年の高等

女学校の六百時間を遙に抜いて、同じく五個年の工業学校の七百六十時間に迫っている」といった例が報告されている[20]。

実業補習学校の実態は実に様々であるが、英語教育がかくも高い水準に達していた学校もあった。思い込みを捨て、歴史の真実を地道に発掘するならば、多種多様な実相が浮上してくるのである。

第5節　小　括

　実業補習学校および青年学校では、英語を加設科目として教えることができた。文部省の『優良補習学校施設経営』(1928年) を調査した限りでは、約2割の学校で英語が教えられていた。割合的には商業系と工業系の学校で英語加設率が高く、地理的には都市部で、性別では男子の英語履修率が高かった実態が浮かび上がった。これらは将来の実務上の必要性によるものだった。

　授業の時数、レベル、内容はきわめて多様であった。週1〜2時間程度でごく基礎的な力をつけさせるところが多かったようであるが、商業系の専修科などでは週6時間ないし9時間もの英語を課す学校もあった。高学年では商業英語や工業英語といったESP (English for Specific Purposes)の比重を高めた学校も少なくなかったが、授業時数の多い学校では文法や作文、英会話（特に商業系）を含めた総合力の育成をめざす努力が行われていた。H. E. Palmerらによるレコード教材を用いて音声や会話面での強化を図る学校もある一方で、文学や教養豊かな読み物を中心に据え、超一流の教師を招いて、専門学校や英文科に勝るとも劣らないレベルの英語教育を施す学校も存在した。

　英語教科書は中等学校用や高等小学校用を流用する場合も多かったが、専用の教科書も刊行されていた。これらは乏しい時間数への配慮や職業教育機関としての生徒のモティベーションと進路に即した教材の選定などの点で、日本の英語教科書史の中に独自の地位を占めるものである。また、準国定の『青年英語1』(1946年7月) の刊行は、新制への移行直前まで青年学校で英

---

[20]　東京市政調査会『東京の実業補習教育』東京市政調査会、1928年、p.113

語教育が実施されていた事実を明らかにしている。

　青年学校は戦後の6・3制発足によって廃止され、校舎と教員の多くは新制中学校に吸収された。青年学校は乏しい授業時間数の中で国民各層の子弟に英語を教え、義務教育機関だったという点でも、新制中学校と共通性がある。また、青年学校の教師たちは、教育の機会均等を掲げ、新制中学校の発足に積極的に関与した。「中等学校出身者は将校になり、青年学校はその玉よけ、そのような教育に悲しさを痛切に感じていた。それが戦後、教育改革へと爆発する原動力になった」という[21]。

　そうした点も踏まえると、実業補習学校および青年学校における英語科教育の歴史的遺産は、新制中学校の英語科教育の中に様々な形で引き継がれたといえよう。

21　赤塚康雄『戦後教育改革と青年学校——資料でみる機会均等運動の展開』クリエイティブ21、2002年、p.2

第 7 章
陸海軍系学校の英語科教育

　富国強兵をスローガンとした日本の近代史は、陸海軍の存在を抜きに語ることはできない。軍事は他の手段をもってする政治の延長であり、軍隊の対外認識は国家と民族の命運を左右する。的確な対外認識と情勢判断には外国語の素養が必要不可欠である。したがって、軍事指導者の外国語教育には特別の重要性がある。

　それにもかかわらず、これまで日本陸海軍の外国語教育に関してはほとんど研究されてこなかった。その理由は、政治的・イデオロギー的な事情に加え、敗戦・占領に伴う軍隊と関係諸学校の解体、資料の焼却・接収による調査研究の困難さがあったと思われる。特に陸軍関係では、防衛研究所に『陸軍教育史　明治本記』（全38冊）などの学校沿革史資料が存在するものの、いずれも稿本や資料綴のままであり、刊行されたものは少ない[1]。

　そうした制約の下で、ようやく1990年代以降になって、軍隊教育史に関する本格的な著作として遠藤芳信、熊谷光久、広田照幸、野邑理栄子などが労作を刊行した[2]。しかし、いずれも外国語（英語）教育の内実に関してはほとんど論じられていない。この他、陸海軍の外国語教育に関しては若干の論文があるが[3]、全体像は未解明のままである。

---

[1] 本章執筆後の2004年5月に、高野邦夫編『近代日本軍隊教育史料集成』（全12巻、柏書房）が刊行された。軍学校沿革史資料の一部にアクセスしやすくなったことは、この方面の研究にとって朗報である。

[2] (1)遠藤芳信『近代日本軍隊教育史研究』青木書店、1994年、(2)熊谷光久『日本軍の人的制度と問題点の研究』国書刊行会、1994年、(3)広田照幸『陸軍将校の教育社会史―立身出世と天皇制』世織書房、1997年、(4)野邑理栄子『陸軍幼年学校体制の研究―エリート養成と軍事・教育・政治』吉川弘文館、2006年

[3] (1)河野通「語学将校　陸軍中佐　江本茂夫――軍人として教師として」『東京家政大学研

こうした制約を克服して陸海軍の諸学校における外国語教育の実態をみるならば、第二次大戦末期の勤労動員で授業が停止状態になっていた一般の学校とは著しく異なる姿が現れてくる。そこでは、敗戦時まで英語を含む外国語の授業が続けられていたのである。この問題は1945（昭和20）年8月を境とする戦前・戦中と戦後の英語科教育の連続性と断絶性の問題を考察する上でも重要な意味をもつといえよう。

本章の執筆に当たっては以下の資料・情報を利用した。
 a．『陸軍教育史』（稿本）、『帝国海軍教育史』『海軍兵学校沿革』などの公式史料
 b．陸海軍系学校出身者の同窓会誌、回想記など
 c．使用された教科書、ノート、試験問題などの教材資料
 d．元生徒や教官（計50名）からの直接の資料・情報提供

第1節　日本陸軍の英語科教育

本節では陸軍で実施された英語科教育に関して、主要な対象を陸軍幼年学校（陸幼）と予科士官学校に置き、時期的には幼年学校で英語教育が開始された1938（昭和13）年からの変遷に焦点を当てて、知られざる実態を明らかにしたい。

1-1．陸軍の教育機関と外国語教育課程

近代戦を担う軍隊は、多岐にわたる高度な教育システムを備えていた。陸軍の教育機関は幾多の変遷をたどった。その制度的概要は**表7-1**のとおりである。

日中戦争が始まった1937（昭和12）年の時点では、幹部を養成する補充学

究紀要　人文社会科学』33号、1993年、(2)品田毅「わが国の軍学校における教育課程の研究——特に外国語教育について」『明海大学外国語学部論集』第5号、1993年、(3)山下暁美「戦時下における敵性語教育—日・米軍の言語教育をめぐって」常磐大学人間科学部紀要『人間科学』13巻2号、1996年、(4)中川清「旧陸海軍委託学生のスペイン語学習」『駒澤大学外国語部論集』第50・51合併号、2000年など。

第1節　日本陸軍の英語科教育　265

表7-1　陸軍外国語教育史関係年表

年月日	事項
1868（慶応 4）7.29	京都に「兵学校」設立し、8月2日より開校する旨の達書
1869（明治 2）9.4	大坂に移転し兵学寮と改称。翌4月、幼年学舎開設
1870（明治 3）10	陸軍はフランス式、海軍はイギリス式を採用することに決定
1870（明治 3）11	大阪兵学寮を陸軍兵学寮に改称。翌年12月、東京に移転
1872（明治 5）6	陸軍兵学寮内の学校を幼年学校・士官学校・教導団に。仏語での教育（＝陸幼生）が正則
1875（明治 8）5.9	兵学寮廃止により陸軍幼年学校が独立
1877（明治 10）1.19	陸軍幼年学校廃止、士官学校直轄の「幼年生徒」に
1883（明治 16）2	幼年生徒の語学は従来の仏語に独語が加えられる
1885（明治 18）3.18	ドイツ陸軍参謀メッケル招聘。陸軍軍制を全面的にドイツ式に改変
1887（明治 20）6.14	士官学校から陸軍幼年学校が再び独立。15〜17歳で高小卒業程度
1896（明治 29）5.15	陸軍中央幼年学校（東京）設立、2年制
1897（明治 30）9.1	陸軍地方幼年学校設立（東京、仙台、名古屋、大阪、広島、熊本）、3年制
1898（明治 31）9	東京地方幼年学校でロシア語教育開始。（陸士でのロシア語教育は1903年6月から）
1899（明治 32）8.28	教育総監部が「外国語教授法案」を定める。以後、6陸幼の教授法の斉一をはかる
1920（大正 9）8.7	中央幼年学校が陸軍士官学校予科に。地方幼年学校の「地方」を取る
1921（大正 10）9.19	幼年学校卒業生に高等学校受験資格の認定
1922（大正 11）3.31	阪幼廃止。以下、1923 名幼、1924 仙幼、1927 熊幼、1928 広幼を廃止
1922（大正 11）7	教育総監部、陸幼は「軍事上独仏露の外国語教育が必要」と主張
1936（昭和 11）4.1	広幼復活。以下、1937 仙幼、1939 熊幼、1940 阪幼・名幼が復活
1937（昭和 12）8	士官学校予科が陸軍予科士官学校として分離独立。士官学校移転、所沢分校設立
1938（昭和 13）4	仙幼で英語教育開始（陸幼で初めて）。教授に皆川三郎ら
1938（昭和 13）12	陸軍航空士官学校設立（埼玉県所沢）
1940（昭和 15）4.12	陸軍予科士官学校、経理学校予科の入試から外国語の削除を告示
1941（昭和 16）5	陸士の教育機関を1年8ヶ月から2年に延長（しかし実質は短縮）
1942（昭和 17）4	『陸軍幼年学校 英語教程』巻一使用開始。翌年巻二、巻三完成
1943（昭和 18）11.26	仙幼で英語軍用会話の講座を開始
1945（昭和 20）4	教育総監部編纂『陸軍幼年学校 英語教程 巻一』〔新版〕刊行
1945（昭和 20）7.30	第60期生予科士官学校卒業、陸士入校
1945（昭和 20）8.2	熊幼前期末考査（8月4日まで）
1945（昭和 20）8.15	熊幼、第2、第3学年は「普通課業」
1945（昭和 20）8.16	「学科普段通り」（熊幼）
1945（昭和 20）8.26	熊幼47期生「最後の学科有機化学を初めて習ふ」
1945（昭和 20）8.31	熊幼、生徒の復員終了。閉校

校のうち本流に当たるのが、幼年学校―予科士官学校―士官学校（航空士官学校を含む）―陸軍大学校のコースである。この他、下士官（伍長・軍曹・曹長など）の養成機関としては陸軍教導学校（1938年まで）や予備士官学校（1938〜43年）があり、この他に砲工学校（のちに科学学校と改称）、憲兵学校、工科学校（のちに兵器学校）などもあった。下士官選抜には中学校卒業者を対

象とした試験による幹部候補生制度もあった。将校や下士官になったのちには歩兵学校、戦車学校、野戦砲兵学校、通信学校、飛行学校などの実施学校に進んだ。また、各部の学校として経理学校、医学校、獣医学校が置かれた。さらには、依託学生として帝国大学や外国語学校に入学する者や、外国留学を命ぜられる者もいた。陸軍は1908（明治41）年4月に「外国語学奨励規則規定」を制定し、外国語学高等試験（露・清・独・仏・英）の実施と合格者の海外留学などを定めている[4]。

　陸軍における語学教育は、陸軍の創設・発展過程と軍事戦略に左右された。明治政府は1870（明治3）年に陸軍をフランス式、海軍をイギリス式とすることを決定した。陸軍創設にはフランスから軍事顧問団が雇い入れられたため、1872（明治5）年にはフランス語で教育を受けるコースが「正則」とされ、日本語で学ぶコースが「変則」とされた。そのため、同年に発足した陸軍幼年学校ではフランス語が唯一の外国語として教えられた。

　1885（明治18）年にはドイツ陸軍参謀のメッケルを招聘して陸軍大学校の教育に当たらせ、陸軍軍制を全面的にドイツ式に改めた。すでに1883（明治16）年2月には、幼年学校の外国語にドイツ語が加えられている。

　ロシア語教育が開始されたのは東京地方幼年学校で1898（明治31）年9月から、士官学校では1903（明治36）年6月からであった。いずれも日清戦争後の独・仏・露による三国干渉（1895）による「臥薪嘗胆」の時期であり、ロシアが仮想敵国となった時期である。

　英語教育の開始は、陸軍大学校では1897（明治30）年、士官学校予科が1920（大正9）年、幼年学校が1938（昭和13）年からである。なお、幼年学校では中学校の1・2年生を受け入れたため、陸軍将校は全員が最低でも1〜2年の英語履修経験をもっていた。

1-2．陸軍幼年学校の外国語教育
1-2-1．陸軍幼年学校の制度的概観
　幼年学校は、陸軍が士官学校進学者の準備教育機関として設立した特殊な

---

[4] 陸軍省編纂『陸軍省沿革史　自明治37年－至大正15年』上巻、1929年、pp.727-729

中等学校である。1897（明治30）年の「陸軍幼年学校設立ノ趣旨」には、「幼年学校は将校団の補充所なり軍人志望の子弟に中等教育を施し且つ軍人精神の涵養と軍人の予備教育とを以て其任務を全ふするに在り」[5]と規定されている。

表7-2 陸幼の期・期間・生徒数

期	在籍期間	生徒総数
42	1938.4～41.3	600
43	1939.4～42.3	900
44	1940.4～43.3	900
45	1941.4～44.3	900
46	1942.4～45.3	900
47	1943.4～45.9	1,100
48	1944.4～45.9	1,750
49	1945.4～45.9	1,800

地方幼年学校は3年制で、仙台、東京、名古屋、大阪、広島、熊本の6カ所に開設された。卒業後は2年制の中央幼年学校に進学し、そこから陸軍士官学校に進んだ。ただし、中央幼年学校は1920（大正9）年に陸軍士官学校予科に改組され、4年修了以上の中学校出身者も多数入校した。

幼年学校の入学資格は1887（明治20）年には15歳以上18歳未満で高等小学校卒業以上だったが、1920（大正9）年の改正で中学1年修了者程度となり、実際には中学2年修了者が多数を占めた。1921（大正10）年に陸幼卒業者は高等学校の受験資格を認定され、幼年学校は中学校と並ぶ中等教育機関として明確に位置づけられた。幼年学校は軍人の子弟には授業料の減免措置をとったため、現役・退役武官の子弟が入学者の30～50％を占めた。無政府主義者として著名な大杉栄（1885～1923年）もその一人である。

「陸軍幼年学校教育綱領」（1898年）に「帝国陸軍の精神元気は幼年学校に淵源す」とあるように、幼年学校は陸軍の中枢幹部を養成する本流と位置づけられ、中学校卒はいわば傍流視された。**表7-3**は陸軍士官学校（陸士）卒業者のうち陸軍大学校（陸大）を卒業した者の割合を、幼年学校出身者とそれ以外とで比較したものである。これをみると、最エリートコースである陸軍大学校への進学比率は、幼年学校出身者がその他（大半は中学校）の出身者よりも2倍以上も高い。そうしたエリートを育成するために、生徒一人当たりに要する経費は中学校の5～8倍にも達し、生徒から徴収する「納金」額は公立中学校の授業料の3倍以上の高額だった。「すなわち、陸軍幼年学校の生徒は、少人数制の恵まれた環境の中で、豊かな予算をふんだんに使い

5　稿本『陸軍教育史　明治別記　第11巻　陸軍中央地方幼年学校之部』〔ページ数記載なし〕

表7-3　陸軍中枢部における幼年学校出身者の位置

	第1期～第14期			第15期～第24期		
	陸士卒業者	陸大卒業者	A／B	陸士卒業者	陸大卒業者	A／B
幼年学校出身者	1,241	184（14.8％＝A）	2.3倍	2,200	185（8.4％＝A）	2.1倍
その他の出身者	4,407	283（6.4％＝B）		4,292	171（4.0％＝B）	

(出典)「陸軍大学校卒業者人員比較表」1919年5月調査(『教育総監部 第二課歴史』第1分冊所収)より作成

授業を受けていたのである。」[6]

1-2-2．陸軍幼年学校の外国語教育とその問題点

　幼年学校の外国語教育は1897（明治30）年の創設以来、独、仏、露の3カ国語だった。フランス語とドイツ語は当時の陸軍先進国の言語であり、ロシア語は仮想敵国の言語であった。英米は長らく陸軍の仮想敵国とはみなされておらず、英語は中学校出身者に予科士官学校で学ばせれば十分であると考えられていた。また、大陸戦略に必要な中国語（当時は支那語または華語）も、文字に親近性があり学びやすいとの理由で予科士官学校からで間に合うと認識されていた。こうした方針に関して、1897（明治30）年に策定された「将校候補者ニ要スル素養」は以下のように述べている[7]。

> 尋常中学校に於ける外国語学は英語を以て成規とせり。然るに陸軍軍事の講究は欧洲列国中其陸軍の精鋭を以て鳴れる独逸仏蘭西の兵事材料に参照する所最も多く、又隣邦の語学は常に之を講習し不時の用に応ぜざる可からず。而して隣邦語学は其種類二三にして足らざるも、其最も必要なるは支那及露西亜語とす。東洋至る處近来英語の用途もまた頗る多しと雖も、此語学は中学卒業者より採用せる候補生の既習する者多きを以て特に幼年学校に於て教育の必要なし。且支那語に至ては文字相同しきが為め士官学校に於て初て之を教授するを以て遅しとせず。故に幼年学校に於て教授すべき語学は仏蘭西独逸及露西亜語の三にして生徒をして必ず此一語を修めしむるを要す。

6　野邑理栄子『陸軍幼年学校体制の研究―エリート養成と軍事・教育・政治』吉川弘文館、2006年、p.138
7　稿本『陸軍教育史　明治別記　第11巻　陸軍中央地方幼年学校之部』〔ページ数記載なし。句読点を補充〕＊防衛研究所蔵

而して軍事研究上最必要なるは仏独の語学なりとす。

　陸軍の独・仏・露語への執着は根強いものがある。1920年代の軍縮時代に幼年学校の廃止論が台頭した際にも、中学校では履修できない独・仏・露語教育の必要性が存続の理由として主張された。この点に関し、教育総監部は1922（大正11）年に発表した「幼年学校ノ必要ニ就テ」の中で以下のように述べている[8]。

> 陸軍に於ては軍事研究上並に作戦の要求上独、仏、露、支那等諸外国語の必要あり。然るに中学校等にては英語を教ふるものは多きも、其他の諸外国語を教ふるものは極めて少なく或は皆無なるが故に、我陸軍の要求を充すこと能はず。而して支那語の一科を除きては僅々二、三年の日子を以て習得し得べきにあらず。加ふるに現今外国語の必要は益々増加し、之が素養の深きを望むや切なり。而して其教育の効果は幼時より之を開始するに若くはなし。之を其実績に徴するに、現幼年学校出身者の外国語の能力が旧幼年学校（明治三十四年迄存せしものにして三年制）出身者に比し大に向上せるは顕著なる事実なりとす。相当の年齢に達したる後に於て開始したる外国語の学習は労多くして進歩遅く、士官学校に於ける教育のみを以てしては活用自在なる域に達せしむること能はず。故に此等外国語学の所要人数を幼時より教育する為、特に幼年学校を必要とす。

　こうした陸軍中枢部の英語および支那語（中国語）軽視こそが、日中戦争および太平洋戦争における相手国に関する情報不足と過小評価の原因となり、敗北の一因となったとする見解は、陸軍関係者からも早くから指摘されてきた。たとえば、陸軍大学校卒業生である林三郎は、幼年学校における語学教育の欠陥を次のように述べている[9]。

> 　陸軍統帥部の国際情勢観察には、その傾向としてドイツの過大評価、その他の諸国の過小評価が顕著であった。
> 　米英過小評価の主な原因は、人事行政と幼年学校の教育にあった。人事行政としては、米英留学の経歴を持つ上級将校が、親米英派或は消極論者とし

8　稿本『教育総監部二課歴史』〔ページ数記載なし。句読点を補充〕＊防衛研究所蔵
9　林三郎『太平洋戦争陸戦概史』岩波書店、1951年、p37

て、中央部には用いられなかったことである。この傾向は三国同盟〔日独伊1940年〕成立後とくに目立った。

　幼年学校の教育については、外国語に問題があった。その昔、幼年学校で教育した外国語は独、仏、露の三箇国語で、英語および華語は中学校から士官学校に入ったものが専ら修得した。

　一方、軍事研究のため外国に派遣された将校の中には、陸軍大学校卒業時の成績列序の関係から、幼年学校出身者の方が遙かに多かった。そのような経緯から独仏ソ留学将校は帰国後多く重要なる地位に就いたが、米英留学将校にはそれが少なかった。そしてこのことが結局、陸軍中央部の対米英認識を貧弱にした有力な原因となったのである。

同様な見解は松下芳男『明治軍制史論』(1956年)、外山操・森松俊夫編著『帝国陸軍編制総覧』(1987年：井本熊男稿)、猪木正道『軍国日本の興亡』(1995年)、加登川幸太郎『陸軍の反省』(1996年)などにも見られ、もはや定説の感がある。

　実際に**表7-4**で幼年学校6校における外国語教育の実施状況をみると、米英中国（ABC包囲網）と交戦中の1944（昭和19）年2月時点で、ロシア語の750人(43％)、ドイツ語450人(26％)、英語300人(17％)、フランス語255人(14％)の順だっ

表7-4　陸幼の外国語修学人員区分表

(1944年2月　教育総監部)

	独語	仏語	露語	英語
東　京	—	80	250	—
仙　台	—	—	120	125
名古屋	155	90	—	—
大　阪	—	85	260	—
広　島	125	—	120	—
熊　本	170	—	—	175
計	450人(26％)	255(14％)	750(43％)	300(17％)

た。この数字には、幼年学校の語学教育が明治以来の惰性を払拭できなかったと側面と、英語教育の重要性を認識して改革を進めた側面とが共存している。外国語教育欠陥論を性急に評価する前に、幼年学校における英語教育の内実を検証しなければならない。

1-2-3．陸軍幼年学校の英語教育

　幼年学校の英語教育は、1938（昭和13）年に復活した仙台（仙幼）と翌年の

熊本（熊幼）で終戦まで実施された[10]。理由は必ずしも明確ではないが、1936（昭和11）年の「国策ノ基準」で「南方海洋進出」が決定され、フィリピンなどの英語圏も陸軍の作戦対象に入ったことが背景にあると思われる。仙台への導入に関しては、以下の記述がある[11]。1930年代の変化した情勢を踏まえ、同校の復活を機に英語教育を開始した様子がわかる。

> 仙幼の井上政吉校長（大佐・陸士18期）は、1937（昭和12）年の「就任に当たり、教育総監部に一の進言をしている。それは幼年学校においても、英語教育をして、幼年学校出身将校をも、米英両国に駐在させるようにせよ、という提案である。（中略）幼年学校出身将校が、その修得外国語の関係によって、米英両国に派遣あるいは駐在させられる者が少なかったということが、幼年学校出身者が多きを占めた陸軍当局者の対米英認識を浅からしめた一因となったのである。井上校長の進言は、この欠陥を除去しようとしたものであろう。陸軍当局はこの進言もあったが、前から計画もあって、第四十二期生〔1938年入学〕から、英語班を作り、英語教育を始めたが、遺憾ながら時期既に遅れを失し、それが何の効果も挙げないうちに、陸軍の解体となった。

外国語の課程細目は**表7-5**のとおりである。1906（明治39）年から登場した「会話」が1936（昭和11）年以降は「文法」より上位に置かれている点は、実用性重視の面から注目される。

表7-5　陸軍幼年学校の外国語課程細目（1887-1939年）

1887（明治20）年	1年前期「読法、習字」、後期「文法、略解、訳読、書取」、2年前期「文法、訳解、書取」、2年後期と3年「文法、訳解、書取、作文」
1906（明治39）年	第1学年前期が「読方、訳解、文法、作文、書取、会話、習字」 第1学年後期以降は「読方、訳解、文法、作文、書取、会話」
1936（昭和11）年 1939（昭和14）年	第1学年前期が「読方、訳解、会話、文法、作文、書取、習字」 第1学年後期以降は「読方、訳解、会話、文法、作文、書取」

（出典）『陸軍教育史　明治別記　第11巻』、『東京陸軍幼年学校史　我が武寮』より作成

10　ただし、東京陸軍幼年学校の「職員名簿」には、英語教官として黒川越太郎（14-17期：1913-1916年卒）、越山（26-28期：1925-1927年卒）の名前があるから、短期間にせよ英語教育も実施していた可能性がある（『東京陸軍幼年学校史　我が武寮』p.829）。なお、仙台幼年学校の外国語は、41期（1937年入学）が独仏露、42期が独英露、43期以降は英露となった。
11　松下芳男編『山紫に水清き――仙台陸軍幼年学校史』仙幼会、1973年、p.764

1-2-3a. 授業時数と少人数クラス

外国語の授業時数は長らく中学校と同等程度であった。1887（明治20）年の陸軍幼年学校条例によれば、外国語（独仏）の時数は週6－6－6で、3年間で624回だった。これが1898（明治31）年8月の「陸軍幼年学校教育綱領」によれば、外国語（仏独露）は地方幼年学校で6－6（後期7）－7、中央幼年学校で7－7に増えた。1901（明治34）年の中学校令施行規則では外国語は7－7－7－7－6（計34）だったから、幼年学校とほぼ同等の時数だった。

しかし、1930年代に入ると中学校の語学の時数が減少したため、幼年学校が上回るようになる。1936（昭和11）年の幼年学校では6－7－6（計19）だったが、同時期の中学校（2～4年）は5－5－6（計16）に減った。1943（昭和18）年では、幼年学校5－5－4（計14）に対し、中学校（2～4年）は4－4－4（計12）となる。

幼年学校における外国語の総時間数は、日中戦争後の1939（昭和14）年には従来の741時間から624時間に、1943（昭和18）年には485時間にまで削減された。しかしこの時点でも、3年間の総時間数をみると外国語が最多であり、続いて数学が472時間、物理化学348時間、国漢文347時間であって、外国語の重視ぶりがわかる。

幼年学校の教育・生活は50名程度の訓育班単位で、班を掌握する生徒監は大尉か少佐だった。午前中の授業は50分4コマの普通学（英・数・国・漢・物理・化学など）で、外国語、国語、数学などは訓育班を2つの学班に分け、1学班25人程度の少人数で学習した。午後は訓育班単位で教練、剣道などの術科を学んだ。履修する外国語は機械的に振り分ける場合が多かったようである。

1-2-3b. 優秀な英語教員

幼年学校の文官教官はほとんどが帝国大学か高等師範学校の出身者で、優秀な人材が集められた。仙台陸軍幼年学校の英語教官は4人が判明した。

教授　櫻井益雄　＊戦後、茨城大教授。『櫻井益雄先生論文集』（1990年）

第1節　日本陸軍の英語科教育　273

　教授　皆川三郎　1938年3月〜1945年6月（以後、海軍兵学校予科に異動、後任に山本教官）
　　　　平井満喜男
　　　　山内隆治

　皆川三郎によれば、「山内、櫻井両教官は、大変な勉強家で、山内教官の筋の通った英文学観、櫻井教官の多方面にわたる膨大な蔵書には敬服した」[12]という。仙幼45期（1941年入校）の岡政昭は次のように回想している[13]。

　　英語の担当は卒業まで櫻井益雄教官でした。温厚で博識、授業に熱心な英国紳士型との思い出があります。授業は生徒との質疑応答を含むコミュニカティヴなもので、生徒からの質問に丁寧に答えてくれました。「クラウン・リーダー」消化のテンポは速かったと記憶します。後年、旧制高校への復学や米国留学、さらには海外勤務での「英語を読む」力は仙幼時代に培われたものと、3年間持上がりの櫻井教官を多とさせていただきます。

　また、仙幼の最後の学年である49期（1945年入校）の小林敏久は、皆川三郎の授業ぶりを次のように回想している[14]。

　　皆川教授は生徒の扱いに差別なく、穏和な熱意を感じさせる人柄。最初に英語による人員申告の仕方を教えられた。授業中、教官の指名を受けると"Yes, sir"と答えて起立した。読解の講評を英語でされた。教程は中学三年程度と思われ、中学一年修了の小生は関係代名詞等に初めて接し、授業についていくのが一苦労であった。皆川三郎教官の発音は"articulate"な響きがあり、魅力的であった。昭和20年6月初めの頃、海兵に転勤された時は寂しい思いがした。英習字の帳面は49期生は与えられなかった。教程は幼年学校用に編纂されたもので、英国か米国の少年が海辺で遊んで砂でpieを作る話があったのを覚えて居る〔『教程』Lesson 2にあり〕。（中略）皆川教官の後任は山本教官だった。

12　皆川三郎「思い出—戦前、戦後」『山紫に水清き』（仙幼会会報）第31号、1988年
13　2003年12月16日付私信
14　2003年12月19日付私信

熊本陸軍幼年学校には次の英語教官がいた。

教授	石川　正		
教授	宮内文七	（終戦時まで）	広島高師卒。戦後、鹿児島大教授など
教授	山口　薫	（終戦時まで）	東大英文科卒
教授	渡邊榮一	（終戦時まで）	＊予備役陸軍中尉
嘱託	Dr. George H. Doll 夫妻（英独）＊旧制第五高教授で熊幼に出講。夫婦で英会話を指導。		

熊幼45期（1941年入校）の河野覚兵衛[15]と48期（1944年入校）の深瀬和巳[16]は、それぞれ次にように回想している。

> 宮内教官の授業では、今日習ったところを次の授業までに暗唱していかなくてはならなかった。2ページ分を暗唱するのは大変だった。毎日の暗誦は本当に辛かったが、「苦しいのはよくわかっている。然し国家のためだ、ともに頑張ろう」と言われると元気が出た。人員報告も英語だった。（河野）

> 教官は山口薫教官が中心でした。授業では丁寧に発音し、皆にも発音させ、訳し、単語の意味をよくわからせ、他の使い方にも触れ、また文法上の特徴や注意点も教えられました。1時間の枠内で英語のすべてを総括的に教えられたように思います。学習が遅れていた者には補習があり、手塩にかけての雰囲気でした。（深瀬）

この他の多数の回想からも、太平洋戦争期の幼年学校では、優秀な教官の下で、平時と同様のきめ細かな英語の授業が続けられていた様子がわかる。

1-2-3c．英語教科書

陸幼では原則として教育総監部編纂の「教程」を使用した。外国語教科書は、明治期には外国人が編集した市販の教科書に依存していたが、日本人による教科書編集が可能になると独自の教程を採用した。ただし英語に関して

---

[15] 2003年11月13日付私信
[16] 2003年12月12日付私信

は、45期（1941年入校）までは市販の教科書を使用したようである。英語教科書の使用状況は、以下の3期に区分できる。

　(1)　第1期：1938（昭和13）〜1941（昭和16）年度入校者

　仙幼、熊幼ともに中学校用の神田乃武著 The New King's Crown Readers: Fourth Revised Edition（1939年検定認可）を使用した。配当は1年次（中学2年に相当）に巻2、2年で巻3、3年で巻4だったようであるが[17]、仙幼45期では1年2学期から巻3になり、難しくて大変だったとの証言もある。

　(2)　第2期：1942（昭和17）〜1944（昭和19）年度入校者

　教育総監部編纂の『陸軍幼年学校 英語教程』（全3巻）を使用した。1943年に入校した仙幼47期生の正手簿（ノート）が偕行文庫にあり、内容の一端を窺い知ることができる（**写真7-1**）。この他、下記の皆川の手記にあるように、英文法は細江逸記著 Hosoe's Concise English Grammar: Revised Edition（全1巻）を使ったが、文法独自の時間は設けず、リーダーの時間に随時参照した。副教材としては、H. E. Palmer の Simplified English Series 版の Stevenson 著 Treasure Island（開拓社）を1・2年生で、Stanley Washburn 著 Nogi（研究社）を3年生で使用した。この他、1年次に櫻井益雄教官が Stevenson 著 Kidnapped を副読本として使ったとする証言も複数寄せられている。

　(3)　第3期：1945（昭和20）年度入校者

　新版の教育総監部編纂『陸軍幼年学校 英語教程 巻一』[18]を使用した（**写真7-2**）。この教科書は全36課153ページで、うち文法が7課、会話・作文が7課含まれており、1冊で総合的な英語力を付けさせようとする意図が窺える。付録には陸海軍の階級・部門の英語名や不規則動詞一覧が付けられている。読み物の題材では、第二次大戦に関するニュースが2課あるものの、同時期の中学校用の準国定教科書『英語』よりも戦時色が少ない。King Arthur's Knights, An American in Europe, How Napoleon Crossed the Alps, Hawaii など敵国だった英米仏に関する課もあり、敵意を込めた記述などは

17　『勁草萌ゆる三神峯──仙台陸軍幼年学校第四十六期第一訓育班誌』仙幼四十六期一訓会、1995年、p.350

18　靖国偕行文庫蔵

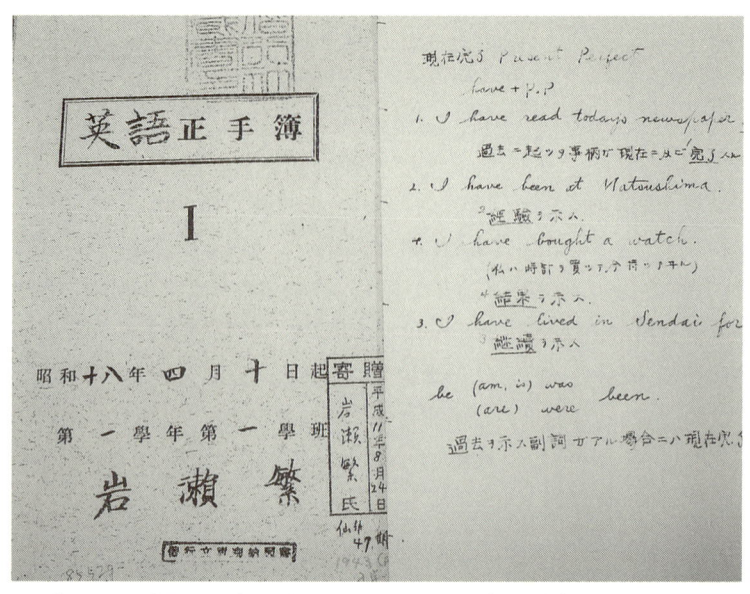

276　第7章　陸海軍系学校の英語科教育

写真7-1　仙台陸軍幼年学校生徒の英語ノート（1943年）　＊靖国偕行文庫蔵

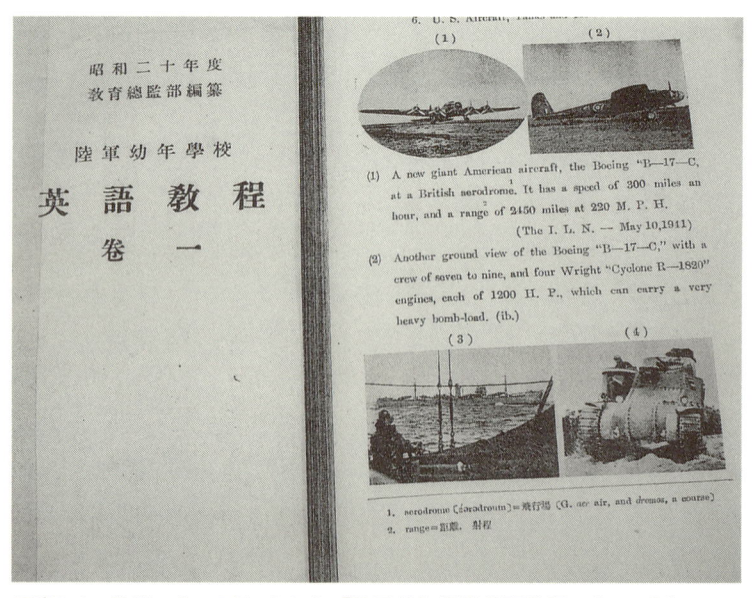

写真7-2　敗戦の年に刊行された『陸軍幼年学校英語教程』（1945年）
　　　　　　　　　　　　　　　　　　　　＊靖国偕行文庫蔵

見られない。国語、歴史、生物などの陸幼の他の教程と関連づけた記述も特徴的である。難解な語句には日本語の註が付けられ、学習者の負担を軽減している。

1944（昭和19）年当時の仙幼での英語教材に関しては、英語教官だった皆川三郎が貴重な手記を残している[19]。

> 仙台陸軍幼年学校では昭和十七年四月以来文法の時間を特別に設けず、文法教程を一種の参考書代わりにして読本の時間に随時参照する方法を採つた。（中略）教程は英語科創設四五年まに合せにザ・ニュー・クラウン・リーダーを、文法教程としては細江逸記博士のコンサイス・イングリッシュ・グラマーを選定した。後者は今尚ほ継続している。陸軍幼年学校用英語教程（読本）巻一が昭和十七年四月から初めて使用され、翌年巻二、巻三が完成した。（中略）仙台幼年学校に於てはまだ満足とは言へない迄も将来の要求に即応する一方法として昭和十六年一月に陸軍兵語集単語約二千を又昨年九月には曾て私がマライで入手した「軍用英語会話」を少しく修正した小冊子を、配布した。更に昨年〔1943年〕末前記「軍用英語会話」に大改造を加へ且厳選した約三千の基本軍用単語篇を附したものを同僚教官と協力して完成した。

1-2-3d. 教授法と学習状況

陸幼の外国語教授法に関しては、明治期よりかなり詳細な規定が設けられていた。1894（明治27）年2月の「陸軍幼年学校教育課程」[20]には「外国語学は勉めて樸簡の法を以て之を授け、話言に健に文義に明かなるを以て、主として後日各国の史書を講究するの基本を養成するものとす」とある。

1897（明治30）年12月に出された「地方幼年学校長ヘ与フル注意書」[21]によれば、「外国語中最初の教授に於ては、充分正確の発音に習はしむること緊要なり。我国中に現存せざる語音は殊に注意習熟せしめざる可らず」として、発音指導の重要性が強調されている。

1898（明治31）年8月の「陸軍幼年学校教育綱領」[22]には、「外国語は発音

19　皆川三郎「陸軍幼年学校に於ける英語」『語学教育』196号、1944年11月25日、pp.10-12
20　稿本『陸軍教育史 明治別記 第11巻　陸軍中央地方幼年学校之部』
21　稿本『陸軍中央幼年学校歴史』　＊防衛研究所蔵
22　稿本『陸軍教育史 明治別記 第11巻　陸軍中央地方幼年学校之部』

字義文法より読書作文会話に通達せしめ、彼我対語の便学術講究の資を授け、兼て名文傑作に由り雄健なる情操を養成するものとす」とある。

　なかでも重要なのが1899（明治32）年8月の「幼年学校外国語学教授法案」[23]で、かなり長大なものだが、主な内容は以下のとおりである。

- 前半期は訳解、文法、作文、会話、書取を分離せず同時間に連繋させて教授する。後半期は読方訳解と文法作文に二分。どちらも書取会話に習熟させる。
- なるべく外国語で説明し、やむを得ないときに和訳させる。
- 復習は原語での問答、原語で問い和訳、邦語で問い原語で回答、原語での問答など。
- 文法偏重にならないこと。

　この時期は外山正一の『英語教授法』（1897年）に代表される外国語教授法の黎明期であったが、陸幼関係者の間からも上記のような教授法案が出されていたことが注目される。

　優秀な生徒を集めていたとはいえ、幼年学校には中学2年生（約3分の2）と1年生（約3分の1）の入校者が混在しており、入試科目に英語はなく、かつ第二次大戦末期には勤労動員による入学者の学力低下問題が加わったため、学力差の解消策が必要となった。皆川三郎は次のように述べている[24]。

> 頭を悩ましているのは幼年学校受験の為に英語学習を閑却した生徒と優秀者との歩調を整へて共に向上せしめるには如何にすべきか、又中等学校一、二学年生徒の勤労作業に伴ふ一般英語力の低下を入学後如何にして救済すべきかと言う問題である。

　この問題を解消するために、仙台幼年学校では露語・英語とも1年次は通常の学班単位（25名）の授業だったが、2・3年次には語学学班だけを3段

23　*Ibid.* 原文は判読の難しい肉筆稿であるが、東幼史編集委員会編『東京陸軍幼年学校史 我が武寮』1982年、pp.169-170に活字化されている。
24　皆川三郎「陸軍幼年学校に於ける英語」p.12

階に再編成して習熟度別の授業を実施した。熊幼でも3学年で習熟度別授業を行い、加えて補習を実施していた。

熊本幼年学校では週5時間のうち1時間はドイツ人Dollによる英会話で、日本語は使用禁止だったという。授業開始時の員数報告は"The first year, the fourth class, twenty-nine in all, no absent, all boys are present."などと英語で行った[25]。英語の授業は終戦間際まで実施されたようで、生徒の日記には1945（昭和20）年8月3日に英語の考査が実施されたことが記載されている[26]。熊幼での授業の様子に関して、46期（1942入校）の佐々木襄[27]と志波光[28]は次のように回想している。

> 語学は当時でも1週5時間で、3人の教官に教わったと言ったら、信じない人もいるのではないかと思う。当時英語は敵性外国語として禁じられたと言われているが、我々陸軍幼年学校ではそのようなことはなかった。むしろ外人教師（同盟国のドイツ人ではあるが）夫妻が、ドイツ語と英語の会話を担当していたくらい語学には力が入れられていたのである。（中略）昭和17年年末「蛍の光」の歌を原語で習い、発表会でみんなで斉唱した。（中略）宮内教官殿ともう一人の英語の教官殿からは、大和魂は日本の専売特許ではないということ、つまり「アメリカ人はパイオニアスピリットをもっている。英国人はジョンブル魂をもっている。（中略）諸君が将来戦場で相見える敵は決して侮るべからざる大敵と心得よ」と教えられた。（佐々木）

> 英語は一年の時、中学二年生と三年生の英語を超スピードでやるのだから、一年から入校した人たちには相当ハードであったと思う。三年生の時、能力別クラス編成になったが、その下の方のクラスには中学一年から来た者が大部分であった。（中略）教材はワシントン、ナポレオン、アレキサンダーなど英雄たちの少年時代の物語、ロビン・フッドの話、ラフカディオ・ハーンの『耳なし芳一』、ギリシャ神話など少年の志を奮い立たせるものが多かった。

25　熊幼四八期二訓会編『清水台懐古──中西おやじと私たち』2000年、p.192
26　永江政勝ほか編『最後の将校生徒の思い出と半世紀　文集　噴煙　第三号』熊本陸軍幼年学校四十九期第一訓育班有志、1995年、p.102
27　熊幼会本部『熊本陸軍幼年学校』1998年、pp.285-286
28　志波光「陸軍の語学教育」『平成12年　熊幼会報』2000年、pp.99-103

表7-6　陸軍士官学校・航空士官学校卒業・修業人員表（1934-1945年）

期	陸軍士官学校（人数は航空士官学校を含む）		陸軍航空士官学校（人数は陸士中の内数）		入学者の幼年学校での期
	予科入校～本科卒業	人数	卒業年月日	人数	期
50	1934.4 ～ 1937.12	466	1938(S13) 6.29	40	35
51	1935.4 ～ 1938.12	506	1939(S14) 4.27	45	36
52	1936.4 ～ 1939.9	635	1939(S14) 9. 7	127	37
53	1937.4 ～ 1940.2	1,719	1940(S15) 6.21	354	38
54	1937.12 ～ 1941.9	2,186	1941(S16) 2.28	388	39
55	1938.12 ～ 1942.7	2,350	1942(S17) 3.27	595	40
56	1939.12 ～ 1943.12	2,299	1943(S18) 5.26	627	41
57	1941.4 ～ 1944.4	2,413	1944(S19) 3.19	1,145	42
58	1942.4 ～ 1945.6	2,301	1945(S20) 3.20	1,155	43
59	1943.4 ～ 1945.8.31 修	2,850	1945(S20) 8.31 修	1,600	44
60	1944.3 ～ 1945.8.31 修	4,704		2,880	45
61	甲（空）1944.11・乙1945.4 ～ 1945.8.31 修	5,003			46 (47.48.49期)

（出典）『陸軍士官学校名簿』第2巻、陸軍士官学校名簿編纂会、1982年から作成

中でもフランスの作家ドーデーの「ザ・ラースト・レッスン・イン・フレンチ」という、今だに忘れ得ぬ感銘を与えてくれるものがあった。（中略）当時、ぼくは他のいかなる修身教育よりも、偉い人の訓辞にもまして、その英文の方が感動を与え、愛国心の高揚にもなったことを思い出す。（中略）三年生になると語学は能力別に三班に分けて授業が行われたが、卒業前に、予科士官学校に行ってから仙幼と熊幼から、それぞれ二十名程で特別英語班なるものを作って特訓されることになっていた。（志波）

1-3．陸軍士官学校の英語教育

1-3-1．予科士官学校の制度と教育内容

地方幼年学校卒業者が入学する東京市ヶ谷の陸軍中央幼年学校は、1920（大正9）年8月に陸軍士官学校予科に再編された。1937（昭和12）年8月には、陸軍予科士官学校として本科から独立した。この年に勃発した日中戦争によって、入学者数が急増したためである（表7-6）。

予科士官学校は通常は2年制だが、第二次大戦末期には短縮され、1943年4月入校の59期生のうち航空兵科志願者は翌年3月に陸軍航空士官学校に進

表7-7　予科士官学校の外国語科目と程度（1932-1945年）

1932（昭和7）年	外国語は英、仏、独、露、支那語中、其の一を授け、普通の文章を読解する能力を与へ、兼ねて日常の会話並作文をも授くるを要す／教材の選定に就ては、国漢文に於ける趣旨を参照すべく、尚生徒将来の必要を顧慮し、軍事に関する文章を加ふるを要す
1937（昭和12）年	英、仏、独、露、支那語中其一を授け訳読、作文、会話等を課し陸軍将校として実用すべき語学の基礎能力を附与す／但入校後語学を変更する者に対しては該語学の初歩を授け将来の学修に資せしむ
1940（昭和15）年	英、仏、独、露、支那語中其一を教授し主として陸軍将校として必要なる読書又は会話の基礎能力を附与す／一週約二時間を充当するものとす

（出典）資料綴『陸軍予科士官学校歴史 付録』（防衛研究所蔵）収録の「陸軍士官学校教育綱領」各年改正版から作成

学し、他は1年6ヶ月後の10月に陸軍士官学校に進学した。平時の授業は午前中が各50分4コマの教授部課業（普通学）、午後が2コマの実科教練だった。ただし、1944（昭和19）年度からは教授部は1コマ60分、午前中3コマに圧縮された。普通学は旧制高校の1・2年に準拠していた。

陸軍予科士官学校では1940（昭和15）年に翌年度の入試科目から英語を課さないことを発表したが、英語教育そのものは継続されていた。

1-3-2．外国語の授業回数等

中央幼年学校時代（1896〜1920年）の外国語は独・仏・露語で、時数は週7－7だった。これが陸軍士官学校予科および予科士官学校になると英・仏・独・露・支の5カ国語となり、英語と支那語は主として中学校出身者に課した。平時（1920〜36年）の時数は6－6だった。平時の「予科生徒教育課程表」によれば、2年間の総時数1,675回のうち外国語の比重が最も高く、第1学年204回、第2学年198回の計402回（24％）だった。これは数学の318回（19％）、国語・漢文・作文の269回（16％）などを大幅に上回る。

しかし、日中戦争が始まった1937（昭和12）年ごろから語学の時間数は削減の一途をたどり、同年3月には時数4－3（前期）となった。さらに太平洋戦争初期の1941（昭和16年）には2－2になり、同年に入校した第57期生の時数は約217回だった。翌年の第58期では外国語から仏語と独語が省かれ、時数も露語と英語（ただし英語は露語既習者のみ）は1年次7回、2年次17回の計24回、支那語は1年次の36回だけ（各週1回）となり、「戦場実用語の基

礎を授ける」目的に解消された。続く第59期（1943年4月入校）は露（英）語19回、支那語40回だった。60期（1944年3月入校）では外国語は語学力によって3分割された。うち、成績優秀者によって編成された外国語特別班では、英語は幼年学校出身者30名・中学校出身者120名の計150名で、仏語・独語は陸幼出身のみ各45名、露語は陸幼出身のみ60名だった。それ以外の一般班は露語（陸幼での露語既習者を除く）と支那語の2語学班に分割された。時数は週1時間のみで、1年次43回、2年次16回の計59回だけだった[29]。最後の61期（甲乙）では教授部課業から外国語が削除されている。もっとも、空襲等で授業はほとんど不可能な状態だった[30]。

1-3-3．外国語教育の内容と程度

　1937（昭和12）年8月に告示された教授要目のうち、「外国語教授ノ方針」は以下のとおりである[31]。これは1941（昭和16）年3月に改訂されたが[32]、本質的な違いはない。

　一、入校後語学を変更せざる者に対しては既習の学力を基礎として概ね組織的教育を施し、変更する者に対しては程度を緩和して速習教育を施すべし
　二、各語学の特異性は之を認むるも、教育法は努めて之を統一すべし
　三、教材には思想穏健にして将校生徒の教育に適するものを選び、特に実用的基礎能力を養成すべき一般資料を主とし、兼ねて軍事初歩の記事を加ふべし
　四、各教科目教授の要領及程度左〔下〕の如し
　　読方　明確なる標準発音法により流暢達読を旨とすべし
　　訳読　平易なる文章及軍事初歩の記事を読解又は聴解する能力を養成すべし
　　　　　翻訳は原文の文格及語義を失ふことなく、而も能く国語と調和せしむべし

29　『㊙陸軍予科士官学校第六十期生徒教則』1944年　＊防衛研究所蔵
30　吉田元久『陸軍の教育』（稿本）　＊防衛研究所蔵
31　「㊙陸軍予科士官学校第一期乃至第三期生徒教育ニ関スル指示」1937年8月印刷、pp.8-9　＊防衛研究所蔵
32　「㊙陸軍予科士官学校仮教則」1941年3月改訂　＊防衛研究所蔵

第1節　日本陸軍の英語科教育　283

会話　一般的又は軍事的の簡易なる実用会話を教授すべし
作文　訳解教授の附帯又は応用として簡易なる練習を為さしむべし
文法　作文及訳解、会話の修得に資すべき常用規則に習熟せしむべし
書取　既習事項の復習又は応用練習として適宜実施す
習字　日常の筆記に由り実習せしめ要すれば習字帖を使用することを得

表7-8　予科59期「教授部課業教育程度表」1943(昭和18)年3月

課　目	第　一　学　年	第　二　学　年	時間
露(英)語	発音、読方、書方、軍事会話を修得せしむ(軍用語を主材料とする基本文型及軍用会話の一部を修得せしむ)	(なし)	19
支那語	発音、基礎会話、軍事会話を修得せしむ	軍事会話を修得せしむ	40

(出典)『㊙陸軍予科士官学校第五十九期生徒教則』1943年3月　＊防衛研究所蔵

表7-9a　予科60期「教授部課業教育程度表」1944(昭和19)年2月

課　目	第　一　学　年	第　二　学　年
英、仏、独、露語(特別班)	既習の知識を基礎として読書力を向上し軍事専門書の読解力を修得せしむ	
露　語(一般班)	発音、読方、書方、軍事会話を修得せしむ	軍事会話及軍事に関する文の読解力を修得せしむ
支那語	発音、基礎会話、軍事会話を修得せしむ	軍事会話を修得せしむ

表7-9b　予科60期「各期教授部課業課程進度基準表」1944(昭和19)年2月

年期別／課目	第　一　学　年		第　二　学　年
	第　一　期	第　二　期	第　三　期
英、仏、独、露語(特別班)	現代普通文(文法、発音、聴き方及訳し方にも留意す)	現代普通文、軍事に関する文(同上〔左〕)	軍事に関する文、新聞記事類(同上〔左〕)
露語(一般班)	発音、読方、書方、軍事会話	軍事会話	軍事会話及軍事に関する新聞記事
支那語	発音、基礎会話	軍事会話	同上〔左〕

(出典)表7-9a・bともに「㊙陸軍予科士官学校第六十期生徒教則」附表第七・八　＊防衛研究所蔵

表7-10　外国語教育の目的と内容程度　1944(昭和19)年　＊配当時間は千分比40

目　的	内　容　程　度　等
外国語科は戦場実用語学の基礎を附与すると共に、一部に対しては既習語学の能力を向上し、将来の要求に即応せしむ	戦場実用語学にありては発音及会話を主とし、併せて読書、文法を修得せしむ／習字は自習とす／既習語学にありては読書力養成を主とし、文法及作文会話を修得せしむ

(出典)陸軍予科士官学校高等官集会所『振武台の教育』開成館、1944年、p.84

太平洋戦争に突入すると、外国語教育は軍事目的が鮮明にされた。1941（昭和16）年10月の「陸軍士官学校教育綱領改正」によって、外国語は「支那語及露語（露語既習者には英語）の梗概を教授し戦場実用語学の基礎を附与す／但し支那語には時文をも併せ教育するものとす」として、配当時間は露（英）語13回、支那語30回となった。その後は以下のように改正された。

大戦末期には「戦場実用語学」が強調されているが、「特別班」を除く一般の生徒は軍事的訓練に追われて語学どころではなかったようである。1944（昭和19）年度から実施された外国語特別班については、60期の伊東正人が次のように回想している[33]。予科士官学校でも大戦末期まで外国語教育が実施されていたことを示す貴重な記録である。

> 入試には英語はなく、従って英語を学ぶ破目になろうとは夢想だにしなかったのである。（中略）2回程英語の試験を受けさせられた。多くの仲間はロシア語や中国語を学んだが、私達も忘れない程度に英語を学んだ。一緒に学んだ仲間は他の中隊の人たちと合わせて十名内外であったように思う。（中略）プリントを渡され、大きな声で英文を何回も音読させられた記憶がある。ともかく私達の先生は、大変優しい方であった。仲間には素晴らしくよく出来る連中がいて、驚嘆した印象がある。私は戦後図らずも英語で身を立てることになったが、これもみんなが英語に背を向けている時代に、ほんの僅かでも細々と学び続けさせてもらったお陰であろうと感謝している。

1-3-4．予科士官学校の英語教官と教科書

予科士官学校の教官は文官（高等官）の教授として優遇されていた。文官の教官は「士文会」を組織していた。各語の外国人教員も雇われていたが、日中戦争開始直後の1937（昭和12）年12月1日付けで一斉に解雇された[34]。時数の著しい減少を受けて、1942年度以降の英語教官はわずかに2人だけになってしまった（**表7-11**）。植田虎雄（戦後、研究社社長）や梶木隆一（戦後、東京外大教授）らの名前も見える。

---

[33] 六十期生会期史編纂特別委員会編『陸軍士官学校第六十期生史』1978年、pp.252-253
[34] 稿本『陸軍予科士官学校歴史』1937年の第10葉　＊防衛研究所蔵

表7-11 予科士官学校の英語教官（1927-1945年）

1927年	1933年12月	1935年4月	1937年4月	1941年8月	1942年4月～45年8月
教授 加藤玄智 教授 星野幹 教授 黒川越太郎 教授 秋元正四 傭教師 ウィリアム・エドワード・ハリス	教授 大谷秦廣 教授 堀田正亮 教授 織田正信 嘱託 黒川越太郎 傭教師 ウィリアム・エドワード・ハリス	教授 大谷秦廣 教授 堀田正亮 教授 植田虎雄 ＊黒川は不詳 傭教師 ウィリアム・エドワード・ハリス	教授 堀田正亮 教授 植田虎雄 教授 藤井達之 傭教師 阿部鵬二 傭教師 ウィリアム・エドワード・ハリス	教授 堀田正亮 教授 植田虎雄 教授 藤井達之 嘱託 梶木隆一 ＊梶木は1942年1月23日調では教授	教授 植田虎雄 教授 藤井達之
英語以外の外国語教官は不詳	仏語4人、独語4人、露語5人、支那語3人	(士文会会員) 仏語3人、独語3人、露語5人、支那語3人	(士文会会員) 仏語3人、独語3人、露語6人、支那語4人	仏語2人、独語3人、露語5人、支那語4人	露語5／6人、支那語6人、独語2人、仏語2／1人

（出典）1937～45年に関しては『陸軍予科士官学校歴史　付録　職員表』（資料綴）収録の各「陸軍士官学校職員表（高等官）」、それ以外に関しては『昭和二年印刷　英文法教程』、「陸軍士官学校職員表（高等官）」（1933年12月25日調）、「士文会々員名簿」（1935年12月調）より作成

　士官学校の教程および参考書は、すべて教育総監部編纂の教材を使用する規定であった。「本校に於て編纂改訂若くは選定を担任する参考書類は、関係教授部各科若くは生徒隊に於て起案改訂若くは選定し」[35]とあるように、各科の教官が編纂ないし改訂した。筆者の調査で判明した限りでの陸軍の英語教科書（教程）は19種類あり、うち幼年学校用が2種類、予科士官学校用7種類、士官学校用4種類、航空士官学校用2種類、憲兵隊用・教導学校用が各1種類、その他・不明2種類である（**表7-12**）。

1-3-5．士官学校（本科）・航空士官学校の外国語教育

　予科を修了後は6カ月の隊付き勤務を経て本科に入校した。本科は1年10カ月程度の課程だったが、戦時下では短縮された。外国語は補助学で、他はすべて軍事学だった。戦時色が強まる1939（昭和14）年頃から外国語教育は廃止された。

　本科の英語は武官が教えた。1931（昭和6）年～1933（昭和8）年には江本茂夫少佐が士官学校兼陸軍砲工学校の英語学教官だった。当時の英語は週2時間で、教科書は頭本元貞編纂の時事文集を使用していた。江本の授業は説明も生徒の応答もすべて英語による純然たる Direct Method で、日本語は

35　『㊙陸軍予科士官学校第六十期生徒教則』1944年2月　＊防衛研究所蔵

表7-12　陸軍の英語教科書

発行年	著者名	書名	使用対象	備考	所蔵者
明治33年	イーストレーキ	憲兵練習所英語教科書　第二和訳	憲兵隊	79p；16cm、清水書店発行	国会図書館
大正8年	加藤玄智編著	実用士官候補生の英語	士官候補生	337p；19cm、陸士将校集会所	国会図書館
昭和2年	黒川越太郎述	英語講義：教育総監部認定		98p；23cm、琢磨社発行	国会図書館
昭和2年	不詳	英文法教程　全	陸軍士官学校	本文192頁＋練習問題28頁	防衛研究所
昭和2年	不詳	英語補助教材　附録陸軍士官学校予科用	陸軍士官学校予科	74頁。手紙文、広告などの文例見本	防衛研究所
昭和4年	不詳	英語学教程（昭和四年改訂）	陸軍教導学校	昭和4年12月24日教育総監部通牒より	不詳
昭和5年	陸軍士官学校	英語学教程（全）	陸軍士官学校	本文111頁＋練習問題35頁(軍事的内容が濃厚)	防衛研究所
昭和12年3月	陸軍士官学校	英語教程　巻一	陸軍士官学校	53期本科用。366+11頁。文学作品中心。	江利川、偕行文庫
昭和12年12月	陸軍予科士官学校	英語教程　巻一	陸軍予科士官学校	陸士54期（経理3期）予科用。ページ数不詳。	防衛研究所（部分）
昭和13年6月改訂	陸軍士官学校分校（航空士官学校）	英語学假教程　全（扉：A Textbook Of English For Military Air Cadets）	陸軍士官学校分校（航空士官学校）	54期本科航空用。全256頁。全編英国空軍のマニュアル。	靖国偕行文庫
昭和13年12月	陸軍予科士官学校	英語教程　全	陸軍予科士官学校	陸士55期・経理4期予科用。162頁。全15課の読み物のみ。南京攻略戦の新聞記事あり。	国立教育政策研
昭和14年	陸軍予科士官学校	英語假教程　全	陸軍予科士官学校	陸士56期（経理5期）予科用。126p；22cm	東大教育、防衛研
昭和16年3月	陸軍予科士官学校	英語教程　巻一（扉はA Textbook of English for Military Cadets）	陸軍予科士官学校	陸士57期（経理6期）予科用。101+2頁。教材の戦時色濃厚	靖国偕行文庫
昭和16年6月	陸軍航空士官學校［編］	英語學教程　全（扉はA text-book of English for military air cadets）	陸軍航空士官學校	56期本科航空用。205p。全編空軍の訓練・戦術等の読物	東大教育
昭和16年	陸軍予科士官学校	英語文法教程　全（A text book of English grammar）	陸軍予科士官学校	陸士57期（経理6期）予科用。42p；21cm	北大
昭和18年	教育総監部	英語教程　全／陸軍予科士官学校用	教育総監部	陸士59期（経理8期）予科用。43p英文法＋軍用会話＋用語集	北大、靖国偕行文庫
昭和17年以降	教育総監部	陸軍幼年学校　英語教程（全3巻）	教育総監部	未見（卒業生の手記より）	不詳
昭和18年	陸軍大学校将校集会所	軍事語学／英語篇　第1巻	雄風館書房	119p；17cm	国会
昭和20年	教育総監部	陸軍幼年学校　英語教程　巻一	教育総監部	陸幼49期用。152頁	靖国偕行文庫

(註) 筆者の調査による判明分のみ（2005年11月21日現在）

第1節　日本陸軍の英語科教育　287

写真7-3　陸軍士官学校の英語教科書類

禁止だった。ただし、他の英語教官の授業はみな訳読式だったという[36]。

　本科用の平時の英語教科書である『英語教程 巻一』(1937年：**写真7-3**)は366＋11ページの厚冊で、冒頭には英訳された教育勅語、軍人勅諭、陸海軍人への勅諭（大正天皇）が掲載されている。こうした教材は海軍の英語教科書にはみられない特徴である（後述）。本文は37課で、H.G. Wells（3編）、Hearn（2編）、Dickens（2編）、Ruskin（2編）、Irving、Hawthorne、Poe、Franklin、Stevensonなどの散文に加え、Tennyson（3編）、Cowper、Wordsworth、Hoodなどの詩もある。付録はClassroom Conversationと英語による陸軍士官学校の概要である。本文にはほとんど戦時色がなく、旧制高校の教科書とあまり変わらない。筆者が所蔵する『英語教程 巻一』は陸士53期生（1937年4月入校）だった金澤基雄が使用したものだが、書き込みなどから判断して明らかに学習した形跡がある教材は、The Public Spirit of the

---

36　寺西武夫『英語教師の手記』吾妻書房、1963年、p.51、および寺西武夫「陸軍士官学校参観雑記」英語教授研究所 *The Bulletin* 85号、1932年、p.10

Athenians (Demosthenes) pp.10-11、The Voyage (W. Irving) pp.49-56、A Child's History of England (C. Dickens) pp.121-132、Horse and Man (W.H. Hudson) pp.194-207、On Saying "Please" (A.G. Gardiner) pp.306-312、The Flowering of the Strange Orchid (H.G. Wells) pp.317-327の6課、合計53ページで、全体の14％ほどである。この教科書を使用した53期の森松俊夫は、本科の英語教育を次のように回想している[37]。

> 外国語は読解を主とする教育で、補助学なので生徒はあまり熱心ではなかった。教程は程度が高く、分からぬ単語が多いので、毎日曜日に予習をしておく必要があった。しかし、教育期間を短縮するため、外国語は半年ほど〔1939年ごろ〕で無くなったようだ。

航空兵科士官候補生の採用は、士官学校40期生（1928年卒業）から開始された。1932（昭和7）年の「本科生徒教育課程表」によれば、外国語の授業は100回となっている[38]。1937（昭和12）年8月には埼玉県所沢に航空兵科のための士官学校分校が設立され、翌1938年12月には陸軍航空士官学校として独立、予科士官学校の修了生を受け入れた。設立時の「陸軍航空士官学校教育綱領」付表によると、外国語学は「主として軍事、航空に関する読書力を増進せしむると共に将来研鑽の素地を附与す／英、独、仏、露、支の内一語学を教授す」とある[39]。分校時代の1938年には『英語学仮教程』を刊行するなど、独自の英語教育を開始していた。航空士官学校の英語教官（嘱託）には立川利雄、中島良夫がいた[40]。

陸軍航空士官学校第58期（1942年4月入校）からは前期教育が9カ月半に短縮され、「数学・物理・語学などの基礎学科は切り捨てられ、課目は軍事学に集中された」[41]。

---

37 2003年11月12日付の私信
38 陸軍航空士官学校史刊行会編『陸軍航空士官学校』1996年、p.22
39 *Ibid.* p.45
40 「陸軍士官学校分校職員表（高等官）」1937年10月1日現在 ＊防衛研究所蔵
41 『陸軍航空士官学校』p.250

1-4. その他の陸軍系学校の英語教育（概観）
1-4-1. 陸軍経理学校

陸軍経理学校の入学資格は一般生徒が16歳以上20歳未満で、この他に現役下士官などからの志願もあった。修業年限は予科・本科ともに2年で、その間に隊附勤務が8カ月あった。本科終了後は4カ月の見習士官を経て主計少尉に任官した。ただし、太平洋戦争期には予科・本科とも1年6カ月に短縮された。

経理学校の「予科生徒教育課目並ニ教育目標基準表」によれば、外国語は「独仏露支英語の中その一を授け、将来外国語研究の為の素地を付与す。但し、英語は軍事及経済用文につき教授す、南方語を課することを得」とある[42]。

本科ではこれにマライ語が追加され、予科で英語を学んだ者に課した。陸軍の学校でマライ語を課したのは経理学校だけである。なお、予科の入学志願票には「入学後学修希望外国語」を第二志望まで書く欄があった。

経理学校の英語教官には陸軍教授の宮内秀雄がいた[43]。彼は在任中、「従来は外国出張や駐在でもしない限り、陸軍将校が、英語をしゃべる機会は殆どなかったのに、今はフィリピンを初めとして現地で否応なしにしゃべらねばならぬ場合が多くなった」[44]として、いわゆる大東亜共栄圏内での英語の実用的意義を説いている。また、授業は講読、作文、要点読解、会話の4分野からなり、「教材としては、米英人の書いた日本及日本人論を多く用ひ、それによって彼我の思想、感情、生活の相違点を知り、彼等はわれをいかに見るか、われわれは彼等をいかに見るべきかを考へるのもやはり一つの論理的訓練である」としている。

1-4-2. 陸軍大学校

陸軍大学校の平時の修業年限は3年だったが、戦時下では短縮された。入

---

[42] 陸軍経理学校著『陸軍経理学校』日本報道社、1944年、p.182
[43] 宮内秀雄（1910-1991年）の専門は英語学・比較言語・比較文化。昭和女子大教授等を歴任。*Daily Concise English-Japanese Dictionary*（三省堂）の編集主幹、高校用英語教科書 *Crown* シリーズ（三省堂）の代表、ほか英語関係の著書多数。
[44] 『陸軍経理学校』、p.181

学者は陸士卒業者の約1割程度で、エリート中のエリートである。外国語は1897（明治30）年にそれまでの独・仏から独・仏・露・英になり、1900（明治33）年には支那語も追加された。

1913（大正2）年12月から翌年11月までの各学年学生学術科実施表によると、午後に一般教養科目と外国語の授業がある。外国語は、英語、仏語、独語、露語、支那語から1科目を選択し、授業の回数は1年次153回、2年次153回、3年次127回だった。

なお、アメリカとの対立傾向が強まる1930年代以降、陸大でも対米戦法の研究を行うべきであるとの主張もなされた。しかし現実には、アメリカ研究の専任教官はおらず、「米英討つべしのかけ声は高まる一方である反面、肝心要の陸大での対米戦術の微細なる研究は、必ずしも完璧でないままに戦争に突入したのが実相ではなかったか」[45]という。とりわけ、アメリカが得意とする物量戦や航空戦に対する研究が弱く、「国防方針の急変転に陸大の研究、教育がついて行けなかった」との指摘がなされている。

1-4-3．陸軍中野学校

陸軍中野学校は、1938（昭和13）年に創設された諜報要員の養成機関である。1940（昭和15）年12月に入学し、翌7月に卒業した38名の語学の教科目は、露語、支那語、英語、マレー語だったが、語学班は露語、支那語、英語の3クラスに分かれていた。このうち、少なくとも2カ国語の修得を義務づけられていた。ただし、3期生は露語、支那語、マレー語となり、英語がなくなった。また、外国事情の講義ではソ連、ドイツ、イタリア、イギリス、フランス、中国、南方地域があったが、主敵となるアメリカは含まれていなかった。

1-5．敗戦後のジャワ抑留地での英語教育

陸軍における英語教育の最後の記録は、実は敗戦後の1946（昭和21）年に及ぶ。インドネシア・ジャワ島の抑留地で、大庭定男（陸軍主計中尉）が同

---

[45] 稲葉正夫監修・上法快男編『陸軍大学校』芙蓉書房、1973年、pp.169-171

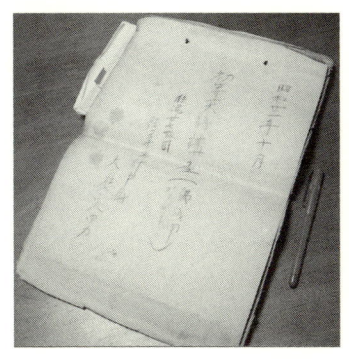

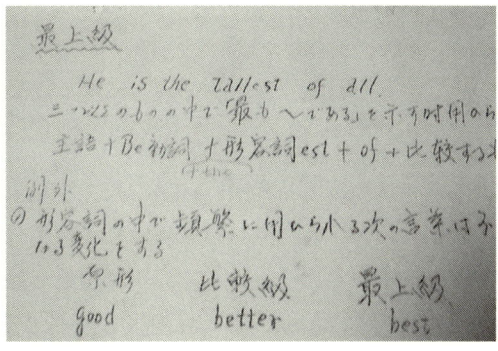

写真7-4　ジャワ抑留下での「初等英語講座」プリント（1946年）　＊大庭定男氏蔵

年10月16日から12月8日までの26回にわたって、「初等英語講座」と題した謄写刷りの教材（計65枚）を自作し、下士官・兵士に初等英語を教えていたのである[46]。この教材は1947（昭和22）年5月の復員時に奇跡的に日本に持ち込むことが許され、現存している（**写真7-4**）。

　戦勝国管理下での、帰国のメドも立たない焦燥感。炎天下で100キログラムの米袋や石炭を船に積み込む報復的な労役。それでも、疲れた肉体にムチ打ち、大庭ら十数人は水浴場の電灯の下などに集まり、帰国後に備えて、深夜まで英語の勉強を続けた。

　教材はアルファベットに始まり、未来完了形までの英文法の基本が手際よくまとめられている。豊富な例文や練習問題を読むと、下記のように祖国帰還への願望と焦燥、戦争への反省と戦後民主主義への決意などが読みとれる。

○ You may have gone back to your homeland by the end of this year.（諸君は本年末までに故国に帰還しているでしょう。）

○ When I came back to Japan, I found she had married a man.（私が日本に帰った時、私は彼女が一人の男と結婚していることを知った。）

○あなたは米軍が進駐した(occupy)前に戦争の実情(truth)を知る事が出来ましたか。

---

[46]　大庭定男『ジャワ敗戦抑留日誌（1946-47年）』龍渓書舎、1996年、pp.93-133、および大庭氏へのインタビューと私信（2004年10月）による。

○民主主義(democracy)は日本国民全部により了解されなければならぬ。

第2節　日本海軍の英語科教育

　本節では海軍の兵学校、機関学校、経理学校を対象に、英語の教育課程、教員、教授法、教材に焦点を当てて考察する。全体を概観した上で、英語教育史的にもっとも注目される海軍終焉期を特に掘り下げて考察したい。

　考察対象は海軍全体ではなく、将校生徒に対する英語教育である。1941(昭和16)年12月の太平洋戦争開戦時点で日本海軍の総兵力は32万3千人だったが、そのうち準士官以上は2万4千人(7.4%)である[47]。

　海軍の英語教育史に関する先行研究は多くはないが、松野良寅、品田毅、寺田芳徳、惣郷正明らによる業績がある[48]。これらの研究の比重は主に明治期の英学史的な側面に置かれている。また終焉期に関しては、自ら海軍の出身である高林茂(兵学校78期)[49]、安田和生(機関学校46期)[50]などの研究がある。

2-1．海軍の教育機関と外国語教育課程
2-1-1．海軍の教育機関

　海軍士官候補生の養成機関だった海軍兵学校(広島県江田島)、海軍機関学校(京都府舞鶴；1944年10月より兵学校舞鶴分校)、海軍経理学校(東京築地ほか)は海軍諸学校の代表格で、卒業後は実務訓練を経て少尉に任官した。その後、

---

[47]　池田清『海軍と日本』中央公論社、1981年、p.136
[48]　(1)松野良寅「草創期海軍の英語教育」『日本英語教育史研究』第7号、1992年、(2)品田毅「わが国の軍学校における教育課程の研究—特に外国語教育について」『明海大学外国語学部論集』第5号、1993年、(3)寺田芳徳『日本英学発達史の基礎研究』下巻(特に6〜8章)、溪水社、1998年、(4)惣郷正明「海軍兵学校と英語」『古書散歩』朝日イブニングニュース社、1979年など。
[49]　高林茂「English Taught at Hario in 1945」横浜時事英語クラブ月例会発表資料、2000年
[50]　安田和生「日本海軍と英語—海軍機関学校平時の英語教育」横浜時事英語クラブ月例会発表資料、2000年、および「海軍機関学校の英語教育」『日本英語教育史研究』第19号、2004年

兵科将校は中尉で砲術、水雷、通信、航海などの実科学校に入り、大尉か少佐で選抜されて海軍大学校甲種学生に進む。この他、中尉・大尉時代に専攻科ないし特修科の課程があり、大学校選科学生として帝国大学や外国語学校に入る者や、大尉・少佐時代に外国留学を命じられる者もいた。そのいずれにおいても、高い語学力が必要とされた。

兵・機関・経理学校の入学資格は中学4年1学期修了程度の学力（1943年度）とされ、高等教育機関に相当した。教育年限は3年ないし4年だったが、戦時下では2年4カ月にまで短縮された。陸軍士官学校とともに海軍の3校は中学生の憧れの的で、入学にはトップレベルの学力と体力が必要とされた。陸士は1940（昭和15）年以降の入試から英語を課さなくなったが、海軍では「外国語一つもできないような者は海軍士官には要らない」[51]とする井上成美・兵学校校長（1942.11～1944.8在任）の方針により、最後まで英語を課し続けた。

1945（昭和20）年4月には1年制の予科が、兵学校（長崎県針尾、7月から山口県防府）および経理学校（奈良県橿原）に開設された。入試に英語は課されていない。予科開設の目的は、教員の応召と勤労動員によって低下している中学生の「基礎学力の習得体位の向上及び訓育の強化」のためだった[52]。しかも、幼年学校と予科士官学校を備えていた陸軍に優秀な人材を奪われる危惧もあった。こうして、予科では主に中学3年修了者を受け入れ、英語を含む基礎学力と体力を充実させてから本科に送ろうとしたのである。なお、この年には中学校でも秀才だけを集めて「特別科学組」を編成し、勤労動員を免除して頭脳の温存を図った。

年次別の卒業・修了者数は**表7-13**のとおりである。比較のために平時の1932（昭和7）年入学者の数字を載せた。入学定員はその翌年から増加し始め、日中戦争（1937）や太平洋戦争（1941）による将校の逼迫から生徒数が激増した。

51　井上成美伝記刊行会『井上成美伝』1982年、p.388
52　「軍極秘　海軍兵学校予科生徒、海軍経理学校予科生徒（仮称）採用ニ関スル件迎裁」
　　1944年6月3日決裁　＊防衛研究所蔵

表7-13　海軍3学校の修学状況（1932〜45年）

兵　　学　　校					機関学校		経理学校		陸軍士官学校	
期	入校年月日	卒業年月日	修学年月	卒業者数	期	卒業者数	期	卒業者数	期	卒業者数
63	1932. 4. 1	1936.3.19	4年	124	44	40	24	15	48	388
73	1941.12.1	1944.3.22	2年4ヶ月	898	54	173	34	66	58	2,301
74	1942.12.1	1945.3.30	2年4ヶ月	1,027	55	318	35	99	59	2,850
75	1943.12.1	1945.10.1	1年10ヶ月	3,277	56	463	36	250	60	4,704
76	1944.10.9	1945.10.1	1年	3,517	57	542	37	501	61甲	1,776
77	1945. 4.10	1945.10.1	6ヶ月	3,756	58	656	38	500	61乙	3,732
78	1945. 4. 3	1945.10.1	6ヶ月	4,062	-	-	39	601	-	-

（註）1943（昭和18）年入学者以降は在校中に廃校となり、「卒業」（修業）が1945年10月1日付となっているが、授業は8月20日前後で終了している。
（出典）海軍兵学校第78期会期史編纂特別委員会『針尾の島の若桜』1993年の付表などから作成

2-1-2.　海軍の外国語教育課程

　日本海軍は英国海軍を範とし、明治初期には英国人教官からすべての授業を英語で受けるなど、英語教育熱の高さには創設以来の伝統がある。世界の2大海軍国は米英であり、技術面、作戦面で英語は海軍士官の必須能力であった。そのため、海軍の留学派遣先は陸軍とは反対に英国457人と米国120人が断然多く、3位のドイツ（73人）以下を大きく引き離していた（1868〜1923年）。ただし、1923（大正12）年の日英同盟解消後はドイツ留学が急増し、海軍中枢部にも陸軍と同様に親独派が増加した[53]。

　海軍士官は遠洋航海や大使館付き武官として準外交官的な任務も必要であり、英語の運用力と社交の心得が要求された。そのため、兵学校では1937（昭和12）年まで2名程度の外国人教師を雇い入れていた。1932（昭和7）年に江田島の兵学校に赴任したCecil Bullockは、山下校長から「イギリス紳士とはどういうものであり、いかに振る舞うべきであるかを教えていただきたい」と要請され、英会話とともに、英国の礼儀作法や風俗習慣なども教えた[54]。

　外国語教育に関する規程を昭和期の兵学校を例にみると**表7-15・7-16**のようになる。日中戦争後の1939（昭和14）年に改正された海軍兵学校教育綱領

53　平間洋一『日英同盟——同盟の選択と国家の盛衰』PHP研究所、2000年、p.162
54　Bullock, Cecil. *ETAJIMA*：*The Dartmouth of Japan*. Sampson Low, 1942, p.3

表7-14　海軍外国語教育史関係年表

年　月　日	事　項
1855（安政2）	長崎に海軍伝習所を開設（オランダ式、1859廃止）
1869（明2）9.18	東京築地に海軍操練所を創設。翌年、海軍兵学寮と改称
1873（明6）7.28	英国人教師ら34名来日、着任。翌年、英人チャンブレンを雇う
1876（明9）8.31	海軍兵学校と改称
1881（明14）7.28	海軍機関学校を横須賀に分離独立
1888（明21）8.1	兵学校、広島県江田島に移転
1923（大12）11.8	H. E. Palmer 兵学校大講堂において英語に関する講演
1923（大12）12月	講演筆記『文部省嘱託英語顧問パーマ氏講演筆記』を海兵生徒に印刷配布
1928（昭3）3.7	英語を必修とし、独仏語のいずれかを兼修させることに変更
1937（昭12）8.30	入学後半年は全員英語。英独仏支露から一つを専修（露語、支那語を追加）
1937（昭12）10.31	最後の英人教師マクドナルド解任
1941（昭16）9.3	英語は1年間は全員。「会話」がなくなる。
1942（昭17）7.8	＊文部省、高等女学校の外国語を随意科目化、週3時間以内を通達
1942（昭17）11.10	兵学校校長に井上成美中将着任（1944.8.5退任）。英語と普通学を重視
1943（昭18）11.15	兵学校岩国分校開校
1944（昭19）4月	兵学校『英語参考書　其ノ一（英語学習指針）』刊行
1944（昭19）3.7	＊決戦非常措置要綱ニ基ク学徒動員実施要綱、閣議決定
1944（昭19）10月	機関学校が海軍兵学校舞鶴分校となる。江田島内に兵学校大原分校開校
1945（昭20）3月	兵学校78期用『英語教科書（予科生徒用）』刊行
1945（昭20）3.18	＊決戦教育措置要綱閣議決定、国民学校初等科以外の授業を1年間停止
1945（昭20）4.3	兵学校第78期生徒（予科）4,048名入校式（長崎県針尾分校）
1945（昭20）4.3	経理学校予科生徒601名入校式（奈良県橿原分校）
1945（昭20）4.10	兵学校第77期生徒（本科）3,771名入校式（大原分校）
1945（昭20）5月	兵学校『英語参考書　英文法（前編）』刊行
1945（昭20）8.1	第78期生、英語の期末考査（14:30～16:30）
1945（昭20）8.11	77期某班の課業は機構学、英語、国漢
1945（昭20）8.13	77期3号（1年生）実力観測（中間試験）　8月15日まで
1945（昭20）8.16	予科78期709分隊の課業に英語あり　＊確認しうる最後の英語課業
1945（昭20）8.17	77期生、教科書、ノート等を含む図書類の焼却処分。78期は翌18日実施
1945（昭20）8.19	予科78期、正規の課業停止（以降の日課表も存在）
1945（昭20）8.23	予科生徒の帰郷開始。8.30教官離校。10.1兵学校生徒差免
1945（昭20）10.20	海軍兵学校閉校
1945.12.10～46.3.29	大阪で海軍生徒の受験のための補習講座を開催（英数国独物理など）

では、第一外国語と第二外国語との区別がなくなり、入校当初の半年間は全員が英語を学んだのち、それぞれの外国語を一つ選択する方式になった。「兵書の講読」が強調されていることにも戦時体制の影響が読みとれる。

　1941（昭和16）年9月3日に兵学校教育綱領が改正され、「会話」が削除さ

表7-15　海軍兵学校規程　1928（昭和3）年6月改正

第一外国語	講読 訳解	時事問題、伝記、英米諸大家の論説、科学に関する論文、海軍一般関係文書の講読に支障なからしむ
	文法 作文 和文英訳 会話	日常の行動に関し意志発表に支障なからしむ
第二外国語 （独語又は仏語の内一）	講読 訳解 文法	将来研鑽の基礎を与ふるを目的とし簡易なる普通文を了解せしむ

（出典）有終会編『続・海軍兵学校沿革』原書房、1978年、p.113

表7-16　海軍兵学校教育綱領　1939（昭和14）年7月改正

外国語	英語	講読、訳解、文法、作文、会話	一、入校当初約半年は全員英語を修め以後上記各国語の一を専修せしむ 二、時事問題其の他一般文書特に兵書の講読に支障なからしむると共に文法作文会話は日常の行動に関し意志発表に支障なからしむ
	独語 仏語 支語 露語	訳解 文法の初歩	

（出典）『続・海軍兵学校沿革』p.260

れた。すでに日中戦争開始直後には最後の外国人教師McDonaldが解任されていた。また、改正では英語の全員必修が「入校当初約一年」に延長された。機関学校でもほぼ同じである。兵学校では1943（昭和18）年にはドイツ語とロシア語の教師が江田島を去り、支那語（中国語）の教師1名だけになった。この時期、実質的には外国語は英語だけになったようである。

2-1-3. 授業時間数と外国語の比重

（1）海軍兵学校

1908（明治41）年時点で、兵学校各学年の時数は、「英文」（訳解）3時間、「英語」（会話・作文・文法）4時間の計7時間だった。前者を6名の日本人が、後者を3名の外国人が担当していたという[55]。英語の時間数は大正末期までは1週ほぼ6〜8時間で、その後は減少した。兵学校が4年制だった1931（昭和6）年度の点数配分表によれば、普通学科のうちで外国語の占める割合は、時間数で34.6％、点数で32.9％だった。兵学を加えた課程全体で

55　堀英四郎「海軍兵学校の英語教授」『英語青年』1908年9月15日号、英語青年社、p.292

は、時間数で17.4％、点数で14.8％である。1932（昭和7）年ごろには、英語は4年間を通じて1週3時間で、2時間は日本人教師による講読や文法、1時間は外国人による英会話だった。しかし、1940年代には修学年限の短縮などにより、週平均2時間程度にまで削減された。ただし、予科では英語に週4時間程度が割かれていた。

（2）　海軍機関学校

機関学校46期生（1934.4〜38.3）で、1942（昭和17）年より教務副官を務めた安田和生からの私信によれば、平時は日本人教官の「英文」が週2回、外国人教官の「英語」が1回、独仏語が1回（計4回）で、1コマは45分だった。語学のときはクラスを2分割し、20〜35名程度の授業だった。太平洋戦争期には英語は週1〜2回程度となったが、終戦までかろうじて継続したという。

（3）　海軍経理学校

英語教官だった岡本圭次郎によれば、主計将校を育成した経理学校では、英語は週5時間以上で、戦時下でも4時間程度は実施していた。生徒は1クラス10人台から20人程度と恵まれた環境だった。しかし奈良県橿原の予科では、最後の頃には週1回程度にまで減少したかもしれないと回想している[56]。

2-1-4.　海軍上層部による生徒の温存と普通学重視

海軍の学校では大戦末期に英語を含む普通学が重視されたといわれる。この問題では井上成美と海軍上層部の動きをみておかなければならない。井上の手記によれば、彼は敗戦を見越して普通学の重視と生徒の温存を図ったという。

> 軍事学は二の次にし、基礎学第一の時間を組むという大改正を行なった。／これは現在およびこれから入校する生徒が卒業後、または在学中戦争の勝負がつき、世の中に放り出されて、方向転換を余儀なくされても学力さえあれ

---

[56]　岡本圭次郎・皆川三郎「対談・日本軍隊の英語教育はどうだったか」『英語教育』1968年12月号、大修館書店、p.16

ば何とか出来ると考えて実行したが、戦争中であるから敗戦を予想していることは誰にもいえない[57]。

海軍兵学校企画課長だった小田切政徳も「日本が負ければ、兵学校の生徒は民間の学校に転校せねばならない。そのとき英語が出来なくては困るだろう、という配慮から、井上校長は英語ならびに普通学（数学、物理、化学）を奨励されたようだ」と証言している[58]。こうした考えは海軍最上層部にもあったようだ。海軍省人事局員だった寺井義守によれば、嶋田繁太郎海軍大臣は陸軍の主張する本土決戦で優秀な生徒たちを失うことを恐れ、「彼らを今のうちから海軍にとっておき戦争中は彼らを海軍で温存しておこうではないか。彼らこそ戦後の日本国再建のための大切な宝ではないだろうか」と語ったという[59]。もとより、一兵卒といえども「大切な宝」であるが。

生徒らをみる井上らの脳裏には、大正期の軍縮で海軍を追われた将官たちの悲惨さが二重写しになったのかもしれない。いずれにせよ、連合艦隊と航空戦力が絶望的な状況になっていた大戦末期に、海軍の上層部が敗戦を予測して若い生徒たちを戦後復興のための人材として「温存」し、英語を含む普通学を可能な限り重視した可能性は否定できない。事実、沖縄水上特攻出撃の前日には、兵学校などを卒業したばかりのエリート人材が戦艦大和などからの退艦を命じられ、温存された。

2-2. 海軍兵学校の英語教育
2-2-1. 海軍兵学校の外国語教官

海軍3学校の英語教官には、帝国大学および文理科大学の出身者が文官教授として赴任したほか、戦時下での生徒の急増に対応するために、兵科士官や大学・高専卒の海軍予備学生が動員された。昭和期の兵学校には、判明した限りで次のような英語教官がいた[60]。終戦後まで在任した教官には終期の記載がない。

---

[57] 『井上成美伝』資料編、p.243
[58] 豊田穰『激流の孤舟——提督・米内光政の生涯』講談社、1978年、p.350
[59] 追想海軍中将中沢佑刊行会編『追想海軍中将中澤佑』1978年、p.96
[60] 海軍兵学校を考える会のホームページ記載の資料を増補し作成

第2節　日本海軍の英語科教育　299

斎藤文質	大5〜昭7	弥永勝太	昭19〜	小野貞雄	昭20〜
三島和介	大8〜昭17	安田 元	昭19〜	岡本庄三郎	
宮村一之	昭3〜昭14	水田 巌	昭20〜	宮崎孝一	
芳村 升	昭3〜昭5	飯野紀元	昭20〜	一力秀雄（中尉）	
加藤正男	昭4〜	菅原久夫	昭20〜	後藤（予備）中尉？	
沢吹 毅	昭5〜昭11	山村武雄	昭20〜	高橋少尉	
平賀春二	昭7〜	内田子之吉	昭20〜		
東田千秋	昭12〜	山嵜道徳	昭20〜	英語以外の外国語教官	
土井 悟	昭14〜	荻野 清	昭20〜	岡田勝利	大12〜昭14　独
山根義雄	昭16〜	加藤晋次	昭20〜	井桁貞敏	昭13〜昭18　露
林原寿三	昭16〜	阪田勝三	昭20〜	野口正之	昭13〜　　　支
田窪敏雄	昭16〜	中川良一	昭20〜	鮫島竜男	昭16〜昭18　独
辻 茂雄	昭17〜	織家 肇	昭20〜		
大島 仁	昭18〜	戸上重信	昭20〜		

　兵学校には「北斗会」と呼ばれる英語教官たちの研究会があった。月例会で優秀な発表があると、平賀春二教授や土井悟教授らはその摘要を『英語青年』誌に掲載させ、若手教官らを育てた[61]。

2-2-2．海軍兵学校の英語教授法

　兵学校の教授法を評価するためには、日本で英語教授法の改革が叫ばれた明治30年代からの考察が必要である。すると、さながら日本の英語教授法変遷史の縮図をみる思いがする。重要人物は3人。堀英四郎、H. E. Palmer、そして井上成美である。

2-2-2a．堀英四郎と兵学校

　堀英四郎（1874〜1963年）は1902（明治35）年から1916（大正5）年まで江田島で山本五十六などを教えた。当時の様子を手記からたどってみよう[62]。

　　私の赴任前迄は英語の授業は訳読を主としてやつて居つたのですが、私が行

---

[61] 北斗会の活動については、松村幹男「太平洋戦争中の英語研究」日本英学史学会中国・四国支部『英學史論叢』第7号、2004年がある。
[62] 堀英四郎「兵学校に於ける英語教授を回顧して」*The School Weekly: The Primer Edition.* 英語通信社、1943年12月13日号

きました時から教頭官の命で"君から一つ新しい方法でやつてもらい度い"と云ひ渡され、私なぞ非常に困つて了ひ、よく訳読のみやつている旧い教官連を羨んだものでした。（中略）当時は実用向なものが大いに求められた訳で、新しく入つた私からといふ事になつたのであります。授業は私が一人宛生徒の前に出て行つて色々質問する。"Stand up Mr. ――.""Translate your name into English." と尋ねて答へさせたり、各人の名前の所以を尋ね之を三通り位に云はせるといつたやうな質問をする。すると生徒は直立不動の姿勢でむづかしい顔をして"I can not."とか"It is very difficult."とゴチゴチの英語でまるで恐つているやうに答へる。

　明治初期には授業がすべて英語で行われた兵学校だったが、堀が着任した1902（明治35）当時は訳読中心だったようである。こうして堀は音声重視の教授法を試みたが、当初は苦心惨憺たるありさまだった。そうした実情は、在任中に書いた「海軍兵学校の英語教授」（1908年）に詳しい。そこには、兵学校に生徒を送り込んだ中学校での英語教育の実態も投影されている。彼は、入学者は訳解ではあまり問題はないが「発音のあしきは論外にて従てスピーキング、ヒアリングとも拙なく候　それ故入学の当時は先づ発音を厳しく教授致居候」として、以下のような指導を行った[63]。

　　発音はエレメンタリーのサウンドより始め漸次言葉の発音、抑揚、文章としての発音抑揚を教へ申候　Good morning や Thank you を発音せしむれば仮名に書き現はすと少しも異らざる何の抑揚もなき発音をなすもの多き有様にて、先づこんな発音も普通なるコロキュアル、エキスプレッションの読方、調子等より始め、少しく複雑したる文章の読方に進み申候、作文は主として和文英訳にて受け持ち教師編纂のものを用ゐ居候、聞取りは新聞の記事、短かき逸話、滑稽文等にて二三度読みきかせて之を一先づ邦語に訳さしめ、然る後元の英語に反さしめ候　時々は黒板に書かせて生徒各自に誤謬を訂正せしむる事も有之候、文章中に現はるゝIdiomatic phrases などはもし類似のエキスプレッションあらば、それ等と共に教へ又応用題をも与へて練習せしめ申候　三名の外国教師中二名は専ら question and answer 式に時事問題や種々の事柄に就き会話を授け居り、今一名の教師は主として Picture にて教

---

[63] 堀英四郎「海軍兵学校の英語教授」p.292

授致候

　堀は後年、名著『正しい英語会話』（1937年）をはじめ、会話書などを多数執筆し、かつ1932（昭和7）年から1941（昭和16）年の太平洋戦争開戦までNHKラジオの英語講座を担当した。こうした活躍の基礎は、兵学校での指導を通じて培われたのかもしれない。

2-2-2b．Palmerの影響

　兵学校の英語教授法を語るとき、H. E. Palmerの影響を見過ごすことはできない。Palmerは来日翌年の1923（大正12）年10月1日から7日まで、広島高等師範学校の講堂で英語講習会を行った。それには海軍兵学校の英語教官だった三島和介（1919-1942在任）も参加した。彼が同年12月11日に提出した講演筆記（出張報告書）のうち、特に生徒の語学学習上参考となる部分を抜粋して印刷配布されたのが全52ページの『文部省嘱託英語顧問パーマ氏講演筆記』である[64]。冒頭には「生徒諸氏は単に報告として素読せず熟読玩味以て各自の語学力増進に大に資せられんことを希望す」と記されており、来日直後のPalmerの教授法をさっそく兵学校の英語指導に取り入れようとしている点は大いに注目される。

　『講演筆記』には随所にPalmerの人となりや三島の講評などが記されていて、すこぶる面白い。たとえば、10月7日にはPalmerが三島の旅館まで足を運び、4時間も話し込んだとある。Palmerは第一次大戦中に英国兵士にドイツ語の速成指導をしたことなどを語り、三島は「語学と諜報機関」についてゆっくり語り合いたいと述べている。これが機縁となったのか、Palmerは1ヵ月後の11月8日に、兵学校の大講堂において英語に関する講演を行っている[65]。

　三島に教えを受けた52期（1921～24年）の福地周夫によれば、三島は若くてハンサムで、授業では日本語を使わないので外国人だと思ったという。最

---

[64] 三島の講演筆記に関しては松村幹男「広島におけるHarold E. Palmer」広島県高等学校英語教育研究会『広高英研会誌』第31号、1996年、pp.39-44がある。
[65] 有終会編『続・海軍兵学校沿革』原書房、1978年、p.60

初の授業の冒頭で"Good morning. Now, gentlemen!"と言ってから、続いてペラペラと話すが、田舎の中学で習った英語ではさっぱり分からない。「田舎の子が、一朝にしてゼントルマンとなったのは嬉しいが、英語の方はさっぱりであった」。帰省後に学校に戻ると、三島から「休暇中の生活を、一人ひとり英語で話せ」と命じられ、大いに難儀したという[66]。

2-2-2c．井上成美の英語教授法指針

終焉期における海軍英語教育の立て役者は、井上成美である。井上が兵学校校長在任中に配布した教育指針である「教育漫語」(1943年1月9日)の中に「外国語教育ニ就テ」がある[67]。

> 再言す「外国語は海軍将校として大切なる学術なり」。と。英語は学問に非ずして技術なり。(少くとも兵学校教程に示す英語は)言葉は人種同士の符牒にして規約なり。其の使ひ方を知り之に習熟することが其の技術を習得する所以なるも本校教程は時数少く之を望み得ざるが如し。然し英語に対する「センス」は充分に之を育成して卒業せしむる必要あり、「センス」は音楽を解する為の音楽の「センス」、美術を鑑賞する為の美術眼に比すべし。英語のみならず外国語を解する力を有することは感覚を一つ余分に所有する丈の利あり。少なくとも肉眼に加ふるに望遠鏡なり顕微鏡なりを以てする丈の利あるを信ず。
>
> 外国語に対する「センス」養成の方策は外国語にいよいよ多く親しむ事に外ならざるも本校の如き時間少き場合之を望むも結局は虻蜂取らずとなるべし。依つて本職は左〔下〕に一案を提す。(極めて大胆なる表現なるも)
>
> (一)　兵学校の英語教育は文法を基礎とし骨幹とすべし
> (二)　英語は頭より読み意味の分ることを目標とすべし。英文を和訳せしむるは英語の「センス」を養ふに害あり、和訳に力を入るるは英語の稽古なるか日本語の稽古なるか分らざるやうになるべし。和訳は英語を読みながら英語にて考ふることを妨げ反対に英語を読みながら日本語にて考ふることを強ふるを以てなり

---

[66] 福地周夫『続・海軍くろしお物語』光人社、1982年、p.35
[67] 『井上成美伝』資料編、pp.190～191から抜粋

《お詫びと訂正》

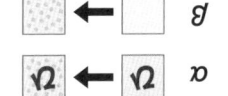

本書『ナゾをパズルでとくナゾトレ ─ 魔王様からの脱出』において、以下の誤りがありました。読者の皆様にご迷惑をおかけしたことを深くお詫びし、ここに訂正させていただきます。

■P.31 第 3 章「魔法の機織り」3 枚目
αをぬりかえた上から 4 行目、右から 5 列目（図面中央）のマス

【誤】塗っていない
【正】塗っている
※P.115 の解答図も同様

α の | □ | → | ▨ |

β の | □ | → | ▨ |

■P.31 第 3 章「魔法の機織り」3 枚目
α の模様図、右から 5 列目

【誤】「かん ょくねく」の文字色が他の文字と異なる
【正】「かん ょくねく」の文字色が他の文字と同じ

■P.117 第 8 章「呪文解読の洞窟」3 枚目の解答図
上から 5 行目、右から 5 列目のマスに入る文字

【誤】た
【正】だ

■P.119 第 11 章「攻撃のドラゴンたち」3 枚目の解答図
4 行目の言葉

【誤】けつして
【正】けっして

SCRAP出版

3710

良本　2

不良　3

第2節　日本海軍の英語科教育

(三) 常用語は徹底的に反復活用練習せしむべし
(四) 常用語に接しては其の word family を集めしめ語変化に対する「センス」を養ふべし
(五) 英文和訳の害あるが如く英語の単語を無理に日本語に置き替え訳するは百害ありて一利なし。英語の「service」の如き語を日本語に正確に訳し得ざるは日本の「わび」とか「さび」とか云ふ幽玄なる語を英語に訳し得ざると同じ

このように、校長の一般的な訓話とは異なって、語学教育の各論に踏み込んだ方針書であるが、問題は井上のこの方針が末端の生徒にまでどう貫徹したかである。その過程を論証する資料が2点見つかった。1つは、英語教官だった加藤正男の論文である。加藤は、戦時下での時数削減によって、「文法、作文、会話の分科は廃されて英語に総合され、平易な教材の読解を中心に之を包含して教授されることになった。別に卒業前戦場英語（仮称）と云ったものを教へることになっている」とした上で、教授法について次のように注目すべき見解を述べている[68]。

> 教授法としては、数年前から Translation method を廃し、適宜日本語を交ふる大体 Auditory-oral method を用ひて Paraphrasing や Transformation を行ひ、和訳は必要の時を除いて出来るだけ避けている。訳文の速記や棒暗記の弊から脱して英語そのものの運用の演練へ移ったものである。辞書も従って英英辞書に限定され、現在は研究社のものが与へられている（中略）英語のセンスを注ぎ込むことが大切ではあるまいか

和訳の排除、英英辞典の使用、英語のセンスの涵養など、ここには明らかに井上校長の方針が踏襲されている。井上は校長の権限で研究社『簡易英英辞典』(*New Simplified English Dictionary: English through English*) を5千部も調達し、生徒に配布させていた。

井上の英語教育方針が貫徹したことを裏づけるもう一つの資料は、加藤正男の編纂で生徒に配布された『昭和十九年四月　英語参考書　其ノ一（英語学

---

[68] 加藤正男「海軍兵学校に於ける外国語教育の目標及方法」『語学教育』1945年1月25日号、pp.12〜13

習指針)』(全30ページ) である。同書の巻頭には井上の「外国語教育ニ就テ」の一節が掲げられ、本文では直読直解、英英辞典の使用、音声への注意、語根と接頭辞・接尾辞の活用による単語力増強法などの英語学習指針が盛り込まれている。まさしくこの教材は、井上成美の英語学習指針を具体化したものである。

実際に、英語のみで授業をする教官もいた。77期の賀須井英一は「英語の授業は、一時間の授業時間中、初めから終りまで教授の口からは日本語は一言も発せられない。すべてのやりとりも含めて英語のみで終始する」と記録している[69]。また、同期の乾尚史は、英語の教官は後藤予備中尉で、「殆ど日本語を使用されず、我らを悩ます」と記している[70]。

ただし、すべての英語教官がこのようなやり方をしたわけではない。阿川弘之の『井上成美』などによれば、兵学校の名物英語教授だった平賀春二 (通称「源内先生」;**写真7-5**) は、井上校長が提唱する直読直解式の英語教授法には反対だった。英語が週2時間程度にまで削減されている状況では、英英辞典を使わせて英語だけで授業をしても能率が悪いというのが理由だった。かくして、平賀は日本語による英文解釈という源内流の教え方に戻ってしまった。戦後、広島師範学校で平賀の授業を受けた岡田英昭は「先生の授業はテキストを読んで訳す、いわゆる訳読法ですが、言葉が持つ奥行き、情感を大切にされ、初歩の段階から単語については丁寧に教えられました」と回想している[71]。もっとも、源内先生の授業は1回に3行しか進まなかったこともあったという。

確かに、兵学校のようなハイレベルの英語で直読直解主義を徹底することは難しい。井上もそのことを自覚していたようで、自分の方針どおりに進められていない授業を目撃しても、決して井上式を強制しなかったという。彼の直読直解主義が花開いたのは敗戦後で、井上が自宅で開いた中学生向けの英語塾においてだった (**写真7-6**)。

69　賀須井英一『海軍兵学校　最後の三号生徒の記録』私家版、1994年、p.308
70　乾尚史『海軍兵学校ノ最期』至誠堂、1975年、p.237
71　岡田英昭「昭和20年代の英語学習──恩師と師範予科」日本英学史学会広島支部『英學史論叢』第5号、2002年、p.26

写真7-5　海軍兵学校での平賀春二の英語授業　『写真集 海軍兵学校』（1990年）より

なお、井上は兵学校で雑役に就いていた少年雇員たちにも英語と数学を教えさせた。優秀者には自分のポケットマネーでコンサイスの英語辞書を与えたという[72]。

2-3. 海軍兵学校の英語教科書
2-3-1. 英語教科書の種類
海軍兵学校における外国語教科書の編纂状況を明らかにする資料はきわめ

72　『井上成美伝』p.371

写真7-6　自宅で英語を教える井上成美（1952年）『井上成美伝』(1982年) より

表7-17　教科書及参考書編纂規程（1921年）

第 一 年 度	第 二 年 度	第 三 年 度
仏語文法教科書 和文英訳教科書　　　　巻一 英語教科書　　　　　　巻二 同　　　　　　　　　　巻四 和文英訳教科書　　　　巻二 海軍英文書翰文集 卓　辞　集 英語参考書　　　　　　巻二	独語教科書　　　　　　巻二 同　　　　　　　　　　巻三 英語教科書　　　　　　巻三 同　　　　　　　　　　巻五 仏語教科書　　　　　　巻三 英語参考書　　　　　　巻一	英語教科書　　　　　　巻一 同　　　　　　　　　　巻二 独語教科書　　　　　　巻一 独語文法教科書 仏語教科書　　　　　　巻一 同　　　　　　　　　　巻二

て少ないが、「教科書及参考書編纂規程」（1921年）[73]には**表7-17**のような改版の年次予定表が掲げられている。第四年度は「第一年度のものに還る（以下繰り返す）」とあるから、教科書の編纂・改版は原則として3年サイクルで行われていたようである。

73　『続・海軍兵学校沿革』p.42

教科書は原則として各学校の教官が編纂し、校内で印刷・製本された。海軍関係の外国語教科書は東京の防衛研究所および昭和館と横須賀の海上自衛隊第2術科学校（旧機関学校関係）に一部が所蔵されているが、全容は未解明である。筆者の調査では、2005年12月時点で119冊を確認した。そのうち、英語関係が107冊、フランス語7冊、ドイツ語5冊である。うち、英語教科書のリストは章末の【資料7-1】を参照されたい。

　英語教科書は種類も内容も多岐にわたっており、以下の5種に区分できる。ここでは機関学校や経理学校用も含めて考察する。

（1）英語読本

　確認分の56冊をみる限り、タイトルは「英語教科書」（兵学校）、「外国語学教科書　英語」（機関学校）、「英文教科書」（両校）で、表紙に学校名と発行年月が明記されている。機関学校用では編纂者が明記されている場合が多い。ページ数も様々で、内容も純文学、オムニバス風の混合教材、軍事英文など実に多種多様であり、編纂した教官にかなりの自由裁量権が与えられていたことが窺える。たとえば、『昭和十六年四月　英語教科書　巻之三』は1冊全部が Joseph Conrad の Lord Jim で、東田千秋教授の註と解説が付いている。『昭和十四年六月　英語教科書（第一学年）』は米国海軍の対日戦略論、『昭和十一年十二月　部外秘　英語教科書』はすべて英語信文（通信文）で、表紙に「不要ニ帰シタルトキハ焼却スベシ」と印刷されている。序には平賀春二の名がある。平賀は「教科書の如きは専ら海洋文学か海戦史、または英米海軍の専門書の内から抜粋し、それに自分で詳しい専門的な注釈を付け、これを校内で印刷してもらって使用しました」と回想している[74]。

　なお、こうした士官教育用とは別に、初めて英語を学ぶ下士官以下のための英語教科書もあった。海軍教育本部が刊行した『海軍英文教科書　巻一』（1918年）や横須賀海城学館編纂の *The Naval English Reader*（1939年）はアルファベットや This is …から始まっており、海軍における英語教育の裾野の広さを知る上で興味深い。

---

[74] 平賀春二『元海軍教授の郷愁』海上自衛新聞社、1971年、p.266

（2）英語参考書

英語学習指針、英文法、英語構文研究、礼法、予科練用の総合英語教材（1939）など16冊が確認できる。『昭和二十年五月 英語参考書 英文法（前編）』は、敗戦前に刊行された日本で最後の英語教材であろう。戦前における英文法教材の到達点を知る上で第一級の資料である。内容は品詞論、名詞、代名詞、形容詞、動詞までで、全160ページにおよぶ詳細なものだが、残念ながら後編は敗戦により刊行されなかったようである。

（3）英会話教材

6冊確認できた。兵学校で1929（昭和4）年から3年間英会話を教えたA. P. Rossiterが編纂した『英語会話参考書』（1931年）は特に注目される。随所に海軍や江田島のトピックを盛り込み、235ページに及ぶ充実した内容である。同志社大学の所蔵本には著者Rossiterのサインがあり、重久篤太郎に献呈されている。重久は同志社出身で『日本近世英学史』（1941年）の著者である。

前述のCecil Bullockは、兵学校では英会話の上達は低学年ほど早く、3年生以上になると効果が薄いとして、低学年のうちに平易な日常会話用の教材で練習し、上級生では講読や文法に比重を置くべきだと提案している[75]。

（4）書翰文集・実用英文例・卓辞集

海軍士官には、寄港地や大使館などでの補給や社交に必要な実用的な英語技能も要求された。そのための書翰文集や実用文例集が複数刊行されており、日本海海戦の作戦参謀だった秋山真之や、練習艦隊司令部が編纂したものもある。また、卓辞集は準外交官でもあった海軍士官に必要なスピーチ教本である。

（5）市販の教科書や文学書など（後述）

2-3-2．実際の教科書使用状況

兵学校入学者が卒業までにどのような英語教材を学習したのかをケーススタディー的に考察してみよう。幸い、68期（1937.4～1940.8）の小杉敬三が使

---

[75] Bullock, Cecil. *ETAJIMA*. p.73

写真7-7　海軍の英語教科書

用した9冊の英語教科書が松野良寅（75期）の手許に残されていた。これらを分析すると、時局柄か戦争に関する英文が少なからずある。また、明らかに学習の形跡があるのは8冊合計673ページのうち248ページで、全体の36.8％である。なお、小杉は米沢の興譲館中学出身で、兵学校では分隊の伍長（首席）を務める秀才だったが、1944（昭和19）年3月にテニアン島で戦死した。以下、1冊ずつ検討してみよう。

1.　『英語教科書（一、二年用）昭和九年二月』全70ページ。内容は主に艦船発達史に関する読み物で、1章　The change from Sails to Steam and after　pp.1-13、2章　Modern Warships and Their Weapons　pp.14-55、3章　Some Future Problems　pp.56-70。＊学習の形跡があるのは1～11ページまで。

2.　『英語教科書（三学年）　昭和八年九月』全126ページ〔裏表紙に昭和12年11月1日の記入〕。内容は海戦史　Ⅰ．Salamis　Ⅱ．The Spanish Armada　Ⅲ．Mobile Bay　Ⅳ．The Sea of Japan　＊学習の形跡があるのは3章

63〜90ページの28ページ。

3．『英語教科書（第三学級）　昭和十三年八月』全38ページ〔裏表紙に昭和13年11月１日の記入〕。内容は海戦史　Battle of Lissa（註と練習問題付）＊全編に学習の形跡あり。

4．『英語教科書（第四学年）　昭和八年十月』全124ページ〔裏表紙に昭和14年３月17日の記入〕。内容は①海戦、②海軍政策、③航空戦力に関するもの。＊学習の形跡があるのは①の途中の１〜45ページ。

5．『英語教科書（応急処置法）　昭和十二年十月』全63ページ〔裏表紙に昭和14年８月22日の記入〕。内容は敵の攻撃を受けた場合の艦船の応急措置法で、アメリカ海軍士官が書いた英文 Control of Hull Damage from the Principles of Warship Construction and Damage Control. 左ページが英文で、右ページに対応する注釈、参考記事、設問を付す。＊英文プリント Reminiscences of Bias Bay　１枚挿入。＊学習の形跡があるのは２〜31ページ。

6．『英語教科書（第四学級）　昭和十二年十月』全44ページ〔裏表紙に昭和14年11月６日の記入〕。前半は Theodore Roosevelt のスピーチ The Strenuous Life（1899年）、注釈、解説、問題付き。後半は練習篇で、The English Spirit　pp.28-44　＊全編に学習の形跡あり。

7．『英語教科書（三、四学級）　昭和十一年四月』全58ページ。〔裏表紙に昭和14年11月７日の記入〕。内容は以下の海にちなんだ読み物４編：① Naval Training pp.1-6　② The Command of the Sea pp.7-18　③ Napoleon versus Sea-Power pp.19-43　④ The Freedom of the Seas pp.44-58　＊学習の形跡があるのは①の全部１〜６ページと③の途中19〜21ページまでの計９ページ。

8．『英語教科書　昭和十二年二月』全37ページ。内容は英字新聞の記事 Extracts from Newspapers で、左ページに英文、右ページに注釈と英文・和文の練習問題。表紙に手書きで「和英」および「Mr. HiGaShiDa」と記入

されてあり、東田千秋教授によって講義された可能性がある。＊試験問題らしき謄写刷りプリント1枚挿入。＊学習の形跡があるのは1〜19ページまで。

9. 『英語教科書　昭和十一年十二月』全57ページ。表紙に部外秘「処分法不要ニ帰シタルトキハ焼却スベシ」と印刷されている。内容は英語信文〔信号文〕で、平賀春二の「序」には「本書ノ目的ハ海軍兵学校生徒ノ英語信文解読練習及作文練習ニ資スルト共ニ生徒ヲシテ我ガ海軍信文独特ノ表現法ニ慣熟セシムルニアリ」と書かれている。＊学習の形跡があるのは2〜25ページまで。

　このように、太平洋戦争開戦前には上級生に至るまで多様かつ高度な英語教育が行われていた実態がわかる。
　しかし、切迫した戦局は徐々に正常な学業を阻んだ。乾尚史によれば、1945（昭和20）年に入学した77期には英語教科書として"A Night on the Mississippi"など10章あまり、30ページに満たない小冊が1冊与えられただけだった。しかも第2、3学年での英語の課業は望み得なかった[76]。この77期生らが学んだ江田島の大原分校では、1945（昭和20）年の5月一杯くらいまではほぼ規定通りに教育が行われていたが、沖縄戦や本土空襲の激化に伴い、6月中は待避用のトンネル掘削を余儀なくされた。生徒らは「アメリカの海兵はアナポリス、日本の海兵は穴堀らす」などと冗談を言い合いながら、昼夜3交代で取り組んだ。7月からは普通科目の講義もあったが、米軍の上陸に備えての陸戦が多くなっていた。
　こうした中で、もっとも充実した教育を受けることができたのが、長崎県針尾の予科78期生たちであった。

2-4．海軍兵学校予科の英語教育
2-4-1．海軍兵学校予科の英語教官と教授法
　仙台陸軍幼年学校から海軍兵学校予科に異動した皆川三郎は、「海兵予科の英語関係教官37名中、半数は応召の若い武官で、あとの半分は中等学校或

---

[76] 乾尚史『海軍兵学校ノ最期』p.141

は上級学校での教授経験のある人々であった」と回想している[77]。このうち、現時点で以下の12名が判明した。

木村忠雄　　（英語科長）	楠川健一中尉
石田（丸茂）健蔵　戦後、山梨大	中島睦夫（ロイ M. 中島）＝日系二世
大島　仁　戦後、鶴見大	東田千秋　戦後、大阪女子大
大橋健三郎　戦後、東大	皆川三郎　戦後、明治学院大
金子正信中尉　戦後、熊本大	他に富本中尉、山村、水田

　予科の英語教授法は、堀内豊秋大佐の英語による体操号令と同様、生徒たちにはよほど印象に残ったようで、多くの回想記に登場する。それらを総合すると、教授法は原則として日本語を用いない Direct Method で、多分に Palmer の Oral Method に近い方法だったようである。授業は4月11日から始まり、当初はひたすら英語の口頭練習が続いた。生徒の記録によれば、教科書を使い始めたのは4月20日からである[78]。したがって、勤労動員で英語力が落ちていた生徒たち、とりわけオーラル英語に慣れていなかった地方出身の生徒たちは大いに難儀したようである。たとえば、竹本伸二はこう回想している[79]。

> 教官は指名して教科書を読ませると、日本語を一切用いないで文法上の要点を英語で説明した。これがちんぷんかんぷんで、文法が理解できなかった。そこへもってきて"I ask you some question."［*sic*］（いくつか質問しよう）とくる。教わった文章内容について、教官は英語で説明し、これに英語で答えなければならなかった。（中略）その上に、数学も英語も国語もほかの教科も、四六時中予告なしの小テストが実施された。

　この他、「英語の授業は、テキストを伏せたまま、教官が英語でプレゼンテイションを行い、さらにその内容をドリルとして質問する。（中略）スピーチが理解できないとチンプンカンプン、我々戦中派中学生には度肝を抜か

---

[77] 皆川三郎「想い出の英学者その他」『日本英語教育史研究』第7号、1992年、p.37
[78] 古川文康編『二〇七史―遠い跫音』非売品、2001年、p.216
[79] 竹本伸二『青春の航跡１―海軍兵学校最終期生徒の手記』私家版、1989年、pp.152-154

れる時間」[80]だったとあるように、実際には英語のみの授業では理解できない生徒が多かったようである。そのため、教官は「授業にならないと思ってか最後にはどうしても一部日本語を使わざるを得なかったようだ」との回想もある[81]。こうした4カ月間の試行錯誤を重ねるうちに敗戦を迎えた、というのが実相に近いと思われる。

2-4-2. 海軍兵学校予科の英語科長　木村忠雄

　蛭田浩は「朝、課業整列のとき、米国での二世の人の海軍教授による英語のスピーチが時々あって、その内容を英語の時間に教官が生徒に質問するという、徹底したものであった」と回想している[82]。ここで述べられている「二世」こそ、木村忠雄である。予科78期の英語教育を考えるとき、その中心となった木村忠雄の貢献には特筆すべきものがある。78期の同窓会誌には、木村をめぐる興味深い逸話が記されているが[83]、やや不正確なので一部を慶應義塾大学所蔵の履歴資料で補訂した。

　木村は日系二世としてシアトルで生まれ、1928（昭和3）年にワシントン州立大学を卒業。シアトルの日本領事館に勤務後、1939（昭和14）年に慶應義塾が創設に参画した藤原工業大学予科の嘱託英語教員となった。最新の教授法による英語の授業は学生に好評だったという。ところが、赤紙の召集令状が来て1944（昭和19）年7月に朝鮮の陸軍部隊に入隊。日本語もたどたどしい木村にとって、二等兵としての新兵生活がどのようなものであったか。

　ところが、井上成美の英語重視策により、海軍は実力のある英語教育者を求めて木村を捜しあて、陸軍に働きかけて同年9月末に召集解除させ、兵学校に招いたのである。知遇に感じた木村は英語教育の開始は若いほどよいとして予科の教員をかって出た。四千余名もの生徒にOral Methodによる授業を徹底させるために、木村自身がQuestions & Answersなどのモデルを

80　衣川宏『ブーゲンビリアの花』原書房、1992年、p.48
81　『二〇七史―遠い跫音』p.202
82　蛭田浩『昔の道―どうして"あのような大戦争を"?』私家版、1988年、まえがき
83　海軍兵学校第78期会期史編纂特別委員会『針尾の島の若桜――海軍兵学校第78期生徒の記録』同78期会、1993年、pp.216～217

示し、教官らを特訓した。「オール・イングリッシュの英語の授業は生徒のほうもドギマギしたが、教える先生のほうもギコチなかった」[84]とする回想もうなずける。

　木村は教科書を忘れた生徒を叱責することもなく、たいへん自由で自然で、合理的な授業を行ったという。ある生徒は、最初の授業で行われた「"Long, long ago"で始まる桃太郎の話は、今でも鮮烈な記憶として脳裏に刻まれている」と回想している。生徒の学力向上に気を配り、夜にはしばしば生徒を自室に呼んで補講を施した。同僚の大橋健三郎（戦後、東大教授）とは毎朝、英語での会話を楽しみながら通勤していた。

　針尾での英語教育の充実にもっとも理解を示し、木村を助けたのが体操の堀内豊秋大佐だった。堀内は体操の号令を英語でかけ、木村に始業前の英語スピーチを勧めた。その堀内は、戦後セレベスの軍事法廷に召喚され、部下による戦争犯罪の責任を問われて処刑された[85]。

　戦後、木村はNHKからラジオ英会話の講師に招聘されたが、みずからは固辞して大学の同窓生を推薦した。平川唯一である。戦後の英会話ブームを象徴する「カムカム英語」誕生の裏にも木村がいたのである。こうして戦前と戦後の英語教育史をつないだ木村は、その後あまり世間に出ようとせず、1960（昭和35）年10月に逝去した。参列者二十数名の簡素な葬儀だったという。

2-4-3．海軍兵学校『英語教科書（予科生徒用）』（1945年）

　針尾の予科78期生が使用した教科書は、専用に編纂された『英語教科書（予科生徒用）』である。この教科書は焼却処分（図7-1）の前夜に1冊だけ持ち出され、78期の高林茂が苦心の末に覆刻した。1945（昭和20）年3月に発行され、全39課140ページだが、実際に学習されたのは10課前後までだった。本文には日本語が使用されておらず、直読直解への配慮が読みとれる。挿絵もふんだんで、ページの下には新出単語と発音記号まで付いている。内容は、

---

[84] *Ibid.* p.50
[85] 堀内豊秋追想録刊行会『堀内豊秋追想録』1988年、上原光晴『落下傘隊長　堀内海軍大佐の生涯』光和堂、1993年

図7-1 教科書類を焼却処分する予科生徒たち（1945年8月）
　　　　　＊『海軍兵学校78期607分隊史』（1993年）より

海にちなんだ読み物、英語劇、テーブルマナー、英詩、ことわざ、小咄など多彩で、Francis Drake, Napoleon, Jean Valjean、さらには A Night on the Mississippi など、敵国の人物や風物も盛り込まれている。一部には真珠湾攻撃や Sumatra, Borneo などの大東亜共栄圏に関係する課もあるが、前年に刊行された中学校用の準国定教科書『英語』に比べると戦時色は少ない。

　1945（昭和20）年8月1日には英語の第1学期期末考査が実施された。出題範囲は教科書の第7課までで、英問英答、空所補充、英作文などの質問も解答も日本語を使わないよう工夫されているなど、Oral Method の徹底ぶりが窺える。実は、この試験用紙も偶然1枚だけが残された。予科では山口県防府への移転後に赤痢が猖獗をきわめ18人が死亡したが、この1枚は入院中の生徒のために病室に持ち込まれたものだった。しかし、彼は息をひきとり、試験用紙だけが残った。それを形見にと、級友が半世紀以上も保存し続けていたのである。

2-5. 海軍機関学校の英語教育
2-5-1. 海軍機関学校の英語教官と教授法

　海軍機関学校の英語教官といえば、1916（大正5）年12月から2年4カ月在任した芥川龍之介が著名で、月給の安さを愚痴る婚約者への手紙も残されている。同時期の機関学校には、ドイツ語の内田百閒、フランス語の豊島与志雄もおり、さながら文学サロンだった。機関学校の教務副官だった安田和生の教示によれば、終焉期の舞鶴には以下の英語教官がいた。

　　早野良平（論理学を兼任、首席文官教授）　　　梶原秀男
　　金森　齋（心理学兼任の教授。在任中病没）　　Roger Julius Inglott
　　原島善衛（戦時下。戦後は学習院大学教授）　＊経理学校でも教えていた。

　横須賀時代からのベテラン早野良平と金森　齋の2人の専任教授が長らく英語を担当していた。他教科と兼任だったのは、機関学校の生徒定員が少なかったからである。昭和初期の卒業者数は30名台で、100名を超えるようになったのは1942（昭和17）年11月の卒業生からである。日本人教官の授業は講読を主としたが、予習時に英語で考え英語の順に意味を取ることを入学早々から指導され、それにもとづいた音読が重視されたという。

　英国人教師 Roger Julius Inglott（1871～1950）は1896（明治29）年に来日し、正則英語学校、造士館中、神戸一中、御影師範、岡山商業、第七高校、天理外国語学校を経て、1929（昭和4）年から機関学校で教えた。彼の授業は英語の dictation とそれにもとづく discussion が主で、続いて英国と英国人に関する英文講読があり、生徒には一読して意味をとるよう努めさせた。また名所見学・巡航等の校外行事があると生徒にその概要を英語で述べさせ、身近な経験の口頭表現を指導した。授業では日本語を使わず、難解と思われる語句は丹念に paraphrase した。しかし、日中戦争後の外国人教師の整理によって、Inglott は1939（昭和14）年に機関学校を退職、太平洋戦争勃発まで拓殖大学で教えた[86]。

　Inglott ら外国人教師が中心的に指導した生徒英語講演会（English Speak-

---

[86] Inglott の孫である緒方登摩の「外人教師 Roger Julius Inglott」（私家版）1996年、参照

ing Meetings）は、全教官も一同に会する隔月の重要行事だった。生徒は在学中に1回以上演壇に立ち、最高学年生は司会も務めた。スピーチの話題は生徒各自が選び、原稿を事前に提出して、正確で品格のある英語にするための指導を受けた。Inglott自身、機関学校生徒用の『英語参考書（Handbook of English Dialogues）』（1933年）を執筆している。当時のスピーチ内容は、機関学校が刊行した『英語講演資料』（1914年8月刊と1917年5月刊が現存）から窺い知ることができる

機関学校が海軍兵学校舞鶴分校となった1944（昭和19）年10月からは、その記念の意味を込めて外国語教官が月例の「研究談話会」を開催した[87]。

第1回　1944年10月7日　石井康一「体験話法の形態について」
第2回　1944年11月13日　山村武雄「T.S.EliotのDryden論」
第3回　1944年12月18日　梶原秀男「英語に於けるAspectに就いて」
第4回　1945年2月3日　石井康一「ドイッチュバインの文体論について」

これ以降は不明だが、敗戦の年まで英語・英文学の研究会が海軍兵学校舞鶴分校でも続けられていた事実は確認できる。また、最終的に上記の3人も英語教官だったと思われる。

2-5-2．海軍機関学校の英語教科書

46期生が在学中（1934〜1938）の英語教科書は担当の早野と金森が論説・随想・短編小説等から選択編集したもので、文学色が強かった。選ばれた作品22編中、英米が各8編（うち米国軍人著作3編）のほか仏・露短編の英訳6編がある。安田和生によれば、Daudetの「最後の授業」とMériméeの「マテオ・ファルコーネ」が印象に残り、英米作品ではDoyleの"The Adventures of Dancing Men"とPoeの"The Purloined Letter"の探偵物2編が特に興味を引いたという。その他Gissing, Galsworthy, H. G. Wells, W. Irving, O. Henry等の作品も鑑賞している。

乾尚史によれば、1940（昭和15）年ごろの機関学校の英語教科書は「ブランデン、アーヴィング、ミルン、ポー、リンド、ドイル、ハーディーなど」

---

[87] 『英語青年』第90巻10〜12号（1944年）、第91巻1〜4号（1945年）の片々録より作成

の作品を数多く含んでいたという[88]。1944 (昭和19) 年初頭に支給された英語の教科書は「敵米国の探偵小説」エドガー・アラン・ポーの『黄金虫』だった[89]。

2-6. 海軍経理学校の英語教育
2-6-1. 海軍経理学校本校の英語教育

　海軍経理学校の英語教育では、13年勤務した岡本圭次郎の存在が大きかった。東京築地の経理学校本校には原島善衛 (文官教授) もおり、東京文理大の成田成寿も出講して時事英語を教えていた[90]。岡本によれば、教材の選定は教官に任されており、本校では北星堂が出していた *Economics* や *Social Affairs* などの社会科学系のテキストを使った。また、普通科 (少尉クラス) では Stevenson の *Virginibus Puerisque* を、高等科 (大尉クラス) では Bagehot の *English Constitution* を読んだと回想している。

　経理学校は1945 (昭和20) 年2月に兵庫県神戸市の垂水に疎開し、4月に500名の38期生を受け入れた。その1人だった北垣宗治からの私信によれば、担当の英語教官は東大英文科出身の竹内正夫で、戦後は奈良女子大学教授を務めた。温厚な善い先生で、叱ったり、大声を出したりすることは一度もなかったという。英語教科書は焼却処分を命じられたが、白い表紙だったというから経理学校が独自に編纂したものかもしれない。竹内の授業は Oral Method ではなく文法訳読式で、Lafcadio Hearn の "Miminashi Hoichi" やドイツ海軍の戦記物を読んだ。全校に統一的な教授法があったわけではないようである。授業時間数は週4時間ほどで、戦局が厳しくなっても英語の時間が削減されることはなかったという。

88　『海軍兵学校ノ最期』p.141
89　海軍機関学校・海軍兵学校舞鶴分校同窓会世話人『海軍機関学校・海軍兵学校舞鶴分校生活とその精神』同同窓会、1970年、p.134
90　珊瑚会記録集編集委員会『最後の海軍士官—海軍経理学校生徒第三十五期の記録』珊瑚会、1984年、pp.64-65

2-6-2. 海軍経理学校予科の英語教育

敗戦の年の 4 月に奈良県橿原に開設された予科は、中等教育課程の完成を本務とし、午前中はもっぱら英・数・国・漢・物理・化学などの普通学、午後は体育を含む教練を施した。教授長の岡本圭次郎をはじめ、予科には 6 名の英語教官がいた。

教授	岡本圭次郎	東京文理大卒	＊教授長　戦後は東京学芸大学教授
中尉	中川　努	東大卒	戦後は大阪大学教授（英文学）＊日系二世
少尉	坂口允男	京大卒	
嘱託	入江勇起男	東京文理大卒（東京六中教諭兼任）　戦後は東京教育大文学部長（英文学）		
嘱託	稲垣春樹	東京文理大卒（東京城南高女教諭兼任）	
嘱託	和田善太郎	東大英文科卒（武蔵中教諭兼任）	

教科書は中学校用の一番難しいものを使っていたという。岡本らは予科独自の教科書を編纂していたが、印刷所へ持って行く段階で終戦になった[91]。『橿原・昭和二十年——海軍経理学校予科生徒の記録』(1995年) 所収の生徒の日記や手記から材料を拾い集め、当時の英語教育の様子を点描してみよう。

> 4月3日の入校式の数日後、前触れもなく英語のテスト。戦時下で低下した英語力を見極め、指導に活かすため。分厚い三省堂の『クラウン英和中辞典』が生徒に 1 冊ずつ貸与された。
>
> 5月28日（木）「英文法の試験あり。自信ありたるも一箇所誤れり。微細な点も注意するを要す」
>
> 5月29日（金）「英文法、関係代名詞、十分了解す。興味深し」
>
> 6月24日（日）アメリカの漫画「ポパイ」のトーキー映画を英語のまま上映。
>
> 6月28日（木）入江教官の「英文法、予習せし次の所を当てられ全然出来ず。口惜し」
>
> 7月18日（水）「英語は極めて進度速し。ウトウトしている中に過ぎし箇所少からず」

---

91 「対談・日本軍隊の英語教育はどうだったか」p.16

7月20日（金）「英一の書取はからうじて合格の域に入り得たるや」
7月26日（木）岡本圭次郎教授長による米英の国民性に関する講話。
7月27日（金）より31日（火）まで期末考査。30日に米機P51の機銃掃射。
　　　　英語は31日。「英語の単語、若干解せざりしは無念なり。単語帖へ書き
　　　　落したる故なり。実に残念なり」
　＊戦局の悪化により夏期休暇は中止、翌8月1日（水）より2学期開始。
8月4日（水）「初めて予習に着手す。英語は難かしい様に感ず」

　以上のように、少なくとも8月4日までは英語が教えられていたことがわかる。こうして8月15日の敗戦を迎えたが、学術教育の授業は8月18日（土）の午前中まで続けられた。予科生たちは桜井高等女学校の生徒たちが作ってくれた大型リュックサックに荷物を詰め、8月22日より24日までに順次復員していった。

第3節　小　括

　敗戦を挟む日本の英語教育を断絶させることなく引き継いだのは、皮肉にも米英と交戦中だった陸海軍の学校だった。英語の授業は、陸軍幼年学校では少なくとも1945（昭和20）年の8月3日まで行われ、海軍兵学校予科では敗戦翌日の8月16日にも実施され、8月20日から26日までの授業時間表も用意されていた[92]。ともに少人数で、良質な教官と教材に恵まれていた。しかし、これらはあくまで将校候補生だけを対象にした特権的な教育であった。
　太平洋戦争期に米軍が日本語教育を強化したように[93]、そこには軍独自の意図もあったであろう。しかし、そうした戦時目的とは別に、海軍では戦後復興の指導的要員を文部省に代わって軍が引き受け、意識的に生徒の温存を図ったという証言もある。少なくとも結果的には、陸軍と海軍は敗戦時まで

92　『針尾の島の若桜──海軍兵学校第78期生徒の記録』pp.346～347
93　Angiolillo. Paul F., *Armed Forces' Foreign Language Teaching: Critical Evaluation and Implication*. New York：S.F. Vanni, 1947. および Passin, Herbert. *Encounter with Japan: The American Army Language School*. Tokyo: Kodansha International, 1982（加瀬英明訳『米陸軍日本語学校──日本との出会い』TBSブリタニカ、1981年）

教育を続け、軍人精神を注入した大量の人材を戦後に残した。陸軍系学校には士官学校・航空士官学校・経理学校で計1万3,274人、幼年学校6校で4,402人の合計1万7,676人が、海軍系では舞鶴分校を含む兵学校に1万5,129名、経理学校に1,852人の合計1万6,981人が在籍していた。陸海軍を合わせると総計3万4,657人にもおよぶ。当時これほど大規模な官立学校は他になく、そもそも一般の中等・高等教育機関そのものが戦時動員体制のために機能停止状態だった。

　そうした状況の下で、英語をはじめとする基礎教育を敗戦時まで続けていたことは、その後の上級学校進学や社会生活にとっても有利に作用したと思われる[94]。その意味で、陸海軍の終焉期における外国語教育は、結果的に、戦後復興と経済成長期のリーダー的人材を育成したことになる。海軍兵学校77期（1945年本科入校）を例にみると、大学・高専への進学率は81.7％で、東大、京大を筆頭に国公立卒は79.6％だった[95]。78期（1945年予科入校）の同窓会名簿（1975年）によれば、3,771人のうち、多数の民間企業関係者などに加えて、国会議員4人、国家公務員（自衛官を含む）407人、医師267人、大学・短大・高専教員165人、新聞・報道関係69人、弁護士・公認会計士・税理士等52人など、多彩な人材を輩出している[96]。

　軍隊の語学教育を論じるに当たっては、平時と戦時（特に1937年の日中戦争以降）とを区別する必要がある。陸軍予科士官学校や海軍兵学校などでは、平時には旧制高校の理系なみの時間を外国語教育に割き、外国人教師を含む優秀なスタッフで、英米文学などの教養主義的な教材を含む多様な語学教育を展開していた。戦時下になると、特に陸軍士官学校や海軍兵学校の本科では、修学期間の短縮と実戦的な要請から外国語の時間が削減され、軍事語学に特化した。

　陸海軍は、敗戦の年の1945（昭和20）年に至るまで注目すべき英語教材を

---

[94] ただし、旧制高等学校などへの軍関係学校出身者の入学割合を1割までに制限する占領軍指令も出された。
[95] 海軍兵学校第77期会写真集刊行委員会『昭和二十年　最後の海軍将校生徒』同会、1984年、p.239
[96] 海軍兵学校第78期会『海軍兵学校78期地区別業種別名簿1970年版』同会、1970年

刊行し続けていた。海軍兵学校予科における Oral Method の本格導入も注目すべきことである。日本における英語教授法史や教科書史の研究において、これまで軍関係の学校はほとんど顧みられることがなかったが、より本格的な研究が必要であろう。

　陸軍と海軍の語学教育の相違は、モデルとした軍事先進国と戦略目的の違いによるものだった。陸軍にとっての先進国はフランスとドイツであり、仮想敵国は大陸のロシア・ソビエトだったために、伝統的に仏・独・露語を重視し、相対的に英語を軽視した。一方、海軍にとっての先進国は英国であり、仮想敵国は太平洋でのアメリカだったために、一貫して英語を重視した。そうした背景を無視して、後知恵的な視点から非歴史的に陸・海軍の英語教育の優劣を論じるのは短絡的であろう。したがって、軍隊における外国語教育方針の妥当性は、刻々と変化する情勢の下での戦略の妥当性と一体のものとして検証されなければならない。

　そうした問題を踏まえて議論を現在の日本に移すならば、いわゆるグローバル化の下で、いま日本はアメリカ合衆国およびその言語である英語に対して一辺倒的に依存しており、世界的かつ長期的な展望をもった自立的で柔軟な国家戦略、およびそれに必要な多言語主義的な言語政策を確立できないでいる。その点で、国家戦略にかかわる戦前の誤りが、別の形で繰りかえされようとしているように思われる。

　戦後の英語科教育の目的の一つは、国際理解教育の推進である。真の平和と友好親善のためには、軍関係の学校を含む過去の事実の正確な把握と批判的な考察が必要である。軍関係の教育資料は散逸がはなはだしく、そこに学んだ関係者は高齢を迎えている。資料の収集保存と史実の解明を急がなければならない。

【資料7-1】　海軍の英語教科書

番号	発行年月	分類	編著者名	書名	発行者	所蔵者
1	明治初期	綴字	海軍兵学寮	英語綴	海軍兵学寮	防衛研究所、筑波大
2	明治初期	英語	海軍兵学寮	英学新式（上下2冊）	海軍兵学寮	鶴見大、江利川
3	明治初期	読本	Southy, Robert	The Life of Nelson	不詳	江利川
4	不詳	読本	Julian S. Corbett, LL.M.	英文兵書講読資料　上巻 (Some Principles of Maritime Strategy)	不詳	昭和館
5	明治33年6月	発音	豊島定	英語教科書（アクセント）第一学年〔第二版〕	海軍機関学校	不詳
6	明36増補改定	尺牘	ホース著 秋山真之編補	海軍英文尺牘文例	東京水交社	江利川、三康文化研
7	明治37年1月	読本	酒巻貞一郎	英文教科書　巻之一	海軍兵学校	防衛研究所
8	明治39年1月	読本	編者不詳	英文教科書　巻之二	海軍兵学校	防衛研究所
9	明治40年11月	読本	酒井小太郎 酒巻貞一郎 田中西熊	英文教科書　巻之三	海軍兵学校	防衛研究所
10	明治40年1月	読本	（編者不詳）	英文教科書　巻之四	海軍兵学校	防衛研究所
11	明治41年3月	参考書	川井田藤助 内藤信夫 堀英四郎	英文参考書　巻之一（表紙）扉は NOTES ON HABITUAL MISTAKES MADE IN SPEAKING ENGLISH.	海軍兵学校	防衛研究所
12	明治41年9月	文法	川井田藤助 内藤信夫 堀英四郎	英文教科書　巻之一	海軍兵学校	江利川
13	明治41年9月	用語集	豊島定	和英対照普通海軍用語集〔第1版〕	海軍機関学校	防衛研究所
14	明治42年6月	読本	豊島定	英文教科書　巻之一（第一学年）	海軍機関学校	昭和館
15	明治42年3月	読本	浅野和三郎	英文教科書　巻之二（第二学年）	海軍機関学校	昭和館
16	明治42年7月	参考書	豊島定	英語参考書（礼法）	海軍機関学校	昭和館
17	明治42年7月	書翰文	豊島定	英文参考書　巻之六　扉は「海軍英文書翰文集」	海軍兵学校	防衛研究所
18	明治43年	参考書	海軍兵学校	英文参考書　巻之七	海軍兵学校	防衛研究所
19	明治42年2月	書翰文	豊島定	海軍英文書翰文集〔第1版〕	海軍機関学校	江利川、三康文化研
20	明治42年9月	国際法	酒井小太郎 酒巻貞一郎 田中西熊	不詳：The Definition and Nature of International Low など国際法に関する英文	海軍兵学校	防衛研究所
21	不詳	講演	不詳	（英語講演資料）	海軍機関学校	昭和館
22	明治43年7月	用語	豊島定	和英対照普通海軍用語集／訂正増補	海軍機関学校	不詳

23	明治43年7月	書翰文	豊島定	海軍英文書翰文集〔再版〕	海軍機関学校	海自第2術科学校
24	明治43年10月	読本	川井田藤助 内藤信夫 堀英四郎	英文参考書　巻之五 (A Guide on Board a Battleship)	海軍兵学校	江利川
25	明治44年7月	読本	浅野和三郎	英文教科書　第三学年	海軍機関学校	昭和館
26	明治44年5月	発音	豊島定	英語教科書（アクセント）第一学年〔第2版〕	海軍機関学校	海自第2術科学校
27	明治44年5月	読本	酒井小太郎 酒巻貞一郎 田中西熊	英文教科書　巻之二	海軍兵学校	江利川
28	明治45年6月	読本	豊島定	英文教科書　巻之一　第一学年	海軍機関学校	海自第2術科学校
29	不詳	読本 発音	海軍兵学校	THE TEXTBOOK OF READING AND PRONUNCIATION	海軍兵学校	防衛研究所
30	大正元年9月	卓辞 演説	普通学文科	英文参考書　第三学年（表紙）扉は「英語参考書（卓辞演説集）」	海軍兵学校	防衛研究所
31	大正2年3月	読本	（記載なし）	英文教科書　巻之五	海軍機関学校	昭和館
32	大正3年7月	読本	普通学文科	英語参考書（基イ）The Golden Fleece	海軍兵学校	江利川
33	大正3年8月	文作	豊島定	英語教科書（文法及和文英訳）	海軍機関学校	海自第2術科学校
34	大正3年8月	講演資料	豊島定、浅野和三郎、スティブンスン、パァーリー	英語講演資料	海軍機関学校	海自第2術科学校
35	大正3年9月	文例	豊田貞次郎	英文海軍公用文例	水交社	海自第2術科学校
36	大正4.6.30序	法規	木村政太郎	英訳対照　海戦法規　附一九〇九年倫敦宣言（英文）海軍大学校講究録第88号付録	海軍大学校教務部	昭和館
37	大正4年4月	読本	浅野和三郎	英文教科書　巻之六　生徒第三学年	海軍機関学校	海自第2術科学校
38	大正4年5月	読本	イー、エス、スティブンスン	外国語学教科書　英語　生徒第一・二学年〔第1版〕	海軍機関学校	不詳
39	大正4年5月	英語	イー、エス、スティブンスン	英語教科書（会話）USEFUL QUESTIONS WITH SUITABLE ANSWERS. 生徒第二、三学年	海軍機関学校	海自第2術科学校
40	大正5年4月	参考書	普通学文科	英語参考書（第一学年）〔扉は NOTES ON HABITUAL MISTAKES MADE IN SPEAKING ENGLISH.〕	海軍兵学校	江利川
41	大正5年8月	読本	浅野和三郎	英文教科書　巻之四　生徒第二学年	海軍機関学校	海自第2術科学校
42	大正5年10月	読本	豊島定	外国語学教科書　英語　生徒第一・二学年〔第1版〕	海軍機関学校	不詳

第3節 小括

43	大正5年10月	読本	豊島定	英文教科書 巻之三 生徒第二学年	海軍機関学校	海自第2術科校
44	大正6年4月	文法作文	海軍兵学校	英語教科書（基ロ）	海軍兵学校	江利川
45	大正6年5月	講演資料	豊島定、スティブンスン、ワィティング	英語講演資料 SELECT STORIES, ETC. FOR ENGLISH SPEAKING MEETINGS.〔第2版〕	海軍機関学校	海自第2術科学校
46	大正7年1月	会話	豊島定	英語会話及普通海軍用語 改正増補	海軍機関学校	防衛研究所
47	大正7年4月	読本	海軍教育本部	海軍英文教科書 巻一	海軍教育本部	防衛研究所
48	大正8年1月	読本	イー、エス、スティブンスン	外国語学教科書 英語 生徒第一・二・三学年〔第2版〕	海軍機関学校	防衛研究所、海自第2術科学校
49	大正8年6月	読本	豊島定 改訂増補	外国語学教科書英文 巻之二 生徒第二学年〔第2版〕	海軍機関学校	防衛研究所
50	大正9年4月	参考書	海軍兵学校	英語参考書	海軍兵学校	昭和館、防衛研
51	大正8年12月	文例	水谷光太郎 徳田順一	英文海軍公用文例	水交社	海自第2術科学校
52	大正11年7月	書翰文	豊島定	外国語学教科書 英文書翰文集〔第3版〕	海軍機関学校	不詳
53	大正11年8月	読本	豊島定	外国語学教科書英文 巻之二 生徒第二学年	海軍機関学校	海自第2術科学校
54	大正13年10月	書翰文	海軍兵学校普通学文科	海軍 英文書翰文集	海軍兵学校	防衛研究所
55	大正14年5月	読本	金森齋	外国語学教科書 英文巻之三 生徒第三学年	海軍機関学校	海自第2術科学校
56	大正14年9月	読本	金森齋	外国語学教科書 英文巻之二 生徒第二学年	海軍機関学校	海自第2術科学校
57	大正14年9月	書翰文	早野良平	外国語学教科書 英文書翰文集〔第4版〕	海軍兵学校	防衛研究所
58	大正15年11月	読本	A.M. ダイヤ	外国語学教科書 英語 生徒第一学年	海軍機関学校	海自第2術科学校
59	昭和2年4月	読本	早野良平	外国語学教科書英文 巻之一 生徒第一学年	海軍機関学校	海自第2術科学校
60	昭和3.5.20序	実用文例	昭和二年度練習艦隊司令部	実用英語文例	昭和二年度練習艦隊司令部	江利川
61	昭和4年	読本	Whewell, William	England and The English (Revised Edition): An Up-to-date Textbook on English Life, Manners, and Customs	有朋堂	個人蔵
62	昭和4年6月	読本	早野良平	外国語学教科書英文 巻之三 生徒第三学年	海軍機関学校	海自第2術科学校
63	昭和4年11月	読本	金森齋	英文教科書 巻之二 生徒第二学年	海軍機関学校	海自第2術科学校
64	昭和6年9月	会話	A. P. Rossiter	英語会話参考書	海軍兵学校	同志社大

65	昭和7年4月	読本	海軍兵学校	英語教科書	海軍兵学校	国立教育政策研
66	昭和7年5月	読本	海軍兵学校	英語教科書（第四学年）	海軍兵学校	昭和館
67	昭和7年5月	読本	海軍兵学校	英語教科書（第三四学年）	海軍兵学校	昭和館
68	昭和7年	書翰文	海軍兵学校	英文書翰文集	海軍兵学校	昭和館
69	昭和7年6月	書翰文	早野良平	英文書翰文集	海軍機関学校	昭和館
70	昭和7年5月	読本	金森齋	英文教科書　巻之一　生徒第一学年	海軍機関学校	海自第2術科学校
71	昭和7.8.1緒言	文例	昭和六・七年度練習艦隊司令部	実用英語文例	昭和六・七年度練習艦隊司令部	海自第2術科学校
72	昭和8年2月	会話	早野良平	英語会話参考書	海軍機関学校	防衛研、昭和館、江利川
73	昭和8年6月	読本	海軍兵学校	英語教科書	海軍兵学校	国立教育政策研
74	昭和8年4月	読本	海軍兵学校	英語教科書（第一、二学年）	海軍兵学校	昭和館
75	昭和8年4月	会話	ロージャー.J.イングロット	英語参考書(Handbook of English Dialogues by R. J. Inglott)	海軍機関学校	江利川
76	昭和8年5月	読本	海軍兵学校	英語教科書　第四学年	海軍兵学校	昭和館
77	昭和8年9月	読本	海軍兵学校	英語教科書（三学年）	海軍兵学校	松野良寅
78	昭和8年10月	読本	海軍兵学校	英語教科書（第四学年）	海軍兵学校	松野良寅
79	昭和8年10月	参考書	海軍兵学校	COMMON ENGLISH WORDS／USED IN A SPECIAL SENSE AT SEA.／WITH EXAMPLES／SHOWING THEIR USE.	海軍兵学校	防衛研究所
80	昭和9年2月	読本	海軍兵学校	英語教科書（一、二年用）	海軍兵学校	個人蔵
81	昭和9年9月	書翰文	海軍兵学校	英語書翰文集	海軍兵学校	昭和館
82	昭和10年4月	参考書	加藤正男	海軍英語構文ノ研究	海軍兵学校	江利川
83	昭和10年10月	文法	海軍通信学校	高等科電信術練習生用　英文法参考書	海軍通信学校	江利川
84	昭和11年4月	読本	早野良平	英文教科書　巻之三　第三学年	海軍機関学校	海自第2術科学校
85	昭和11年4月	読本	海軍兵学校	英語教科　（三、四学級）	海軍兵学校	昭和館
86	昭和11.11.16	実用文例	昭和11年度練習艦隊司令部	英文実用例	海軍兵学校	防衛研究所
87	昭和11年12月	読本	海軍兵学校	英語教科書	海軍兵学校	松野良寅
88	昭和11年以降	文例	海軍経理学校	英文海軍実用文例	海軍経理学校	江利川
89	昭和12年1月	読本	金森齋	英文教科書　巻之一　第一学年	海軍機関学校	海自第2術科学校
90	昭和12年2月	読本	海軍兵学校	英語教科書	海軍兵学校	松野良寅
91	昭和12年4月	読本	早野良平	英文教科書　巻之二　第二学年	海軍機関学校	海自第2術科学校

92	昭和12年10月	読本	海軍兵学校	英語教科書（第四学級）	海軍兵学校	松野良寅
93	昭和12年10月	読本	海軍兵学校	英語教科書（応急措置法）	海軍兵学校	松野良寅
94	昭和13年8月	読本	海軍兵学校	英語教科書（第三学年）	海軍兵学校	松野良寅
95	昭和13年6月	卓辞	海軍兵学校	海軍用英語卓辞及式辞演説　参考附録	海軍兵学校	昭和館
96	昭和14年6月	参考書	稲垣春樹	英語参考書　飛行予科練習生用	第十一聯合航空隊	昭和館
97	昭和14年5月	読本	横須賀海城学館	The Naval English Reader (The Whole Volume)〔横須賀海城学館専修中等教科書〕	帝国文武学会	江利川、国立教育研
98	昭和13年8月	読本	海軍兵学校	英語教科書（第一学年）	海軍兵学校	防衛研究所
99	昭和15年9月	読本	海軍兵学校	英語教科書	海軍兵学校	防衛研究所
100	昭和15年12月	読本	海軍兵学校	英語教科書（第三学年）	海軍兵学校	防衛研究所
101	昭和16年1月	読本	海軍兵学校	英語教科書	海軍兵学校	江利川
102	昭和16年11月	読本	海軍兵学校	英語教科書（巻二甲）	海軍兵学校	江利川
103	昭和16年4月	読本	海軍兵学校	英語教科書　巻之三	海軍兵学校	防衛研究所
104	昭和19年4月	参考書	海軍兵学校	英語参考書　其ノ一（英語学習指針）	海軍兵学校	江利川
105	昭和20年3月	読本	海軍兵学校	英語教科書（予科生徒用）	海軍兵学校	江利川、東書文庫
107	昭和20年5月	文法	海軍兵学校	英語参考書　英文法（前編）	海軍兵学校	江利川、海自第2術科学校

（註）筆者の調査による判明分のみ（2005年12月21日現在）

第8章
職業系諸学校における英語科教育の特徴

　本章では、各章で個別的に考察してきた職業系諸学校における英語科教育の特徴を総括的にまとめてみたい。

　明治から戦後の新制発足（1947年）までの近代日本では、子どもの将来は出身社会階層によって大きく制約されていた。義務教育修了後の学校体系は複線的であり、中等レベルの職業系諸学校は基本的に生徒の出身階層と同じ農業、商業、工業などの職業人を再生産す機能を有していた。したがって、そこでの外国語教育は、中学校や高等女学校に比べて、必然的に職業訓練的で実用的な要素を強く持つことになった。

　他方で、近代日本の急速な資本主義化によって、政府は産業各部門の要員を国民各層から不断に充足させる必要に迫られ、出身階層にかかわらず、学力本位で有為な人材を育成しようとした。出身階層の制約を打破し、社会的な上昇と自己実現を図るためには、進学による高学歴の獲得が必要不可欠であった。そのための重要なパスポートが、英語だったのである。そのパスポート取得の特権は、もっぱら中学生にだけ与えられていた。しかし、職業系諸学校の生徒の中にも、少数ではあれ自助努力によって学校制度的な閉塞を脱する者がいた。また英語は、中等以上の教育水準を象徴する教科であり、生徒にとってはプライドの源泉だった。したがって、英語学習の機会を奪おうとする政策に対しては強い不満や反発が起こった。そうした事例は、師範学校での英語の必修制廃止（1892年；第4章1－6）に伴う生徒の屈折した心情や、高等小学校での英語の商業科への附設期（1912〜1918年；第5章第3節）における英語復活要求などに端的に見出すことができる。

　職業系諸学校における英語科教育は、教科としての位置づけ、時間数、教材、教授法、教員構成などの面で多種多様であり、時期によって変動した。

以上の点を踏まえて、第1節では各学校種別に、第2節では総合的に考察し、以下の特徴を抽出した。

第1節　学校種別の特徴

1-1.　実業学校

　実業学校では、実態においては乙種を含む全体の約9割が英語教育を実施していたと推計される。学校種別には、商業と商船が100％、工業が90％、農業・水産が70％、職業・その他が50％程度であったと推計できる。

　内容と水準においては、外国語が必修だった商業学校がもっとも充実しており、教員や教授法の質の高さ、授業時数の豊富さなど、質量ともに中学校に優るとも劣らない英語教育を実施していた。そうした中から、たとえば、東大教授でアメリカ文学の大家となった大橋健三郎（京都市立第一商業学校出身）のような人物をも輩出し得た。

　工業技術の理解には英語が不可欠だったために、工業学校でもほぼすべての学校で英語が教えられていた。相対的にもっとも英語が軽視されていたのは農業学校で、特に簡易農学校や女子の課程では英語を課さない場合もあった。

　いずれの実業学校でも、1930年代後半以降の戦時体制下では、英語教育の縮廃、実用主義への一辺倒化、一部での支那語・ドイツ語等への転換などが行われた。

1-2.　師範学校

　師範学校の英語科教育は、長らく加設科目ないし随意科目という位置づけであったにもかかわらず、ほとんどすべての学校で実施されていた。時間数は週3時間程度であったが、年齢の高さ、勤勉な資質などによって、1890〜1900年代には時間数において倍する中学校と同レベルの英語教育を実施していた。そのため、大塚高信や石橋幸太郎のような英語の大家を世に出すこともできた。しかし、教授要目の制定による画一化や入学年齢の低下などによって、明治末期の1910年代頃からレベル低下が顕在化していく。

英語の必修化は1925（大正14）年に男子1～3学年で、1931（昭和6）年には女子の1～3学年でも実施されたが、折からのナショナリズムの強まりのためか、1930年代以降は4・5年生の英語選択率が低下し続けた。1943（昭和18）年には官立の高等教育機関となったにもかかわらず、外国語は選択科目に格下げされた。これが、新制中学校の英語教師不足に拍車をかけることになる。

　師範学校の英語教育には高等小学校で英語を教えるという教師教育的な側面があったにもかかわらず、英語教授法に割く時間はわずかで、英語力の不足とともに、しばしば批判にさらされた。現在、日本では小学校での英語教育の実施が本格化しているが、その教員養成の問題については、師範学校における歴史的経験を再検討することが必要であろう。

1-3. 高等小学校

　高等小学校（国民学校高等科を含む）の英語科教育は、時期、地域、男女差によってきわめて多様であったが、1886（明治19）年の発足前後から新制移行までの約60年間、戦時下を含めて、ほとんど途切れることなく実施された。今日の小学校英語教育を考えるとき、教材、教授法などについて、過去の経験から学ぶべきことは多い。

　英語の加設率は1886年の発足直後にはきわめて高かったが、数年で急落し、1900（明治30）年代で6％前後、商業科附設時代の1918（大正7）年度が最低の1.7％（239校）、ピーク時の1932（昭和7）年度が9.9％（1,842校）だった。

　性別では、男子の方が女子よりも英語の履修率が高かった。これは女子の多くが裁縫を選択したためであろう。地域的には一般に商工業の発達した都市部で英語の加設率が高い。統計の把握が可能な最後の年である1939（昭和14）年度をみると、1位の大阪が51.7％にも達し、以下は愛知33.9％、東京32.4％、神奈川28.6％と続き、秋田、佐賀、宮崎ではまったく加設していなかった。英語は「都市型教科」だったのである。ただし、日本随一の北米移民輩出県だった和歌山が6位（25.9％）に入るなど、地域のニーズを反映しやすい側面があった。

　国定英語教科書の発行部数などから、高等小学校での英語学習人口は

1940（昭和15）年頃には30万人前後に達していたと推計される。これは同一年齢の中学生19万人を上回るから、戦後における英語教育の一挙的な大衆化に果たした高等小学校の役割は大きかったといえよう。

高等小学校の英語科教育には、週2〜3時間程度の僅少な時間数に対応した教材の内容、広範な社会階層の子弟の就学、選択科目という教科の位置づけなど、新制中学校の英語科教育と連続する側面が強かった。

1-4. 実業補習学校・青年学校

実業補習学校および青年学校の英語科教育は、エリートコースとは隔絶した勤労青少年に外国語教育の機会を保証した点に最大の意義がある。特に商業系と工業系の学校で加設率が高く、都市部の、また男子の英語履修率が高かった点は高等小学校の場合と同様である。時数やレベルはきわめて多様であったが、商業系の専修科などでは週6〜9時間もの時数を課し、高等専門学校に準じた高度な英語教育を実施していた学校もあった。『英和活用大辞典』などで有名な勝俣銓吉郎も、こうした学校で教えていた。

英語の加設率は正確には判明しないが、1928（昭和3）年の資料では約2割の実業補習学校で英語が加設されており、仮にそうした学校で生徒の半数、つまり全体の10％が履修したとしても、学習人口は当時で約11万人、1942（昭和17）年で約29万人となり、高等小学校と同様に、英語教育の大衆化に果たした役割は大きかったといえよう。

1-5. 陸海軍系学校

陸海軍の将校を養成した学校では、優秀な教官と独自の教科書を用いて高度な外国語教育を実施していた。海軍が創設時から英語を重視し、陸軍が仏・独・露語を重視した理由は、モデルとした軍事先進国と戦略目的の違いによる。そうした相違を度外視して、後知恵的に両者の英語教育と対米認識の軽重だけを論じることは短絡的であろう。陸軍でも英語教育は大学校で1897（明治30）年から、士官学校予科で1920（大正9）年から、幼年学校で1938（昭和13）年から開始されていた。

仙台と熊本の幼年学校における英語教育は20人台の少人数・習熟度別クラ

表8-1　学校種別の英語履修率と履修者数の推計　1926(大正15)年度

	中学校	高等女学校	実業学校	師範学校	実業補修学校	高等小学校	平均／計
履修率	100%	90%	90%	90%	10%	6%	32%
履修者数	317,000	294,000	210,000	44,000	113,000	75,000	1,053,000
構成比	30%	28%	20%	4.2%	11%	7.1%	100%

(註) 表8-2とも、陸海軍系学校の履修者数は僅少なため割愛した。

表8-2　学校種別の英語履修率と履修者数の推計　1942(昭和17)年度

	中学校	高等女学校	実業学校	師範学校	青年学校	国民学校高等科	計
履修率	100%	70%	90%	64%	10%	13%	32%
履修者数	529,000	473,000	615,000	30,000	291,000	300,000	2,238,000
構成比	24%	21%	27%	1.3%	13%	13%	100%

ス編成で実施され、海軍兵学校予科では英語のみによるOral Methodが採用されていた。予科を含む陸軍士官学校や海軍兵学校では、平時にはおおむね旧制高等学校の理科系なみの語学教育が実施されていた。しかし、アジア・太平洋戦争下では時間数の削減、外国人教官の解雇、内容の軍事語学化などが進められた。

　最大の特徴は、一般の中等・高等教育機関が授業を休止していた戦争末期でも、こうした陸海軍の将校養成学校では敗戦まで英語教育を継続していたことである。これに士官学校などの本科生を加えると、敗戦時に約3万5千人が在籍しており、そこでの高度な教育は結果的に戦後のリーダー的な人材を育成することになった。

第2節　全体的な特徴

　第1節における学校種別の考察を総合すると、職業系諸学校における英語科教育の全体的な特徴を以下のよう抽出することができる。

　(1)　職業系諸学校における英語科教育の実施率は法令上の見かけ以上に高く、戦前期における英語教育の広大な裾野を形成していた。そうした学校での英語学習人口は徐々に中学校および高等女学校の英語学習人口に近づき、1930年代頃にはこれを量的に上回ったと推計される（**表8-1、8-2参照**）。こうした学習者の量的拡大は、それに伴う英語教員と教材を増加させ、英語教育

の多様なノウハウを蓄積させた。また、勤労青少年を含む非エリートの広範な社会階層にも英語教育を普及させ、戦後における英語教育の一挙的な大衆化の基盤形成に寄与した。

　第3〜7章での考察に基づいて職業系諸学校における英語学習人口を推計した結果、1926（大正15）年の時点で英語履修者総数は推定約105万人で、職業諸学校の生徒が全体の約4割を占めていたと考えられる。

　これが1942（昭和17）年になると、英語履修者総数は約220万人強に増加し、うち中学校と高等女学校が各2割強、職業系諸学校の履修者数が5割強、つまり過半数に達していたと推計できる。数字はあくまで概数であり、また英語の時間数や学習密度は中学生の方が高いと思われる。しかし、職業系諸学校を無視して戦前期の英語科教育の全体像を正しく描き出すことができないことは明らかであろう。

　(2)　職業系諸学校の多くは外国語を加除自在の加設科目ないし随意科目として課していたために、加設率、時間数や程度、選択語学の種類などの面で、地域の教育要求や各時代の社会情勢を敏感に反映した。時期的には、1930年代後半以降の戦時体制下、とりわけ太平洋戦争期には英語教育は低調となり、時間数の削減、支那語・満州語・ドイツ語などへの転換、一部の学年や学校での外国語教育の廃止、などが進められた。

　(3)　職業系諸学校は職業訓練を本務とする完成教育機関であったため、普通教育を実施する中学校や高等女学校に比べて、英語教材の内容に実用主義的な色彩が強かった。特に実業学校、高等小学校、実業補修学校などにおいては、高学年を中心に英語教材に専門教育的なESP（English for Specific Purposes）の要素を取り入れた教材が多かった。そうした傾向は、特に即戦力が要求された1930年代後半以降の戦時体制下で強められた。教授法においても、実務的な英語運用力を必要とする商業系の学校の一部や海軍兵学校予科などではOral Method的な指導を行っていた。

　(4)　英語教育史における実用主義か教養主義かの二項対立的な目的論の設定は、これまで無自覚のまま普通教育機関である中学校ないし高等女学校を前提にしてきた。しかし、職業系諸学校では実用主義の傾向がより強かった点も視野に入れて、目的論は学校種に即して具体的に論じるべきである。

また、日本では中学校においても、ヨーロッパの中等学校のような古典語（ギリシャ語・ラテン語）を課すことがなく、はじめから近代語である英語を教えた。したがって、近代日本の外国語教育は、その出発点から教養主義や人文主義の要素が脆弱だった。これは後発資本主義国として性急な近代化を進めたために、すぐ役に立つ実学を重視した結果であろう。

　そうした伝統の延長上に現在がある。1990年代以降、学習指導要領には「実践的コミュニケーション能力」の育成が謳われ、「英語が使える日本人」を育成するという国家プロジェクト（2003-07年）も進められている。しかし、こうした性急な実用主義は、公教育としての英語科教育の方針として妥当なのだろうか。教育基本法は戦後教育の目的を「人格の完成」と、「平和な国家及び社会の形成者」の育成に置いた。その崇高な目的のために英語科教育に何ができるかを、いま改めて問い直す必要があるのではないだろうか。

　夏目漱石は1911（明治44）年8月の和歌山での講演で、「現代日本の開化は皮相上滑りの開化である」[1]と喝破した。

　その「皮相上滑りの開化」に、近代日本の英語科教育は一役買った面があるのではないだろうか。欧米文化と白人への崇拝、福沢諭吉の「脱亜論」（1885年）に代表される周辺アジア蔑視は、遠い過去のことではあるまい。また、漱石の警句にある「開化」を「グローバル化」に置き換えるならば、彼の洞察は現在の日本の有り様を鋭く射抜いているように思われる。

　卓越した英文学者であり英語教育者でもあった漱石はまた、ロンドン留学中の1901（明治34年）年に書いた「断片」[2]のなかで、日本の英語教育の問題点を次のように指摘していた。

　　猿が手を持つから始めて「クライブ」[3]に終わる教育の恐るべき事。英語を習って英書より受くるCultureを得るまでには読みこなせず、去りとて英書以外のカルチュアー（漢籍和書より来る）は毛頭なし。かかる人は善悪をも弁

1　夏目漱石「現代日本の開化」、三好行雄編『漱石文明論集』岩波書店、1986年、p.34
2　夏目漱石「断片」（1901年4月頃）、『漱石文明論集』pp.308-309
3　「猿が手を持つ」は明治前期の入門用英語教科書 *Willson First Reader* の冒頭の句。「クライブ」は中学校の上級学年で好まれた Macaulay 著 *Lord Clive* のこと。

ぜず徳義の何物たるをも解せず、ただその道々にて器械的に国家の用に立つのみ。毫も国民の品位を高むるに足らざるのみか器械的に役立つと同時に一方には国家を打ち崩しつつあり。

日本の英語科教育はどこへ行くのであろうか。その行く末を見定めるためには、過去から謙虚に学ぶしかない。

参 考 文 献

a．研究文献・論文 ……………………………………………337
b．学校史・地方教育史 ………………………………………351
c．稿本・資料綴 ………………………………………………355
d．雑誌 …………………………………………………………356

【a．研究文献・論文】

Angiolillo. Paul F., *Armed Forces' Foreign Language Teaching: Critical Evaluation and Implication.* New York：S.F. Vanni, 1947

Bullock, Cecil. *ETAJIMA: The Dartmouth of Japan.* London: Sampson Low, 1942

Clowes, Sir Wm. Laird. *The Royal Navy: A History from the Earliest Times to the Death of Queen Victoria.* Vol. Ⅶ. London: Sampson Low, Marston and Company, 1903

Fukuhara, Toshiaki N. "Nisei Japanese American GI's：Their Remarkable Achievements During and After WWⅡ As Soldiers and Intelligence Language Specialists."『札幌大学外国語学部紀要 文化と言語』57号、2002年、pp. 73-98

Gotoh, Shoji. *The Historical Background of English Education in Japan.* Kyoto: Shibunkaku, 1998

Henrichsen, L. E., *Diffusion of Innovations in English Language Teaching: The ELEC Effort in Japan, 1956-68.* New York：Greenwwod Press, 1989

Passin, Herbert. *Encounter with Japan: The American Army Language School.* Tokyo：Kodansha International, 1982（加瀬英明訳『米陸軍日本語学校―日本との出会い』TBSブリタニカ、1981年）

Sharp. W.H., *The Educational System of Japan.* Bombay：Government Central Press, 1906

The United States Education Mission to Japan. *Report of the United States Education Mission to Japan,* 1946

〔あ行〕

青木庸效「『高等科英語』とその周辺」日本英語教育史学会『日本英語教育史研究』第6号、1991年、pp.283-287

青戸精一『青年学校関係法令解説』青年教育普及会、1936年

赤祖父茂徳『英語教授法書誌』英語教授研究所、1938年

赤塚康雄『新制中学校成立史研究』明治図書、1978年
―――『戦後教育改革と青年学校―資料でみる機会均等運動の展開』クリエイティブ21、2002年
浅田みか子『浅田栄次追懐録』私家版、1916年〔東京外語会有志復刻版、1996年〕
鯵坂國芳「小学校の英語科について」『学校教育』第6巻第71号、1919年
麻生千明「明治20年代における高等小学校英語科の実施状況と存廃をめぐる論説動向」『弘前学院大学・弘前学院短期大学紀要』第32号、1996年
天野郁夫『試験の社会史―近代日本の試験・教育・社会』東京大学出版会、1983年
―――『学歴の社会史―教育と日本の近代』新潮社、1992年
―――『教育と選抜の社会史』筑摩書房、2006年
天野郁夫編『学歴主義の社会史―丹波篠山にみる近代教育と生活世界』有信堂高文社、1991年
荒木伊兵衛『日本英語学書志』創元社、1931年
飯田　宏『静岡県英学史』講談社、1967年
伊ケ崎暁生・松島栄一編『日本教育史年表』三省堂、1990年
生島藤蔵「思出の記」『神戸小学校五十年史』開校五十周年式典会、1935年
池田　清『海軍と日本』中央公論社、1981年
池田哲郎『日本英学風土記』篠崎書林、1979年
石井幸雄編『写真集　海軍兵学校』秋本書房、1990年
石川啄木『啄木全集』第5巻・日記（一）、筑摩書房、1967年
石口儀太郎『新尋一教育の実際』教育研究会、1931年
石黒魯平『外語教授　原理と方法の研究』開拓社、1930年
石戸谷哲夫ほか編『日本教員社会史研究』亜紀書房、1981年
逸見勝亮『師範学校制度史研究―15年戦争下の教師教育』北海道大学図書刊行会、1991年
出田　新「地方農学校に於ける外国語」『農事雑報』第29号・第39号、1900・1901年
―――「地方農業学校の不振に就きて」『教育界』第8巻第11号、1909年
―――「農業教育に就きて」『農政研究』第5巻第10号、1926年
伊藤長七『英語及其教授法』（六学年小学校各科教授全書）同文館、1908年
―――「小学校における英語科」『英語教授』1909（明治42）年4月号
―――「再び小学校の英語科に就きて」『教育研究』第75号、1910年
伊東勇太郎『文検受験用　英語科研究者の為に』大同館、1925年
稲葉正夫監修・上法快男編『陸軍大学校』芙蓉書房、1973年
稲村松雄「私と英語―教科書を中心に」『日本英語教育史研究』第3号、1988年
乾　尚史『海軍兵学校ノ最期』至誠堂、1975年
井上成美伝記刊行会『井上成美伝』井上成美伝記刊行会、1982年
猪木正道『軍国日本の興亡―日清戦争から日中戦争へ』中央公論社、1995年
伊原巧・江利川春雄・林浩士編『英語科授業学の諸相――青木庸效教授還暦記念論文

集』三省堂、1993年
伊村元道『パーマーと日本の英語教育』大修館書店、1997年
─── 『日本の英語教育200年』大修館書店、2003年
伊村元道・若林俊輔『英語教育の歩み―変遷と明日への提言』中教出版、1980年
上原光晴『落下傘隊長　堀内海軍大佐の生涯』光和堂、1993年
上村直己「陸軍大学校ドイツ参謀将校の通訳官たち」『熊本大学教養部紀要外国語・外国文学編』23号、1988年、pp.167-184
英愛生〔出田新の筆名〕「地方農業学校の不振に就きて」『教育界』第8巻第11号、1909年
江利川春雄「杢田與惣之助の英語教授法研究（序説）」神戸大学英語教育研究会『KELT』第7号、1991年、pp.55-89
─── 「小学校用国定英語教科書の成立と変遷―小学校における英語科教育の歴史(1)」神戸大学英語教育研究会『KELT』第8号、1992年、pp.77-109
─── 「小学校における英語科教育の歴史(2)―戦前の経験から学ぶ」『中部地区英語教育学会紀要』第22号、1993年、pp.169-174
─── 「小学校における英語科教育の歴史(4)―明治後半期におけるその諸相」日本英語教育史学会『日本英語教育史研究』第8号、1993年、pp.75-121
─── 「高等小学校における英語科教育の目的とその変遷―小学校における英語科教育の歴史(3)」『鈴鹿工業高等専門学校紀要』第26巻第2号、1993年、pp.67-82
─── 「実業学校における英語科教育の歴史(1)―序論的覚え書」神戸大学英語教育研究会『KELT』第10号、1994年、pp.49-63
─── 「実業学校における英語科教育の歴史(2)―商業学校を中心に」『日本英語教育史研究』第10号、1995年、pp.163-206
─── 「旧制工業学校における英語科教育の歴史」全国高等専門学校英語教育学会『研究論集』第15号、1996年、pp.33-42
─── 「小学校における英語科教育の歴史(5)―全体像の把握をめざして」『日本英語教育史研究』第11号、1996年、pp.131-183
─── 実業補習学校および青年学校における英語科教育の歴史―教科書を中心に」『鈴鹿工業高等専門学校紀要』第29巻第2号、1996年、pp.127-142
─── 「新制中学校成立期の英語教師問題」神戸大学英語教育研究会『KELT』第12号、1997年、pp.65-77
─── 「師範学校における英語科教育の歴史(1)―明治・大正期」『日本英語教育史研究』第12号、1997年、pp.123-161
─── 「英語科授業史における杢田與惣之助」江利川春雄ほか編『英語科授業学の今日的課題――青木庸效教授退官記念論文集』金星堂、1997年、pp.15-31
─── 「師範学校における英語科教育の歴史(2)―昭和期」『日本英語教育史研究』第13号、1998年、pp.173-202
─── 「データベースによる外国語教科書史の計量的研究(1)―文部省著作および検

定済教科書」『日本英語教育史研究』第15号、2000年、pp.1～22
―――「海軍終焉期の英語教育」『日本英語教育史研究』第18号、2003年、pp.39-66
―――「日本陸軍の英語教育史―1930年代以降の幼年学校・予科士官学校を中心に」『日本英語教育史研究』第20号、2005年、pp.65-90
江利川春雄ほか「小学校用英語教科書の刊行目録とその考察」『鈴鹿工業高等専門学校紀要』第29巻第1号、1996年、pp.13-26
遠藤芳信『近代日本軍隊教育史研究』青木書店、1994年
大分師範学校教育研究所編『昭和22年度前期 共学実施による男女生徒学科成績比較図表』1948年（愛知教育大学蔵）
大蔵省『大日本外国貿易年表』1897年
大阪外国語学校『中学校に於ける外国語に就いて』1924年
大阪教育大学附属図書館『大阪教育大学図書館だより OKUL』Vol. 15、1997年
大阪女子大学附属図書館編『大阪女子大学蔵 日本英学資料解題』大阪女子大学、1962年
―――『大阪女子大学蔵 蘭学英学資料選』大阪女子大学、1991年
奥田真丈監修『教科教育百年史』建帛社、1985年
大庭定男『戦中ロンドン日本語学校』中央公論社、1988年
―――『ジャワ敗戦抑留日誌（1946～47）』龍溪書舎、1996年
大橋健三郎「英語の授業の憶い出」『京一商創立八十八周年記念誌』京一商同窓会、1974年
大村喜吉・高梨健吉・出来成訓編『英語教育史資料』（全5巻）東京法令出版、1980年
岡　篤郎『産業教化地方改善 補習学校経営原論』東洋図書、1928年
岡倉由三郎「外国語教授新論」『教育時論』第338-340号、1894年
―――「英語教授法（小学校に於ける）」『教育大辞書』同文館、1907年
―――『英語教育』博文館、1911年〔増補版：研究社1937年〕
―――〔福原麟太郎筆〕『英語教育の目的と價値』（英語教育叢書）研究社、1936年
岡田美津『女子英語教育論』（英語教育叢書）研究社、1936年
岡本圭次郎「海軍と外国語」語学教育研究所『語学教育』1943年11月12日号
岡本圭次郎・皆川三郎「対談・日本軍隊の英語教育はどうだったか」『英語教育』1968年12月号、大修館書店
岡田英昭「昭和20年代の英語学習―恩師と師範予科」日本英学史学会広島支部『英學史論叢』第5号、2002年
緒方登摩「外人教師 Roger Julius Inglott」私家版、1996年
岡部教育研究室『農村における青年教育―その問題と方策』1942年
小川正行ほか『新撰各科教授法〔訂正三版〕』東京宝文館、1913年
小川芳男『私はこうして英語を学んだ』TBSブリタニカ、1979年

小篠敏明『Harold E. Palmer の英語教授法に関する研究―日本における展開を中心として』第一学習社、1995年
小篠敏明・江利川春雄編著『英語教科書の歴史的研究』辞游社、2004年
織田又太郎『農民之目醒』裳華房、1903年
小野圭次郎編『中等学生用英語参考書完成記念誌』山海堂出版部、1932年
小原國芳『小原國芳自伝―夢みる人(1)』玉川大学出版部、1963年

〔か行〕

海軍機関学校・海軍兵学校舞鶴分校同窓会世話人『海軍機関学校・海軍兵学校舞鶴分校 生活とその精神』同同窓会、1970年
海軍教育本部編『帝国海軍教育史』(全10巻) 1911・13年 (原書房復刻版、1983年)
海軍省編『海軍制度沿革 (巻十二)』1941年 (原書房復刻版、1983年)
海軍省教育局『昭和十七年四月 海軍兵学校・機関学校・経理学校現状』1942年
海軍兵学校編『海軍兵学校沿革』海軍兵学校、1919年 (原書房復刻版、1968年)
海軍兵学校第77期会写真集刊行委員会『昭和二十年 最後の海軍将校生徒』同会、1984年
海軍兵学校第78期会『海軍兵学校78期地区別業種別名簿1970年版』同会、1970年
海軍兵学校第78期会期史編纂特別委員会『針尾の島の若桜―海軍兵学校第78期生徒の記録』同78期会、1993年
海軍兵学校78期607分隊『海軍兵学校78期607分隊史』同分隊、1993年
海兵78期108分隊『はりを』第18号、新山憲彦 (発行)、1992年
海後宗臣監修『教員養成』(戦後日本の教育改革・第8巻) 東京大学出版会、1971年
蠣瀬彦蔵「高等小学校用新文部省英語読本編纂趣旨」『文部時報』第8巻第8号、1940年
垣田直巳監修『早期英語教育』大修館、1983年
賀須井英一『海軍兵学校 最後の三号生徒の記録』私家版、1994年
勝俣銓吉郎『日本英学小史』(英語教育叢書) 研究社、1936年
加藤正雄『商業教育論』同文館、1925年
加藤正男「海軍兵学校に於ける外国語教育の目標及方法」『語学教育』1945年1月25日号
川澄哲夫編『資料日本英学史』(全3巻) 大修館書店、1978-98年
加登川幸太郎『陸軍の反省』(上・下) 文京出版、1996年
河野 通「語学将校 陸軍中佐 江本茂夫―軍人として教師として」『東京家政大学研究紀要 人文社会科学』33号 1993年
鹿山 誉『帽振れ 海軍兵学校』私家版、1991年
神辺靖光『日本における中学校形成史の研究〔明治初期編〕』多賀出版、1993年
菊池城司「近代日本における中等教育機会」『教育社会学研究』第22集、1967年
―――『近代日本の教育機会と社会階層』東京大学出版会、2003年

菊地良樹ほか『輓近実業補習教育研究』(復興増訂再版)明文堂、1924年
衣川　宏『ブーゲンビリアの花』原書房、1992年
教育刷新審議会『教育改革の現状と問題—教育刷新審議会報告書』日本放送出版協会、1950年
教育職員養成審議会「教育職員養成審議会第一次答申」『週刊教育資料』1997年8月4日号
教育総監部『昭和十六 十七年度 陸軍予科士官学校 陸軍幼年学校生徒志願者出身学校別検査成績一覧表』1942年
教育大辞書編輯局編『教育大辞書』同文館、1907年
教員受験生社編輯部編『全国小学校教員府県別検定別科目別最近問題集』大明堂、1937・1941年
教科書研究センター編『旧制中等学校教科内容の変遷』ぎょうせい、1984年
熊谷光久『日本軍の人的制度と問題点の研究』国書刊行会、1994年
熊本陸軍幼年学校第四十九期第四訓育班『道芝—清水台の追憶とその後の軌跡 入校五十周年記念文集』熊本陸軍幼年学校第四十九期第四訓育班、1995年
熊本陸軍幼年学校第四十七期生会編『熊本陸軍幼年学校第四十七期生誌—清水台の栄光と終焉』熊本陸軍幼年学校第四十七期生会、1980年
熊幼四八期四訓会編集委員会編『清水台の一年半—熊幼四十八期第四訓育班同期生還暦記念文集』五月書房、1991年
熊幼四八期二訓会編『清水台懐古—中西おやじと私たち』同会、2000年
倉沢　剛『学校令の研究』講談社、1978年
倉橋藤治郎『実業教育論』工業図書、1944年
黒坂維奠「英語ノコトニ就テ」『教育時論』第195号、1890年
黒沢文貴「日本陸軍の対米認識」日本国際政治学会編『国際政治』第91号、1989年
啓文社編輯局編纂『三重県教育法規』(上・下)啓文社、1927年以降加除
小泉又一・乙竹岩造『改正小学校各教科教授法〔訂正7版〕』大日本図書、1910年
語学教育研究所編『英語教授法事典』開拓社、1962年
五九史編纂委員会編『望台—陸軍士官学校第五十九期生史』五九会、1973年
国民教育奨励会編纂『教育五十年史』民友社、1922年
国立教育研究所編『日本近代教育百年史』(全10巻)国立教育研究所、1973-74年
小平高明『師範学校教授要目準拠 各科教授法』目黒書店、1910年
小塚三郎『夜学の歴史—日本近代夜間教育史論』東洋館出版、1964年
小林澄兄・堀梅天「幼稚舎に於ける英語教授は高学年より始むるを可とするの意見」1918年(『稿本慶応義塾幼稚舎史』1965年、所収)

〔さ行〕
佐園農夫〔出田新の筆名か〕「地方農学校に於ける外国語に就きて」『新農報』第22・24・29号、1900・1901年

櫻井益雄『櫻井益雄先生論文集』櫻井益雄先生論文集刊行会、1990年
櫻井　役『英語教育に関する文部法規』（英語教育叢書）研究社、1935年
―――『日本英語教育史稿』敞文館、1936年〔文化評論出版復刻版、1970年〕
―――『中学教育史稿』受験研究社増進堂、1942年
―――『女子教育史』増進堂、1943年〔日本図書センター複製版、1981年〕
櫻庭信之「小学校の英語」『新英語教育講座』第5巻、研究社、1949年
―――「小学校と英語教育」東京教育大学内教育学研究室編『外国語教育』〔教育大学講座第28巻〕金子書房、1950年
―――「小学校の英語」『新英語教育講座〔改訂版〕』第5巻、研究社、1956年
―――「英語教育」『東京教育大学付属小学校　教育百年史』1972年
櫻庭信之・北島メリ『英語入門―新しい教授形態』（英語教育体系 XI）1949年
佐々木仁三郎『三重県終戦秘録』三重県郷土資料刊行会、1970年
佐々木満子『英学の黎明』近代文化研究所（昭和女子大学）、1975年
定宗數松『日本英学物語』三省堂、1937年
沢鑑之丞述、一二三利高編『海軍兵学寮』興亜日本社、1942年
讚苦会五十周年記念事業実行委員会『橿原・昭和二十年―海軍経理学校予科生徒の記録』同会、1995年
珊瑚会記録集編集委員会『最後の海軍士官―海軍経理学校生徒第三十五期の記録』珊瑚会、1984年
三省堂編輯所編 *Teacher's Manual to Easy Technical English.* 三省堂、1939年
三羽光彦『高等小学校制度史研究』法律文化社、1992年
重久篤太郎『日本近世英学史』教育図書、1941年
宍戸良平「英語教科書について」『英語の研究と教授』第11巻第2号、1946年
実業教育五十周年記念会京都支部『実業教育五十年史』1936年
実教出版『実教出版50年の足跡』実教出版、1992年
品田　毅「わが国の軍学校における教育課程の研究―特に外国語教育について」『明海大学外国語学部論集』第5号、1993年
篠原　宏『海軍創設史―イギリス軍事顧問団の影』リブロポート、1986年
志波　光「陸軍の語学教育」『平成12年　熊幼会報』熊幼会、2000年
島守光雄「海軍と英語」『たかんな』1995年3月号
志村鏡一郎「初等・中等カリキュラムにおける外国語（英語）科の位置―太平洋戦争以前」『静岡大学教育学部研究報告　教科教育学編』第4号、1972年
商業教育八十周年記念誌編集委員会編『商業教育八十周年記念誌』全国商業高等学校協会、1965年
水交会『海軍兵学校　海軍機関学校　海軍経理学校』秋元書房、1971年
杉田正人「終戦直後の商業教育を顧みる」商業教育八十周年記念誌編集委員会編『商業教育八十周年記念誌』全国商業高等学校協会、1965年
須沼吉太郎「師範学校に於ける英語教授」『英語の研究と教授』第6巻11号、1938年

隈　明「師範学校の英語教育」『英語の研究と教授』第8巻11号、1940年
青年教育普及会編纂『加除自在　青年学校関係法令』1944年
関口隆克「中学校の実際化に関する資料」『産業と教育』第1巻第3号、1934年
全国師範連盟『回顧十年の吾が連盟』全国師範連盟、1933年
全国農業学校長協会『日本農業教育史』農業図書刊行会、1941年
仙幼四十六期一訓誌編集委員会編『勁草萌ゆる三神峯―仙台陸軍幼年学校第四十六期第一訓育班誌』仙幼四十六期一訓会、1995年
仙幼四六期三訓会記念文集編集委員会編『三神峯―あれから五十年』同会、1996年
惣郷正明「海軍兵学校と英語」『古書散歩』朝日イブニングニュース社、1979年

〔た行〕

太平洋戦争研究会『日本陸軍がよくわかる事典』PHP研究所、2002年
高砂恒三郎『全体主義商業教育の構想―皇道産業経営教育への転換』目黒書店、1943年
高田義尹「小学校ノ英語課ヲ全廃スベシ」『教育時論』第198号、1890年
田久保浩平『恩師江本茂夫先生』私家版、1942年
鷹野良宏『青年学校史』三一書房、1992年
高橋　久「追悼記事―平賀春二先生」日本英学史学会広島支部『英学史会報』第14号、1991年
高林　茂「『英語教科書（豫科生徒用）』の覆刻に寄せて」2000年（1枚刷）
―――「English Taught at Hario in 1945」横浜時事英語クラブ月例会発表資料、2000年
竹内　洋『立身・苦学・出世―受験生の社会史』講談社、1991年
竹中龍範「わが国における早期外国語教育の歴史」垣田直巳監修『早期英語教育』大修館書店、1983年
―――「小学校における英語教育の歴史―慶応幼稚舎の場合」『香川大学教育実践研究』第4号、1985年
―――「明治中期における小学校の英語教育」日本英学史学会広島支部『英学史会報』第8～13合併号、1990年
―――「明治後期における公立小学校の英語教育―明石高等小学校の場合」日本英学史学会『英学史研究』第31号、1998年
―――「小学校の英語―商業科附設の時代」『日本英語教育史研究』第18号、2003年
―――「昭和期高等女学校英語教育の実相（その1）―昭和改元期より太平洋戦争開戦まで」兵庫教育大学言語表現学会『言語表現研究』第21号、2005年
竹村　覚『日本英学発達史』研究社、1933年
竹本伸二『青春の航跡1―海軍兵学校最終期生徒の手記』竹本伸二、1989年
田中啓介編『熊本英学史』本邦書籍、1985年

田中虎雄『井上小学英語読本教授書・第一巻』金港堂、1906年
高梨健吉『日本英学史考』東京法令出版、1996年
高梨健吉・大村喜吉『日本の英語教育史』大修館書店、1975年
棚橋源太郎『小学各科教授法』金港堂書籍、1902年
田辺S, K「小学校女子ノ英語ニ就テ」『紀伊教育会雑誌』第37号、1890年
谷口琢男『日本中等教育改革史研究序説―実学主義中等教育の摂取と展開』第一法規、1988年
田村郡太郎「山本良吉氏の小学校英語科教師採用説に反す」『教育時論』第652号、1903年
筑紫二郎『大いなる熊本陸軍幼年学校』熊幼会、1968年
千葉敬止『新制実業補習教育の理論と実際』教育研究会、1923年
─── 『日本実業補習教育史』東洋図書、1934年
─── 『青年学校普通学科教授及訓練要目解説』1938年
茶園義男『青年学校論』教育出版センター、1978年
中等学校教科書株式会社『外国語科指導書 中等学校第一学年用』1943年
追想海軍中将中沢佑刊行会編『追想海軍中将中澤佑』同会、1978年
出来成訓『日本英語教育史考』東京法令出版、1994年
寺﨑昌男監修『誠之が語る近現代教育史』文京区立誠之小学校内誠之学友会、1988年
寺澤恵「商業英語教育の変遷―商法講習所時代」『英学史研究』第19号、1986年
寺田芳徳『日本英学発達史の基礎研究──庄原英学校、萩藩の英学および慶応義塾を中心に』（全2巻）溪水社、1998年
寺西武夫『英語教師の手記』吾妻書房、1963年
─── 「陸軍士官学校参観雑記」英語教授研究所 *The Bulletin* 85号、1932年
東京学芸大学附属図書館『東京学芸大学所蔵望月文庫目録』1966年
東京教育大学『第九回後期 教育指導者講習研究集録 英語科教育』1952年
東京行政学会『最近文部省各科視学委員視察復命書全輯』玄文社、1941年
東京高等師範学校附属小学校編纂『東京高等師範学校附属小学校教授細目』大日本図書、1907年
東京高等師範学校附属小学校初等教育研究会編『国民学校の基礎的研究』大日本図書、1940年
東京五高会編『龍南回顧―五高創立八十周年を記念して』東京五高会、1967年
東京都都政史料館『東京の英学（東京都史紀要第16）』東京都都政史料館、1959年
東京茗渓会『高等師範学校附属小学科教授細目』文学社・普及社、1892年
東京府教育会「東京府教育会附属小学校英語科教員伝習所規則」1898年
東洋経済新報社『日本貿易精覧』1935年
東幼史編集委員会編『東京陸軍幼年学校史 我が武寮』東幼会、1982年
富原郁夫編『私の仙幼―仙台陸軍幼年学校の思い出』私家版、1996年
外山敏雄『札幌農学校と英語教育──英学史の視点から』思文閣出版、1992年

外山操・森松俊夫編著『帝国陸軍編制総覧』芙蓉書房出版、1987年
豊田　穣『激流の孤舟―提督・米内光政の生涯』講談社、1978年
豊田　實『日本英学史の研究』岩波書店、1939年
鳥居美和子『明治以降教科書総合目録Ⅱ　中等学校編』1975年

〔な行〕

仲　新『日本現代教育史』第一法規出版、1969年
中内敏夫「『国民』教育の方式」『日本現代教育史』（講座現代教育学5）岩波書店
　　　1962年
中内敏夫・川合章編『日本の教師6―教員養成の歴史と構造』明治図書、1974年
永江政勝ほか編『最後の将校生徒の思い出と半世紀　文集　噴煙　第三号』熊本陸軍幼
　　　年学校四十九期第一訓育班有志、1995年
中川　清「旧陸海軍委託学生のスペイン語学習」『駒澤大学外国語部論集』第50・51
　　　合併号、2000年
中川治三郎『陸軍士官候補生　同幼年学校生徒　志願者虎の巻』兵林館、1910年
中澤　留『高等小学学習指導形態の研究』南光社、1936年
中島太郎編『教員養成の研究』第一法規出版、1961年
永田鐵山「陸軍の教育」『岩波講座教育科学』第18冊、岩波書店、1931年
中野校友会『陸軍中野学校』中野校友会、1978年
中野好夫「英語を学ぶ人々のために」*The Youth Companion.* 1948年2月号
中村勝男編著『資料が語る明治の高等小学校―岡山県勝南郡高等勝南小学校を中心
　　　に』私家版、1997年
夏目漱石「語学力養成に就いて」『学生』1911年1月・2月号（大村喜吉ほか編『英
　　　語教育史資料』第2巻、pp.586-589）
西崎　恵「実業学校卒業者の上級進学取扱に就いて」『文部時報』第712号、1941年
二〇五分隊会『海軍兵学校第七十八期　第二〇五分隊回想録』二〇五分隊会、1993年
日本近代教育史事典編集委員会編『日本近代教育史事典』平凡社、1971年
日本近代資料研究会編『日本陸海軍の制度・組織・人事』東京大学出版会、1971年
日本の英学100年編集部編『日本の英学100年』（全4巻）研究社、1968-69年
野上三枝子「成城小学校における英語教育の歴史」『成城学園教育研究所研究年報』
　　　第一集、1978年
野口援太郎「師範教育の変遷―森文相時代より現今に至る」国民教育奨励会編纂『教
　　　育五十年史』民友社、1922年
―――『高等小学校の研究』帝国教育会出版部、1926年
埜田淳吉「商業学校の英語教育」広島文理科大学英語英文学研究室編『英語教育』第
　　　3巻第1号、1938年
野村新・佐藤尚子・神崎英紀編『教員養成史の二重構造的特質に関する実証研究』溪
　　　水社、2001年

野邑理栄子『陸軍幼年学校体制の研究―エリート養成と軍事・教育・政治』吉川弘文館、2006年
野呂栄太郎『初版 日本資本主義発達史（下）』岩波書店、1983年（元版は鉄塔書院、1930年）

〔は行〕
濱地次雄「回顧五十年養正校在学時代」三重県津市養正尋常高等小学校同窓会編『養正―創立六十周年記念号』1933年
林　三郎『太平洋戦争陸戦概史』岩波書店、1951年
東悦子・江利川春雄「和歌山師範附属小学校における低学年の英語教育―1920年代における石口儀太郎の実践を中心に」『紀州経済史文化史研究所紀要』第25号（和歌山大学）2005年、pp.1-23
東本惣太郎「高等科第一学年英語科教案」『紀伊教育』第147号、1906年
菱沼平治著・菱沼先生記念事業委員会編『菱沼先生遺稿集』修文館、1939年
平賀春二『元海軍教授の郷愁』海上自衛新聞社、1971年
平田宗史『福岡県教員養成史研究　戦前編』海鳥社、1994年
平間洋一『日英同盟―同盟の選択と国家の盛衰』PHP研究所、2000年
蛭田　浩『昔の道―どうして"あのような大戦争を"?』私家版、1988年
廣部　泉「日本陸軍の対米観―1924年移民法に対する反応を中心に」名古屋大学言語文化部『言語文化論集』20巻2号、1999年、pp.113-121
広田照幸『陸軍将校の教育社会史―立身出世と天皇制』世織書房、1997年
深瀬和巳編著『熊本陸軍幼年学校』熊幼会本部、1998年
深谷昌志『学歴主義の系譜』黎明書房、1969年
古川文康編『二〇七史―遠い跫音』非売品、2001年〔＊兵学校予科78期207分隊史〕
福地周夫『続・海軍くろしお物語』光人社、1982年
福原麟太郎編『ある英文教室の100年』大修館書店、1978年
藤原　彰『日本軍事史』（上巻・戦前編）日本評論社、1987年
「文検」研究会編『「文検」試験問題の研究』学文社、2003年
兵書出版社編輯部『陸軍諸学校合格受験案内』兵書出版社・藤谷崇文館、1939年
細川泉二郎「師範学校の英語」『語学教育』第193号、1943年
堀内豊秋追想録刊行会『堀内豊秋追想録』堀内豊秋追想録刊行会、1988年
堀英四郎「海軍兵学校の英語教授」『英語青年』1908年9月15日号、研究社
―――「兵学校に於ける英語教授を回顧して」*The School Weekly: The Primer Edition.* 英語通信社、1943年12月13日号
本庄太一郎「高等小学英語読本編纂の要旨」*New Imperial Readers for Primary Schools* 所収、吉川弘文館、1906年

〔ま行〕

毎日新聞社『陸士・陸幼』(『1億人の昭和史』別冊 日本の戦史別巻10) 毎日新聞社、1981年
牧　昌見『日本教員資格制度史研究』風間書房、1971年
松下芳男『明治軍制史論』有斐閣、1956年
松下芳男編『山紫に水清き—仙台陸軍幼年学校史』仙幼会、1973年
杢田與惣之助『英語教授法綱要』私家版、1909年
─── 「余か英語教授に於ける経験の一端」『英語教授』第2巻第5号、1909年
─── 『英語教授法集成』私家版、1928年
─── 「師範学校の英語教育」広島文理科大学英語英文学研究室編『英語教育』第1巻第3号、1936年
松野良寅「草創期海軍の英語教育」『日本英語教育史研究』第7号、1992年
─── 『海軍の語り部』潮騒会、1993年
松村幹男「中学校入試科目としての英語及び小学校英語科」『英学史研究』第19号、1986年
─── 「高等小学校における英語科」『中国地区英語教育学会研究紀要』第17号、1987年
─── 「もうひとつの英語科存廃論—明治中・後期英語教育史研究」『中国地区英語教育学会研究紀要』第18号、1988年
─── 「広島における Harold E. Palmer」広島県高等学校英語教育研究会『広高英研会誌』第31号、1996年
─── 『明治期英語教育研究』辞游社、1997年
─── 「太平洋戦争中の英語研究」日本英学史学会中国・四国支部『英學史論叢』第7号、2004年
─── 『明治期・英語教授学習編年史』私家版、2005年
松本重夫『市ケ谷教育』新人物往来社、1974年
三重県師範学校『各科教授要領（明治39年4月）』1906年
三重県師範学校附属小学校『三重県師範学校附属小学校教授細目』三重県私学教育会、1902年
三島和介『文部省嘱託英語顧問パーマ氏講演筆記』海軍兵学校、1923年
水上鋺也「商業学校に於ける学科目並にその教授内容の検討」『産業と教育』第1巻第6号、1934年
水田清恵「師範学校参観印象記」『英語の研究と教授』第4巻1号、1935年
水野廣德「大東亜戦争と英語」『英語研究』1942年2月号
水原克敏『近代日本教員養成史研究—教育者精神主義の確立過程』風間書房、1990年
皆川三郎「陸軍幼年学校に於ける英語」『語学教育』196号、1944年
─── 「思い出—戦前、戦後」『山紫に水清き』（仙幼会会報）第31号、1988年
─── 「想い出の英学者その他」『日本英語教育史研究』第7号、1992年

箕輪香村編『最新拾数年間 陸軍予科士官学校入学試験問題全集』文憲堂書店、1939年
宮坂広作「日本の産業革命と教育」岩波講座『現代教育学・5』岩波書店、1962年
宮内文七『老関往来』私家版、1986年
宮本五郎『文検英語科問題解答集』大同館、1929年
三好行雄編『漱石文明論集』岩波書店、1986年
三好信浩『日本工業教育成立史の研究』風間書房、1979年
─── 『日本農業教育成立史の研究』風間書房、1982年
─── 『日本商業教育成立史の研究』風間書房、1985年
村上辰午郎「農業学校に於ける英語科の目的とその教授法」『農業教育』第106・107・108号、1910年
茂住實男『洋語教授法史研究──文法＝訳読法の成立と展開を通して』学文社、1989年
森岡常蔵『各科教授法精義』同文館、1905年
森下一期「高等小学校における［選択制］に関する一考察」『名古屋大学教育学部紀要─教育学科』第36巻、1989年
森　秀夫『日本教育制度史』学芸図書、1984年
文部省『大日本帝国文部省年報』各年版　＊第25年報以降は『日本帝国文部省年報』に改題
─── 『検定済教科用図書表』各年版〔芳文閣復刻版、1985-86年〕
─── 『実業補修学校ニ関スル取調書』1910年
─── 『師範学校・中学校・高等小学校　使用教科図書表（明治四十三年度現在）』1912年
─── 『道府県師範学校教員の教育刷新に関する意見』1935年
─── 『㊙師範学校教科教授要項案』1942年
─── 『青年師範学校教授要目』1944年
─── 『学制九十年史』1964年
─── 『産業教育七十年史』1964年
─── 『学制百年史』1972年
─── 『資料 臨時教育会議』文部省翻刻版、1979年
文部省教育調査課『教育要覧』1947年
文部省教育調査部『単置高等小学校ニ関スル調査』1936年
─── 『尋常小学校卒業者ノ動向ニ関スル調査』1938年
─── 『師範教育ノ沿革的調査』（其ノ一・其ノ二）1938年
文部省国民教育局『㊙中等学校令・実業学校規程・実業学校教科教授及修練指導要目（案）』実業教育振興中央会、1943年
文部省実業学務局『全国実業学校ニ関スル諸調査』（大空社復刻版、1989年）
─── 『実業教育五十年史』1934年

―――『実業教育五十年史・続』1936年
―――『実業補習教育調査報告』1913年
―――『文部大臣選奨　優良補習学校施設経営』1928年
文部省社会教育局『実業補習教育の沿革と現状』青年教育普及会、1934年
―――『青年学校関係法令』1935、同『追録』1936,1937年
―――『青年学校・青年学校教員養成所ニ関スル調査』1937年
―――『青年学校教育義務制に関する論説』1940年
―――『昭和十五年度　壮丁教育調査概況』1941年
文部省総務局調査課『師範教育関係法令の沿革』正1938・続1943年
文部省調査局『学校教員調査報告―学校教員の総括（昭和22年12月1日現在）』1948年
―――『学校教員調査報告―旧制中等学校、新制中学校小学校、その他の学校教員（昭和22年12月1日現在）』1948年
文部省調査普及局『教育調査資料集4　新制中学校実施の現状』刀江書院、1949年
文部省普通学務局『全国師範学校ニ関スル諸調査』1907～1940年の各年版（大空社復刻版、1987年）
―――『全国小学校加設科目に関する調査』1917年
―――『大正六年十月　全国師範学校長会議録』1918年
―――『大正九年十月　全国師範学校長会議録』1921年
文部省内教育史編纂会編『明治以降教育制度発達史』（全14巻）龍吟社、1938-39年〔教育資料調査会版、1964年〕

〔や行〕

矢口新・飯島篤信「私立青年学校の学科編成に就いて」『東京府私立青年学校協会報』1940年3月号（文部省社会教育局『青年学校教育義務制に関する論説』1940年所収）
安田和生「日本海軍と英語―海軍機関学校平時の英語教育」横浜時事英語クラブ月例会発表資料、2000年
―――「海軍機関学校の英語教育」『日本英語教育史研究』第19号、2004年
山崎　博『高等小学教育の革新研究』三成社、1936年
山崎正男編『陸軍士官学校』秋元書房、1969年
山下暁美「戦時下における敵性語教育―日・米軍の言語教育をめぐって」常磐大学人間科学部紀要『人間科学』13巻2号、1996年
山本忠雄「師範学校に於ける英語教授の実際」『英語英文学論叢』（広島文理科大学）第4巻第8号、1936年
山本良吉「高等小学校の英語教師」『教育時論』第646号、1903年
有終会編『続・海軍兵学校沿革』原書房、1978年
友松会『大阪府尋常師範学校附属小学校教授細目』金港堂書籍、1893年

吉田幾次郎「神田氏改訂小学校英語読本教授案(1)～(8)」『教育実験界』1905年

〔ら行〕
陸軍経理学校『陸軍経理学校』日本報道社、1944年
陸軍航空士官学校史刊行会編『陸軍航空士官学校』同会、1996年
陸軍士官学校名簿編纂会編『陸軍士官学校名簿』第2巻、同会、1982年
陸軍省編纂『陸軍省沿革史―自明治37年-至大正15年』上巻、陸軍省、1929年〔巌南堂書店複製版、1969年〕
陸軍將校生徒試験常置委員編『改訂版 輝く陸軍將校生徒―陸軍幼年学校受験入校の手引』1940年、大日本雄弁会講談社
陸軍予科士官学校高等官集会所『振武台の教育』開成館、1944年〔鵬和出版復刻版、1987年〕
陸士57期航空誌編集委員会編『陸士57期航空誌』陸士第57期同期生会、1995年
陸軍兵学寮『仏国陣中軌典抄』1873年（1874年訂正版）
六十期生会期史編纂特別委員会編『陸軍士官学校第六十期生史―帝国陸軍最後の士官候補生の記』六十期生会、1978年

〔わ行〕
和歌山県女子師範学校附属小学校編『皇国教育』弘文社、1931年
脇屋 督『最新 外国語の学習と教授』青々書院、1927年（改訂増補版1931年）

【b．学校史・地方教育史】（北から順に地域別） ＊一部の編著者・発行者は割愛

〔北海道・東北〕
『北海道札幌師範学校五十年史』1936年
北海道函館師範学校『創立二十五年史』1936年
『北海道教育大学函館分校創立六十年史』1975年
『青森県教育史』全5巻、1970-74年
秋田県師範学校校友会『創立六十周年記念校友会誌（第六十六号）』1933年
秋田大学教育学部『創立百年史』1973年
『岩手県師範学校要覧』1936年
千葉敏和『岩手県立農学校――農村エリートたちの彷徨』1986年
『宮農百年史』宮城県農業高等学校創立八十周年記念事業実施委員会、1969年
『宮城県教育百年史』第4巻、1979年
『福島県立農学校要覧』1916年
福島県師範学校『福師創立六十年』1933年
『福島県立会津農林学校一覧』1935年

『福島大学教育学部百年史』1974年
『福島県教育史』全5巻、1972-75年

〔関東〕

『群馬県教育史』第2・3・4巻、1973-75年
『宇都宮大学教育学部百十五年史』1989年
『水農史』第1・2巻、水戸農業高等学校（茨城県立）1970-1974年
樫村　勝『茨城県師範学校史―付茨城県女子師範学校史』1973年
千葉県師範学校『創立六十周年記念　千葉県師範学校沿革史』1934年
千葉県師範学校『創立六十周年記念誌』1935年
『千葉県教育百年史』全5巻、1971-75年
『百年史　千葉大学教育学部』1981年
『百年史　埼玉大学教育学部』1976年
高橋至誠（編集発行）『東京府教育会沿革史』（東京教育雑誌臨時増刊）、東京教育雑誌発行所、1903年
『自第一学年至第六学年　東京師範学校沿革一覧』1880年
東京市政調査会『東京の実業補習教育』東京市政調査会、1928年
東京文理科大学・東京高等師範学校『創立六十年』1931年
『創立六十年青山師範学校沿革史』1936年
『東京学芸大学二十年史―創基九十六年史』1970年
『東京教育大学附属小学校教育百年史―沿革と業績』1973年
東京教育大学附属小学校『附属百年の思い出』1973年
『東京教育史資料大系』全10巻、1971－1974年
『撫子八十年―東京府豊島師範学校創立八十周年・東京第二師範学校女子部開校四十五周年記念』1988年
神奈川県師範学校『創立六十年記念誌』1935年
『神奈川県教育史』1971-79年
『横浜市教育史』1976年

〔甲信越・北陸〕

丸田鉎二朗編『山梨学芸大学沿革史』1964年
『長野県上伊那郡伊北農商学校学則』1921年
『長野県教育史』第12－15巻、1977－1980年
松本市『史料開智学校』第17巻、1995年
『新潟第一師範七十年史』1943年
『小千谷小学校史』上巻、東峰書房、1977年
石川県師範学校学友会『会誌　創立六十周年記念号』1934年
金沢大学教育学部明倫同窓会編『石川県師範学校教育史』1953年

『石川県教育史』第1・2巻、1974-75年
『石川県立農学校・石川県立松任農業高等学校九十年史』1966年
『富山県教育史』上・下巻、1971-72年
『富山商船高等専門学校70年史』1976年
『福井師範学校史―福井県教育史』1964年
『福井県立福井農林高等学校八十年史』1974年
『福井県立福井農林高等学校九十年史』1984年

〔東海〕
静岡師範学校『創立六十周年記念誌』1935年
『静岡県教育史』資料編・上巻、1973年
愛知県女子師範学校ほか『学校要覧』1940年
愛知教育大学名古屋分校回顧録編集委員会『愛知教育大学名古屋分校回顧録』1970年
愛知教育大学史編さん専門委員会編『愛知教育大学史』1975年
『愛知県教育史』資料編 近代2-4、1989-1995年
『三重県第十学事年報・明治23年』1890年
『三重県立四日市商業学校一覧』1905年
『三重県師範学校一覧（自明治38年至明治45年3月）』1905～1912年
『津市立工業学校一覧』1925―1940各年版
『三重県師範学校沿革略史』1931年
三重県津市養正尋常高等小学校同窓会編『養正――創立六十周年記念号』1933年
『山商六十年』三重県立宇治山田商業高校、1968年
西田善男『三重県教員養成史――渡会県の小学校と教員養成』三重県郷土資料刊行会、1968年
『四日市工業高等学校五十年史』三重県立四日市工業高等学校、1972年
西田善男『三重県に於ける小学校の発達と教員の養成』三重県郷土資料刊行会、1973年
『創立三十周年記念誌』三重県立上野工業高等学校、1974年
『松阪市立第一小学校 百年史』1974年
『三重大学教育学部 創立百年史』1977年
『四日市商業高等学校八十年史』三重県立四日市商業高等学校、1977年
『百年史 四日市市立中部西小学校』1979年
『三重県教育史』1979～1980年
『明野高校百年史』三重県立明野高等学校、1980年
『松阪商業高等学校六十周年記念誌』三重県立松阪商業高等学校、1980年
『百年史』鳥羽商船高等専門学校、1981年
『松阪工業高校八十年史』三重県立松阪工業高等学校、1985年

〔近畿〕

『滋賀県師範学校六十年史』1935年
『滋賀大学史』1989年
『京都府師範学校沿革史』1938年
『京商40年の歩み』京都商業高等学校、1965年
『大阪府師範学校沿革史略』1901年
『大阪府教育百年史』全4巻、1971〜1974年
『北野百年史』大阪府立北野高等学校、1973年
『大手前百年史』大阪府立大手前高等学校・金襴会、1987年
『神戸小学校五十年史』1935年
『姫路師範学校50周年記念誌』1928年
『姫路師範三拾年の教育』1931年
『姫路師範学校の教育』1936年
『兵庫県御影師範学校創立六十周年記念誌』1936年
『兵庫県御影師範学校創立八十五周年記念誌』1961年
『神戸大学教育学部沿革史』1971年
兵庫県立神戸商業高等学校百年史編纂委員会『百年史』神商同窓会、1978年
『回顧八十年』明玉会〔兵庫県明石女子師範学校他〕1984年
『奈良県師範学校 大正五年』1916年
『奈良県師範学校五十年史』1940年
奈良県師範学校校友会・父兄会『創立五十周年・改築落成記念誌』1941年
『奈良教育大学史 百年の歩み』1990年
和歌山県師範学校『創立六十周年記念誌』1935年
『和歌山県師範学校規程要覧』1936年
和歌山県戦後（占領下時代）教育史研究グループ『和歌山県戦後（占領下時代）教育史』私家版、1996年

〔中国・四国〕

岡山県師範学校同窓会『創立五十年記念』1924年
『岡山大学二十年史』1969年
『萩商六十年史』山口県立萩商業高等学校、1972年
『島根県近代教育史』全7巻、1978-79年
『島根大学史』1981年
『松農八十年史』島根県立松江農林高等学校、1983年
愛媛県師範学校同窓会『会誌 創立六十周年記念号』1935年
愛媛大学教育学部同窓会『100年のあゆみ』1976年
高知県師範学校『創立五十年』1926年

〔九州・沖縄〕
『創立三十五周年』福岡県福岡農学校、1936年
『福岡県教育百年史』全7巻、1977-81年
『糸農八十年史』福岡県立糸島農業学校、1982年
『大分県師範学校開校六十周年記念誌』1937年
『佐賀県師範学校創立三十年志』1915年
佐賀県師範学校『創立五十年誌』1934年
『長崎県師範学校一覧（大正九年十月）』1920年
熊本大学教育学部『熊本師範学校史』1952年
『創立八十周年記念誌 蘇岳』熊本県立阿蘇農業高等学校、1981年
鹿児島県師範学校『発華―行幸一周年・創立六十周年記念号』1937年
龍宝　斎『母校鹿児島県師範学校』1973年
沖縄教員養成史研究会（阿波根直誠編）『沖縄の戦前における師範学校を中心とする教員養成についての実証的研究』昭和54年度科研研究成果報告書、1980年

〔その他〕
『京城師範学校』1929年（現ソウル）

【ｃ．稿本・資料綴】

愛知第一師範学校『自昭和二十一年二月　諸報告関係書綴』（愛知教育大学蔵）
愛知第一師範学校女子部『自昭和二十一年二月　諸報告書綴』（愛知教育大学蔵）
『二十一年度使用師範学校予科教科用図書目録』（愛知教育大学蔵）
愛知学芸大学名古屋分校『分校沿革関係綴』1946年7月（愛知教育大学蔵）
愛知第一師範学校教育研究所「昭和二十三年度共同研究題目一覧表」（愛知教育大学蔵）
岩瀬　繁　筆記『英語正手簿Ⅰ』（昭和18年4月10日起）（靖国偕行文庫蔵）
稿本『陸軍教育史　明治別記　第11巻　陸軍中央地方幼年学校之部』（防衛研究所蔵）
稿本『教育総監部二課歴史』（防衛研究所蔵）
稿本『陸軍中央幼年学校歴史』（防衛研究所蔵）
稿本『陸軍予科士官学校歴史』（防衛研究所蔵）
『㊙陸軍予科士官学校第六十期生徒教則』1944年（防衛研究所蔵）
「㊙陸軍予科士官学校第一期乃至第三期生徒教育ニ関スル指示」1937年8月印刷（防衛研究所蔵）
「㊙陸軍予科士官学校仮教則」1941年3月改訂（防衛研究所蔵）
「㊙陸軍予科士官学校第六十期生徒教則」1944年2月（防衛研究所蔵）
「陸軍士官学校分校職員表（高等官）」1937年10月1日現在（防衛研究所蔵）
吉田元久『陸軍の教育』（稿本）（防衛研究所蔵）
稿本『和歌山市立和歌山商業学校沿革史　明治三十七年四月起』（和歌山県庁蔵）

資料綴『和歌山県史料』六十四（和歌山県庁蔵）
資料綴・和歌山県「昭和十七年 学則 実業学校」（和歌山県庁蔵）
資料綴・東京府「東京府教育会附属小学校英語教員伝習所設立認可関係書類」（東京都公文書館蔵マイクロフィルム）
資料綴・東京府「明治三十四年 文書類纂 第一種 学事 教員検定免許第十四』（東京都公文書館蔵マイクロフィルム）

【d．雑誌】

『英語青年』英語青年社（のちに研究社）
『英語教育』大修館書店
『英語教育』広島文理科大学英語英文学研究室編
『英語教授』教文館（名著普及会復刻版、1985年）
『英語の研究と教授』英語教育研究会（本の友社復刻版、1994年）
『紀伊教育会雑誌』（改題後『紀伊教育』）紀伊教育会
『教育時論』（雄松堂書店復刻版、1980-1996年）
『教育実験界』育成会
『教育週報』（大空社復刻版、1986年）
『語学教育』語学教育研究所
The Bulletin. 英語教授研究所（名著普及会復刻版、1985年）

＊英語教科書類は割愛した。
　なお、教科書の書誌情報に関しては、外国語教科書データベース作成委員会（委員長・江利川春雄）編「明治以降外国語教科書データベース」（http://www.wakayama-u.ac.jp/~erikawa/）を参照。

初出一覧

　本書のもとになった論考は、1992年から2005年までに発表された。ただし、本書に収録するに当たってはいずれも書き換え、なかには原形をとどめないものもある。

第1章　問題の所在と研究方法
　　＊書き下ろし。

第2章　本研究の目的と対象
　　＊第1節は書き下ろし。第2節には「データベースによる外国語教科書史の計量的研究(1)——文部省著作および検定済教科書」日本英語教育史学会『日本英語教育史研究』第15号、2000年を一部利用

第3章　実業学校の英語科教育
第1節　実業学校の制度的変遷と英語科の位置
　　＊原題「実業学校における英語科教育の歴史(1)——序論的覚え書」神戸大学英語教育研究会『KELT』第10号、1994年
第2節　工業学校の英語科教育
　　＊原題「旧制工業学校における英語科教育の歴史」全国高等専門学校英語教育学会『研究論集』第15号、1996年
第3節　農業学校の英語科教育
　　＊書き下ろし。ただし一部は「出田新と農業学校英語教育史」と題して2004年に日本英語教育史学会第20回全国大会で口頭発表
第4節　商業学校の英語科教育
　　＊原題「実業学校における英語科教育の歴史(2)——商業学校を中心に」『日本英語教育史研究』第10号、1995年

第4章　師範学校の英語科教育
　　＊原題「師範学校における英語科教育の歴史(1)——明治・大正期」『日本英語教育史研究』第12号、1997年
　　　「師範学校における英語科教育の歴史(2)——昭和期」『日本英語教育史研究』第13号、1998年

第5章　高等小学校の英語科教育
＊以下の5つの論文より再構成した。
（1）原題「小学校用国定英語教科書の成立と変遷——小学校における英語科教育の歴史(1)」神戸大学英語教育研究会『KELT』第8号、1992年
（2）「小学校における英語科教育の歴史(2)——戦前の経験から学ぶ」『中部地区英語教育学会紀要』第22号、1992年
（3）「高等小学校における英語科教育の目的とその変遷——小学校における英語科教育の歴史(3)」『鈴鹿工業高等専門学校紀要』第26巻第2号、1993年
（4）「小学校における英語科教育の歴史(4)——明治後半期におけるその諸相」『日本英語教育史研究』第8号、1993年
（5）『小学校における英語科教育の歴史(5)——全体像の把握をめざして』『日本英語教育史研究』第11号、1996年

第6章　実業補習学校・青年学校の英語科教育
＊原題「実業補習学校および青年学校における英語科教育の歴史——教科書を中心に」『鈴鹿工業高等専門学校紀要』第29巻第2号、1996年

第7章　陸海軍系学校の英語科教育
第1節　日本陸軍の英語科教育
＊原題「日本陸軍の英語教育史——1930年代以降の幼年学校・予科士官学校を中心に」『日本英語教育史研究』第20号、2005年
第2節　日本海軍の英語科教育
＊原題「海軍終焉期の英語教育」『日本英語教育史研究』第18号、2003年

第8章　職業系諸学校における英語科教育の特徴
＊原題「『傍系』諸学校を含めた全体史の解明を」『日本英語教育史研究』第19号、2004年

あ と が き

　本書は、2004年3月に広島大学より博士（教育学）の学位を授与された論文「近代日本の『傍系』諸学校における中等英語科教育の展開に関する研究」に改訂増補を加えたものである。

　筆者が英語教育史に取り組むようになってから、約15年が経過した。その間の主要な研究課題は、英語教科書史と職業系諸学校英語科教育史である。前者の最初の集大成が『英語教科書の歴史的研究』（共編著、辞游社、2004年）であり、後者の一応の集大成が本書である。構成要素となった個々の論文については「初出一覧」を参照いただきたい。未開拓の分野が少なくないことを密かに自負している。

　近代日本における経済社会構造の急激な変化は、たえず学校制度改革を余儀なくさせ、それが英語科（外国語科）教育の位置づけと内容を頻繁に変更させた。本書ではそのダイナミズムを可能な限り捉えるべく、学校制度史的な記述にもかなりのスペースを割いた。その際に、制度（立て前）と学校現場（実態）の間にしばしば乖離がみられるため、学校沿革史資料や教科書、体験者の証言などを多用し、学校現場の実態解明に肉薄するよう留意した。資料などの面でもっとも難関だったのは、第7章の陸海軍系学校における英語科教育の実体解明であったが、文献資料の乏しさを50人近い関係者の証言と資料・情報提供によって補うことができた。感謝に満ちた楽しい思い出である。

　本書は対象時期を戦後の新制発足に至る1947（昭和22）年までとしているが、それに続く戦後の英語教育史についても引き続き研究を深めたい。さしあたりは、教科書を中心に考察した拙稿「英語教科書の50年」（『英語教育Fifty』大修館書店、2002年）をお読みいただければ幸いである。

　本書の執筆を進めるに際して去来した思いは、傍系視され忘れられてきた職業系諸学校の生徒や教員たちの英語教育に対する情念を正しく伝えたいと

いうことだった。そこには、あるいは筆者自身が10代後半の5年間に工業高専で技術者教育を受け、紆余曲折ののちに英語教員となって工業高専の学生たちを教えた経験が投影しているのかもしれない。いずれにせよ、戦前期における職業系諸学校の教員たちは、時に劣悪かつ差別的な待遇の下で、経済的・学力的に旧制中学校や高等女学校に進めない広範な社会階層の子弟に多様な英語教育の機会を保障し、戦後における英語科教育の一挙的な拡大の基盤を形成したのである。こうした歴史を正しく理解しない限り、大衆化を続ける戦後英語科教育の多面的な問題点に正しく対処できないのではないのか。教育の混迷と階層化が指摘されるいま、その思いを強くする。

1990年代から学習指導要領が重視している「実践的コミュニケーション能力」の育成や、「英語が使える日本人」の育成は、過去から謙虚に学ばない限り成功しないのではないか。たとえば、「実践的コミュニケーション能力」は、戦前の商業学校のように卒業後の職業実践で必要に迫られる場合には、生徒たちのモチベーションも高く、豊富な授業時数と相まって、成果をあげやすかったのである。

戦後、陸海軍系の学校や青年学校などは、否定すべき遺物として英語教育研究の対象としてはほとんど見向きもされなかった。いわば封印されてしまったのである。そのため、陸海軍系学校が Oral Method などの斬新な教授法を用いて敗戦直前まで英語教育を行っていた事実などは忘れ去られてきた。しかし、いかなる立場に立つにせよ、史実の正確な把握は議論の大前提である。そのことは、対象を否定しようとする場合には特に強調されなければならない。大沢正道が『大杉榮研究』(法政大学出版局、1971年)の「あとがき」で述べているように、「歴史を否定するには、歴史を知りつくすことから始めなければならない。どのような場合にも、無知は無為でしかなく、対象の的確な理解を伴わぬ否定は、少しも対象を否定する力たりえない」からである。

本研究をまとめるまでには、実に多くの諸先生からご指導を賜った。何より、神戸大学大学院教育学研究科時代 (1988-92年) の指導教授として、公私ともにお世話になった青木庸效(のぶかず)先生は終生の恩師である。学際的な発想を大

切にされる先生は、経済学部に所属し日本経済史で卒論を書いた筆者を温かく研究室に迎え入れ、英語科教育の奥深さと楽しさを教えてくださった。様々な研究会や学会、とりわけ日本英語教育史学会に導いてくださったのも青木先生である。こうして思いもかけず、学部での日本近代史研究と大学院での英語教育研究とが結びつくことになり、水を得た魚のごとく英語教育史研究に熱中して15年が経過してしまったのである。

広島大学大学院の小篠敏明教授には英語教育史学会で絶えずご指導をいただき、その卓越した研究能力とともに、楽天的で包容力のあるお人柄から、研究者としての姿勢を学ばせていただいた。何より、本書のもとになった博士論文の執筆を熱心に勧めてくださり、自ら主査を引き受けてくださった。誠に感謝の言葉もない。併せて、広島大学での3次に及ぶ学位論文審査で、副査として熱心なご指導を賜った三浦省五、田中正道、中尾佳行、佐藤尚子の各教授に心からの感謝を捧げたい。

また、1997年度の文部省内地研究員として愛知教育大学でお世話になった片桐芳雄先生（日本教育史）の学恩を忘れることはできない。先生は英語教員の私に日本教育史研究の奥深さと魅力を教えてくださり、博士論文の執筆を最初に勧めてくださった。さらに、教科書関係資料の収集でたいへんお世話になった（財）教科書研究センター特別研究員の中村紀久二先生に深く感謝したい。

筆者は様々な学会からの恩恵を受けているが、何よりも温かく育ててくれた日本英語教育史学会と日本英学史学会に感謝を捧げたい。なかでも、高梨健吉先生、出来成訓先生、伊村元道先生、松村幹男先生、西岡淑雄先生、速川和男先生、松野良寅先生、茂住實男先生、庭野吉弘先生、竹中龍範先生、さらに日本英語教育史学会事務局の相棒にして志なかばで他界した伊藤裕道先生、研究会では時に三次会までお付き合いいただく佐藤恵一先生、馬本勉先生、河村和也先生、その他、全国大会や月例研究会を通じて様々なご指導をいただいた会員の皆さんに深く感謝申し上げたい。

編集・出版の段階では（株）東信堂の下田勝司社長と担当の小田玲子さんにたいへんお世話になった。また、校正と索引作成には磯辺ゆかり先生（和

歌山大学非常勤講師）のご協力を得た。心から感謝したい。

　最後に、家族の理解と協力なしには本研究はできなかった。古書店からのおびただしい請求書にめげず温かく見守ってくれた妻と、廊下にまであふれた書籍・資料を踏みしめながら成長した子どもたちに感謝したい。

　2006年2月

著者しるす

索　引

人名索引 ……………………………………………… 363
事項索引 ……………………………………………… 368
文献索引 ……………………………………………… 374

人名索引

【ア行】
相引　茂　　　　　　　　251,254,46
青木ツル子　　　　　　　　　　135
青木庸效　　　　　　　　　　　360
赤祖父茂徳　　　　　　　　　　　8
赤塚康雄　　　　　　　　　　　226
秋山真之　　　　　　　　　　　308
芥川龍之介　　　　　　　　　　316
浅田栄次　　　　　　　　　　　191
鯵坂〔小原〕國芳　　　　　132,213
麻生千明　　　　　　　　　 10,180
荒木伊兵衛　　　　　　　　　　　8
イーストレーキ、F.W.(F.W. Eastlake)
　　　　　　　　　　　　　　　74
飯島東太郎　　　　　　　　　　94
飯田　宏　　　　　　　　　　　8
飯牟禮実義　　　　　　　　　116
池田哲郎　　　　　　　　　　　8
石井康一　　　　　　　　　　317
石川　正　　　　　　　　　　274
石川啄木　　　　　　　 170,172,173
石口儀太郎　　　　　　　　　216
石黒魯平　　　　　　　　 130,202
石原定忠　　　　　　　　　　248
石橋幸太郎　　　　　　　 117,330
伊地知純正　　　　　　　　　 93
磯辺ゆかり　　　　　　　　　361
板倉聖宣　　　　　　　　　　　4
板倉鉦二　　　　　　　　　　251

市毛金太郎　　　　　　　　　127
出田　新　　　　　　 51,53,55,63,64
伊藤長七　　　　　　　 124,172,201
伊藤裕道　　　　　　　　　　361
伊東正人　　　　　　　　　　284
伊藤義雄　　　　　　　　　　249
稲垣小新　　　　　　　　　　112
稲垣春樹　　　　　　　　　　319
稲村松雄　　　　　　　　　 9,38,66
乾　尚史　　　　　　　 304,311,317
井上十吉　　　　　　　　　　192
井上成美　　　　 293,302,304,306,313
井上政吉　　　　　　　　　　271
井上陽之助　　　　　　　　　 61
位野木寿一　　　　　　　　　154
猪木正道　　　　　　　　　　270
茨木清次郎　　　　　　　　　109
今村儀一　　　　　　　　　　 63
伊村元道　　　　　　　　　 8,361
井本熊男　　　　　　　　　　270
入江勇起男　　　　　　　 218,319
イングロット、R.J.(Roger Julins Inglott)
　　　　　　　　　　　　 112,316
上田辰之助　　　　　　　　　 89
植田虎雄　　　　　　　　　　284
内田百閒　　　　　　　　　　316
馬本　勉　　　　　　　　　　361
江木千之　　　　　　　　　　 29
江本茂夫　　　　　　　　　　285

遠藤芳信	263	鎌田光生	41
大内覚之助	61	上條次郎	96
大久保好美	74	上條辰蔵	91,96
大沢正道	360	川澄哲夫	8
大杉 栄	267	川端元雄	87
大角 鈗	178	河村和也	361
大塚高信	117,330	神田乃武	125,188
大西雅雄	82	神戸直吉	185,186,188
大橋健三郎	80,314,330	賀須井英一	304
大庭定男	254,290	ガントレット（E. Gauntlett)	188
大村喜吉	8,158	菊池城司	30
岡 篤郎	237	北垣宗治	318
岡 政昭	273	紀平健一	152
岡倉由三郎	89,128,165,198,201,204	木村邦夫	157
岡田英昭	304	木村忠雄	313
岡田美津	8	隈 明	138,146,148
岡本圭次郎	297,318,319	熊谷光久	263
尾形作吉	110,116	熊本謙二郎	202
小川正行	207	久米正雄	131
小川芳男	226	倉橋藤治郎	34
小篠敏明	9,361	栗原 基	110
小田切政徳	298	黒川弥太郎	105
織田又太郎	48	黒坂維曩	180
乙竹岩造	207	黒田君代	153
小野圭次郎	117	小池平八郎	134
【カ行】		小泉古處軒	113
蠣瀬彦蔵	221	小泉又一	207
鹿島長次郎	188	河野 通	263
梶木隆一	284	河野覚兵衛	274
梶原秀男	316,317	国府佐七郎	112
春日部薫	78	小杉敬三	308
片桐芳雄	361	小谷武治	66
勝俣銓吉郎	8,259,332	小平高明	207
加藤正雄	89	小林敏久	273
加藤正男	303	小松原英太郎	211
加登川幸太郎	270	【サ行】	
金澤基雄	287	坂口允男	319
金森 齋	316	櫻井 役	8
加納ソノ子	151	櫻井益雄	272

櫻庭信之	10,158	立川利雄	288
佐佐木秀一	220	田中キミ子	130
佐々木 襄	279	田中啓介	9
佐々木満子	8	田中虎雄	198,199
定宗數松	8	田中正道	361
佐藤栄作	50	棚橋源太郎	189,191
佐藤恵一	361	種瀬淳一	74
佐藤善治郎	110	田村郡太郎	204
佐藤尚子	103,361	千野郁二	73
佐野善作	81	千葉敬止	239
三羽光彦	10,163	坪井玄道	104
重久篤太郎	8,308	梯山 清	137
宍戸良平	255	出来成訓	8,361
品田 毅	9,264,292	寺井義守	298
篠田錦策	129	寺澤 恵	9
志波 光	279	寺田芳徳	9,292
嶋田繁太郎	298	寺西武夫	287
志村鏡一郎	10	土井 悟	299
下山忠夫	260	ドール(George H. Doll)夫妻	274,279
ジョーンズ、T.(T. Johnes)	91	戸崎順治	113
神保 格	127,129,130	外山敏雄	9
スイート,イー・ラキソン(William E.L. Sweet)	172,245	外山 操	270
スコット、M.M.(M.M. Scott)	104	豊島与志雄	316
鈴木熊太郎	93	豊田 實	8
須沼吉太郎	142,143,146,147	豊田敬子	145
惣郷正明	292	【ナ行】	
【タ行】		仲 新	226
高砂恒三郎	88	中内敏夫	187
高島捨太	91	中尾清秋	153
高田徳佐	117	中尾佳行	361
高田義尹	180	中川 清	264
高梨健吉	8,9,361	中川 努	319
高野邦夫	11,263	中島桂蔵	117
高林 茂	292	中島久楠	114
竹内正夫	318	中島良夫	288
竹中龍範	9,10,206,361	中野(旧姓江島)ヨシエ	147
竹村 覚	8	中野好夫	140
竹本伸二	312	中原藤次郎	132
		中村一雄	254

中村勝男	175	福沢諭吉	335
中村紀久二	361	福原麟太郎	8
永岡 堯	61	細江逸記	275
夏目金之助（漱石）	74,335	細川泉二郎	149
成田成寿	318	堀内豊秋	312,314
西岡淑雄	10,361	堀英四郎	299,300
西崎 恵	32	堀江義臣	41
庭野吉弘	361	本庄太一郎	186
野上源造	137	本田 実	95
野上三枝子	10	【マ行】	
野口援太郎	107,207	牧 一	94,245
埜田淳吉	80,90	牧 忍	64
野間清治	121	増田幸一	172
野邑理栄子	263	松川昇太郎	74
野呂栄太郎	48	松下芳男	270
【ハ行】		杢田與惣之助	8,117,124,140,196,361
袴田集義	131	松野良寅	9,292,309,361
秦 定	59	松場 彌	152
濱地次雄	178	松村幹男	9,10,180,299,301,361
浜林生之助	117	松村吉則	97
速川和男	361	松本政治	154
林 三郎	269	丸山 昇	136,145,151
早野良平	316	三浦綾子	141
原島善衛	316,318	三浦省五	361
東本惣太郎	195	三島和介	301
ブロック、C.(Cecil Bullock)	294,308	水上銕也	90
パーマー、H.E.(H.E. Palmer)		水田清恵	139,147
	192,218,250,261,275,301	御園生金太郎	131
東田千秋	311	水戸雄一	95
菱沼平治	96	皆川三郎	273,277,278,311
平井満喜男	273	宮井安吉	188
平川唯一	314	宮内秀雄	289
平賀春二	299,304,307,311	宮内文七	274
平出眞九郎	112	村上辰午郎	54
平野春江	115	村田熊蔵	251
蛭田 浩	313	メッケル(K.W.J. Meckel)	266
廣瀬 環	115	茂住實男	9,206,361
広田照幸	6,263	森 有礼	175
深瀬和巳	274	森岡常蔵	185

森下一期	164	山本民之助	39
森松俊夫	270,288	山本良吉	203,204
【ヤ行】		吉田幾次郎	193,194,195
安田和生	10,292,297,316,317	【ラ行】	
山内隆治	273	龍宝　斎	128,132
山口　薫	274	レオナルド(M.C. Leonard)	189,191
山崎繁樹	95	ロシター(A.P. Rossiter)	308
山崎　博	217	【ワ行】	
山下暁美	9,264	若林俊輔	8
山田登代太郎	48	脇屋　督	112,124,148
山中卯之甫	127	渡邊榮一	274
山村武雄	317	渡辺喜一	116
山本静梧	145	和田善太郎	319
山本忠雄	145,147,145		

事項索引

【英字】
Direct Method（直接教授法）
　　　80,112,193,213,216,285,312,360
ESP（English for Specific Purposes）
　　　99,101,159,261,334
GHQ-CIE　　　227
Gouin Method　　　192,195
IPA（国際音標文字）　　　214
Natural Method　　　192,198
Nipponese　　　98
Oral Lessons　　　192
Oral Method　　79,80,99,222,223,248,250,
　　　312,313,315,322,333,334

【ア行】
愛知第一師範学校　　　152,154,155
青山師範学校　　　112
明石女子師範学校　　　147
秋田師範学校　　　105,113,116
育英書院編集部　　　66
石川県高等小学校試業細目一覧表　　　179
石川県師範学校　　　117
石川県農学校　　　49,50
石川県立小松商業学校　　　83
茨城県立水戸農学校　　　59
岩手県立農学校　　　61
宇治山田商業学校　　　73
英語会（神戸小学校）　　　215,220
英語学習人口　　　231,232,331,333,334
英語加設状況　　　165,168,169
英語教育学　　　11
英語教育史　　　11
英語教育の「大衆化」（→「大衆化」も見よ）
　　　6,332,334
英語教授研究会　　　186,248
英語教授研究所　　　21
英語教授研究大会　　　78,135,141

「英語教授法（小学校における）」　　　198
「英語教授法私業」（横浜第二高小）　　　199
英語選択率（師範学校）　　　137,139
英語廃止論（縮廃論）　　34,41,58,76,87,136,203
愛媛県師範学校　　　116,125
大分師範学校　　　156
大阪工業英語研究会　　　251
大阪第一師範学校（天王寺）　　　154
大阪府尋常師範学校附属小学校　　　182
大阪府立高等女学校　　　19
大森清明学園　　　218

【カ行】
海外発展主義教育　　　83
海軍機関学校　　　292,297,316
海軍経理学校　　　292,297,318
海軍経理学校予科　　　319
海軍大学校　　　293
海軍兵学校　　　292,296,298,305
海軍兵学校規程　　　296
海軍兵学校教育綱領　　　294,296
「海軍兵学校の英語教授」　　　300
海軍兵学校舞鶴分校　　　317
海軍兵学校予科　　　311,333
外国語学奨励規則規定（陸軍）　　　266
「外国語科の教授要旨および教授要目」（師
　範学校）　　　149
「外国語教育ニ就テ」（井上成美）　　　302
「外国語教授新論」（岡倉）　　　165,201
「外国語教授ノ方針」（陸軍）　　　282
外国語特別班（予科士官学校）　　　282,284
改正中学校令施行規則の趣旨　　　19
課外英語科教案（石川啄木）　　　172,173
香川県師範学校　　　132
学習院初等科　　　202
学習指導要領　　　21,335
「学習指導要領　英語編（試案）」　　　226

事項索引　369

学制	17, 27, 174
「学徒勤労動員ノ徹底強化ニ伴フ師範学校教育ニ関スル件」	152
学歴社会	13
鹿児島県師範学校	116, 128, 132
加設科目	28, 164
「加設科目ヲ課スル市町村立私立小学校」	165
神奈川師範学校	116, 119
金沢商業学校	75, 83
川崎市特設高等小学校	217
簡易農学校	330
簡易農学校規程	28, 47
完成教育機関	6, 47, 99, 101, 112, 187, 207, 232, 250, 334
関東区商業学校学科研究会	82, 89
技能者養成所	239, 251
帰納的	12
義務教育6年制化	120, 207, 208
教育基本法	335
教育刷新委員会	157
教育刷新審議会	157
教育指導者講習会(IFEL)	158
教育総監部(陸軍)	274, 275
教育勅語	108
教育ニ関スル勅語(教育勅語)	108, 179
教育令	27, 174
教員養成系学部	157
教学刷新評議会答申	219
教科書及参考書編纂規程(海兵)	306
京都商業学校	83
京都市立第一商業学校	80
京都府商業学校	68
京都府尋常中学校	18
教養主義	12, 14, 89, 99, 133, 136, 187, 209, 321, 334, 335
勤労動員	278
熊本県立阿蘇農業学校	59
熊本陸軍幼年学校	274
グローバル化	322, 335
訓育班(幼年学校)	272
軍事語学	321, 333
軍用英語会話	277
慶応幼稚舎	202
研究談話会(海兵舞鶴分校)	317
「現代日本の開化」(漱石)	335
検定済外国語教科書	23
工業学校	39, 100, 330
工業学校規程	35
「工業技術要員養成ニ関スル件」	40
工業青年学校	240
工業補習学校	238
工場事業場技能者養成令	239
公私立農業学校長協議会	50
「高等科第一学年英語科教案」	195
高等学校(旧制)	14
口頭教授法(→ Oral Method も見よ)	222
高等小学校	10, 15, 25, 163, 175, 232, 331
高等小学校英語科と新制中学校英語科との連続性	232
「高等小学校用新文部省英語読本編纂趣旨」	221
高等女学校	13, 14, 18, 23
高等女学校規程	18, 21
「高等女学校ニ於ケル学科目ノ臨時取扱ニ関スル件」	22
興文社編輯所	98
神戸区高等小学校第二年第三回奨励試験問題案	183
神戸高等小学校	184
神戸商業専修学校英語研究部	248
国策ノ基準	271
国粋主義	137
国体明徴	219
国定英語教科書	221
国民学校	220
国民学校高等科	226, 231, 331
国民学校令	220

国民教育ニ関スル戦時非常措置方策
　　　　　　　　　　　　　　34,40,86
5種選定　　　　　　　　　　32,44,222
国家主義　　　　　　　　　　　　108
【サ行】
埼玉県立川越工業学校　　　　　　　39
更級農業拓殖学校　　　　　　　　　57
三省堂編輯所　　　　　　　　　　　44
暫定教科書　　　　　　94,155,225,255
士族出身者　　　　　　　　　　　　15
実科高等女学校(高等女学校実科を含む)
　　　　　　　　　　　　　　　　　21
実業科外国語　　　　　　　　　　　84
実業学校　　　　　　　　　　23,27,330
実業学校規程　　　　　　　　　　33,39
実業学校教科教授及修練指導要(案)　33
「実業学校卒業者ノ上級学校進学ニ関スル
　件」　　　　　　　　　　　　　　32
「『実業学校用教科書』の新検定案に就て」
　　　　　　　　　　　　　　　　　82
実業学校令　　　　　　　28,30,38,69,76
実業教育振興委員会　　　　　　　　32
実業教育振興中央会　　　　　　33,94,97
実業教育費国庫補助法　　　　　　　28
実業教科書株式会社　　　　　　　　32
実業専門学校　　　　　　　　　　　29
実業補習学校　　　235,236,238,241,261,332
実業補習学校規程　　　　　　28,236,237
「実業補習学校教科用図書ニ関スル件」244
実業補習学校における学科課程の標準　238
実用主義　　12,14,47,89,99,101,185,186,187,
　　　　　　　　209,211,232,330,334,335
地主制　　　　　　　　　　　　48,66
師範学校　　　　　　　　　　23,103,330
師範学校規程　　　　　112,119,134,135,204
師範学校教授要目　　　　　　　　　120
「師範学校教授要目説明」　　　　　120
師範学校教則大綱　　　　　　　　　106
師範学校の制度的変遷　　　　　　　103
師範学校本科第二部　　　　　　　　120
師範学校令　　　　　　　　　　　　107
師範教育令　　　　　　　　　　109,149
師範タイプ　　　　　　　　　　107,137
渋民尋常高等小学校　　　　　　　　170
士文会(陸軍)　　　　　　　　　　　284
島根県立(松江)　農林学校　　　　51,59
社会階層　　　　　6,15,211,329,334,360
受験英語　　　　　　　　　　　80,131
「受験生の手記」(久米正雄)　　　　131
出身階層　　　　　　　　　　　　　30
小学規則　　　　　　　　　　　　　174
小学校英語科廃止論　　　　　179,180,220
小学校教員検定試験　　　　　　170,171
小学校教則綱領　　　　　　　　　　174
小学校教則大綱　　　　　　　　181,187
小学校専科英語教員　　　　　　　　170
小学校専科正教員　　　　　　　　　169
「小学校に於ける英語教育(1)～(3)」　218
小学校における英語教授法　　　121,148
小学校本科正教員　　　　　　　　　169
小学校令(改正)　　　　　　　131,206,210
小学校令施行規則　　　　　　　179,184
商業英語　　　　　　　　　　　　78,81
商業学校　　　　　　　　　　　101,330
商業学校英語教育研究会第一回大会　　81
商業学校規程　　　　　　　　　　69,70
商業学校教科教授及修練指導要目　　　84
商業学校通則　　　　　　　　　　27,67
商業科附設時代(高等小学校)　　　10,331
商業補習学校　　　　　　　237,238,256
「将校候補者ニ要スル素養」　　　　268
「昭和十六年度中等学校等教科書ニ関スル
　件」　　　　　　　　　　　　32,221
「昭和二十一年度大学入学者選抜ニ関スル
　件」　　　　　　　　　　　　　　155
「昭和二十二年度ニ於ケル教科書所用数調
　べ」　　　　　　　　　　　　　　155
「昭和二十年度使用国民学校教科用図書ノ

事項索引 371

供給制限ニ関スル件」	224	専門学校令	29,70
職業学校規程	31	**【タ行】**	
職業系諸学校	6,7,11,15,22,26,329,334	「第14回(昭和13年度)実業学校卒業程度検定試験問題並に答案講評」	43
初等英語講座(ジャワ抑留下)	254,291	第一次小学校令	175
初等実業教育機関	236	第三次小学校令	184
「私立青年学校の学科編成に就いて」	240	大衆化(→「英語教育の大衆化」も見よ)	
市立山形商業学校	79		20,21,78,189,212,225,334,360
新英学校(京都)	13	大正自由主義教育	217
新教授法(New Method)	190	大東亜共栄圏	21,33,95,224,255,289,315
尋常師範学校	107	第二外国語	71
「尋常師範学校ノ学科及其程度」	108	第二次小学校令	179
尋常中学校	14,17	大日本工業学会	253
尋常中学校実科規程	18	大陸科	141
尋常中学校入学規定	183	拓殖科	57,67
新制中学校	156,226,227,228,229,230,262,332	多言語主義	322
人文主義	14,335	脱亜論	335
随意科目	50,164	千葉師範学校	151
水産補習学校	238	地方商業学校長会議	88
正系	3,13,14	地方幼年学校	267
生徒英語講演会(海軍機関学校)	316	「地方幼年学校長へ与フル注意書」	277
生徒の温存(海軍)	297,320	中央幼年学校	267
青年学校	235,239,251,261,262,332	中学師範予備生学科目	105
青年学校教員養成所	150	中学校	13,17,23
青年学校教科書株式会社	255	中学校規程	21
「青年学校ニ関スル件」	239	中学校教則大綱	17
青年学校令	238	中学校令	14,17,19,187
青年訓練所	238	中学校令施行規則	19,187
青年訓練所令	238	忠君愛国	250
青年師範学校	150	「中等学校外国語科教授要目の解説」	21
積善館編輯所	46	「中等学校最高学年在学者ニ対スル臨時措置」	59
専攻科(師範学校)	145	中等学校令	21,32,84
全国各市学校連合会	209	中等教育	7
全国教育者大会	210	直接教授法(→ Direct Method を見よ)	
全国師範連盟	141	直読直解	198,304,314
全国小学校教員会議	210	帝国大学	14
全国農業学校長会議	57	天王寺師範附属小学校	212
全国農業学校長協会	65	東京開成館編輯所	213,245,247
全国連合教育会議	210		
仙台陸軍幼年学校	272		

東京高等師範学校附属小学校	176,182,191,192,218	府県立師範学校通則	106
東京高等女学校	18	釜山第一公立商業学校	80
東京師範学校	104	文検中等英語教員検定試験	152
東京女学校	13	変則教授法	110
東京職工学校	35	傍系	3,6,207
東京府教育会附属小学校英語科教員伝習所	109,169	北斗会(海軍兵学校)	299
		本科生徒教育課程表(航空士官学校)	288
東京府小学校英語専科教員検定試験問題	204	本科第一部(師範学校)	143
		本科第二部(師範学校)	143
東京府豊島師範学校	118	【マ行】	
東京府立第三商業学校	78	松坂屋青年学校	249
都市型教科	331	松茂青年学校	257
徒弟学校規程	28,35	「㊙陸軍予科士官学校第一期乃至第三期生徒教育ニ関スル指示」	282
トヨタ自動車工業技能者養成所	250		
【ナ行】		三重県師範学校	106,127
内地雑居	175	三重県女子師範学校	130
長崎県師範学校	132,133	三重県立上野工業学校	87
長崎県師範学校英語科教授要義	122	三重県立工業学校	35,37
名古屋市立三蔵実業補習学校	256	三重県立津工業学校	41
ナショナリズム	150,219,331	三重県立松阪工業学校	41
七尾商業学校	82	三重県立松阪商業学校	74,87
奈良女子師範学校	147	三重県立四日市商業学校	73,74
日本英学史研究会(学会)	11,361	御影師範学校	112
日本英語教育史研究会(学会)	11,361	宮城県商業夜学校	257
農学校通則	27,47	宮城農学校	49
農学校用英文教科叢書	64,65	明治以降外国語教科書データベース	23,141,356
農業学校	101,330	目的論	185,186,334
農業学校規程	51	【ヤ行】	
農業教育研究会	57	訳読式	182
農業補習学校	235,238,244	山口県立萩商業学校	87,88
【ハ行】		山田仮講習所	104
舶来教科書	177	幼年学校外国語学教授法案	278
八王子染色学校	38	「幼年学校ノ必要ニ就テ」	269
皮相上滑りの開化(漱石)	335	予科生徒教育課程表(陸軍)	281
兵庫師範学校	151	予科生徒教育課目並ニ教育目標基準表(陸軍経理学校)	289
福岡県立糸島農学校	58		
福島学校	104	横浜市立横浜商業専修学校	258
福島師範学校	151	横浜第二高等小学校	199

四日市商業ESS部(英語弁論部)	78	陸軍幼年学校教育課程	277
四日市市立商工専修学校	257	陸軍幼年学校教育綱領	267,272,277
【ラ行】		「陸軍幼年学校設立ノ趣旨」	267
陸海軍系学校	12,332	陸軍予科士官学校	280
陸軍経理学校	289	臨時教育会議	210,211
陸軍航空士官学校	280,288	連続性と断絶性(戦前・戦後の)	264
陸軍航空士官学校教育綱領	288	鹿鳴館時代	174
陸軍士官学校	267,280,281	【ワ行】	
陸軍士官学校教育綱領改正	284	和歌山県師範学校附属小学校	216,225
陸軍士官学校予科	267,280	和歌山県立工業学校	43
陸軍大学校	289	和歌山師範学校	106,114
陸軍中野学校	290		

文献索引 ＊研究書を除く

【英字】

Asada's English Readers	208
Beacon Readers for Normal Schools, The	129
Beginner's Technical Reader	251,254
Commercial Readers	91
Companion Readers	94
Concise Technical Readers, The	254
Copy Books (鹿島長次郎)	188
Easy Technical English	44
Elementary Public Readers for Primary Schools and Continuation Schools, The	248
Elementary School Readers, The	213
English Composition for Normal Schools	129
English Grammar for Normal Schools	130
English Grammar Reader with Notes	64
English Readers for Normal Schools, The	127
First Steps in Speaking and Writing English	74
Girls New English Readers	125
Globe Readers, The	125
Hosoe's Concise English Grammar: Revised Edition	275
Idichi's Graphic Business Readers	93
Imperial Commercial Readers, The	93
Industrial English Readers	38
Kambe's English Readers	188
Kanda's English Readers for Primary Schools (→『神田氏小学英語読本』も見よ)	188
Koa Kogyo Readers	46
Longmans' Penmanship	181
Longmans' Primer	181
Longmans' Readers	181
Lord Clive	335
Matuzakaya's English Reader	249
Meiji Kwaiwahen	188
Modern Choice Readers for Normal Schools	129
Modern Linguist, or English Conversations, The (バーテル会話書)	181
Mombushō English Readers for Elementary Schools, The (『小学校用文部省英語読本』)	
Nation Elementary Readers, The	257
Nature Readers, The	65
Naval English Reader, The	307
New Age Readers	257
New Agricultural Readers: Revised Edition	66
New Business Readers	248
New Century Choice Readers	74
New English Readers Based upon a New Method	189,191
New English Readers for Agricultural Schools	66
New English Readers for Normal Schools	129
New English Readers for the Use of Agricultural Schools	66
New Imperial Readers for Primary Schools	186
New Japan Readers	94
New King's Crown Readers: Fourth Revised Edition, The	275
New Monbusyō English Readers for Elementary Schools, The (『文部省小学新英語読本』)	221,231

New National Readers	181,257
New Nature Readers, The	65
New Practical English Primer for Japanese Pupils in Primary Schools, A	185
New Scientific Copy Books	189
New Series of English Readers: Revised Edition	125
Normal School Readers, The	128
Pinneo's Primary Grammar of English	181
Practical English Readers	98
Practical Kogyo Readers, The	46
Practical Technical Readers, The	254
Quackenbos's First Book in Grammar	181
Romance of Commerce, The	95
Short Studies in English	245
Spencerian System of Penmanship	181
Standard Choice Readers	125
Standard Commercial School Composition: Second Revised Edition	96
Standard Commercial School Readers	91,257
Standard English Reader for Continuation Schools	248
Standard Technical Readers	44
Success Readers for Use in the Industrial Continuation Schools, The	247
Swinton Readers	181
Teacher's Manual to Easy Technical English	44
Textbook of Commercial English, A	97
Webster's Elementary Spelling Book	181
Willson First Reader	335
Young Men's English Readers	245

【ア行】

『田舎教師』（田山花袋）	121
『井上小学英語読本』	192
『井上小学英語読本教授書・第一巻』	198,199
『ウィルソン綴字書』	257
『英語会話参考書』	308
『英語教育』（岡倉）	198,201
『英語教育史資料』	11
『英語教科書（一、二年用）昭和九年二月』	309
『英語教科書（応急処置法）昭和十二年十月』	310
『英語教科書（三、四学級）昭和十一年四月』	310
『英語教科書（三学年）昭和八年九月』	309
『英語教科書　昭和十一年十二月』	311
『英語教科書　昭和十二年二月』	310
『英語教科書（第三学級）昭和十三年八月』	310
『英語教科書（第四学年）昭和八年十月』	310
『英語教科書（第四学級）昭和十二年十月』	310
『英語教科書（予科生徒用）』	314
『英語教授法綱要』	124
『英語教程　巻一』	287
『英語講演資料』（海軍機関学校）	317
『英語参考書（Handbook of English Dialogues）』	317
『英語綴字書』（鈴木重陽）	181
『英語綴字書』（伴徳政）	181
『英文商業会話教科書』	95
『英文通信』	97,98
『英和日本学校用会話新編』	181
『大杉榮研究』	360

【カ行】

『海軍英文教科書　巻一』	307
『改訂小学英語読本』	189
『神田氏小学英語読本』	188
『神田氏小学改訂英語読本』	196
『雲は天才である』（啄木）	172

『建築英語読本』　　　　　　　46
『工業初等英語(巻1)』　　　　253
『皇国教育』　　　　　　　　217
『高等科英語』　　　　　224,225
『高等師範学校附属小学科教授細目』　180
『高等小学教育の革新研究』　　217
『神戸小学校五十年史』　174,183,214
『国体ノ本義』　　　　　　　219
【サ行】
『最新外国語の学習と教授』　124,148
『実業英語』　　　　　　　　94
『実業独語』　　　　　　　　33
『実業補習学校ニ関スル取調書』　244
『実業マライ語』　　　　　　33
『銃口』(三浦綾子)　　　　　141
『小学英語読本』(宮井安吉)
　(Common School English Readers)
　　　　　　　　　　　　　188
『小学英習字帖』
　(New Scientific Copy Books)　188
『小学校用文部省英語読本』　196,208,257
『昭和十一年十二月　部外秘　英語教科書』
　　　　　　　　　　　　　307
『昭和十九年四月　英語参考書　其ノ一(英語学習指針)』　　　　　303
『昭和十四年六月　英語教科書(第一学年)』
　　　　　　　　　　　　　307
『昭和十六年四月　英語教科書　巻之三』
　　　　　　　　　　　　　307
『昭和二十年五月　英語参考書　英文法（前編）』　　　　　　　308
『尋常小学校卒業者ノ動向ニ関スル調査』
　　　　　　　　　　　　　15
『新尋一教育の実際』　　　　216
『スペリング綴字書』(久野英吉)　181
『青年英語1』　　　　　255,261
『全国師範学校ニ関スル諸調査』　118
【タ行】
『東京高等師範学校附属小学校教授細目』
　　　　　　　　　　　191,193
『東京の実業補習教育』　260,244
【ナ行】
『日本資本主義発達史』(野呂栄太郎)　48
【ハ行】
『破戒』(島崎藤村)　　　　　121
『坊ちゃん』(夏目漱石)　　　114
【マ行】
「毎時配当　神田氏改訂小学校英語読本教授案」　　　　　　　　194
『三重県師範学校附属小学校教授細目』190
『文部省小学新英語読本』　　224
『文部省嘱託英語顧問パーマ氏講演筆記』
　　　　　　　　　　　　　301
『文部大臣選奨　優良補習学校施設経営』
　　　　　　　　　　　　　241
【ヤ行】
『四日市商業学校一覧』　　　76
【ラ行】
『陸軍教育史　明治本記』　　263
『陸軍幼年学校　英語教程　巻一』　275

【著者略歴】
江利川　春雄（えりかわ・はるお）
1956年　埼玉県に生まれる
1976年　国立小山工業高等専門学校機械工学科卒業
1984年　大阪市立大学経済学部経済学科卒業
1992年　神戸大学大学院教育学研究科修士課程（英語教育専攻）修了
1993年　国立鈴鹿工業高等専門学校講師
1996年　国立鈴鹿工業高等専門学校助教授
1998年　和歌山大学教育学部助教授
2003年　和歌山大学教育学部教授（現在に至る）
2004年　広島大学より博士（教育学）の学位取得
現在、日本英語教育史学会副会長、神戸英語教育学会副会長、中部地区英語教育学会運営委員、和歌山英語教育研究会会長など

【主要著書・論文】
『英語科授業学の諸相』（共編著、三省堂、1993年）、『英語科授業学の今日的課題』（共編著、金星堂、1997年）、『英語教科書の歴史的研究』（共編著、辞游社、2004年）、「英語教科書の図像学（1）-（12）」（研究社『現代英語教育』1997年4月号～1998年3月号に連載）、「英語教科書の50年」（『英語教育Fifty』大修館書店、2002年）、「英語教育の歴史から学ぶ（1）-（12）」（三友社『新英語教育』2004年10月～2005年9月号に連載）、「墨ぬり英語教科書の実証的研究」（共著、『和歌山大学教育学部紀要（人文科学）』第56集、2006年）、「英語教育史から見た入試英語問題」（研究社『英語青年』2006年4月号）、など多数

A Historical Study of English Language Teaching in Prewar Japan

近代日本の英語科教育史——職業系諸学校による英語教育の大衆化過程

2006年9月20日　初　版　第1刷発行　　　(検印省略)

＊定価はカバーに表示してあります

著者　©江利川春雄／発行者　下田勝司　　組版　カジャーレ／印刷・製本　中央精版印刷

東京都文京区向丘1-20-6　郵便振替00110-6-37828
〒113-0023　TEL (03) 3818-5521代　FAX (03) 3818-5514

発行所
株式会社　東信堂

Published by TOSHINDO PUBLISHING CO., LTD.
1-20-6, Mukougaoka, Bunkyo-ku, Tokyo, 113-0023, Japan
E-mail : tk203444@fsinet.or.jp　http://www.toshindo-pub.com/

ISBN4-88713-710-9 C3037　　©ERIKAWA Haruo

東信堂

比較・国際教育学（補正版）	石附実編	三五〇〇円
教育における比較と旅	石附実	二〇〇〇円
比較教育学の理論と方法	J・シュリーバー編／馬越徹・今井重孝監訳	二八〇〇円
比較教育学—伝統・挑戦・新しいパラダイムを求めて	M・ブレイ編著／馬越徹・大塚豊監訳	三八〇〇円
世界の公教育と宗教	江原武一編	五四二九円
世界の外国人学校	福田誠治編著	三八〇〇円
世界の外国語教育政策—日本の外国語教育の再構築にむけて	末藤美津子他編著	三八〇〇円
近代の日本の英語科教育史—職業諸学校による英語教育の大衆化過程	大谷泰照他編著	六五七一円
日本の教育経験—途上国の教育開発を考える	林桂子	三八〇〇円
アメリカの才能教育—多様なニーズに応える特別支援	国際協力機構編著	二八〇〇円
アメリカのバイリンガル教育—新しい社会の構築をめざして	松村暢隆	二五〇〇円
21世紀にはばたくカナダの教育（カナダの教育2）	末藤美津子	三三〇〇円
多様社会カナダの「国語」教育（カナダの教育3）	小林・関口・浪田他編著	二八〇〇円
ドイツの教育のすべて	関口礼子・浪田克之介編著	三八〇〇円
21世紀を展望するフランス教育改革	マックス・ブランク教育研究所研究者グループ編／天野・木戸・長島監訳	一〇〇〇〇円
マレーシアにおける国際教育関係—教育へのグローバル・インパクト	小林順子編	八六四〇円
「改革・開放」下中国教育の動態	杉本均	五七〇〇円
中国の後期中等教育の拡大と経済発展パターン—江蘇省の場合を中心に	阿部洋編著	五四〇〇円
中国の職業教育拡大政策—背景・実現過程・帰結	劉文君	五〇四八円
東南アジア諸国の国民統合と教育—多民族社会における葛藤	呉琦来	三八二七円
オーストラリア・ニュージーランドの教育	村田翼夫編著	四四〇〇円
	石森広美・笹森健編著	二八〇〇円

〒113-0023 東京都文京区向丘1-20-6
TEL 03-3818-5521 FAX 03-3818-5514 振替 00110-6-37828
Email tk203444@fsinet.or.jp URL: http://www.toshindo-pub.com/

※定価：表示価格（本体）＋税

━━━ 東信堂 ━━━

大学再生への具体像	潮木守一	二五〇〇円
大学行政論Ⅰ	川本八郎編	二三〇〇円
大学行政論Ⅱ	大森八節子編	二三〇〇円
大学の管理運営改革 ―日本の行方と諸外国の動向	伊藤昭郎編	二三〇〇円
新時代を切り拓く大学評価 ―日本とイギリス	江原武一編著	三六〇〇円
模索されるeラーニング ―事例と調査データにみる大学の未来	杉本均編著	三六〇〇円
私立大学の経営と教育	秦由美子編著	三六〇〇円
校長の資格・養成と大学院の役割	田口真奈編著	三六〇〇円
原点に立ち返っての大学改革	吉田文編著	三六〇〇円
短大からコミュニティ・カレッジへ ―飛躍する世界の短期高等教育と日本の課題	小島弘道編著	六八〇〇円
日本のティーチング・アシスタント制度 ―大学教育の改善と人的資源の活用	舘昭	一五〇〇円
反大学論と大学史研究	舘昭編著	二五〇〇円
中野実の足跡	北野秋男編著	二八〇〇円
	中野実研究会編	四六〇〇円
アジア・太平洋高等教育の未来像	静岡総合研究機構編 馬越徹監修	二五〇〇円
戦後オーストラリアの高等教育改革研究	杉本和弘	五八〇〇円
大学教育とジェンダー ―ジェンダーはアメリカの大学をどう変革したか	ホーン川嶋瑶子	三六〇〇円
一年次(導入)教育の日米比較	山田礼子	二八〇〇円
アメリカの女性大学：危機の構造	坂本辰朗	二四〇〇円
講座「21世紀の大学・高等教育を考える」		
大学改革の現在(第1巻)	有本章編著	三三〇〇円
大学評価の展開(第2巻)	山野井敦徳編著	三三〇〇円
学士課程教育の改革(第3巻)	絹川正吉編著	三三〇〇円
大学院の改革(第4巻)	江原武一・馬越徹編著	三三〇〇円

〒113-0023 東京都文京区向丘1-20-6　　　STEL 03-3818-5521　FAX 03-3818-5514　振替 00110-6-37828
Email tk203444@fsinet.or.jp　　URL: http://www.toshindo-pub.com/

※定価：表示価格(本体)＋税

――― 東信堂 ―――

大学の自己変革とオートノミー —点検から創造へ	寺﨑昌男	二五〇〇円
大学教育の創造 —歴史・システム・カリキュラム	寺﨑昌男	二五〇〇円
大学教育の可能性 —教養教育・評価・実践	寺﨑昌男	二五〇〇円
大学教育の現在	寺﨑昌男	近刊
作文の論理 —〈わかる文章〉の仕組み	宇佐美寛編著	一九〇〇円
授業研究の病理	宇佐美寛	二五〇〇円
大学授業の病理 —FD批判	宇佐美寛	二五〇〇円
大学の授業	宇佐美寛	二五〇〇円
大学教育の思想 —学士課程教育のデザイン	絹川正吉	二八〇〇円
あたらしい教養教育をめざして —大学教育学会5年の歩み・未来への提言	大学教育学会25年史編纂委員会編	二九〇〇円
現代大学教育論 —学生・授業・実施組織	山内乾史	二八〇〇円
大学の指導法	児玉・別府・川島編	二八〇〇円
大学授業研究の構想 —学生の自己発見のために	京都大学高等教育教授システム開発センター編	二四〇〇円
学生の学びを支援する大学教育 —過去から未来へ	溝上慎一編	二四〇〇円
大学教授の職業倫理 —アメリカと日本	別府昭郎	二三八〇円
大学教授職とFD	有本章	三三〇〇円
立教大学〈全カリ〉のすべて —〈シリーズ大学改革ドキュメント・監修寺﨑昌男・絹川正吉〉全カリの記録	編集委員会編	二二〇〇円
ICU〈リベラル・アーツ〉のすべて —リベラル・アーツの再構築	絹川正吉編著	二三八〇円

〒113-0023 東京都文京区向丘1-20-6
5TEL 03-3818-5521 FAX 03-3818-5514 振替 00110-6-37828
Email tk203444@fsinet.or.jp URL: http://www.toshindo-pub.com/

※定価:表示価格(本体)＋税

== 東信堂 ==

書名	副題・シリーズ	著者・訳者	価格
責任という原理	科学技術文明のための倫理学の試み	H・ヨナス／加藤尚武監訳	四八〇〇円
主観性の復権	心身問題から『責任という原理』へ	H・ヨナス／宇佐美・滝口訳	二〇〇〇円
テクノシステム時代の人間の責任と良心	現代応用倫理学入門	H・レンク／山本・盛永訳	三五〇〇円
空間と身体	新しい哲学への出発	桑子敏雄	三五〇〇円
環境と国土の価値構造		桑子敏雄編	三五〇〇円
森と建築の空間史	南方熊楠と近代日本	千田智子	四三八一円
感性哲学1〜5		日本感性工学会感性哲学部会編	一六〇〇〜二〇〇〇円
メルロ＝ポンティとレヴィナス	他者への覚醒	屋良朝彦	三八〇〇円
思想史のなかのエルンスト・マッハ	科学と哲学のあいだ	今井道夫	三八〇〇円
堕天使の倫理	スピノザとサド	佐藤拓司	二八〇〇円
バイオエシックス入門（第三版）		今井道夫・香川知晶編	二三八一円
バイオエシックスの展望		坂井昭宏・松岡悦子編著	三三〇〇円
今問い直す脳死と臓器移植		澤田愛子	二〇〇〇円
動物実験の生命倫理	個体倫理から分子倫理へ	大上泰弘	四〇〇〇円
ルネサンスの知の饗宴（ルネサンス叢書1）		佐藤三夫編	四四六六円
ヒューマニスト・ペトラルカ（ルネサンス叢書2）	ヒューマニズムとプラトン主義	佐藤三夫	四八〇〇円
東西ルネサンスの邂逅（ルネサンス叢書3）	南蛮と禰寝氏の歴史的世界を求めて	根占献一	三六〇〇円
カンデライオ（ジョルダーノ・ブルーノ著作集1巻）		加藤守通訳	三三〇〇円
原因・原理・一者について（ジョルダーノ・ブルーノ著作集3巻）		加藤守通訳	三三〇〇円
英雄的狂気（ジョルダーノ・ブルーノ著作集7巻）		加藤守通訳	三六〇〇円
ロバのカバラ	ジョルダーノ・ブルーノにおける文学と哲学	N・オルディネ／加藤守通訳	三六〇〇円
食を料理する	哲学的考察	松永澄夫	二〇〇〇円
言葉の力	音の経験・言葉の力第1部	松永澄夫	三五〇〇円

〒113-0023 東京都文京区向丘1-20-6
℡ 03-3818-5521 FAX 03-3818-5514 振替 00110-6-37828
Email tk203444@fsinet.or.jp URL: http://www.toshindo-pub.com/

※定価：表示価格（本体）＋税

―― 東信堂 ――

〈世界美術双書〉

バルビゾン派	井出洋一郎	二〇〇〇円
キリスト教シンボル図典	中森義宗	二三〇〇円
パルテノンとギリシア陶器	関 隆志	二三〇〇円
中国の版画――唐代から清代まで	小林宏光	二三〇〇円
象徴主義――モダニズムへの警鐘	中村隆夫	二三〇〇円
中国の仏教美術――後漢代から元代まで	久野美樹	二三〇〇円
セザンヌとその時代	浅野春男	二三〇〇円
日本の南画	武田光一	二三〇〇円
画家とふるさと	小林 忠	二三〇〇円
ドイツの国民記念碑――一八一三年―一九一三年	大原まゆみ	二三〇〇円
日本・アジア美術探索	永井信一	二三〇〇円

〈芸術学叢書〉

芸術理論の現在――モダニズムから	藤枝晃雄編著	三八〇〇円
絵画論を超えて	谷川渥編著	四六〇〇円
幻影としての空間――図学からみた東西の絵画	尾崎信一郎	
	小山清男	三七〇〇円
美術史の辞典	P.デューロ他 中森義宗・清水忠志訳	三六〇〇円
図像の世界――時・空を超えて	中森義宗	二五〇〇円
美学と現代美術の距離――アメリカにおけるその乖離と接近をめぐって	金 悠美	三八〇〇円
ロジャー・フライの批評理論――知性と感受性の間で	要 真理子	四二〇〇円
レオノール・フィニ――新しい種 G.レヴィン J.ティック 尾形希和子訳		二八〇〇円
アーロン・コープランドのアメリカ P.マレー L.マレー 奥田恵二訳		三三〇〇円
キリスト教美術・建築事典 中森義宗監訳		続刊
芸術／批評 0〜2号 藤枝晃雄責任編集		0・1号 2号 各一九〇〇円 二〇〇〇円

〒113-0023 東京都文京区向丘1-20-6
5TEL 03-3818-5521 FAX 03-3818-5514 振替 00110-6-37828
Email tk203444@fsinet.or.jp URL: http://www.toshindo-pub.com/

※定価：表示価格(本体)＋税